Médecin en enfer

Docteur Albert Haas

Médecin en enfer

Traduit de l'américain
par Éléonore BAKHTADZÉ

Presses de la Renaissance
37, rue du Four
75006 Paris

Si vous souhaitez recevoir notre catalogue et être tenu régulièrement au courant de nos publications, envoyez vos nom et adresse en citant ce livre aux

Presses de la Renaissance
37, rue du Four 75006 Paris

et pour le Canada à

Edipresse
5198, rue Saint-Hubert
Montréal H2J 2Y3

Titre original : *The doctor and the damned*, publié par Saint Martin's Press, New York.

ISBN 2-85616-390-4 H 60-3440-9

Table

Remerciements

Je tiens à remercier ici ma belle-fille Sheila Sperber Haas, dont les talents d'écrivain et la sensibilité qu'elle a montrée à l'endroit de mon expérience ont permis à ces pages de prendre vie.

A ma femme Sonia, qui a survécu ;

A ma plus jeune sœur Vera et à son fils âgé de trois ans, qui sont morts tous les deux dans la chambre à gaz d'Auschwitz ;

A la mémoire de ma belle-sœur Paule, qui est morte des suites des souffrances endurées dans les camps ;

A tous mes camarades, à ceux qui ont survécu et à ceux qui ont péri ;

A Howard et Gladys Rusk, dont l'amitié m'a aidé à retrouver foi en la nature humaine ;

A mes enfants, François et Sheila, qui sont mon avenir ;

A Alexandre, mon petit-fils, qui m'a donné tant de joie ces dernières années. Puisse-t-il ne jamais connaître l'extrême cruauté dont l'homme est capable.

AVANT-PROPOS

J'ai rencontré l'auteur de ce livre en Europe en 1949. Il venait de créer deux centres de réadaptation : le premier en France pour les malades ayant contracté la tuberculose ou d'autres maladies pulmonaires en camp de concentration, le deuxième en Allemagne pour les anciens prisonniers des camps souffrant de diverses affections ou handicaps. Il s'agissait là des premières institutions à offrir des soins de ce type. Une amitié devait naître de notre rencontre et j'invitai le Dr Haas à venir faire un voyage professionnel aux États-Unis. Peu de temps après, grâce à une loi spéciale votée par le Congrès, il acquérait la nationalité américaine. Ce fut une chance pour notre pays. Le Dr Haas a créé aux États-Unis le premier centre médical de soins et de réadaptation (médicale, psychologique, sociale, professionnelle) pour les malades souffrant de maladies pulmonaires : tuberculose, asthme, emphysème et bronchite chronique, ainsi que pour les personnes relevant de graves opérations pulmonaires. Depuis lors, il s'est consacré de façon remarquable aux malades atteints de handicaps respiratoires chroniques.

Au cours des premières années de notre longue amitié, le Dr Haas me fit part de la terrible expérience qui avait été la sienne avant notre rencontre. Avec la publication de ce livre, cette expérience se trouve enfin rendue publique. Il s'agit d'une véritable saga des temps modernes, d'un récit à la fois héroïque et bouleversant, que cette histoire d'un jeune médecin participant d'abord à la Résistance en

France occupée avant de connaître les camps de concentration nazis. Ce livre retrace les moments extraordinaires de cet homme qui sut conserver sa dignité humaine et préserver l'éthique de sa profession au milieu des circonstances les plus effroyables. Voici un document irremplaçable sur la nature humaine : tour à tour éprouvant, douloureux, palpitant, sublime et humble, c'est un livre que tout le monde devrait lire.

L'aspect le plus effrayant, peut-être, de cette guerre, est que l'horreur qu'elle a déchaînée ne semble pas avoir servi de leçon à l'humanité. Les effroyables atrocités commises par l'État allemand, de nombreux citoyens allemands eux-mêmes, et par les sympathisants du nazisme, sont désormais connues du monde entier, et pourtant la cruauté des hommes ne semble en rien avoir diminué. La guerre civile en Grèce, l'Union soviétique, Chypre, le Biafra, l'Ethiopie, l'Irlande, l'Argentine, l'Afrique du Sud, le Liban... cette liste des horreurs de l'après-guerre n'est hélas pas exhaustive. Bien que ces atteintes à la vie et à la liberté humaines aient été d'une certaine façon limitées par rapport à la volonté systématique de génocide de l'État allemand, elles sont toujours le fruit du même désir primitif et brutal de pouvoir et de suprématie. Si l'on veut que l'humanité soit un jour capable d'éviter le retour de tels événements, les victimes, d'hier et d'aujourd'hui, doivent continuer à se faire entendre. Pour cette raison, *Médecin en enfer* est un livre que tout le monde doit avoir lu.

Dr Howard A. Rusk,
professeur émérite à la faculté de médecine
de l'Université de New York,
président du World Rehabilitation Fund.

INTRODUCTION

Cette introduction à un livre relatant mon expérience pendant la guerre sera nécessairement brève car le récit, à mon sens, se suffit à lui-même. On trouvera rapportés essentiellement les faits concernant la seconde guerre mondiale, que j'ai vécue d'abord comme médecin de l'armée française puis comme membre actif de la Résistance et enfin comme prisonnier politique et médecin dans divers camps de concentration. Le livre s'ouvre avec les événements qui devaient, directement ou indirectement, me conduire à entrer dans la Résistance avant d'être déporté en Allemagne, en Pologne, et finalement en Autriche.

La logique à l'œuvre dans les camps dépassait en horreur tout ce que l'on peut imaginer, mais cette horreur a été pour moi adoucie par ce que j'y ai aussi rencontré : l'humour, l'amitié, et certains témoignages de fraternité humaine. Mais je dois dire aussi que cette expérience de la vie concentrationnaire a été illuminée par les responsabilités médicales que j'exerçais en faveur de mes camarades détenus. En ces jours de lutte quotidienne, souvent barbare, pour la survie, personne ne pouvait être un saint. L'éthique de ma profession, à laquelle je tiens encore par-dessus tout, cette éthique s'est trouvée bien souvent en contradiction avec les nécessités immédiates de la survie. J'ai dû faire face à d'insolubles dilemmes moraux, et aujourd'hui encore je m'interroge sur les choix que j'ai dû faire.

En lisant ce livre, le lecteur devra toujours garder à l'esprit que ce qui a pu m'arriver d'extraordinaire ne me semblait pas tel à l'époque. En cette période, l'extraordinaire était quotidien, et seul l'ordinaire ou l'impensable conservaient le pouvoir d'étonner.

Seul, hélas, un tout petit nombre de déportés a survécu aux camps de concentration. A leur retour dans leurs pays, ces survivants ont pu compter sur leurs gouvernements pour les aider à assumer les séquelles, physiques et mentales, qu'ils traîneraient avec eux comme un fardeau pour le reste de leur vie. A cet égard, il faut reconnaître que plus que tout autre pays, la France s'est montrée généreuse et efficace ; ses gouvernements successifs ont su reconnaître la gravité de blessures qui ne pourront jamais tout à fait guérir.

Par ailleurs, il faut avouer que l'expérience décrite dans les lignes qui vont suivre n'est pas tout à fait complète. Pour comprendre comment l'horreur de ces années de déportation a pu s'imprimer au plus profond de ceux qui l'ont vécue, il faudrait suivre ce que fut ensuite leur réadaptation à la vie « normale ». Mais cela, c'est une autre histoire.

Albert HAAS.

1
La Résistance

1

Je rêvais que j'étais chez moi, dans le salon, avec Sonia, ma femme, et François, notre bébé, comme si nous n'avions jamais été séparés. Nous préparions une petite fête à l'occasion du premier anniversaire de notre fils. Les Allemands qui occupaient la France n'avaient pas encore violé la paix de notre petit appartement de Nice. On s'y sentait en sûreté et il y régnait une chaleur humaine presque aussi tangible que les victuailles disposées sur notre table, une table de fête qui semblait ignorer les restrictions dues à la guerre. Une vague angoisse troublait néanmoins ce bonheur.

La vue de Sonia tenant notre enfant dans ses bras me rassurait. A voix haute, je m'interrogeai ; quand arriveraient sa mère et sa sœur invitées pour l'anniversaire ?

On frappa à la porte. J'étais incapable de bouger pour aller ouvrir. Mon cœur battait lourdement dans ma poitrine. J'avais l'estomac noué d'inquiétude.

Des voix retentirent. Ce n'était pas du français...

Je commençais à me réveiller. Mais je m'agrippais désespérément à mon illusion de réalité. Mon rêve se défaisait avec lenteur. J'étais désorienté ; je ne reconnaissais plus cette pièce sinistre où je me trouvais ; je ne comprenais plus les mots que l'on criait derrière la porte.

Les sons gutturaux cristallisèrent et prirent sens : « *Häftling Arzt, aufstehen !* » (« Prisonnier-médecin, debout ! ») « Le SS *Sanitätsdienst* a besoin de toi ! Il y a eu un accident de travail. Apporte tes instruments. Il faut opérer ! »

Sortant de mon rêve, je réintégrai le cauchemar quotidien. On était à la fin du mois de novembre 1944. J'étais détenu et travaillais comme médecin à Gusen II, un camp de concentration.

Je ramassai mes instruments chirurgicaux, quelques outils précautionneusement rassemblés depuis mon arrivée au camp. Tous avaient été volés, un à un, au gré des occasions... pinces hémostatiques presque hors d'usage, pinces fines et ciseaux, petite scie, couteau de boucher et cuir à rasoir, gaze, aiguilles et catgut, gants de femme en soie blanche, alcool à 90°, pierre à huile, deux seringues, et quelques précieuses ampoules d'Evipan, l'anesthésique allemand.

Je tenais à ces quelques objets plus qu'à ma vie. Je possédais également deux réflecteurs de fortune d'une valeur inestimable pour moi, car adaptés à une lampe à pétrole, ils augmentaient notablement l'éclairage distillé par l'unique ampoule suspendue au plafond de ma salle d'opération. Un camarade avait tenté au risque de sa vie de subtiliser aux ateliers de construction mécanique quatre de ces réflecteurs improvisés en échange de dix cigarettes et d'une demi-portion de pain. Il se fit prendre avec le troisième réflecteur, fut condamné à mort pour sabotage de l'effort de guerre allemand et pendu devant le camp tout entier. Le prisonnier qui fit l'exécution reçut des SS cinq cigarettes en récompense de sa besogne.

Je me hâtai dans la nuit en direction du *Häftling Krankenbau,* l'infirmerie des prisonniers que nous appelions le HKB. L'agitation réveilla les malades aux faces grotesquement émaciées ; du fond des ombres, ils me regardaient passer. Ma salle d'opération était un espace de dix mètres carrés délimité par quatre lits avec au milieu une table étroite ; ce petit enclos rompait la monotonie de l'immense baraque où s'étageaient des alignements sans fin de couchettes de bois brut.

Sur la table, un corps étendu. Le SS Sanitätsdienst Schultze m'expliqua : le blessé avait reçu de plein fouet une lourde pièce de métal tombée d'une grue. Il avait tout le côté gauche éclaté. Je reconnus l'homme, un prisonnier hollandais de notre camp. Il semblait déjà sans vie, n'était sa respiration laborieuse. Avec l'aide de mes deux « assistants », deux prisonniers du nom de Bournasell et Pedro, j'examinai le corps déchiqueté à la lueur de ma lampe à pétrole. L'oreille gauche manquait et l'épaule gauche n'était plus qu'un agglomérat de chair et d'os pris dans une masse de sang coagulé. Il avait la jambe gauche écrasée. Des fragments d'os apparaissaient partout du genou au pied ; la jambe plia comme un tuyau de caoutchouc lorsque Pedro la souleva. Je trouvai également une très grave hémorragie interne. A part ce souffle rauque et un pouls à peine perceptible, le blessé ne montrait aucun signe de vie.

Nous fîmes brièvement le point avec Pedro et le SS Sanitätsdienst Schultze, qui finalement me donna l'ordre de procéder sur-le-champ à l'amputation de la jambe écrasée du mourant.

Dans les camps de concentration, la vie d'un simple prisonnier n'avait aucune valeur pour les autorités allemandes. Elles attachaient en revanche une grande importance à la mise à jour scrupuleuse de leurs registres. Il leur fallait dans le cas présent un certificat de décès convenablement libellé. On m'ordonnait d'amputer la jambe d'un agonisant pour les besoins de la comptabilité de Gusen II. Le Sanitätsdienst n'hésiterait pas à m'abattre si je désobéissais. Je répondis : *« Jawohl, Herr Hauptscharführer. »*

Il me restait une demi-seconde pour prendre une décision : utiliserai-je un peu de mon précieux Evipan pour anesthésier un agonisant manifestement déjà inconscient ? Cette même dose pourrait un jour sauver une vie. Je décidai de l'économiser en priant pour que l'homme meure avant le premier coup de scalpel. Médecin à Gusen II, je me trouvais confronté presque journellement à des choix aussi déchirants.

Je jetai un coup d'œil autour de moi à la recherche d'un garrot improvisé. La corde retenant le pantalon de Bournasell ferait l'affaire. Il me la tendit. Tenant son pantalon d'une main, il m'aida de l'autre à nouer le garrot au-dessus du genou du blessé. D'un coup de scalpel, je traçai la voie d'abord, en demi-cercle. Bournasell tenait le garrot. Soudain, un sifflement accompagné d'un hoquet traversa le silence. Je levai les yeux vers Bournasell puis vers le visage au regard vide du blessé.

Nous défîmes le garrot sans provoquer d'hémorragie notable. Je me tournai vers le Sanitätsdienst Schultze :

— Je demande l'autorisation de parler.

Il acquiesça d'un signe de tête.

— Il est mort, dis-je. Inutile de poursuivre l'amputation.

— Termine l'opération ! Fais ce qu'on t'a ordonné !

Hésitai-je ? Je n'y songeai même pas. Ici, au milieu de l'horreur, le SS Sanitätsdienst avait mis en scène un numéro de cirque. Il était le dompteur, moi l'animal qui devait se soumettre. J'amputai donc la jambe brisée du cadavre. Nous eûmes même un clown pour amuser nos spectateurs.

Une fois l'opération terminée, le SS Sanitätsdienst ordonna à Bournasell de tenir la jambe afin qu'il pût l'examiner. Au moment où Bournasell levait le membre amputé par moi, son pantalon privé de ceinture tomba au sol. Il était là, debout, ses fesses livides dans la clarté des deux réflecteurs de ma lampe à pétrole, tenant la jambe sanglante telle une offrande sacrificielle.

Soudain, provenant d'une couchette proche où gisait un squelette vivant, un éclat de rire contenu fissura le silence. Un autre son, vague imitation d'un rire humain, monta d'une autre couchette, d'un autre squelette. Puis le rire spectral se répandit comme une traînée de poudre, gagnant même ceux qui n'avaient pu voir la scène.

C'était un spectacle dantesque. Des têtes de mort aux yeux vides nous regardaient furtivement du fond de l'ombre ; une horde de crânes nous souriait depuis les gouffres infernaux.

Je ne bougeai pas. Animal bien dressé, j'attendais un ordre pour partir : « *Abtreten.* »

Le regard mort du cadavre mutilé disait : « J'ai tout donné. Je n'ai plus rien. Ne comptez plus sur moi. »

Je me souvins de ma première autopsie en faculté de médecine. Le professeur d'anatomie pathologique nous avait présenté le cadavre avec une grande solennité. « Messieurs, ce corps sans vie était il y a peu un être humain sensible et pensant. Il avait des ambitions ; il a connu des joies parfois, des ennuis sans doute, des succès et des insuccès. Si nous n'avons pas su le maintenir en vie, son corps mort nous aide aujourd'hui à comprendre comment et pourquoi nous avons échoué. On doit, quand on a pour vocation de guérir, se rappeler ses échecs et connaître ses points faibles. »

Les morts étaient mieux traités en ces temps révolus que les vivants dans les camps nazis.

— *Abtreten !*

Je levai les yeux. Le SS Sanitätsdienst m'ordonnait de partir. Il me tendait une cigarette : petite récompense à la bête qui avait convenablement fait son numéro.

Je sortis du HKB. Le soleil se levait derrière les montagnes cernant Gusen II et les ombres fuyaient les rues désertes du camp. J'allumai ma cigarette en inhalant profondément ; combien de temps encore allais-je survivre dans cet enfer ?

J'étais détenu en tant que prisonnier politique, officier de l'armée française vaincue et membre actif de la Résistance. J'étais *médecin-prisonnier* et toujours en vie... mais cela uniquement parce que mes maîtres nazis ne savaient pas que j'étais Juif.

Aurais-je abouti là pareillement si je n'avais pas quitté la Hongrie — le pays de mon père — pour rejoindre en France ma mère et mes sœurs ? Ou si je n'avais pas embrassé la carrière médicale ? Et si je n'avais pas épousé une femme au caractère bien trempé, aussi sensible que moi à toute forme d'injustice ? Ailleurs et en d'autres circonstances, aurais-je de la même manière jugé indiscutable le devoir de combattre les nazis ?

Médecin, je voulais le devenir depuis l'enfance. Mon grand-père maternel qui avait émigré de France en Hongrie, était médecin ; il y avait eu un médecin par génération dans la famille, et je désirais maintenir la tradition.

La famille de ma mère étant française, elle-même et ses enfants bénéficiaient automatiquement de la citoyenneté française. Mes deux sœurs et moi avions donc la double nationalité à la naissance. Dans notre enfance, nous parlions le hongrois et le français, ainsi que l'allemand hérité de l'Empire austro-hongrois. Nous avons grandi dans le village de Zala Lovö près de l'actuelle frontière yougoslave, où la famille de mon père était installée depuis le XVIe siècle. A Kormend, la ville voisine, les cigognes nichaient au sommet des cheminées exactement comme dans nos contes de fées.

Puis mes parents ont divorcé, et ma mère est retournée en France avec mes sœurs. Elle habitait Versailles. Après son remariage, mon père m'a emmené à Budapest où j'ai terminé mes études secondaires. Je m'y suis imprégné de l'atmosphère d'une ville joyeuse et hautement cultivée.

Je suis ensuite resté à Budapest pour suivre les cours de la faculté de médecine, où je pratiquais également les échecs et la boxe. Me mesurer aux autres ne me déplaisait pas ; j'étais depuis des années un excellent joueur d'échecs ; quant à la boxe, elle me fut très utile pour me défendre contre les bandes antisémites qui hantaient le quartier de l'université.

Mais j'ai contracté la tuberculose à la fin de ma troisième année de médecine et ai passé les huit mois suivants à Budakeszi, un sanatorium situé dans les montagnes proches de Budapest.

Là, j'ai réussi tant bien que mal à terminer mes études et j'ai fait la connaissance de Sidonia Adler, une autre malade, venant de Budapest également. Je n'avais jamais rencontré femme plus charmante et réservée que Sidonia. Nous avions approximativement le même âge. Ses cheveux étaient noirs et ses yeux un soupçon plus clairs, de la couleur du café noir. De retour à Budapest, je me suis mis à lui écrire régulièrement.

L'expérience du sanatorium avait éveillé en moi un très fort intérêt pour les maladies pulmonaires, en sorte que j'ai choisi de faire mon internat dans un hôpital possédant un pavillon de tuberculeux. Sidonia a quitté le sanatorium peu après et on l'a transférée dans l'hôpital où je travaillais. Son état avait considérablement empiré.

J'allais la voir tous les jours. Sa beauté fragile et la douceur de son caractère me captivaient. Je m'attachais à elle petit à petit. Elle m'aimait, je le savais ; je savais également qu'il ne lui restait que quelques mois à vivre, mais j'étais persuadé que le bonheur réussirait là où la médecine avait échoué. J'espérais insuffler à Sidonia la force de vivre un peu plus longtemps. Je l'ai demandée en mariage et elle a accepté. On nous a mariés après que j'eus passé le concours de l'internat. La cérémonie a eu lieu à l'hôpital, au chevet de la jeune épousée. Sidonia est morte six mois plus tard.

J'étais profondément éprouvé et désireux de fuir tout ce qui me rappelait Sidonia. C'est alors que j'ai quitté la Hongrie pour retrouver ma mère et mes sœurs installées à Versailles. J'y suis resté jusqu'à la fin de mon internat dans un service de pneumologie. Citoyen français désormais résidant en France, je devais remplir mes obligations militaires. Mon internat terminé, je me suis engagé dans l'armée française, mais on me rendait à la vie civile quelques mois plus tard à peine, car j'avais contracté une hépatite infectieuse. Après un séjour à l'hôpital, je suis retourné à Versailles pour me reposer tout en réfléchissant à mon avenir.

Je voulais quitter l'Europe pour vivre dans un cadre radicalement différent.

C'est ainsi qu'à l'automne 1938, je me suis inscrit à l'Institut belge pour les Maladies tropicales et me suis porté candidat à un poste dans une léproserie du Congo belge.

Un après-midi d'automne, alors que je flânais sur l'avenue Kaiser, à Anvers, j'ai aperçu une jeune femme qui attendait à l'entrée d'un cinéma en compagnie d'autres jeunes filles. Elle les éclipsait toutes. C'était la plus belle fille du monde, avec une splendide chevelure sombre sous un chapeau de paille rouge. Elle avait un port de reine, des jambes ravissantes et les hanches parfaites. Son visage rayonnait d'intelligence et d'humour. Elle était éclatante de vie ! Je l'ai vue disparaître dans le cinéma et j'ai continué mon chemin, mais son visage m'a poursuivi pendant des mois.

A cette époque-là, presque tous les étudiants travaillaient leurs cours dans leur café préféré. Mon port d'attache était le café Imperator. Un beau jour, je lève les yeux de mon livre et que vois-je, juste en face de moi ? Le visage de mes rêves. Elle était là, à une autre table, avec un groupe d'amis.

Mais comment faire ? Il n'était guère d'usage alors d'aborder ainsi une inconnue. Je l'ai regardée avec insistance ; elle m'a souri. D'un geste j'ai essayé de lui faire comprendre de me rejoindre à l'arrière du café, près des téléphones. Mais elle s'est levée et est partie avec ses amis. S'était-elle formalisée ou n'avait-elle simplement pas compris mon signe ?

La semaine suivante, j'ai passé au café Imperator tout le temps que me laissaient mes cours et mes visites aux malades. Mes yeux quittaient si souvent mon livre que je ne progressai guère dans mes études cette semaine-là ! Le samedi soir, elle est revenue, toujours avec des amis. Je l'ai accueillie d'un sourire et à nouveau lui ai fait signe de me retrouver à l'arrière. Et cette fois-là, ça a marché !

Nous nous sommes rencontrés dans le foyer situé après les toilettes et les cabines de téléphone. Elle s'appelait Sonia Nadel. J'étais tout ému d'apprendre qu'elle avait été séduite la semaine précédente lorsque je m'étais adressé à elle par signe. Elle travaillait à temps plein dans un cabinet d'avocat. Je l'ai invitée à déjeuner pour le lundi suivant. Ce n'était que le début d'une longue histoire.

Nous avons déjeuné ensemble tous les jours de cette semaine-là et passé ensemble le week-end entier. J'ai appris que Sonia était revenue de Roumanie à Anvers, sa ville natale, moins d'un an auparavant. Quatre années de mariage avec un Roumain catholique venaient de se terminer par un divorce. Les jeunes gens s'étaient rencontrés à l'Institut supérieur de Commerce d'Anvers, où ils étudiaient le droit commercial et le droit des affaires. Une idylle naquit malgré la violente réprobation des parents de Sonia, sionistes fervents. Ils se marièrent après avoir décroché leurs diplômes. Sonia suivit son jeune époux en Roumanie, où elle apprit le roumain, ce qui ajoutait une langue supplémentaire à son répertoire linguistique déjà considérable. Elle trouva sans peine des emplois de secrétaire au sein de diverses sociétés américaines, à Ploiesti où elle séjourna d'abord, puis à Turnu-Severin. Mais au terme de sa première grossesse Sonia mit au monde un enfant mort-né, et lorsque peu après leur mariage se défit, elle quitta la Roumanie où plus rien ne la retenait.

J'avais envie d'être avec Sonia en permanence. Quel étonnement d'avoir rencontré une femme dont la philosophie de l'existence ressemblait tant à la mienne ! Travail acharné, plaisir intense, vivre au jour le jour sans s'inquiéter du lendemain. Nous parlions et parlions, et riions plus encore.

Deux semaines plus tard, j'ai annoncé à Sonia que je désirais l'épouser. Cela me semblait inévitable. Sonia acceptait ma proposition mais ne voulait point hâter les choses. Le mariage pouvait attendre. Nous étions en 1939, au printemps, et croyions avoir la vie devant nous.

C'est en septembre de cette année-là qu'éclata la seconde guerre mondiale. J'ai pris la décision de rester à Anvers pour terminer ma deuxième année à l'Institut pour les Maladies tropicales avant de rentrer en France rejoindre l'armée française. J'avais décidé cela pour des raisons pratiques, mais, aussi, pour des raisons sentimentales. Sonia représentait désormais ce que j'avais de plus important dans la vie.

Le père et l'oncle de Sonia étaient des sionistes ardents. Son père, mort peu après la première guerre mondiale, était un proche collaborateur de Théodore Herzl. Son oncle avait créé un comité de secours pour les réfugiés juifs qui arrivaient en Belgique, fuyant les persécutions nazies dans toute l'Europe. On comptait parmi ces réfugiés un bon nombre de médecins allemands et autrichiens. Je les aidais de mon mieux, les emmenais souvent dîner chez la mère de Sonia, m'efforçais de leur trouver des emplois occasionnels dans les milieux médicaux que je fréquentais.

En dépit des bouleversements qui s'opéraient autour de nous, la guerre ne dérangeait point notre vie de jeunes amoureux. J'allais toujours chercher Sonia à son cabinet d'avocat deux fois par jour, pour le déjeuner et puis le soir. Je sifflais sous les fenêtres de son bureau quelques mesures de « *The Donkey's March* » pour l'avertir de ma venue et elle descendait me rejoindre. Nous passions nos soirées au cinéma ou au concert, et le week-end, nous allions à la campagne faire de longues promenades en forêt, jouer au tennis ou canoter sur le lac. Mais l'ombre de Hitler obscurcissait tout et nous étions conscients de la précarité de notre situation : nous ne perdions pas de temps en projets d'avenir.

2

Le 29 avril 1940, je reçus par courrier l'ordre de rejoindre immédiatement l'armée française. Sonia fit avec moi le trajet en train d'Anvers à Lille, où se trouvait le centre d'incorporation le plus proche de la frontière franco-belge. Je fus affecté comme médecin au Service de Santé, avec le grade de lieutenant, et l'on m'attribua un bataillon d'engagés volontaires pour la durée de la guerre. On avait formé ces bataillons pour les citoyens français par naturalisation et pour les étrangers vivant en France, y compris les membres de la Légion étrangère. Les Français n'avaient pas le droit de rejoindre la Légion pourtant basée sur le sol français.

Sonia regagna Anvers. Après deux jours passés en compagnie de ma mère et ma sœur à Versailles, je me présentai au camp militaire de Sathonay, près de Lyon. Sathonay abritait également une base de la Légion étrangère, en sorte que l'on rencontrait partout dans les environs des soldats de toutes les nationalités imaginables.

Bertrand Gabriel, mon ordonnance, était un rescapé de la machine judiciaire française, qui avait utilisé une fausse identité suisse pour se réfugier dans la Légion. Il avait rejoint les engagés volontaires pour la durée de la guerre dès le début des hostilités. Bertrand, ex-pickpocket de talent, était un véritable inadapté social. Mais il savait admirablement organiser la survie dans des conditions d'existence bouleversées. Ce don particulier — et son plaisir évident à l'utiliser — faisait de lui un compagnon précieux, car bien souvent il sut nous rendre la vie plus facile et presque agréable au travers d'épreuves excessivement difficiles.

Mes matinées de Sathonay se passaient auprès de mes patients à l'infirmerie, tandis que mes après-midi étaient consacrés à l'entraînement militaire. Le soir, je retrouvais Michel Lubchansky et François Hauser, deux nouveaux amis et partenaires aux échecs ; je devais retrouver ces deux psychiatres quelques années plus tard dans des conditions extraordinaires.

Le 10 mai, j'étais à peine habitué à ce nouveau rythme de vie quand éclata la Blitzkrieg ; les Allemands envahissaient la Belgique et bombardaient les principaux terrains d'aviation français. Je dormais à poings fermés cette nuit-là lorsque je fus réveillé en sursaut par de terribles explosions. Pieds nus et en caleçon, je courus en direction du terrain de rassemblement. Il n'y avait personne aux commandes des canons antiaériens et, à part une silhouette titubant dans la pâle clarté de l'aube, les lieux étaient déserts. Je me précipitai au secours du soldat blessé, qui se révéla être un légionnaire complètement soûl.

Alors j'entendis dans le lointain un bruit qui ne faisait aucun doute : un avion allemand approchait. J'étais là, seul et désemparé. Pris de panique, je saisis le légionnaire soûl par un bras et le tirai jusqu'au canon antiaérien le plus proche. Je voulais me cacher sous le bouclier d'acier. Mais je perdis l'équilibre, basculai et finis par tomber sur la détente du canon. Le légionnaire s'effondra sur moi et nos deux poids additionnés firent partir le canon antiaérien. Une explosion terrifiante s'ensuivit. Le corps du canon se redressant brusquement vers le ciel, le coup partit. Sous l'effet des vibrations, des ondes de choc traversèrent mon corps de part en part.

Lorsque mes oreilles eurent cessé de bourdonner, j'entendis comme un râle près de moi. Le légionnaire devait agoniser. J'avais les jambes mouillées. Impossible de bouger. Nous avions été touchés. Il était mourant, et moi paralysé !

Quel soulagement lorsque je m'aperçus que mon légionnaire ivre mort ronflait consciencieusement sans se préoccuper de rien ! Et quel étonnement lorsque je découvris que j'avais abattu un avion allemand ! Mais quelle honte en constatant que j'avais sali mon pantalon de frayeur !

La naissance d'un héros !

L'attaque terminée tout le monde afflua sur l'aire de rassemblement. Le chef du camp loua avec emphase mon héroïsme. Y avait-il un désir qu'il pouvait exaucer pour me récompenser de mon acte de bravoure ? J'étais encore blanc de frayeur et incapable de maîtriser mon tremblement. Tout en m'efforçant de dissimuler mon embarras, je lui demandai un caleçon propre.

Le légionnaire parut à l'infirmerie le lendemain matin pour me remercier de lui avoir sauvé la vie. Il se présenta : Gangle, Hongrois, comme moi. Je le remerciai à mon tour de m'avoir offert si à propos, bien qu'involontairement, la protection de son corps. Gangle se récria qu'il n'y était pas pour grand-chose, puis il avoua qu'il serait heureux d'avoir un bref congé pour maladie. Vu les circonstances, je ne pouvais lui refuser un aussi petit service. Je lui prescrivis donc trois jours de congé tout en lui faisant promettre de cesser de boire et de venir à l'infirmerie se soumettre à un contrôle quotidien. Il tint la deuxième moitié de sa promesse. Il vint me voir tous les jours à l'infirmerie.

Difficile de définir pourquoi je m'intéressais à Gangle qui continuait à s'enivrer régulièrement. En fait, il m'intriguait. Je l'encourageais à passer me voir de temps à autre à l'infirmerie. Je fus surpris d'apprendre que Gangle effectuait sa cinquième période dans la Légion. Les légionnaires étaient habituellement rendus à la vie civile avec la citoyenneté française après une période de cinq ans de service. Mais Gangle avait quitté famille et maison le jour où il avait dû soudainement renoncer à une brillante carrière de contrebandier dans la région frontalière austro-hongroise. Il lui avait fallu fuir après avoir poussé un douanier dans la rivière. Impossible de régler l'affaire à l'amiable puisque l'adversaire de Gangle était mort avant même d'avoir touché la surface de l'eau !

En réalité, Gangle se trouvait heureux dans la Légion... enfin, la plupart du temps. Il considérait depuis longtemps comme sa seule et unique famille cette communauté de fugitifs ; il ne voulait la quitter que lorsqu'il était soûl. Alors il venait me demander de lui prescrire un congé pour maladie. Je n'avais jamais le cœur de lui refuser ce service ou de le faire mettre au « gnouf » comme le règlement l'exigeait. J'appréciais la cordialité exubérante de Gangle. Puis peu à peu je m'aperçus que cet homme plein de ressources et de vitalité était d'une loyauté à toute épreuve, et nous devînmes amis.

Quelques jours après le bombardement du 10 mai, les Allemands envahissaient la Belgique. Les chefs militaires français étaient mous et indécis, l'essentiel du matériel de guerre indisponible ou défectueux. La liste des pertes s'allongeait démesurément. Les services secrets français étaient infiltrés de toutes parts, tandis que des rumeurs lancées par la Cinquième colonne pronazie démoralisaient la population civile. L'armée avait déjà commencé à faire retraite face aux attaques allemandes.

Je sollicitai auprès de mon commandant mon transfert sur le front. C'était moins par sens du devoir patriotique qu'en raison de mon inquiétude au sujet de Sonia. Je n'avais aucune nouvelle d'elle. A ma connaissance, elle était toujours en Belgique, et servir sur le front me semblait un motif justifiable de gagner la frontière belge.

Le 18 mai, le roi Léopold de Belgique se rendait et les Allemands franchissaient les lignes de défense françaises et anglaises. Je me précipitai chez mon commandant. Qu'est-ce qui retardait mon transfert ? Il me considéra un instant avec étonnement.

— Vous êtes fou ou quoi ? La guerre est d'ores et déjà perdue, alors pourquoi aller jouer les héros là-bas ? Attendez donc les Allemands ici, si vous tenez à vous faire tuer !

— J'ai ma fiancée en Belgique ! Je ne vais quand même pas rester ici sur mon cul sans rien faire !

Les Français sont toujours très sensibles à ce genre d'arguments.

— Mais ça change tout, répondit mon commandant. Fallait le dire tout de suite !

Je reçus mon ordre de transfert l'après-midi même !

Je n'avais presque pas dormi de la nuit à cause des attaques aériennes sur notre terrain d'aviation et du grand nombre de blessés dans la population civile du voisinage. Voilà qui me donnait un avant-goût assez amer de la pratique de la médecine sur les champs de bataille. Ce devait être pire sur le front ! Comment retrouver Sonia au milieu d'un chaos pareil ? Mon ordre de transfert en main, le départ pour le front ne m'enthousiasmait plus guère. Je n'avais en fait plus du tout envie de partir. Quel dilemme ! Le « héros » qui avait abattu un avion allemand une semaine auparavant, pouvait-il montrer en se rétractant qu'il n'était qu'un froussard ?

Mon commandant quant à lui était enchanté de mon départ pour le front. Chaque formation sanitaire venait de recevoir l'ordre d'envoyer ambulances et personnel vers la frontière belge ; ma demande lui évitait de chercher plus longtemps un volontaire. J'acceptai mon ordre de transfert. Impossible de faire autrement.

Nous nous mîmes en route vers le nord la première semaine de juin, sans savoir que les Allemands s'apprêtaient à attaquer Paris. Je voyageais avec trois ambulances et leurs chauffeurs, deux aides paramédicaux, des couvertures, des tentes et une trousse de premiers secours assez complète. Bertrand Gabriel, mon ordonnance, et Gangle, mon légionnaire un peu trop porté sur la boisson, étaient mes chauffeurs. J'avais une autorisation formelle me permettant de réquisitionner de l'essence et des abris où opérer, mais cela uniquement pour le soin des militaires.

Nous traversâmes des régions de vignoble : une Bourgogne et une Champagne verdoyantes et luxuriantes, toute bourgeonnantes de vie. Campagne étonnamment paisible.

Les routes menant à Châlons-sur-Marne étaient presque désertes ; nous doublions de temps à autre une colonne d'infanterie dont certains soldats allaient sans casque et en chaussures civiles.

A Châlons-sur-Marne, les gardes mobiles me suggérèrent de gagner Château-Thierry où de violents combats avaient fait de très nombreuses victimes. Un médecin y serait très utile, dirent-ils, tout en nous mettant en garde : les Allemands attaquaient pour un oui pour un non, en piqué, au moyen de leurs terribles Stukas.

Cette mise en garde m'inquiéta. Au lieu de suivre leur conseil, je décidai de prendre la direction de Rethel dans les Ardennes. Tout en roulant, j'avais l'horrible sentiment de voir l'histoire se répéter à l'envers. La vallée de la Marne avait été le site des deux grandes batailles qui avaient sauvé la France de la défaite pendant la première guerre mondiale. Le commandant en chef qui avait gagné la seconde bataille n'était autre que le maréchal Pétain, celui-là même qui s'apprêtait à livrer son pays à l'Allemagne.

Vingt kilomètres plus loin, notre petit convoi s'enfonçait la tête la première dans le chaos absolu d'une masse de civils et de militaires battant en retraite. Des véhicules abandonnés jonchaient les fossés. Sur la route s'avançait une marée de gens qui fuyaient en famille avec même les animaux domestiques par tous les moyens de transport imaginables, à pied, à bicyclette et entassés dans des voitures, des camions et des charrettes tirées par des chevaux. C'était une impasse ; nous étions obligés de prendre la direction de Château-Thierry.

Mais cette route-là offrait un spectacle identique. Des colonnes militaires désorganisées, sourdes aux ordres comme aux instances de leurs officiers, filaient vers le sud en écartant les civils sur leur passage. Le chaos était partout. Nous ne pouvions que battre en retraite avec les autres.

J'avais pour consigne d'assister les militaires blessés. Nous en recueillîmes tant qu'il fallut bientôt se délester des tentes et des couvertures pour installer aussi sur les toits des ambulances des soldats blessés fuyant les zones de combat. Tout doucement, nous repartîmes vers le sud.

Un fracas de tonnerre envahit soudain le ciel ; des Stukas approchaient ; ils crachèrent la mort sur la foule qui avançait à découvert sur la route. Des enfants moururent piétinés lorsque les gens affolés se ruèrent vers les fossés. La pluie de balles sembla durer une éternité, mais en quelques minutes tout était terminé. Des corps jonchaient la route, les blessés hurlant de douleur.

Une de mes ambulances brûlait. Je courus. Le chauffeur était écroulé sur le volant. La chaleur me fit d'abord reculer. Je réussis finalement à m'approcher assez pour saisir la poignée de la portière ; impossible de l'ouvrir. Je sentais ma peau brûler. Gangle me tira en arrière et me plaqua au sol un instant avant l'explosion.

J'étais le seul médecin à des lieues à la ronde. Mes deux aides, les deux chauffeurs qui me restaient et moi-même nous nous démenions au milieu des blessés. Lorsque j'eus enfin le temps de relever la tête, la route était quasiment déserte. Hormis quelques malheureux en état de choc, les gens avaient tout abandonné sur place pour fuir dans la campagne environnante. Il n'y avait plus que les morts et les mourants.

Des petits enfants étaient assis sur le sol auprès de leurs parents sans vie. Des parents tenant dans leurs bras des enfants ensanglantés couraient vers nos ambulances pour demander du secours. Comment et par quels mots décrire mon chagrin d'homme et de médecin ? Il me fallait leur dire que mon équipement insuffisant ne me permettait pas de les aider ou que tout secours était inutile puisque leur enfant était mort.

Non loin de nous un chien gardait fidèlement les corps inertes d'un homme et d'une femme ; son regard désespéré et ses gémissements à fendre l'âme semblaient me supplier de porter secours à ses maîtres. Mais que pouvais-je faire puisqu'ils étaient morts ?

Je m'approchai pour caresser le chien fidèle et pour lui donner un peu du sandwich que j'avais dans la poche. Un de ses maîtres vivait peut-être encore ? Mais le chien grogna en montrant les dents ; il continuait de les protéger, prenant mon geste pour une menace. Je posai la nourriture sur le sol avant de regagner mes ambulances.

Un camion militaire parut. Les soldats ramassaient un à un les corps jonchant la route. Le chien recommença à grogner en les voyant approcher de ses maîtres. Les soldats n'y prirent pas garde ; le chien en mordit un, il fut abattu sur-le-champ. Je courus expliquer au sergent que le chien venait de mourir à cause de sa fidélité à ses maîtres. Accepterait-il de placer son corps sur le camion auprès de ceux qui avaient pris soin de lui de leur vivant ?

Le camion militaire s'éloigna, emportant les trois dépouilles — le chien, son maître et sa maîtresse — étendues côte à côte.

La nuit tomba, puis vint l'aube. Je travaillais toujours, sans avoir pris un instant de répit, pour donner les premiers soins aux innombrables soldats blessés entassés jusque dans les moindres recoins des deux ambulances qui restaient. Les rations de nourriture avaient depuis longtemps disparu. Par chance, Bertrand Gabriel avait un flair inouï pour découvrir des vivres dans la campagne environnante.

Lorsque nous reprîmes la direction du sud, je cédai mon siège à un blessé et continuai à pied. Je marchais à côté des ambulances, ivre de fatigue, hébété de désespoir. Lors d'un arrêt pour donner des soins aux blessés, un de mes aides me surprit en train d'injecter de la morphine à un mort.

La retraite se poursuivit à un rythme oppressant. On se ruait vers les fossés dès que l'on entendait les avions approcher. Les blessés et les mourants s'entassaient de plus en plus nombreux dans nos ambulances. Les cadavres que nous abandonnions si fréquemment sur la route nous allégeaient si peu que je dus continuer à pied auprès des ambulances qui se traînaient au milieu de la foule des réfugiés.

Au nord de Lyon, nous fîmes halte dans un pré sur les rives de la Saône. C'était la première fois que je prenais du repos depuis le début de la retraite, tant de jours auparavant, mais j'étais trop épuisé pour trouver le sommeil, et trop désespéré. C'est alors que je perdis conscience du temps. Je garde très peu de souvenirs de ce que je fis ensuite et du temps que nous mîmes à regagner notre camp de Sathonay. Nous apprîmes en arrivant que Paris était tombé et que le maréchal Pétain dirigeait le pays. On évacuait l'infirmerie de Sathonay. Mes blessés furent pris en charge avec les autres. Enfin je pouvais dormir.

J'appris à mon réveil qu'une lettre de Sonia était arrivée le lendemain de mon départ pour le front. Elle m'écrivait le 10 mai pour me dire que les Allemands avaient attaqué et qu'elle-même, sa mère, sa sœur Paule et quelques amis proches prenaient le jour même un train à destination de la France. Cela faisait plusieurs semaines que les Stukas occupaient le ciel. J'étais bien placé pour savoir que les Allemands bombardaient et mitraillaient tout ce qui bougeait. Terrifié, j'imaginais le train de Sonia transformé en tas de ferraille quelque part dans la campagne belge ou française.

Mes hommes et moi reprenions la route le lendemain matin. Six jours plus tard, nous arrivions au terme de notre voyage : Aix-en-Provence. A peine m'avait-on montré mon lit que je m'effondrai. Je ne me réveillai que quarante-huit heures plus tard. Marcher était devenu un calvaire. J'avais vingt ampoules au pied droit et renonçai à compter celles du pied gauche.

On m'apprit bientôt que j'étais décoré de la Croix de Guerre et cité à l'ordre de l'armée. Je fus surpris. N'étaient-ce pas surtout les circonstances qui avaient été extraordinaires ?

Le soir du 22 juin, tandis que je dormais, le maréchal Pétain signait un armistice qui scindait la France en deux. La zone occupée comportait la côte atlantique tout entière et tout le territoire français hormis la région si pauvre du sud et du sud-est. Les forces armées étaient démobilisées sur le territoire métropolitain et en Afrique du Nord, et la totalité de la flotte devait être désarmée. La France était un pays conquis.

Il était hors de question pour moi de retourner en Belgique, à l'Institut des Maladies tropicales.

Et Sonia, où était-elle ?

3

Les soldats en retraite continuaient d'affluer vers le sud où on les regroupait en garnisons temporaires en attendant leur démobilisation. Le Service de Santé me nomma médecin chef des 12e et 21e régiments de volontaires, désormais cantonnés dans les villages de Trets, Fuveau et Penier, aux alentours d'Aix-en-Provence.

On me chargeait d'organiser une infirmerie à Trets pour résoudre les terribles problèmes sanitaires qui s'étaient développés pendant la retraite. Les soldats en fuite avaient fouillé les campagnes à la recherche de cachettes et de ravitaillement, ce qui les avait menés le plus souvent dans les étables et les porcheries. Un grand nombre arrivaient donc couverts de poux et souffrant de dermatoses contagieuses.

Nous ne disposions sur place d'aucun produit capable de les traiter. Il me fallait trouver un moyen de faire admettre mes soldats au service de désinfection d'Aix-en-Provence déjà surchargé. Je ne pouvais pas les garder éternellement en quarantaine.

J'eus l'idée de dresser une liste factice des patients chez qui j'avais diagnostiqué une possible affection cutanée hautement contagieuse et j'y inscrivis tous les soldats nécessitant une désinfection. Je rassemblai tout le monde à Trets. Je pris la tête d'une gigantesque colonne de huit cents hommes et nous parcourûmes les vingt kilomètres nous séparant de l'hôpital d'Aix-en-Provence. Je remis ma très longue liste à la direction de l'hôpital. Notre assaut de front se termina par une victoire. Mes huit cents soldats furent admis. Un peu plus tard, toutefois, je traversai un moment difficile lorsque le commandant Schwab, mon chef, m'adressa une sévère réprimande publique pour avoir mis dans une situation délicate les autorités militaires.

J'eus bientôt gagné la coopération des maires et des habitants en remerciement des soins médicaux que je leur prodiguais en l'absence de leurs médecins habituels partis à la guerre. J'appréciais tout particulièrement la générosité du boucher, du boulanger, de l'épicier et également, bien sûr, du directeur de la coopérative viticole locale.

Une autre lettre de Sonia me parvint vers la fin du mois de juillet. Sur l'enveloppe, un cachet de la poste française. Elle et ses amis étaient détenus depuis la mi-mai dans un camp à l'extérieur de la ville de Mende. A moins de deux cent cinquante kilomètres de moi ! Elle était partie dans un train bondé de gens aux abois, qui fuyaient la Belgique où ils s'étaient réfugiés après avoir quitté leurs pays occupés par l'Allemagne. Sonia qui parlait plusieurs langues européennes s'était efforcée d'aider quelques-uns de ces déracinés. Les employés du train, passablement surmenés, les avaient pris elle et ses compagnons de voyage pour des espions allemands.

Les événements avaient alors pris très mauvaise tournure ; on avait fait descendre Sonia du train dès l'entrée en France et on l'avait placée dans un camp militaire où étaient détenus des espions, des communistes et des trafiquants de drogue. Sa seule chance d'en sortir était d'épouser un citoyen français. J'écrivis immédiatement au ministère de la Guerre pour demander l'autorisation de l'épouser.

J'attendis la réponse presque deux mois, durant lesquels les simples soldats furent démobilisés. Un camp semi-permanent fut organisé pour accueillir ceux qui n'avaient pas de foyer où retourner, ce qui concernait surtout les Juifs et les réfugiés politiques venus en France au début des hostilités pour combattre l'Allemagne. Ce groupe de combattants démobilisés comprenait un grand nombre de républicains espagnols ; c'était la Légion étrangère qui les administrait depuis sa base de Marseille ; les Allemands lui avaient permis de maintenir là un quartier général opérationnel.

Mon autorisation en main, j'écrivis à Sonia pour lui annoncer mon arrivée à Mende aussi vite que possible. Je passai ensuite plusieurs jours à Marseille à la recherche d'un moyen de gagner Mende, car la circulation ferroviaire était totalement désorganisée. J'eus finalement recours au procédé qui m'avait réussi la fois précédente : je parlai d'amour avec des trémolos dans la voix ; et cette fois encore tous les obstacles s'effacèrent devant moi ! On me mit en surcharge dans le premier train en partance, c'est-à-dire un train de bestiaux. J'arrivai à Mende après deux jours et deux nuits passés en cette compagnie aussi bucolique qu'aromatique.

Nous étions le 27 septembre 1940. Nos retrouvailles furent brèves mais ardentes. L'administrateur du camp autorisa Sonia à quitter le camp pour la cérémonie de mariage qui devait avoir lieu l'après-midi suivant, et l'autorisa également à rester dehors jusqu'au lendemain matin. Je fus accablé d'apprendre qu'il lui faudrait regagner le camp après la cérémonie au lieu de me suivre à Trets comme je l'espérais. Nous avions été assez naïfs pour nous imaginer qu'elle serait libérée automatiquement du fait de notre mariage. Nous apprenions à nos dépens que le gouvernement de Pétain n'avait prévu aucune clause permettant la libération en fonction de certaines circonstances des personnes suspectées d'espionnage. Il nous faudrait trouver un autre moyen de faire sortir Sonia.

Nous avions envie d'être seuls ; nous étions à quelques minutes à pied de mon hôtel en ville. Bras dessus bras dessous, nous passâmes tranquillement devant les bâtiments décrépits du camp ; il y avait une clôture de barbelés et une grille non gardée que nous franchîmes sans autre forme de procès. Un garde siffla. Une manifestation de sympathie, pensions-nous. Mais à l'entrée de l'hôtel nous vîmes courir vers nous un gendarme qui mit Sonia en état d'arrestation. Pour tentative d'évasion du camp de détention !

On nous ramena au camp sous bonne garde. L'administrateur était furieux. Je lui expliquai que Sonia étant autorisée officiellement à quitter le camp pour notre mariage et notre nuit de noces, nous n'avions pas songé à solliciter sa permission pour sortir un court moment cet après-midi-là. L'administrateur ne décolérait pas. Pourquoi n'étions-nous pas revenus quand le garde avait sifflé ? C'était à mon tour de me fâcher.

— Il ne pouvait pas nous appeler normalement, votre

garde ? Il me prend pour un chien qui accourt quand on le siffle ?

L'administrateur du camp, personnage fort imbu de lui-même, était hors de lui. Non content d'oublier de lui demander l'autorisation de sortir, voici que je me permettais d'insulter un de ses hommes. L'accusation de tentative d'évasion était si absurde qu'il lui fallut bien y renoncer ; il eut néanmoins sa petite revanche. Sonia avait à présent pour consigne de regagner le camp quatre heures après la cérémonie.

On nous maria le lendemain, à midi et demi, en cinq minutes, chez le juge de paix de la mairie de Mende. Les documents attenant au divorce de Sonia en Roumanie manquaient à notre dossier mais personne ne s'en inquiéta. On était en période de guerre. Assistèrent à la cérémonie les amies et les membres de la famille de Sonia arrêtées en même temps qu'elle, c'est-à-dire sa mère, sa sœur Paule, son amie Margo et la mère de Margo ; vinrent également quelques jeunes Grecques avec qui Sonia s'était liée d'amitié au camp.

Par ce bel après-midi d'automne, nous parcourûmes à pied le chemin séparant la mairie de mon hôtel. Sonia devant regagner le camp plus tôt, notre repas de noce prévu pour le soir eut lieu à une heure de l'après-midi. En dépit de la pénurie de vivres due à la guerre, nous eûmes un véritable festin servi sur une table élégamment dressée. Pâté de foie gras et champagne pour commencer ; puis rôti garni de légumes du potager ; et pour finir un véritable café et un savoureux gâteau de mariage arrosé d'alcool préparé par le patron lui-même.

L'heure fatidique approchant, nous laissâmes nos convives pour retourner au camp. Le garde posté à l'entrée prit Sonia par le bras et referma les grilles derrière elle. Debout là, je la regardais s'éloigner. Se retournerait-elle pour échanger un dernier regard ? Non, elle se contentait de marcher droit devant elle. Je fixais désespérément son dos. Comment partir sans un dernier adieu ? J'attendis, en suivant du regard à travers les barbelés sa silhouette de plus en plus petite. Au moment de disparaître dans son baraquement, elle se retourna pour me faire un grand signe avec la main.

Je ramassai mes bagages à l'hôtel, saluai tout le monde et repris la route de Trets. Presque tout mon voyage de retour se passa en rêveries. Je nous revoyais Sonia et moi au temps de notre rencontre à Anvers et j'imaginais la joie de vivre ensemble lorsqu'elle serait enfin libérée du camp de détention. Je savourais à nouveau les œufs du petit déjeuner ce matin-là, ainsi que le repas magnifique qui avait couronné notre mariage. Toutes ces denrées représentaient un luxe rare depuis le début de la guerre.

De retour à Trets, le commandant Schwab me convoqua dans son bureau. Durant ma brève absence le gouvernement avait décidé d'organiser les volontaires sans foyer en compagnies de travail semi-permanentes, affectées à la réfection des routes et aux chantiers de construction. Je pouvais dès à présent soit retourner dans ma famille, à Versailles, soit rester dans l'armée démobilisée en tant que médecin des quatre compagnies établies dans la zone sud de la France. L'un des camps devait se trouver à La Ciotat sur la côte méditerranéenne, avec un camp annexe dans la banlieue de Marseille. Un autre était prévu au bord de la mer en Camargue avec un camp annexe entre Arles et Tarascon.

En restant, je demeurais sous l'autorité militaire, mais je continuais à percevoir mon modeste salaire de lieutenant sans être obligé ni de vivre au camp ni de porter l'uniforme. L'armée démobilisée me payait mon logement et me permettait de faire mes achats à la coopérative militaire. C'était une garantie de trouver à des prix raisonnables un grand nombre de denrées devenues rares en ces temps de pénurie.

Cela semblait la meilleure solution, mais je voulais attendre la venue de Sonia pour en décider avec elle, ce qui ne posait pas de problème puisque j'avais jusqu'à la fin du mois d'octobre pour donner ma réponse. Le 15 octobre, toutefois, Sonia n'avait toujours pas quitté le camp de détention. Elle ne serait jamais sortie sans l'intervention d'un de ses amis d'enfance devenu aide-de-camp du roi des Belges. Il réussit à libérer tout le groupe sous prétexte de les faire comparaître en Belgique. Il accompagna Sonia chez moi à Marseille, tandis que les autres partaient immédiatement pour Perpignan. Il m'annonça leur arrivée par télégramme ; par je ne sais quelle ironie du sort, ma femme allait faire son voyage de noces en compagnie d'un autre homme.

Dès que nous fûmes réunis, Sonia et moi discutâmes de nos projets immédiats. La guerre était finie en France, mais mon emploi à l'armée restait pour nous la meilleure solution vu les circonstances. Cette situation nous aiderait à survivre dans un pays désorganisé et en proie à la pénurie. Nous serions également protégés, pensions-nous, contre les nazis qui parlaient de déporter les Juifs de France.

Les événements survenus en France nous touchaient profondément et nous étions déjà trop engagés dans la lutte antinazie pour demeurer des spectateurs passifs. Nous savions que mon emploi dans l'armée ne nous protégerait pas éternellement, mais cela nous donnerait le temps de chercher un moyen de rejoindre en Angleterre le général de Gaulle et la France libre.

La guerre n'était pas finie pour nous. Et ce devait être bientôt le début de notre action dans la Résistance.

4

Le 10 novembre, Sonia et moi nous installâmes à Tarascon où j'étais muté. J'avais dirigé le déménagement de l'infirmerie de Trets dans la zone de Tarascon-Arles, où notre compagnie travaillait déjà à la réfection de la route entre les deux villes. Sonia nous trouva un logement provisoire à l'hôtel de la Place. Je fis l'emplette d'une bicyclette pour mes déplacements et pus commencer mes tournées quotidiennes. Il me fallait aussi procéder à l'équipement de l'infirmerie destinée à accueillir les patients dont l'état ne nécessitait pas une hospitalisation.

Je n'avais pas encore eu le temps de prendre contact avec l'hôpital du secteur que l'on me réveillait en pleine nuit pour m'annoncer qu'un ouvrier du camp vomissait du sang. Après examen je découvris un ulcère gastrique menaçant de perforer. Je demandai le nom du meilleur chirurgien d'Arles. Le Dr Jean Gorodisch, me dit-on, tout en m'avertissant que j'aurais affaire à un homme bourru qui détestait être réveillé en pleine nuit.

J'ordonnai le transport immédiat de mon patient à l'hôpital de Tarascon. Je sautai ensuite dans la camionnette du camp pour me rendre chez le Dr Gorodisch. Il était trois heures du matin.

Je sonnai plusieurs coups rapides pour signaler l'urgence. Puis j'attendis. Un homme d'une quarantaine d'années ouvrit la porte. Il me dominait d'une tête et me regardait avec mépris à travers ses lunettes perchées sur son nez. Il aboya :

— De quel droit me réveillez-vous en pleine nuit ?

Je bafouillai qu'un de mes patients avait besoin d'une intervention chirurgicale urgente, que lui seul était capable de réussir.

Le Dr Gorodisch criait toujours :

— On se présente avant de parler, quand on est un gentleman ! Et croyez-vous que ma femme n'a pas elle aussi besoin de moi la nuit ?

Heureusement, je remarquai un pétillement dans ses yeux. Je le priai de m'excuser pour ma grossièreté bien involontaire ; puis je me présentai et entrepris de lui expliquer l'état de mon patient.

Le Dr Gorodisch me coupa de nouveau la parole.

— Je n'ai pas besoin de votre exposé. Je ferai mon diagnostic moi-même. On perd un temps précieux !

Il me servit un cognac pour me remettre de mes émotions pendant qu'il s'habillait. Un instant plus tard, il était prêt à partir.

A l'hôpital de Tarascon, il reconnut qu'une intervention chirurgicale s'imposait de toute urgence. Nous appelâmes l'infirmière qui avait recherché le groupe sanguin de notre malade. Elle pâlit à la vue du Dr Gorodisch ; car il lui fallait lui apprendre que l'hôpital ne disposait pas de sang correspondant au groupe du patient. Le Dr Gorodisch nous interrogea tous ; aucun de nous n'était de ce groupe-là. Alors il annonça :

— Moi si. Prenez sur moi deux cents centimètres cubes, Dr Haas. Ça nous permettra de commencer l'opération ! Les autres trouveront un autre donneur entre-temps.

Pendant que l'on préparait le patient, un garçon de salle se porta volontaire pour donner le sang qui manquait.

J'assistai le Dr Gorodisch. Son habileté et sa manière de dominer la situation m'impressionnèrent. Il acheva l'opération lui-même, ce qui était exceptionnel. Il n'ordonna pas à un assistant de refermer l'incision pour s'éclipser comme une prima donna quittant la scène ; au contraire, il sutura lui-même l'ouverture avant de partir en marmonnant un vague salut.

Je rentrai aussi chez moi dormir un peu avant de retourner travailler. Le téléphone sonna au moment où je m'endormais. C'était la secrétaire de Gorodisch. Il m'attendait dans son bureau de l'hôpital d'Arles à onze heures et demie, c'est-à-dire dès qu'il aurait terminé sa série d'interventions de la matinée.

Je faillis envoyer la secrétaire au diable en même temps que son patron, mais je me mordis les lèvres en songeant que lui aussi avait été debout jusqu'à cinq heures et demie et qu'il était sans doute déjà de retour à l'hôpital entre sept et huit heures. Ravalant ma colère, j'acceptai son invitation.

J'arrivai dans son bureau encore vaguement contrarié et m'apprêtant à rencontrer un accueil brusque. Mais le Dr Gorodisch me salua d'un sourire aimable et me serra la main avec chaleur. Il me félicita pour mon diagnostic et mon efficacité dans les circonstances difficiles de la nuit précédente. Ensuite, il me présenta au directeur de l'hôpital auprès de qui il intervint pour qu'à l'avenir l'on y admît sans problème mes patients.

Nous quittâmes l'hôpital ensemble et il m'emmena déjeuner à sa clinique privée, appelée Clinique Nicolas, d'après le prénom de son bébé. Après avoir discuté de la situation politique en France, Gorodisch me conseilla de déménager à Arles mieux équipée sur le plan médical et plus intéressante d'un point de vue social. Il nous recommandait l'hôtel du Sud, une petite pension proche de la route Arles-Tarascon dirigée par un officier à la retraite et son épouse.

Sonia et moi déménagions quelques jours plus tard. La chambre était confortable, et c'est là, à l'hôtel du Sud, que nous entrâmes en liaison avec la Résistance.

Un jour, quelque temps après notre installation à Arles, Sonia m'accompagna à l'hôpital où j'avais désormais une consultation tous les matins. Nous rencontrâmes Gorodisch qui nous invita à déjeuner dans sa clinique. A table, soudain, il nous lança un regard entendu :

— Je suis sûr que c'est parce que vous êtes Juif que vous êtes resté dans l'armée.

— Et alors, est-ce mal d'être Juif ?

— Très mal, surtout sous l'occupation allemande ! Ne soyez pas si susceptible. J'ai d'excellents amis juifs... y compris moi-même !

Gorodisch nous proposa de former un petit groupe clandestin avec quelques personnes rencontrées depuis peu à Arles. Chaque membre s'efforcerait d'établir une liaison avec le réseau de Résistance qui, disait-on, se formait. Nous savions qu'une telle liaison nous mènerait à la France libre en Angleterre. Gorodisch décida de m'accueillir au sein de son équipe moyennant un petit salaire. Sa clinique nous fournirait ainsi un lieu de rencontre sûr et discret qui n'attirerait pas l'attention des nombreux agents de Pétain à Arles.

J'interrogeai Gorodisch sur les tendances politiques du patron de notre hôtel et de sa femme. Ceux-ci lui semblaient parfaitement inoffensifs ; il éprouvait en revanche un certain malaise au sujet d'un des clients, un colonel qui portait toujours son uniforme alors qu'il n'avait plus aucune activité dans l'armée ni, d'ailleurs, aucun autre travail. Il sortait chaque matin pour une promenade en compagnie de sa femme et de leur chien, un bouledogue. Il passait la plus grande partie de ses après-midi à la pêche. Gorodisch suspectait le colonel d'être en réalité un espion de Pétain ou des nazis. Il pêchait en dehors de la ville dans un endroit retiré où personne n'avait jamais attrapé de poisson. Des individus louches venaient souvent lui parler à mi-voix et brièvement sur les berges solitaires de la rivière.

J'étais stupéfait de constater avec quelle précision Gorodisch connaissait les activités du colonel. En riant, il me répondit :

— Quand vous comptez la moitié de la ville parmi vos patients, y compris la police et les fonctionnaires, des ragots vous en entendez toute la journée. Et vous pouvez me croire que les langues vont bon train ici !

Sonia et moi rentrâmes à l'hôtel tout excités à l'idée de filer la piste du colonel pour découvrir sa véritable identité. Sonia faisait merveille dans ce genre d'aventures.

Le patron de l'hôtel et moi nous étions découvert une passion commune pour les collections de timbres. Je l'invitai le soir même dans notre chambre ; nous parlerions de timbres en dégustant du café et du cognac. J'avais surtout l'intention de diriger la conversation sur le colonel. Toutes mes tentatives discrètes furent infructueuses. Sonia était assise là, sans rien dire, un sourire sur les lèvres. Soudain fatiguée de mes improductives subtilités, elle demanda sans ambages :

— J'ai remarqué ce matin, sortant de l'hôtel avec leur chien un colonel avec une dame très élégante. Ils ont une chambre ici ?

— Ah, dit le patron, vous parlez du colonel Jeantrel et de sa femme avec leur bouledogue Monsieur Bouboule.

Le chien du colonel l'impressionnait beaucoup. Si on

l'appelait simplement « Bouboule », il grognait sans bouger d'un pouce. Il fallait dire avec politesse « Monsieur Bouboule » et il accourait immédiatement.

Et le colonel, comment était-il ? demandai-je alors. Le patron était très intrigué à son sujet parce qu'il aurait dû être à Avignon où tous les officiers du génie militaire étaient affectés depuis le début de l'occupation allemande. Le colonel était un homme tranquille et austère qui se levait tous les matins à six heures pour promener son chien. On leur montait toujours le petit déjeuner à sept heures et demie précises. Il ressortait ensuite — pour quoi faire, cela personne ne l'avait jamais su. Sa femme restait dans la chambre presque toute la journée. Il recevait de temps à autre un coup de téléphone en plein milieu de la nuit. Alors il quittait l'hôtel en vêtements civils et disparaissait pendant plusieurs jours.

Le patron ajouta que le colonel allait à la pêche presque tous les après-midi.

— Quelle coïncidence ! dis-je. J'adore la pêche.

Ce qui était faux mais me donnerait peut-être une occasion de faire plus ample connaissance. Je poursuivis :

— Malheureusement, je n'ai pas de canne à pêche ici.

Et Sonia de s'écrier :

— Tu pourrais peut-être en emprunter une au colonel ?

Je lançai un coup d'œil interrogateur au patron, qui proposa de nous inviter pour le thé le lendemain même. Si nous apportions de quoi le faire, il inviterait aussi le colonel et Mme Jeantrel et demanderait à sa femme de préparer un gâteau. Comme d'habitude, ce serait à moi de faire le café. Sonia me souriait. Au fond de ses yeux une lueur me disait :

— Tu vois ? Il n'y a qu'à se jeter à l'eau et ça marche très bien !

Le lendemain matin, je commandai donc du café, de la farine et du sucre à la coopérative de l'armée et trouvai un peu de beurre frais dans une ferme du voisinage. Lorsque Sonia et moi fîmes notre entrée chez le patron de l'hôtel, Monsieur Bouboule vint nous renifler d'un air soupçonneux avant de retourner se coucher aux pieds du colonel. Depuis cette position stratégique, il suivit ensuite des yeux chacun de mes mouvements. On me présenta à Mme Jeantrel, habillée comme pour le thé au Ritz, et au colonel qui me serra la main avec énergie.

Bientôt, les dames parlaient chiffons, tandis que le colonel engageait la conversation sur les joies de la pêche.

Je reconnus n'être pas un pêcheur émérite. C'était, dis-je, un moyen pour moi de savourer un moment de solitude pendant lequel je pouvais réfléchir en regardant le ver se balancer au bout de ma ligne. Ces instants de paix me manquaient terriblement, mais que faire sans canne à pêche ? Le colonel offrit de m'en prêter une et m'invita à l'accompagner un après-midi au bord de la rivière, là où il pêchait. J'acceptai. J'aurais voulu dévier la conversation sur la situation politique française afin de tâter l'adversaire immédiatement, mais incapable d'y parvenir en finesse, j'y renonçai, en songeant qu'une occasion favorable se présenterait certainement lors d'une de nos parties de pêche.

Il se trouva que le colonel était également un passionné d'échecs. Nous résolûmes donc de nous mesurer un jour prochain. Sonia et Mme Jeantrel décidèrent de faire ensemble du lèche-vitrines le lendemain après-midi. Fort content des petits morceaux de brioche et de croissant que je lui donnai, Monsieur Bouboule me fit l'honneur de son amitié.

J'allais pêcher avec le colonel aussi souvent que mon emploi du temps me le permettait ; malheureusement, je n'appris rien sinon que c'était un monsieur très gentil, très réservé et même assez replié sur lui-même ; il aimait la littérature et la musique classique, dont nous parlâmes des heures durant.

Vers la fin de ce long automne, mes amis et moi cherchions toujours fiévreusement et vainement à entrer en contact avec la France libre. Avec l'hiver, vinrent la neige et le mistral ; le colonel et moi remplaçâmes nos parties de pêche par des parties d'échecs. Je ne réussis que très rarement à discuter de politique avec lui. Je m'aventurai une fois à lui demander pourquoi il portait encore son uniforme.

— J'attends de savoir si je vais ou non rester dans l'armée. J'ai mon bureau non loin d'ici, à Avignon, mais je préfère habiter Arles à cause du festival de musique annuel.

— Si vous êtes dans cet état d'esprit au sujet de l'armée, pourquoi ne pas rejoindre de Gaulle en Angleterre ?

— C'est trop tard pour ça, répondit le colonel.

Mais il parut soudain mal à l'aise et mécontent de lui-même, comme si cette réponse lui avait échappé. La fois suivante, je m'efforçai de ramener la conversation sur de Gaulle et Pétain ; il fit alors une très belle volte-face en parlant de Pétain comme d'un patriote et en traitant de Gaulle de traître.

Je résolus d'emmener le colonel visiter le camp de travailleurs de la zone Tarascon-Arles. Voici qui serait peut-être une occasion de l'inciter à se livrer un peu plus. Il sembla enchanté de mon invitation et dit qu'il viendrait dès son retour d'un court séjour à Marseille. Juste avant son départ, nous prîmes le café ensemble. Tout à coup, en plein milieu d'une conversation anodine, il me demanda :

— Pourquoi n'essayez-vous pas de passer en Angleterre, vous qui êtes Juif ?

Je reconnus que par crainte des nazis Sonia et moi souhaitions trouver un moyen de partir en Angleterre. Il me remercia pour ma franchise mais me conseilla de ne plus me montrer si ouvert à l'avenir. Il semblait très sincère ; cette conversation me laissa néanmoins une impression de malaise. Son brusque déménagement pour Avignon trois jours après son retour de Marseille ne fit qu'accroître mon anxiété.

Environ une semaine plus tard, vers la fin de 1940, j'avais une raison supplémentaire de m'inquiéter. L'inspecteur du travail du secteur se présenta un jour à l'infirmerie du camp sur la foi de plaintes anonymes. J'étais furieux et j'avais peur. Je voyais en cela la preuve que le colonel m'avait signalé en tant que Juif. Assurément, la venue de cet inspecteur ne faisait qu'amorcer la série des tracasseries que l'on me préparait. Il refusa de me préciser qui s'était plaint de moi et à quel sujet. Il se mit en revanche à fouiner partout dans l'infirmerie à la recherche d'une irrégularité. Je m'efforçai de garder mon calme tout en bouillant intérieurement. Après une fouille méthodique au cours de laquelle il trouva tout en ordre, il finit par découvrir qu'une ampoule de morphine manquait à l'inventaire sans justification. Une autre personne à part moi-même possédait la clef de la pharmacie. L'inspecteur voulut savoir si cet homme était Juif.

J'explosai :

— En quoi la religion de cette personne vous regarde-t-elle ? Il s'est battu pour la France, et aujourd'hui il travaille pour elle ! C'est ça, l'important !

L'inspecteur répondit d'un ton de mépris :

— Vous n'imaginez pas de quoi un Juif est capable pour gagner trois sous.

Je répliquai sèchement que je tenais à répondre personnellement de l'absence de cette ampoule de morphine.

— Soyez sans crainte, lança-t-il alors. Vous n'avez pas fini d'en entendre parler !

Lorsque l'inspection s'acheva, à midi, je m'apprêtai à regagner Arles pour déjeuner avec Sonia. L'inspecteur m'annonça qu'il avait encore à me parler, mais il refusait de discuter en présence de ma femme. Nous sortîmes donc déjeuner sans elle.

Pendant le repas, l'inspecteur se déversa en un flot d'invectives contre les Juifs et il termina en approuvant chaudement la législation antisémite arrêtée par le gouvernement de Vichy. Il applaudissait en particulier la création récente en zone libre comme en zone occupée de camps destinés à l'incarcération de tous les Juifs étrangers de France. La police française assistée par des agents de la Gestapo effectuait déjà de nombreuses rafles. C'est alors qu'il leva les yeux sur moi.

— Êtes-vous Juif, Haas ?

Je me sentis rougir et je bafouillai :

— Oui.

— Je m'en doutais. C'est évident que vous êtes Juif et que vous faites tout votre possible pour le cacher !

Je sautai sur mes pieds fou de rage et sortis du restaurant en le traitant de sale fasciste. J'avais le visage en feu et le sang qui me battait les tempes. Je rentrai chez moi à bicyclette.

Tremblant encore de colère, je racontai à Sonia ce qui s'était passé. J'étais persuadé que le colonel Jeantrel m'avait dénoncé comme Juif et antipétainiste. J'avais l'impression qu'il était temps de fuir et de me cacher, mais je me rendis vite compte que l'on pourrait alors m'accuser de désertion, ce qui offrirait à mes ennemis la chance inespérée de me traduire en conseil de guerre. J'attendis avec anxiété pendant trois jours la suite des événements. Le quatrième jour, on m'ordonnait de paraître devant le colonel Louis Deronne à Marseille.

Sonia voulait m'accompagner mais je ne préférais pas. Si je n'étais pas de retour ce soir-là, elle saurait que mes pires craintes s'étaient réalisées. Il serait alors encore temps pour elle de se mettre à l'abri chez les Gorodisch à Arles ou chez ma mère qui avait déménagé à Villon.

J'arrivai de très bonne heure à Marseille. J'avais

l'estomac noué et les mains moites lorsque l'on me conduisit dans le bureau du colonel Deronne. L'inspecteur du travail d'Arles était là. Je faillis tomber à la renverse en le voyant venir à moi la main tendue amicalement. Il me demanda ensuite de l'excuser pour son attitude déplaisante lors de notre entrevue précédente. Il était en réalité de la Résistance ! Lui et ses camarades devaient se garder des infiltrations, même s'ils avaient appris de bonne source que Sonia et moi désirions travailler avec la France libre.

Je fus stupéfait d'apprendre que ces gens avaient des dossiers détaillés sur nous tous, y compris sur Sonia et moi ! L'inspecteur sourit.

— Nous ne sommes pas des amateurs. Le colonel Jeantrel qui appartient au Deuxième Bureau, est un de nos meilleurs recruteurs. Il fait un premier tri pour distinguer le vrai du faux. Ensuite seulement nous intervenons pour procéder à une mise à l'épreuve décisive.

Le colonel Deronne entra alors, et l'inspecteur me présenta ainsi :

— Le médecin qui nous a été recommandé à Arles.

Je fus soudain assailli de doutes : et eux, étaient-ils de bonne foi ? Ceci n'était peut-être qu'une mise en scène pour m'inciter à me trahir en trahissant mes amis. Je ne parvenais pas à faire taire mes craintes. Je décidai donc de jouer au plus bête en attendant de cerner clairement la situation.

En réponse à la façon dont l'inspecteur m'avait présenté, je dis :

— Je ne vois absolument pas de quoi vous parlez.

Le colonel Deronne comprit alors que je me méfiais. Il s'efforça de me rassurer.

— Donnez-moi votre parole d'honneur, commença-t-il, que tout ce qui se dira dans cette pièce restera entre nous.

Il sortit les fiches nous concernant Sonia et moi. En m'efforçant de lire à l'envers, je vis des notes détaillées sur notre passé, des chiffres codés et le mot *oiseau* inscrit sur chaque fiche. Voilà qui n'était pas pour me rassurer. L'expression *C'est un drôle d'oiseau* me convainquit que l'on allait me traîner directement de ce bureau dans une cellule de la prison militaire.

Le colonel Deronne poursuivit :

— Nous travaillons sous les ordres du général de Gaulle à la formation d'un réseau de Résistance en France. Nous sommes à la recherche d'une personne capable de diriger un groupe en voie de création dans les Alpes-Maritimes. Et nous pensons que vous êtes celui que nous cherchons.

Chaque petit groupe de résistants devait opérer de manière autonome en ignorant tout des autres groupes de son secteur. Le réseau serait coordonné depuis Londres par le Bureau central de Renseignements et d'Action, sous la direction du colonel Passy. « Passy » était évidemment une fausse identité. Le colonel Jeantrel était un proche collaborateur de Passy, et Passy était le bras droit de de Gaulle. Le général de Gaulle, commandant en chef de la France libre, avait sous sa direction les Forces françaises de l'intérieur, leur organisation militaire clandestine sur le sol français.

— Si vous acceptez notre offre, nous vous ferons muter sur la Côte d'Azur, en tant que médecin du camp de travail en formation à Mandelieu, à quelques kilomètres au nord-ouest de Cannes. Et nous recrutons également des femmes ; cela pour le cas où votre femme serait intéressée.

Je faisais toujours comme si je ne comprenais pas ce qu'ils attendaient de moi. Finalement, Deronne déclara :

— Vous ne nous croyez pas. La prochaine fois que nous prendrons contact avec vous, nous vous fournirons la preuve indiscutable de notre bonne foi.

L'entrevue était terminée.

Pendant le trajet de retour à Arles, j'avais le sentiment d'émerger d'un mauvais rêve. Sonia se montra enchantée : un vrai roman d'espionnage. Mais que faire à présent ? Elle considérait, avec philosophie comme d'habitude, qu'il ne nous restait plus qu'à attendre la preuve de bonne foi annoncée. Donc, nous attendîmes. La nouvelle année vint puis s'en fut. La mi-février arriva sans que l'on eût encore repris contact avec nous.

Je reçus un jour un appel téléphonique du lieutenant Konrad de la compagnie cantonnée en Camargue. C'était un homme avec qui Sonia et moi entretenions des rapports d'amitié et sympathisions sur le plan politique. Il y avait une urgence au camp ; pouvais-je venir immédiatement ? Les cas d'urgence nécessitant en général une hospitalisation, je m'y rendis au volant de notre ambulance. Le lieutenant Konrad m'attendait à l'entrée du camp. Il rit en me voyant descendre de l'ambulance.

— Il n'y a pas de malade. Ce n'était qu'un prétexte pour vous faire venir ! Avez-vous pris une décision ?

— Quelle décision ? demandai-je, toujours méfiant.

Après m'avoir emmené dans son bureau, le lieutenant Konrad ouvrit devant moi un placard camouflé dans le mur. Il contenait un équipement de transmission radio.

— Qu'avez-vous décidé au sujet de l'offre que vous a faite le colonel Deronne ? Je dois lui transmettre votre réponse sur-le-champ. Si c'est oui, nous vous ferons muter rapidement sur la Côte d'Azur. Ensuite, une fois que vous y aurez mis en place une organisation préliminaire, Sonia et vous serez envoyés en Angleterre en vue d'un entraînement spécial.

J'eus de nouveau la sensation d'être pris dans un rêve étrange. Cependant, en dépit de cette impression d'irréalité, mes soupçons se dissipaient, la confiance commençait à germer. Mais il me fallait une preuve supplémentaire que tout cela n'était pas un piège monté de main de maître. Cette preuve, on ne tarda pas à me la donner.

Le lieutenant me conduisit dans une petite pièce contiguë. Il ouvrit devant moi un placard dont la porte se dissimulait derrière le papier peint du mur. Dans ce placard étaient rangés une série de mitraillettes, une bonne quantité de plastic et de la monnaie étrangère.

— Ceci, mon ami, est notre centre d'approvisionnement régional.

Je lui donnai ma réponse : oui !

— Heureux de vous accueillir parmi nous.

Il me serra la main chaleureusement.

Ma réponse fut transmise par radio au colonel Deronne. Je faisais désormais partie de la Résistance. Toutefois, mon travail en son sein ne commencerait qu'après ma mutation à Mandelieu.

Je demandai au lieutenant Konrad si je pouvais raconter à mes quelques amis ce qui venait de se passer. Il me recommanda la plus grande prudence.

— Pas de danger en ce qui concerne Gorodisch, mais nous avons de plus amples recherches à faire sur les autres membres de votre groupe d'amis d'Arles. Nous préférons garder tout contrôle d'ici. Et autre chose : plus d'accès de colère quand vous entendez des réflexions antisémites !

J'allais devoir prendre garde.

Un problème plus immédiat se posait car l'on m'avait appelé en urgence auprès d'un malade. Ma consultation serait consignée dans un registre. Pour effacer tout soupçon, il me fallait un malade. Le lieutenant Konrad me proposa généreusement son adjudant, qui apprendrait à simuler une crise d'appendicite durant le trajet de retour à Arles. J'appelai Gorodisch pour lui demander son concours : il admettrait mon faux malade à l'hôpital avant de le renvoyer miraculeusement guéri.

De retour chez moi, je fis part à Sonia des derniers événements, en insistant sur le fait qu'il nous faudrait être particulièrement prudents à l'avenir. Je gardai le meilleur pour la fin : on nous enverrait en Angleterre suivre un entraînement spécial. Son regard s'illumina.

— On va sortir fêter ça ! dit-elle.

Ce que nous fîmes. Nous allâmes dîner dans notre restaurant préféré. Nous portâmes de si fréquents toasts à notre nouvel avenir que nous pouvions à peine marcher pour rentrer chez nous. Le pavé se dérobait soudain sous nos pieds et nous étions obligés de nous soutenir l'un l'autre, ce qui ne nous empêcha pas de rire tout le long du chemin.

Dès lors il ne nous restait plus qu'à attendre. Le temps s'écoulait avec une lenteur désespérante. Un nouveau commandant fut nommé à la direction du camp de Tarascon. C'était un Corse adipeux et déplaisant, avec des touffes de poils noirs sur ses mains grasses. Il avait deux passions, la religion catholique et le bordel local, et s'y livrait dans cet ordre chaque dimanche sans faillir.

Nous nous déplûmes instantanément. Le lieutenant Konrad me fit parvenir une note m'incitant à la plus grande prudence en raison des convictions pétainistes du nouveau commandant. En dépit de mes efforts, notre relation se détériora chaque jour un peu plus, jusqu'au moment où survint un incident qui me fit désespérer d'obtenir ma mutation à Mandelieu.

Un soir, Lazarre, mon aide à l'infirmerie, m'appela au sujet d'un ouvrier qui se plaignait de vertiges et de douleurs dans la poitrine. Je recommandai à Lazarre de le garder sous surveillance à l'infirmerie toute la nuit. Lazarre me rappela quelques heures plus tard pour m'annoncer que le malade était inconscient et respirait avec difficulté. J'ordonnai à Lazarre de l'emmener à l'hôpital d'urgence avec l'ambulance, et je promis d'y être aussi lorsqu'il arriverait. Habillé en hâte, je sautai sur ma bicyclette et pédalai jusqu'à l'hôpital. Après avoir réglé l'admission du malade je me postai à l'entrée pour guetter la venue de l'ambulance. Elle ne vint jamais.

En revanche, une demi-heure plus tard, Sonia arrivait hors d'haleine. Lazarre avait rappelé juste après mon départ. La camionnette et son chauffeur étaient introuvables. Il n'existait pas d'autre moyen de gagner l'hôpital. Le gardien de nuit nous conseilla d'appeler la police qui enverrait un « panier à salade » pour transporter notre malade de l'infirmerie à l'hôpital.

En arrivant à l'infirmerie je trouvai notre camionnette rangée à l'endroit habituel. Lazarre sortit en courant l'air bouleversé pour m'annoncer que le malade était mort. Et pendant qu'il agonisait, notre ambulance et son chauffeur attendaient à la sortie du bordel que notre nouveau commandant et ses amis eussent fini de s'amuser.

Le lendemain matin, le commandant m'ordonnait de dormir au camp pour éviter que ne se renouvelle pareil incident. Je refusai en le menaçant de rapporter aux autorités supérieures que sa désinvolture avait causé la mort d'un homme sous sa responsabilité. Il fit marche arrière en me priant très courtoisement de l'excuser. Il n'essaya toutefois pas de dissimuler la colère et l'antipathie qui rendaient cassante sa voix. Je craignis qu'il n'eût sa revanche en bloquant ma mutation à Mandelieu. Mais je me trompais. Il ne voulait surtout pas que l'on fît obstacle à sa fréquentation assidue du bordel, en sorte que ma mutation arriva encore plus vite que prévu ! Au mois de mars nous quittions Arles ; sur la Côte d'Azur, une nouvelle vie nous attendait.

Nous passâmes nos derniers jours à Arles dans la compagnie de nos amis. J'étais particulièrement triste de m'éloigner de Gorodisch dont nous étions devenus si proches.

5

Au milieu du mois de mars 1941, les rafles, ordonnées par le gouvernement de Vichy, des Juifs étrangers vivant dans la France non occupée étaient devenues habituelles. Les camps de transit créés à leur intention dès le mois d'octobre dans les zones occupée et non occupée se remplissaient rapidement. A Gurs, un camp situé dans le sud de la France, la sous-alimentation et la maladie avaient tué cet hiver-là plus d'un millier d'hommes, de femmes et d'enfants. Et l'on venait de créer le Commissariat général aux Affaires juives, sous la direction de Xavier Vallat, un antisémite notoire. Son premier souci fut d'ordonner le fichage de tous les Juifs vivant en zone non occupée. (Un peu plus d'un an plus tard, le successeur de Vallat devait ordonner les rafles systématiques et la déportation de tous les Juifs de France.)

En ce mois de mars, donc, toutes les villes de la Côte d'Azur étaient sujettes à des rafles par quartiers visant les Juifs étrangers. Personne ne pouvait se déplacer sans pièces d'identité. Les hommes devaient se soumettre à un examen médical des organes génitaux. Les plus habiles ou les plus chanceux parmi les réfugiés s'étaient procuré une fausse carte d'identité française. Leurs pièces d'identité étrangères trahissaient immédiatement les autres. Une fausse carte ne mettait cependant pas son possesseur automatiquement à l'abri d'une arrestation. Un nom à consonance juive, un accent étranger prononcé et, surtout, le fait de ne pas parler français entraînaient inévitablement des recherches complémentaires.

En ce qui nous concernait, tout avait été arrangé avant notre arrivée à Mandelieu. Le lieutenant nous avait procuré à tous deux une fausse carte d'identité française. On justifiait mon accent en me faisant naître en Alsace. Il nous procura également un certificat de baptême qui semblait tout à fait authentique, et à moi il fournit un certificat médical établissant que j'avais été circoncis étant enfant pour des raisons médicales.

Je me trouvais à Mandelieu en tant que médecin du camp nouvellement mis en place pour accueillir la 27ᵉ compagnie de travailleurs étrangers — composée essentiellement de républicains espagnols — sous le commandement du capitaine Montagne. Les fermes du voisinage louaient volontiers les services de ces réfugiés espagnols. La plupart travaillaient pour un véritable esclavagiste pétainiste qui possédait une exploitation de charbon de bois dans l'Esterel. La pénurie d'essence entraînant une demande croissante en charbon de bois, cette activité devenait des plus rentables, surtout avec de la main-d'œuvre gratuite. Les automobiles s'affublaient désormais de part et d'autre du capot de deux disgracieux réservoirs contenant du gaz produit par la liquéfaction de charbon de bois.

J'assurais une consultation pour les ouvriers espagnols deux fois par semaine et j'avais sous ma responsabilité la surveillance médicale d'autres compagnies plus restreintes cantonnées dans la région. Je pus bientôt faire admettre mes malades en priorité à l'hôpital de Cannes, où je me liai d'amitié avec le Dr Buso qui habitait La Napoule. Seul médecin de la ville depuis le début de la guerre, il s'épuisait à la tâche. Il me demanda un jour si je n'aimerais pas m'installer à La Napoule pour y partager sa clientèle. L'armée me laissait libre de faire ce que je voulais dès lors que j'assurais mon service en son sein. Sonia et moi trouvions l'idée du Dr Buso séduisante. Presque tous ses clients étaient des paysans du voisinage ; or la médecine de campagne me tentait. Les gens étaient souvent attachants, et ils réglaient volontiers les honoraires en poulets, beurre et œufs. Les effets du rationnement nous touchaient, même si nous avions accès à la coopérative militaire de Fréjus où l'on distribuait les denrées avec parcimonie. Mais c'est notre affection croissante pour le Dr Buso qui emporta finalement la décision. Nous louâmes donc à La Napoule un petit appartement qui surplombait le jardin des Buso.

Un problème inattendu se posait cependant en la personne du curé de La Napoule, antisémite enragé. Il soutenait avec un enthousiasme sans borne les efforts de

Pétain si attentif à copier les nazis et à coopérer activement à leur politique antisémite. Donner des renseignements sur ses voisins moins coopératifs représentait pour lui un acte hautement patriotique. Chaque fois que je le rencontrais dans la rue, il se lançait dans de violentes diatribes contre les derniers « traîtres juifs » étrangers qu'il avait dénoncés à la police.

Sonia et moi nous rendîmes vite compte que notre absence dans son église tous les dimanches finirait par éveiller ses soupçons. Je fis donc savoir au lieutenant Konrad qu'il nous fallait de toute urgence des documents attestant que nous étions protestants unitariens ; toutes les paroisses du voisinage étant catholiques, cela justifierait sans difficulté notre peu d'empressement à fréquenter la messe le dimanche.

Dès que Sonia et moi fûmes familiarisés avec La Napoule, je fis passer un message au lieutenant Konrad, toujours en Camargue, pour lui annoncer que nous étions prêts. Il vint à La Napoule pour nous préparer à une première prise de contact avec nos camarades résistants du secteur.

Nous devions commencer deux semaines plus tard à écouter assidûment les émissions de la BBC. L'ordre de rencontrer nos camarades inconnus serait diffusé la veille de l'entrevue. On devait nous identifier par nos noms de code. J'étais *oiseau* et Sonia *canard enchaîné*.

Un soir, nous entendrions la phrase *l'oiseau est prêt à voler avec le canard enchaîné* et ce serait le signal de la prise de contact le lendemain à une heure de l'après-midi dans un café choisi d'avance à Cannes. Sonia devrait avoir à la main un exemplaire du *Canard enchaîné*, le célèbre journal satirique, dont la publication avait été interdite, en sorte qu'il nous faudrait trouver un numéro ancien. Un inconnu devait s'approcher pour nous demander : « Où avez-vous trouvé le *Canard enchaîné* ? », et il nous faudrait répondre : « Nous l'avons pris à la gare d'Arles juste avant le départ de notre train. » Et la dernière réplique serait : « C'est difficile de le trouver dans cette partie de la France. »

Il nous fallait choisir un café où la prise de contact serait aisée. Sonia et le lieutenant Konrad vinrent me chercher à l'hôpital de Cannes et nous parcourûmes ensemble un long moment le quartier. Nous aboutîmes finalement sur une grande place assez animée. Sonia et moi prîmes une table tandis que le lieutenant Konrad explorait l'immeuble. Il remplissait la condition fondamentale : trois issues permettant de fuir dans trois directions différentes. Dans toutes situations présentant un danger, nous avions pour instruction de nous ménager la possibilité de fuir dans plusieurs directions en sorte qu'au moins une personne pût s'échapper.

Je me demandais si notre premier contact se ferait avec une ou deux personnes. Probablement deux, me dit-on. Un homme et une femme, ce qui attirait le moins l'attention.

Avant de regagner La Napoule, nous demeurâmes un moment à bavarder autour d'un café. Le lieutenant Konrad souhaitait vivement être envoyé en mission en Normandie, où il avait grandi et où vivait encore sa famille. Ce soir-là il nous emmena dîner dans un petit bistrot, puis nous rentrâmes tous les trois écouter l'émission de la France libre sur la BBC.

Il nous fallut un moment avant de trouver la fréquence. Nous n'entendîmes d'abord que des parasites. Puis vinrent les premières notes de la *Cinquième Symphonie* de Beethoven. « *Ici la France libre. Des Français parlent aux Français. Avant les nouvelles, quelques messages personnels.* » Le lieutenant Konrad se redressa brusquement sur son siège en entendant le message *Les pêcheurs rentrent à la maison* : on lui annonçait par ce message codé qu'il partait le lendemain matin du Cap d'Antibes à bord d'un sous-marin à destination de l'Angleterre.

En attendant l'annonce de notre prise de contact, j'avais pour tâche de rechercher d'éventuelles recrues pour notre groupe. Je n'eus pas à aller très loin. Le Dr Buso et sa famille étaient violemment antinazis et antipétainistes. Buso avait deux filles : Huguette, une lycéenne de seize ans, et Mimi, belle et ardente Méridionale de vingt-quatre ans, qui tenait une boutique de vêtements sur mesure pour dames à Cannes. Le Dr Buso haïssait les nazis et les pétainistes avec la même énergie. Mme Buso détestait surtout Pétain à cause des rationnements de nourriture. Quant à Mimi, elle haïssait particulièrement les Allemands qui avaient tué son fiancé.

Sonia et moi dînions en compagnie des Buso plusieurs fois par semaine. Ils fournissaient la nourriture. Moi qui ne fumais guère, j'apportais pour le Dr Buso des cigares et pour Mimi des cigarettes prélevés sur ma ration. Après le repas nous nous détendions un peu en buvant le café et en dégustant les gâteaux préparés par Mme Buso. Je n'oublierai jamais l'arôme des Balto et des Diplomate mêlé aux fraîches senteurs qui montaient du jardin et de la mer.

Mimi était intelligente, pleine de ressources, aventureuse, et surtout elle était très en colère. Elle laissait exploser sa rage chaque fois que nous évoquions l'occupation allemande. Je voyais en elle une excellente recrue, mais je ne savais pas bien comment aborder le sujet. Sonia était partisan de s'ouvrir à elle sans détours ni circonvolutions. Je voulais toutefois auparavant connaître un peu mieux son passé. J'appris ainsi qu'elle était en réalité la fille de la première femme décédée du Dr Buso, mais que nulle jalousie ni favoritisme ne divisait la famille. J'avais le sentiment d'avoir affaire à une personne équilibrée ; et depuis la mort de son fiancé, nous ne connaissions à Mimi aucune attache sérieuse. Voilà qui me faisait penser qu'elle saurait s'engager totalement dans la Résistance.

Cependant, Sonia et moi craignions toujours de commettre une imprudence. Nous arrangeâmes une rencontre entre Mimi et Georges Fischer, un ami d'Arles qui travaillait déjà dans un groupe de résistants à Chambéry. Nous obtînmes bientôt le feu vert de nos supérieurs, et Mimi fut ravie d'apprendre qu'on l'avait acceptée officiellement au sein de notre groupe.

Nous avions notre première recrue. Je lui donnai pour tâche de repérer à son tour d'éventuelles recrues pour notre groupe, et elle devait devenir un de nos recruteurs de choc. Elle nous amena des gens de la mairie et de la gendarmerie ; elle réussit même à placer deux de nos agents dans la Milice.

Sonia et moi commençâmes à écouter régulièrement les émissions de la BBC deux semaines après la visite du lieutenant Konrad. Soir après soir, nous nous installions devant notre poste de radio, impatients d'entendre notre message codé ; mais le temps s'écoulait et rien ne se passait. Notre fièvre d'entrer dans l'action se transforma peu à peu en déception. Puis un soir, enfin, après les premières mesures d'introduction de la *Cinquième Symphonie*, vint le message tant attendu : *L'oiseau est prêt à voler avec le canard enchaîné.* Demain était le grand jour !

Sonia vint me chercher à l'hôpital le lendemain après-midi et nous prîmes ensemble la direction du café. J'étais au désespoir. Nous avions stupidement attendu la dernière minute pour nous mettre à la recherche d'un ancien numéro du *Canard enchaîné*, prouesse irréalisable en une matinée ! Nous arrivions donc sans notre signe de reconnaissance. Comment entrer en relation avec nos contacts ? Nos supérieurs de Londres allaient nous prendre pour des incapables et renoncer à nous confier la moindre responsabilité.

Sonia ne s'émouvait pas pour si peu.

— Ils doivent savoir que le journal est pratiquement impossible à trouver en ce moment. Ils mettront sur pied un autre plan si ça ne marche pas cette fois-ci.

— Eh bien, dis-je, puisque nous y sommes, commandons un café, ça nous donnera peut-être une idée de génie.

Nous prîmes une table en terrasse et fîmes signe au serveur qui passait. Soudain les yeux de Sonia s'éclairèrent :

— Comment les Français appellent-ils un morceau de sucre trempé dans le cognac ?

En riant je répondis :

— *Un canard !*

Sonia avait l'air contente de sa trouvaille.

— Les gens qui vont venir comprendrons que nous n'avons pas réussi à trouver le *Canard enchaîné*. Logiquement ils devraient chercher un autre signe de reconnaissance rappelant celui-ci.

Comme je réfléchissais à un moyen de tirer parti de l'idée de Sonia, je remarquai une petite femme blonde et assez insignifiante qui passait devant le café en observant discrètement les clients attablés en terrasse. Cette petite femme un peu fade pouvait-elle être un contact ?

Puis mon regard fut attiré par un homme très grand qui passait pour la troisième fois. Il était mince et habillé de vêtements trop larges qui avaient manifestement appartenu à un homme gros. Venait-il de perdre beaucoup de poids ou avait-il acheté ces vêtements dans une friperie ? Son visage ne me plaisait guère. Cet épouvantail affublé d'un long nez et d'une petite moustache ne m'inspirait pas confiance. Cet homme était-il notre autre contact ?

Le serveur revint avec nos cafés. J'avais un plan en tête. Je lui demandai quelques morceaux de sucre supplémentaires en lui glissant à l'oreille que ma femme enceinte avait une terrible envie de sucre et qu'un bon pourboire récompenserait sa générosité. Il m'apporta dix morceaux de sucre supplémentaires. Je trempai alors très cérémonieusement un morceau de sucre dans le café puis, le geste ample, je levai haut la cuillère avant de laisser tomber notre « canard » dans la bouche de Sonia. Comme le serveur repassait près de nous, je réclamai d'une voix sonore un numéro du *Canard enchaîné*.

La petite blonde traversa hâtivement la terrasse et disparut à l'intérieur du café où se trouvaient les cabines téléphoniques. Le grand homme entra sur ses talons. Voilà qui me confirmait dans l'idée qu'ils étaient nos contacts. Sans pouvoir suivre à la lettre les instructions de leurs supérieurs, ils se trouvaient en présence d'un couple qui d'une part répondait au signalement fourni et qui, d'autre part, venait d'utiliser le mot de passe. A leur place, n'aurais-je pas moi aussi éprouvé le besoin soit d'en parler discrètement avec mon coéquipier soit de téléphoner à mes supérieurs pour demander le feu vert avant d'agir ?

Quelques minutes plus tard, le grand homme réapparaissait pour s'attabler juste derrière la vitrine donnant sur la terrasse. Mais son regard semblait errer loin au-dessus de nos têtes, vers le large, du côté de l'île Sainte-Marguerite. Il ne nous restait plus qu'un morceau de sucre, que Sonia considérait avec dégoût. Elle l'avala néanmoins. Rien ne se produisit.

En dernier recours, je me mis à tambouriner sur le dessus de la table les premières mesures si reconnaissables de la *Cinquième Symphonie* de Beethoven. Alors la petite blonde se rua vers nous et se pencha sur mon oreille :

— Assez !

Puis, d'un ton plus amène, elle demanda à Sonia si elle aimait « *le canard* », et Sonia répondit :

— Oui, j'aime beaucoup le *Canard enchaîné*, mais il n'y en avait plus un seul numéro au kiosque de la gare d'Arles.

A ses mots, la blonde prit une chaise et s'assit avec nous. Elle s'était précipitée ainsi de peur que nous fussions tous repérés par la *Cinquième Symphonie* que je tambourinais sur la table. Après m'avoir reproché cette imprudence, elle fit signe à l'homme assis derrière la vitrine de nous rejoindre.

Nous nous serrâmes la main. La blonde se présenta : Mme Billard, avec pour nom de guerre Mme Raphia, d'après la boutique d'objets en raphia qu'elle tenait à Nice. Mon épouvantail aux habits trop larges était M. Ramoine, architecte important à Nice. Son nom de guerre, capitaine Legrand, faisait humoristiquement allusion à sa haute taille.

Nous rejoignions donc le groupe Surcouf, nom d'un commandant de sous-marin de Toulon qui était déjà devenu un martyr de la lutte antinazie. Notre groupe appartenait au réseau plus large Marco Polo. Mme Billard serait notre principal contact et boîte aux lettres, le canal par lequel tout message devrait passer, parfois par le truchement d'un intermédiaire. Ramoine avait pour mission de protéger notre réseau ; sans cesse en éveil, il était responsable des mesures de sécurité à prendre en cas de danger. Je leur parlai de Mimi Buso, notre première recrue. Ils connaissaient déjà son existence.

Je voulais savoir quand nous partirions en Angleterre pour notre entraînement. Ramoine me répondit :

— Aussitôt que j'aurai arrangé votre passage en sous-marin. Je vous verrai très bientôt à Nice pour vous expliquer comment s'opérera votre départ.

Mme Billard poursuivit :

— Quand vous avez besoin de me voir, adressez-moi une lettre sous mon nom de guerre en poste restante à la poste centrale de Nice. Nous allons dès à présent choisir plusieurs lieux de rencontre. A chacun nous attribuerons un numéro. Dans votre lettre, aussi anodine que possible, vous inscrirez « tourner svp » au bas de la page correspondant au numéro du lieu de rencontre choisi par vous. Si vous voulez me rencontrer au lieu numéro un, n'inscrivez « tournez svp » sur aucune page. Faisons de ce café notre lieu de rencontre numéro un. L'hôpital de Cannes sera numéro deux, le café Cintra Vogad de la place Masséna à Nice numéro trois et le bar ou la terrasse de l'hôtel de Paris à Monte-Carlo numéro quatre.

Sur ces mots, ils s'en furent. Nous vîmes revenir Mme Billard quelques instants plus tard.

— J'ai oublié de vous dire quelque chose. Il faut que vous obteniez un mois de congé pour ne pas éveiller les soupçons en disparaissant d'un seul coup au moment de votre séjour en Angleterre.

Je parlai dès le lendemain matin de ma permission au commandant Montagne ; je lui fis remarquer que je n'avais jamais pris de congé, même pas pour ma lune de miel, alors que j'y avais droit comme tout le monde : Sonia et moi désirions vivement partir un moment ensemble à présent que tout était bien en place dans les compagnies de travail. Le commandant Montagne n'y voyait pas d'inconvénient si je trouvais quelqu'un pour assurer le service médical à ma place. J'avais déjà obtenu l'accord du Dr Buso.

Peu de temps après notre entrevue au café, Ramoine me conduisit dans une maison du Vieux Port de Nice pour me présenter un jeune docker qui se nommait Jean. Jean devait nous emmener au Cap d'Antibes, où nous attendrions dans une cachette le moment de notre départ en Angleterre à bord du sous-marin. Lui non plus ne ressemblait guère à l'image que je m'étais forgée d'un combattant dans la Résistance ! En fait, rien ne le différenciait en apparence des autres travailleurs du port ; c'était un homme anonyme d'une trentaine d'années portant béret et caoutchouc gris. Il nous donna rendez-vous trois jours plus tard à huit heures du matin précises.

Sonia et moi arrivâmes au Vieux Port trois jours plus tard avec le sentiment que là commençait notre véritable initiation de résistants. Nous étions extrêmement émus. Jean nous emmena dans une maison donnant sur la plage du Cap d'Antibes. Le propriétaire nous cacha dans sa cave. Nous attendîmes.

La nuit tomba. Personne ne venait. Le propriétaire de la maison parut enfin. Notre embarquement avait été retardé de vingt-quatre heures. Notre groupe avait été informé que des patrouilleurs allemands opérant depuis des bases de la côte italienne toute proche avaient appris le départ prochain de résistants à bord d'un sous-marin au large de la Côte d'Azur. Nous ne devions pas quitter notre cachette.

Notre hôte revint le lendemain à midi. Il nous apportait un repas et de bonnes nouvelles. Nous partions à minuit. Sonia et moi jouions aux cartes pour passer le temps. Notre hôte réapparut vers vingt heures pour confirmer notre départ le soir même. Il nous suggéra d'essayer de dormir. A notre grand étonnement, nous réussîmes à nous assoupir un peu.

On nous réveilla brusquement. Nous enfilâmes en toute hâte les vêtements de pêcheur apportés par notre hôte. Vêtus de caoutchouc et coiffés de drôles de petits chapeaux, nous traversâmes la plage à la rencontre du pêcheur chargé de nous conduire en barque jusqu'au sous-marin. Nous étions supposés être ses deux fils, l'aîné et le plus jeune. Le pêcheur nous recommanda de n'ouvrir la bouche en aucun cas si nous rencontrions quelqu'un durant le trajet, car mon accent hongrois et la voix féminine de Sonia ne manqueraient pas de nous trahir. Nous nous éloignâmes de la plage. La côte disparut, immédiatement avalée par l'obscurité de cette nuit sans lune.

Nous filions vers le large. Je n'entendais rien que le battement des vagues contre le rivage déjà lointain, le va-et-vient des rames dans la mer d'encre et le souffle rythmé de ma respiration. Sans avertir, le pêcheur rangea ses rames et tendit le doigt. Dans l'obscurité on distinguait la silhouette encore plus obscure d'un sous-marin avec une lumière qui clignotait « stop » en morse.

Le pêcheur nous rassura, mais Sonia et moi craignîmes soudain d'être tombés dans un piège. Nous attendions. Quelque chose se détacha du sous-marin pour s'avancer vers nous. La police venait-elle nous arrêter ?

C'était en fait un petit canot pneumatique qui devait nous ramener jusqu'au sous-marin. Celui qui tenait les rames ne pouvait-il être un collaborateur qui nous mettrait directement aux mains de la police ?

A mon très grand soulagement, le Français qui commandait le sous-marin nous salua avec chaleur avant de nous montrer nos quartiers dans la partie inférieure du vaisseau. Ainsi commença notre premier voyage sous-marin.

Sonia, si aventureuse, s'accoutuma aisément. J'avais quant à moi l'impression d'être enterré vivant. Je respirais avec une telle difficulté que je crus un long moment que le taux d'oxygène était inférieur à la normale. On m'affirma qu'il était absolument identique à celui de l'air terrestre. J'étais donc claustrophobe. Peu à peu, pendant les quelques jours que dura le voyage, je m'accommodai à mon environnement sous-marin.

Nous fîmes surface au large des côtes d'Angleterre pour parcourir ainsi quelques kilomètres supplémentaires dans la nuit noire. Puis le même canot pneumatique nous conduisit jusqu'au rivage.

Nous n'avions aucune idée du lieu où nous nous trouvions. De nouveau il fallut attendre. Une voiture vint enfin se ranger près de nous et nous apprîmes que nous nous trouvions à deux cents kilomètres environ de Londres. On nous mena dans un appartement privé de Soho, où nous passâmes la nuit.

Le lendemain matin au petit déjeuner nous fîmes plus ample connaissance avec nos hôtes londoniens, un couple charmant d'une cinquantaine d'années. Leur mobilier et même l'odeur qui flottait dans l'appartement évoquaient cette impression de paix et de tranquillité qui émanait d'eux. Ouvrir leur maison à des espions français ne cadrait guère avec leur personnalité. Ils semblaient pourtant parfaitement à l'aise dans cette situation. Ils ne parlaient ni français ni allemand en sorte que l'anglais courant de Sonia nous fut d'un grand secours. C'étaient des gens très civils et cordiaux même s'ils faisaient une cuisine exécrable. Heureusement, j'ignorais encore qu'aucun des repas que nous prîmes lors de notre séjour en Angleterre ne s'élèverait au-dessus de ce niveau abyssal.

Après le petit déjeuner, nos hôtes nous remirent nos uniformes de combattants de la France libre. Ils devaient servir à nous identifier pendant notre séjour en Angleterre. Moi qui n'avais jamais aimé les uniformes, je n'appréciais pas plus celui-ci, même s'il me désignait comme appartenant à l'armée de la France libre. Dans la vie quotidienne, je sortais rarement de la penderie l'uniforme que mon grade de lieutenant m'autorisait à porter.

Sonia en revanche était ravie de porter un uniforme de l'armée. Elle alla même faire faire quelques retouches chez un tailleur londonien. Seul la désespérait le képi français, qui ne possédait pas l'élégance époustouflante de la casquette anglaise. Elle s'en acheta donc une dans un magasin de vêtements militaires de Londres.

Un jeune lieutenant français vint nous chercher pour nous emmener dans un bâtiment officiel de Whitehall. Il nous laissa dans une pièce vide. L'éclairage y était aveuglant. La porte de la pièce voisine était ouverte, mais il y régnait une obscurité totale. Là où nous nous tenions, il n'y avait rien qu'une petite table et deux chaises disposées face à l'ouverture baignée d'ombre. Nous nous assîmes et attendîmes... Qu'allait-il se passer ?

Soudain une voix retentit provenant de l'obscurité impénétrable.

— Bonjour, mes amis. Je suis le général Paul Guivante de Saint-Gast, chef du réseau Marco Polo auquel appartient le groupe Surcouf. Bienvenue en Angleterre et bienvenue dans mon bureau personnel...

La voix poursuivit sur le ton de la conversation... Nous serions soumis à une formation et à un entraînement intensifs dans un sport de combat et dans diverses pratiques du sabotage et de l'espionnage. Si nous jugions ce travail trop dangereux pour nous, nous pouvions à tout moment nous faire muter dans une branche plus tranquille de la Résistance. Le général Saint-Gast espérait néanmoins que nous resterions dans cette branche où nos langues et mon expérience de la médecine seraient d'une utilité inestimable dans la lutte contre les nazis.

La voix émanant de la pièce obscure conclut :

— Je suis désolé d'avoir à vous rencontrer de manière aussi impersonnelle. Mais de cette façon, vous serez incapables, pour le cas où vous seriez arrêtés, de divulguer le moindre renseignement concernant mon identité. Adieu, mes amis ! Et bonne chance.

Le silence retomba. Nous avions la chair de poule.

Dès le lendemain, commencèrent nos quatre semaines d'entraînement intensif au centre de formation de la Résistance de Londres. On nous initia d'abord au jiu-jitsu et aux techniques du sabotage, y compris le maniement d'explosifs tels que le plastic. On nous enseigna à lire à l'envers et à déchiffrer un plan architectural. Nous apprîmes l'art d'observer, de voler et de réagir avec sang-froid en cas de danger imprévu. On nous mit très souvent en garde contre les groupes de la Résistance française dirigés par les Anglais et constitués, nous expliqua-t-on, dans le seul but de fournir de faux renseignements aux nazis et à la police française dans la France occupée ; leurs membres n'étaient que des pions inconscients de leur rôle dans le processus. Il nous fallait éviter tout contact avec eux au risque de mettre nos vies en danger.

Nos dernières leçons se passèrent sur un terrain d'aviation du Sussex où l'on nous entraîna au saut en parachute. Nous dûmes pour terminer graver dans nos mémoires les codes qui nous permettraient de déchiffrer les messages sibyllins des émissions nocturnes de la BBC.

Sonia trouva ces quatre semaines passionnantes. Elle était bien meilleure élève que moi, en particulier au saut en parachute. J'étais timoré et maladroit, une véritable calamité pour mes enseignants. J'avais du moins une mention passable au jiu-jitsu, mais en dépit de mon flegme apparent chaque leçon me laissait tout perclus de courbatures. On ne peut pas dire que ma pratique de la boxe à l'université m'eût été d'un grand secours. Il y avait néanmoins un sujet dans lequel j'éclipsais Sonia, très largement distancée quand il s'agissait de lire à l'envers.

C'est durant ce séjour que nous rencontrâmes un couple

d'Anglais qui, étant Juifs, parlaient yiddish, en sorte que nous communiquions aisément grâce à ma connaissance de l'allemand. Cela faillit d'ailleurs nous attirer de graves ennuis. Un *bobby* nous entendit un jour discuter devant la vitrine d'un magasin. Il appela immédiatement ses supérieurs pour signaler la présence d'un groupe d'espions allemands. Nous ne nous aperçûmes de rien jusqu'au moment où un agent secret m'aborda. Il m'emmena dans les bureaux du service de renseignements britannique pour m'annoncer qu'il me filait depuis plusieurs jours. Certains rougirent lorsque l'on apprit qui j'étais !

Notre séjour d'entraînement intensif se termina. Nous rendîmes nos uniformes et l'on nous renvoya en France en avion. On nous lâcha en parachute près de Grenoble, où un membre de notre groupe nous attendait pour nous ramener à Nice en voiture. Nous nous sentions terriblement plus mûrs que le jeune couple si naïf embarqué à destination de l'Angleterre un mois auparavant.

C'était l'été 1941. Nous étions prêts à passer à l'action.

6

Pendant un an et demi, nous remplîmes des missions très diverses. Les instructions nous parvenaient en général par l'intermédiaire de notre groupe ou par la voie des messages codés de la BBC. Nous retournâmes plusieurs fois en Angleterre pour recueillir directement certaines consignes de Saint-Gast. Mon attitude dans le travail de la Résistance me surprit moi-même. J'avais beaucoup moins peur que je ne l'avais pensé avant d'entrer dans l'action. Ce fut un travail étonnamment enrichissant. C'est là que j'ai appris à étudier les gens et à réfléchir plus vite qu'eux.

Je fus admis dans l'équipe médicale de l'hôpital Saint-Roch de Nice chargée d'examiner les jeunes Français et Françaises qui s'étaient portés volontaires pour le travail en Allemagne. La plupart cherchaient en fait à s'y livrer à des actes de sabotage. Certains partaient à la recherche d'un parent ou d'un ami détenu là-bas. Pourtant, si admirable que fût leur but, la France ne pouvait sans s'affaiblir perdre tant de combattants jeunes et décidés. Le médecin français responsable de l'équipe accepta donc de coopérer avec moi pour déclarer physiquement inaptes au travail dans les camps un grand nombre de ces jeunes gens. On formait aux techniques du sabotage ceux qui devaient néanmoins partir.

Sonia et moi distribuions de fausses pièces d'identité et cartes de rationnement aux nouvelles recrues de notre secteur. En association avec Ramoine, nous prévenions les camarades sur le point d'être découverts ou arrêtés. Nous prenions en filature ceux que l'on suspectait de collaborer avec le gouvernement de Vichy, et nous nous efforcions de repérer les agents secrets de la Gestapo. Enfin en raison de l'occupation allemande le long de la côte méditerranéenne d'Italie, nous étions en permanence à l'affût de renseignements concernant d'éventuelles patrouilles au large de notre côte.

Lors de deux missions différentes on me lâcha en parachute au-dessus de l'Autriche avec l'équipement nécessaire à l'installation d'émetteurs radio clandestins à destination des résistants autrichiens. La première fois, je travaillai en association avec un évêque de Vienne.

La deuxième fois, j'atterris en parachute à Seefeld, près d'Innsbruck, pour travailler avec un éminent professeur en hématologie de la faculté de médecine d'Innsbruck. Il avait un peu plus de cinquante ans lors de notre première rencontre. Je le jugeais alors un peu trop âgé pour courir tant de risques ; mais son courage m'impressionnait et j'en vins rapidement à respecter ses avis.

Lors d'une autre mission, l'on me parachuta en Belgique occupée avec pour tâche de constituer une liaison avec un réseau nouvellement formé et d'aider ses membres à monter leurs opérations. Mon atterrissage se passa sans heurt mais juste aux pieds de deux soldats allemands. Ils se précipitèrent vers moi, fusils braqués sur ma poitrine. En allemand, je me mis à crier que j'étais un officier nazi déguisé. Je les vis hésiter, baisser leurs armes puis, bien sûr, douter. C'étaient leurs vies ou la mienne. Je levai ma mitraillette et tirai. Ils tombèrent. Mes jambes tremblaient tant que je dus m'asseoir un moment.

Sonia et moi travaillions rarement sur les mêmes missions, et nous n'en parlions jamais entre nous avant que tout ne fût terminé ; en cas d'arrestation nous ne risquions pas, ainsi, de divulguer des renseignements pouvant mettre l'autre en danger. Nous travaillâmes cependant ensemble à l'occasion d'une série de parachutages sur le plateau du Vercors. Nous assistâmes à l'organisation des premiers petits groupes de francs-tireurs. Nous avions pour tâche d'établir une liaison efficace entre ces groupes locaux qui émergeaient et le BCRA.

Notre dernier saut sur le Vercors marqua la fin de la carrière de parachutiste de Sonia. Enceinte de plusieurs mois déjà, elle avait caché son état à tout le monde, même à moi, jusqu'au dernier saut de cette mission !

Parallèlement, j'assurais toujours le service médical pour les républicains espagnols dans les camps de travail français, et je partageais la clientèle du Dr Buso. Cela représentait une couverture essentielle pour ma sauvegarde.

La mère et la sœur de Sonia habitaient désormais non loin de chez nous à Nice. Nos contacts dans la Résistance nous avaient permis de leur fournir les faux papiers d'identité nécessaires pour quitter Perpignan. Peu après leur venue, Paule, la jeune sœur de Sonia, rejoignit un autre groupe de résistants de la région. Elle était depuis peu fiancée à un homme appartenant à ce groupe. Mais la prudence prévalut toujours en dépit des liens familiaux. Nous ne parlions jamais de notre travail dans la Résistance avec Paule, et nous n'avons jamais rien su des actions auxquelles elle participait.

La vie de tous les jours devenait de plus en plus difficile. Le rationnement était sévère. L'argent était finalement moins prisé que les cigarettes, le café, les lames de rasoir... Les gens ayant des dents en or se trouvaient soudain à la tête d'une fortune inestimable, l'or représentant le plus sûr moyen d'échange pour se procurer les aliments de base et les médicaments. Les dentistes opéraient extraction sur extraction. Bien des gens cessèrent de rire pour ne pas exhiber leurs bouches édentées.

Les Allemands s'appropriaient systématiquement tout ce qui passait à leur portée. Le nom de « Boches » légué par la première guerre mondiale fut bientôt supplanté par celui de « Doryphores », le parasite des plants de pomme de terre capable de dévaster des récoltes entières. Les patients envoyés par le Dr Buso me payaient désormais presque exclusivement en nature. J'étais heureux d'exercer dans une région où vivaient essentiellement des pêcheurs ou des paysans.

Notre fils vint au monde le 9 octobre 1942. Sonia et moi avions déjà emménagé dans un appartement plus vaste à La Napoule, ce qui n'affectait en rien nos relations amicales avec les Buso. Le Dr Buso fut l'obstétricien de Sonia, en sorte que la naissance de François se fit en famille.

Nous donnâmes une petite fête pour célébrer ce grand moment. Tout ce qui garnissait notre table fort bien fournie était le fruit de mes consultations dans la région. Le lait représentait mes honoraires pour avoir vidé l'abcès axillaire de M. Pluvieux. Le beurre et les œufs du gâteau étaient ma rémunération pour l'accouchement du bébé Dalmasso, la farine, le chocolat et le café pour le traitement du zona de M. Delmas, le poulet et les pommes de terre pour la réduction de la fracture de M. Weber.

Le 8 novembre, moins d'un mois après notre petite fête, les forces américaines et anglaises conduites par le général Eisenhower remportaient une victoire en débarquant en Afrique du Nord. Trois jours après, les Allemands étendaient leur domination sur la totalité de la France. Il n'y avait plus de zone non occupée.

On me convoqua en Angleterre une dernière fois. Sonia resta en France avec notre bébé. Notre route sous-marine ayant été découverte, il me fallut partir en avion malgré la surveillance continuelle de l'aviation allemande.

La pièce violemment éclairée m'était désormais familière ; la voix sans visage de Saint-Gast me parlait d'une nouvelle mission très importante qui devait s'inscrire dans un plan plus vaste en vue d'un possible débarquement allié en France. J'aurais pour tâche d'infiltrer l'organisation Todt, qui avait établi depuis peu un bureau central à Nice. L'organisation Todt était une formation paramilitaire allemande chargée de concevoir et de réaliser des structures défensives le long de toutes les côtes françaises en prévision d'une éventuelle invasion alliée.

Après m'avoir donné des instructions détaillées, la voix sans visage m'expliqua pourquoi j'avais été choisi.

— De tous nos hommes, nous pensons que vous avez le plus de chances de pénétrer l'organisation Todt. Vous parlez l'allemand couramment. Vous êtes médecin, ce qui inspire confiance. Ils n'auront aucun moyen de découvrir vos origines juives. Le fait d'être né Hongrois jouera en votre faveur puisque la Hongrie est alliée à l'Allemagne. Et il vous sera beaucoup plus aisé qu'à un Français de vous abriter derrière une histoire plausible. Votre femme devrait aussi essayer d'infiltrer l'organisation Todt. Elle peut faire du bon travail avec son allemand courant et le cran qu'elle a. Une fois à l'intérieur, ouvrez l'œil, vous repérerez peut-être un bon contact dans le Sonderdienst. C'est le secteur de l'armée chargé de la propagande. Ils ont tous les détails dès que les Allemands produisent une arme nouvelle ou projettent de nouveaux ouvrages de fortification. Bonne chance.

De retour à Nice, je mis en place un plan. De nombreux Allemands fréquentaient un bistrot de l'avenue de la Victoire. Un jour, je m'y rendis et engageai la conversation avec un jeune officier. Je lui racontai que j'étais un médecin hongrois spécialisé dans le traitement des maladies tropicales et que j'étais venu ici à la recherche d'un travail dans les colonies françaises. Mais à présent on me persécutait en France en raison de mes sympathies pro-allemandes. Je ne parvenais plus à gagner ma vie, avec une femme et un petit enfant à charge.

Je trouvai une oreille très bienveillante. Mon nouvel « ami » m'introduisit sans tarder dans les milieux dirigeants de l'organisation Todt et du Sonderdienst. Je jouais avec conviction mon rôle de Hongrois pro-Allemand, et des relations ainsi établies résulta tout naturellement l'entrée en scène de Sonia et de sa sœur Paule. Nous devînmes bientôt des membres à part entière de leur cercle social.

Je m'y fis un ami en particulier, un brave homme qui n'éprouvait aucun sentiment antisémite. Il réprouvait violemment la Gestapo et tout ce qu'elle représentait. C'était un survivant de la déroute des troupes hitlériennes à Stalingrad. Il tirait de cette expérience la conviction que l'Allemagne finirait par perdre la guerre. Loin du front, à présent, il mettait sa plume facile au service du Sonderdienst. Impossible d'imaginer de meilleur contact.

Il proposa un jour de faire tout son possible pour me sortir de la situation difficile où je me débattais. J'avais besoin, lui dis-je, d'un emploi fixe, un emploi qui me permettrait également de soutenir l'effort de guerre allemand : dans l'organisation Todt, par exemple. Un ami avec qui il avait combattu à Stalingrad dirigeait aujourd'hui le siège de la Todt à Paris. Il fit les démarches nécessaires pour m'emmener voir cet homme à Paris. On me présenta finalement au directeur du service médical de la Todt, qui m'engagea sur-le-champ pour assurer la surveillance médicale des militaires allemands et des civils français travaillant au siège niçois. Les autorités françaises et allemandes avaient toutes deux validé mes pièces d'identité (celles que m'avait fournies le lieutenant Konrad), en sorte que rien ne m'empêchait d'entrer dans ma nouvelle fonction immédiatement.

Je remerciai tout le monde avec effusion.

Avant même d'avoir commencé à travailler pour l'organisation Todt, je m'étais lié d'amitié avec l'Hauptbauleiter Baumgartner, un des architectes militaires dirigeant la construction et le camouflage du mur de l'Atlantique. Un jour que je l'avais croisé au siège de la Todt, nous nous arrêtâmes pour parler. Je savais que Baumgartner avait un penchant pour Sonia. Je lui dis qu'elle trouvait très intéressant le travail qu'il faisait. Alors Baumgartner eut une brillante idée. Il appela Sonia au téléphone pour lui demander si cela lui plairait de travailler dans son bureau.

— Avec plaisir ! répondit-elle.

C'est ainsi que Sonia pénétra dans le sanctuaire.

Je travaillais depuis une semaine environ quand Baumgartner m'annonça que Peter Schreiner, des SA, réclamait que fût certifié le fait que Sonia et moi n'étions pas Juifs. Les membres des SA *(Sturm Abteilungen)* ou « milices brunes » créées par Hitler étaient tous des nazis fanatiques. Sonia s'en fut voir Schreiner. Nos pièces d'identité ne suffisaient plus. Nous devions obtenir une certification directement de la Gestapo.

Le dirigeant de la Gestapo de notre secteur était l'Hauptsturmführer Recsek. Sonia prit rendez-vous avec lui au quartier général nazi à l'hôtel Ermitage de Nice. L'entrevue se passa sans heurt. A la fin, Sonia prit rendez-vous pour moi afin que je puisse remplir les documents nécessaires à l'authentification de nos pièces.

Peu après j'entrai donc dans le bureau de cet officiel important de la police secrète nazie ; je m'attendais à y trouver raideur, froideur, sécheresse. L'Hauptsturmführer Recsek portait des vêtements civils d'excellente coupe. Il s'avança vers moi pour m'accueillir, la main tendue, le visage ouvert, le ton cordial. Pouvais-je prévoir une telle sympathie immédiate et réciproque ? Il se comportait à la manière de ces aristocrates anglais fins et chaleureux... le genre d'homme sur qui on pouvait toujours compter.

Je revis Recsek de plus en plus souvent à la suite de ce premier entretien. Il était toujours extrêmement poli, il parlait à mots choisis, c'était une personne cultivée et intelligente qui avant la guerre enseignait l'histoire à l'université de Breslau. Recsek me traitait toujours en égal ; il lui arrivait même de m'appeler « professeur ».

Il avait tout du noble prussien. Je ne l'ai jamais vu en uniforme, mais il entretenait sa forme physique et était toujours impeccablement soigné. Le Prussien Recsek avait aussi le sens de l'humour et une lueur bienveillante dans le regard. Son indulgence, toutefois, ne s'étendait pas aux Juifs. Il évoquait avec éloquence ce don infaillible qu'il possédait de « flairer le Juif ». Il ne s'interrogea pourtant jamais à mon sujet ; il vit toujours en moi un Aryen, simple médecin hongrois sympathisant des nazis.

Et Recsek devint un de mes meilleurs amis. Nous jouions au tennis régulièrement et il nous rendait de fréquentes visites dans l'appartement niçois où nous venions d'emménager. Nous passions de longues soirées à discuter d'histoire et de philosophie. Sonia et moi avions soin de ne jamais interroger Recsek au sujet de son travail. Il ne fallait à aucun prix éveiller ses soupçons. Mais parfois, après quelques verres, il se laissait aller à quelques confidences en nous parlant d'un espion récemment arrêté.

Il y avait souvent là François qui courait tout nu dans l'appartement. Nous avions eu la prudence de ne pas le faire circoncire à sa naissance. Recsek appelait François « le plus bel enfant aryen » qu'il avait jamais vu et semblait l'aimer comme un fils.

Recsek fut le premier nazi à entrer dans ma vie privée. On pourrait croire que je le connaissais bien, ce qui est faux. Car pour connaître un homme il faut voir tous les aspects de sa personnalité. Recsek ne montrait que ses bons côtés ; le reste, il me serait donné de le découvrir plus tard. C'était un chef de la Gestapo. La cruauté et la volonté de l'exercer étaient la marque profonde sans laquelle nul ne pouvait accéder à un tel rang. Recsek exprimait fréquemment sa haine des Juifs et cela aurait dû m'avertir de ce qui nichait sous ses dehors civils.

Sonia était d'une grande utilité pour l'organisation Todt en raison du grand nombre de langues qu'elle parlait. Elle devint la secrétaire personnelle de l'Hauptbauleiter Pracht, l'homme qui était directement responsable de la construction du mur de l'Atlantique. Grâce à Sonia, le bureau central de Londres possédait des copies de tous les plans avant même que la première pierre fût posée.

L'accès au coffre-fort où étaient rangés les plans secrets de la Todt ne présenta guère de difficultés pour Sonia. Épouse de médecin, elle savait qu'un homme souffrant de la prostate doit uriner très rapidement après avoir bu. L'Hauptbauleiter Baumgartner, qui gardait la combinaison du coffre dans un tiroir secret de son bureau, souffrait de la prostate. Sonia se fit inviter par lui à prendre un verre dans son bureau. Elle eut juste le temps, pendant qu'il allait aux toilettes, de photographier la combinaison avec le Minox dissimulé dans son livre de poche.

L'infiltration de la Todt ouvrit diverses possibilités aux résistants de la région. Je connaissais le mot de passe quotidien, en sorte que les saboteurs de notre groupe pouvaient pénétrer la nuit sur les aires de construction de la Todt. J'étais habilité en tant que médecin à prescrire de longues périodes de convalescence à nombre de travailleurs pronazis, et nous nous arrangions pour les remplacer par des membres de notre groupe. Nos agents affectés à la construction des fortifications mélangeaient de l'eau de mer au ciment, en sorte que les murs de défense en apparence résistants s'écrouleraient aisément. Un grand nombre de résistants infiltrés dans la Todt permettait de multiplier les informations et de les vérifier par recoupement. L'on m'avait attribué une voiture avec chauffeur. Je renvoyai rapidement le chauffeur dans ses foyers en repos de longue durée, et ce fut Jackie, un camarade, qui reprit l'emploi. J'aidais également Ramoine à repérer et à identifier les mouchards infiltrés dans notre groupe. Mon groupe et moi placions régulièrement des explosifs dans les cafés fréquentés par les soldats allemands et les SS. Dès que j'apprenais qu'une petite fête était prévue, je mettais sur pied un plan d'action, que Jackie et son équipe exécutaient le soir après le travail. Nous espérions ainsi démoraliser les Allemands et, aussi, redonner courage aux Français en leur prouvant de manière tangible qu'un mouvement de résistance clandestin combattait pour leur liberté. Mon rôle dans ces actions était en contradiction directe avec les idéaux soutenant mon travail de médecin, cela demeurait néanmoins la suite inévitable de mon engagement profond dans la lutte contre notre ennemi jusqu'à son écrasement. Étrange ironie du sort, il arrivait qu'on m'appelât à la Todt pour donner des soins d'urgence aux soldats allemands victimes de ces explosions. Mimi Buso et moi montâmes une mascarade fort efficace pour aider à l'évacuation des pilotes alliés blessés. J'empruntais une ambulance allemande à l'hôpital de la Wehrmacht, Mimi enfilait l'uniforme rayé bleu et blanc des infirmières allemandes et nous conduisions les pilotes à Chambéry, près de la frontière suisse. Mon ami Georges Fischer et ses camarades résistants leur faisaient ensuite passer clandestinement la frontière.

Tout en gardant l'appartement de La Napoule, Sonia, François et moi habitions désormais à l'hôtel Napoléon de Nice, là où vivaient presque tous les employés de la Todt. Nous décrochâmes pour Paule un emploi à la station de radio allemande de Monte-Carlo. Nous entretenions avec soin nos relations amicales avec les membres du Sonderdienst et de l'organisation Todt. Nous vivions quotidiennement au milieu de nos ennemis.

Une mission menée par Sonia nous fit un jour frôler le désastre. Elle avait subtilisé pour une nuit les plans d'un ouvrage de fortifications, dont une copie serait envoyée à Londres. Je les remis à un camarade qui devait à son tour les remettre à Ramoine chargé d'exécuter les copies. Notre camarade dut perdre les plans dès qu'il les eut en main, car le lendemain matin déjà, un Français pronazi appelait le bureau de Sonia pour informer la Todt qu'il venait de découvrir des plans d'architecture allemands de ce qui lui semblait être une installation militaire de première importance. Un espion devait travailler dans leur bureau, laissa-t-il entendre.

Une chance extraordinaire fit que ce fut Sonia qui répondit au téléphone. Elle dit à l'informateur qu'il serait récompensé comme il se devait de son service. Elle prit son nom et son adresse en lui recommandant bien de ne pas bouger de chez lui. Elle appela ensuite Ramoine. Et Ramoine s'en fut retirer les plans architecturaux à l'origine destinés à lui et remettre en échange à l'informateur une « récompense » qui le réduisit au silence éternel.

Après cet incident, notre travail se poursuivit sans accroc. J'évoque volontiers un voyage d'affaires que fit Sonia en compagnie de l'Hauptbauleiter Baumgartner et du Reichsminister Albert Speer. Ils allaient faire leur visite d'inspection des nouvelles défenses côtières camouflées de Menton et Vintimille, à la frontière franco-italienne. Sonia revint avec une description détaillée de bunkers munis de canons à longue portée qui avaient l'aspect extérieur de simples villas de bord de mer. Lors d'un dîner qui se tint à Nice à la suite de la tournée d'inspection, le Reichsminister Speer serra la main de Sonia et fit son éloge publiquement : la plus intelligente et la plus industrieuse de toutes les secrétaires de l'organisation Todt.

Au printemps 1943, un homme que nous connaissions depuis quelque temps vint voir Sonia porteur d'une nouvelle inquiétante. C'était un Russe qui faisait du marché noir. Cette nouvelle, il l'avait apprise d'un de ses clients, le SA Peter Schreiner. Peter Schreiner était le nazi qui avait exigé l'examen et l'entérinement par la Gestapo de nos pièces d'identité lors de mon entrée en fonction à la Todt. Il venait d'informer le quartier général de la Gestapo à Toulon que Sonia et moi nous intéressions de trop près aux installations militaires allemandes. Un agent de la Gestapo avait eu une entrevue avec l'Hauptsturmführer Recsek qui était parti d'un grand éclat de rire en entendant ces allégations. Il connaissait mieux que personne son partenaire sur le court de tennis. Recsek garantissait que Sonia et Albert Haas étaient dévoués à la cause nazie. Enchantés, Sonia et moi vîmes dans cette réponse la preuve que nous étions à l'abri de tout soupçon.

Un soir, trois ou quatre mois plus tard, nous recevions un message de Ramoine qui voulait nous rencontrer à la blanchisserie près de notre hôtel. La blanchisserie, tenue par un couple travaillant dans la même unité que nous, était une de nos « boîtes aux lettres ». Ramoine avait eu vent d'une dénonciation contre nous aux nazis. A peine étions-nous rentrés à l'hôtel qu'un jeune soldat allemand rencontré dans un couloir nous annonçait d'un air navré que Paule avait été arrêtée l'après-midi même à la station de radio. On avait découvert que Paule travaillait pour la Résistance, nous expliqua-t-il. Un membre de son unité s'était fait prendre et avait donné les noms de ses camarades. On les avait tous arrêtés dans l'après-midi. Il était content du démantèlement de ce groupe mais vraiment désolé pour Paule et pour nous. Il nous serra la main avec chaleur puis s'en fut.

Voilà. A cet instant précis Paule se trouvait face aux interrogateurs de la Gestapo ; quels renseignements nous concernant parviendraient-ils à lui arracher ? Je voulais que Sonia et François partent se cacher immédiatement. Mais Sonia refusait de me quitter. Elle ne croyait pas à un danger imminent. J'annonçai à son bureau de la Todt qu'elle était souffrante. Quant à moi je m'en fus prudemment travailler comme d'habitude. Il me fallut feindre l'horreur en apprenant l'engagement de ma belle-sœur dans la Résistance et maîtriser une envie formidable de remuer ciel et terre pour la sortir de prison. La seule chose que je pouvais faire sans éveiller de soupçons était de lui faire parvenir des vêtements de rechange et un colis de nourriture par jour.

Mais personne ne me fit aucune remarque et rien d'inhabituel ne se produisit. Ma terreur se dissipait peu à peu. Quelques jours plus tard, je dis à Sonia de quitter sa cachette.

Un soir nous nous rendîmes au Cintra Vogad de la place Masséna remettre à ma boîte aux lettres un plan d'architecture. Personne ne parut. Comme nous quittions le café, un inconnu me frôla au passage en me glissant un papier dans la main. Le message codé disait : « Attention ! Vous êtes suivis ! »

Alors nous allâmes directement à mon bureau de la Todt en retirer tous papiers compromettants pouvant s'y trouver. Jackie, mon chauffeur, nous accompagnait. Je lui demandai d'avertir Ramoine que Sonia et moi avions de sérieux ennuis.

En venant me chercher le lendemain matin, Jackie m'annonça que Ramoine viendrait me voir à l'hôpital Saint-Roch l'après-midi même. Il viendrait subir une fluoroscopie. La matinée s'écoula avec lenteur. Une fois à l'hôpital, j'enfilai ma blouse blanche et chaussai mes lunettes protectrices avant d'entrer dans la salle de fluoroscopie. On amenait Ramoine peu après. Il avait pris contact avec nos supérieurs de Londres, qui nous demandaient de remplir une mission supplémentaire. Nous aurions à découvrir le type de fortifications et les emplacements prévus pour les canons en projet pour l'aérodrome situé au nord de Nice. Ensuite, on nous ferait passer clandestinement la frontière espagnole pour gagner l'Angleterre à travers l'Espagne et le Portugal.

Je donnai mon accord à condition que Ramoine fît le nécessaire pour la sauvegarde de notre fils au cas où Sonia et moi serions arrêtés. Je voulais que Mme Billard emmène François à Villon, dans ma famille, où il serait en sûreté.

Je fis part à Sonia de tout ce qui avait été convenu avec Ramoine. Elle « emprunta » dès le lendemain les plans de fortification de l'aérodrome. André, mon assistant, les porta à Ramoine chargé de la copie et de l'expédition. André les rapporta à Sonia le lendemain à l'aube. Elle les replaça dans le bureau de l'Hauptbauleiter avant l'heure d'ouverture.

Le soir, j'allai chercher Sonia au quartier général de la Todt, à l'hôtel Westminster, sur la Promenade des Anglais. J'avais un mauvais pressentiment. Deux inconnus, qui m'avaient reluqué à mon passage devant la réception, ressemblaient fort à des agents de la Gestapo. Ils ne l'étaient pas, mais leur présence m'avait perturbé. Sonia balaya mes craintes d'un geste.

— Viens, dit-elle. On rentre à la maison.

François et Herta, sa gouvernante, nous attendaient dans notre appartement de l'hôtel Napoléon. Tout semblait normal. Mais avant le dîner Jackie téléphona pour signaler qu'en repartant il avait aperçu une Citroën noire qui nous avait suivis. Sans doute une voiture de la Gestapo. Je ne dormis pas bien cette nuit-là. Je m'attendais à une irruption de la Gestapo chez nous à tout moment.

Au matin j'étais un paquet de nerfs. Sonia me fit remarquer que les gens de la Gestapo faisaient généralement irruption chez leurs victimes en pleine nuit ou bien les attendaient au retour du travail. Nous n'étions pas menacés puisque rien ne s'était produit cette nuit-là.

Nous prîmes un petit déjeuner rapide. Herta nous amena François pour que nous passions un peu de temps avec lui avant notre départ pour le travail. Mais comment oublier mes inquiétudes. Sonia me reprocha d'ignorer les câlineries de François, particulièrement affectueux ce matin-là. C'est alors que le téléphone sonna. Je voulais que cela cesse, je ne voulais pas y répondre. Le cœur au bord des lèvres, je pris le récepteur.

C'était l'hôpital de la Wehrmacht. Pouvais-je venir immédiatement assister le chirurgien français chargé d'opérer un soldat allemand victime d'un plasticage ? Une bombe posée dans un café par les camarades de mon unité, je le savais. Manifestement, on ne me soupçonnait toujours pas.

Sonia s'en fut à son bureau de l'hôtel Westminster. François resta avec sa gouvernante, et je partis pour l'hôpital. Deux SS en armes s'introduisirent dans la salle d'opération pendant l'intervention chirurgicale. Soudain livide, le chirurgien me demanda si je savais ce qui se passait. Les deux SS braquèrent leurs armes vers moi. Pas un mot ne fut prononcé. Je rompis le silence.

— Baissez vos armes. Nos scalpels ne sont pas chargés !

Pourquoi interrompre l'opération de votre camarade ? Que cherchez-vous ici ?

Ils venaient m'arrêter. Un médecin de la Wehrmacht me remplaça. Je sortis entre les deux gardes. Une Citroën noire nous conduisit au quartier général de la Todt, où Sonia avait déjà été arrêtée dans son bureau. On nous transporta tous les deux au quartier général de la Gestapo à l'hôtel Ermitage.

Je me tournai pour regarder Sonia assise près de moi dans la voiture. Elle portait son manteau à large col vert foncé tacheté de vert pâle et ses lunettes teintées. Très myope, elle était presque aveugle sans ces lunettes. Je fis remarquer en plaisantant qu'elle avait vraiment l'air d'une espionne avec son col relevé et ses lunettes teintées.

Sonia souffla à mon oreille :

— Pracht, mon patron, a essayé de m'avertir à sa manière. Je ne me suis pas rendu compte. Chaque matin, il me conseillait de prendre une journée de repos. Il insistait. Et chaque fois je répondais : « Non, mon mari doit venir me chercher en sortant de la salle d'opération. » Il a fini par renoncer à me faire quitter son bureau.

La pointe du fusil dans le dos, nous entrâmes dans le bureau de Recsek. Je passai le premier. Point de chaleureuses salutations ni de sourire bienveillant. Fou de rage, mon partenaire au tennis m'avait déjà condamné. Je connaissais le prix pour un espion — le peloton d'exécution. Sonia et moi avions mis sur pied une histoire à raconter en cas d'arrestation ; elle ne me serait d'aucun secours face à Recsek ; je décidai néanmoins de tenter ma chance. J'avouai donc à Recsek que j'étais Juif et que je me cachais sous le nez de l'ennemi car c'était là le dernier endroit où l'on viendrait me chercher.

Recsek se mit à hurler :

— Assez de mensonges ! Nous avons la preuve que vous êtes un espion français au service de De Gaulle !

Je protestai :

— Je ne suis pas un espion. Je suis Juif. Je vais même vous le prouver. Je suis circoncis.

— Ça ne prouve rien du tout !

A ma grande stupeur, Recsek ouvrit sa braguette pour me montrer son pénis circoncis. Il referma sa braguette. Le débat était clos.

J'aurais dû songer qu'un homme comme Recsek ne croirait pas mon histoire. La capture d'un espion français serait excellente pour sa carrière au sein de la Gestapo. Et puis, il n'avalerait jamais le fait d'avoir eu pour ami un « non-Aryen » ! Que de fois ne l'avais-je entendu se vanter de son flair infaillible à détecter « la puanteur juive » ? Il ne pouvait concevoir l'idée que je sois à la fois un espion et un Juif.

Sur son ordre, on fit entrer Sonia. Il demanda si nous connaissions Paule Nadel.

— Bien sûr, répondit Sonia. C'est ma sœur.

Pour cacher ma peur, je lançai en plaisantant que je ne me mêlais jamais des affaires de famille. Prenant cela pour un sarcasme, Recsek me gifla avec violence. Sonia et moi répétâmes que nous n'étions qu'un couple de Juifs camouflés dans le camp de l'ennemi. Recsek faisait la sourde oreille. Il avait pris une paire de dangereux espions français et ne voulait rien savoir d'autre.

On emmena Sonia. Je fus transféré à la Villa Trianon, le lieu infâme où se tenaient les interrogatoires de la Gestapo.

La gouvernante de François devait l'emmener au parc proche de notre hôtel ce matin-là. Où se trouvait-il à présent — en route pour Villon où l'accueillerait ma famille, ou aux mains de la Gestapo ?

Pour moi, c'était fini. On allait me fusiller en tant qu'espion français.

Cela commença par un passage à tabac d'où je sortis pratiquement défiguré et avec les deux dents de devant cassées. Je refusai de parler. Ils me maintinrent la tête sous l'eau dans une baignoire. Je perdis conscience. Alors ils me sortirent de l'eau pour me suspendre par les pouces, lesquels se disloquèrent. J'étais terrifié, au bord de la folie.

C'est alors qu'entra Recsek. Il examina tranquillement mon visage défiguré. Il déclara sans élever le ton qu'il savait tout de moi, de mon misérable passé et de mon travail dans mon groupe de résistants. Il voulait les noms de mes camarades. L'idée d'autres tortures m'était insupportable. Je décidai alors, presque soulagé, de parler. Il me gifla avant que j'aie pu prononcer un mot.

Une gifle de trop, car en moi la rage recouvrit la terreur ! Recsek s'identifiait profondément à une certaine aristocratie militaire. Je lui dis donc qu'il devait savoir, puisqu'il savait tout de moi, que j'étais un officier français. Attendait-il de moi que je trahisse le code de l'honneur des officiers ? Si j'étais un espion, je ne pouvais pas trahir mon pays en parlant, et cela, étant officier lui-même, il devait le comprendre. Malgré la souffrance et le désespoir je parlais d'un ton calme et posé. Je n'avais jamais imaginé avoir de telles ressources en moi.

— Et de toute façon, ajoutai-je, mon seul crime est d'être Juif et d'avoir voulu sauver ma vie en me faisant passer pour quelqu'un d'autre.

Mes paroles semblèrent agir. Recsek ordonna à ses hommes de me décrocher. Je plongeai dans l'inconscience.

Je me réveillai dans une cellule. L'interrogatoire et les tortures reprirent presque immédiatement. Ils m'arrachèrent les ongles des pieds. Je n'avais rien à dire, répétai-je. S'ils devaient me tuer, qu'ils me tuent sans perdre plus de temps. Ils me rouèrent de coups. Je gardais le silence.

Aujourd'hui encore je ne peux expliquer avec logique comment j'ai pu endurer ces tortures. Était-ce vraiment la gifle de Recsek ? Craignais-je que la Gestapo m'exécute dès que j'aurais livré mes secrets ? Ou était-ce de savoir que mes révélations feraient boule de neige en emportant dans la tourmente les réseaux de résistance de tout le Sud de la France en même temps que des centaines de gens braves et courageux ? Et aurais-je tenu de la sorte si j'avais su ce qui m'attendait ?

Au début du mois d'octobre, je fus transféré à la prison de Fresnes, dans la région parisienne. A mon grand étonnement, je retrouvai dans le groupe de prisonniers transférés en même temps que moi des hommes que je connaissais sans savoir qu'ils travaillaient également dans la Résistance. Dès l'arrivée à Fresnes, on nous plaça dans les cellules d'isolement de l'aile nord de la prison.

7

A long terme, l'isolement cellulaire entraîne l'effritement de toutes les défenses. La souffrance devient vite insoutenable lorsque l'on est mis dans l'impossibilité d'échanger la moindre parole avec un autre être humain. On se fixe alors sur tout ce qui saura le mieux miner l'équilibre mental, on devient son propre tortionnaire. Qu'était-il arrivé à Sonia et François ? Mes frayeurs à leur sujet étaient des compagnes de tous les instants ; j'en perdis presque la raison.

Comment Sonia avait-elle supporté la torture ? Cette question m'obsédait. Les hommes de la Gestapo connaissaient toutes les ressources de la torture mentale ; ils avaient pu utiliser sa myopie pour la pousser au bord de la folie. Avait-elle parlé ? Avait-elle révélé l'adresse de ma famille à Villon dans l'espoir qu'on lui amène François ?

Le deuxième jour d'isolement complet à Fresnes, je perçus des bruits de voix qui m'intriguèrent. Je découvris que cela provenait des canalisations d'eau et de chauffage grâce auxquelles les prisonniers pouvaient communiquer entre eux. Les toilettes dans chaque cellule servaient à la fois de haut-parleur et de micro. Nous baptisâmes ce système le LIB, Latrine Information Bureau ! Tous les matins à dix heures, les premières mesures de la *Cinquième Symphonie* de Beethoven tambourinées sur les tuyaux servaient d'indicatif au bulletin d'information. Nous apprenions ensuite qui avait été emmené au quartier général de la Gestapo de Paris, qui était passé devant un tribunal militaire et le jugement rendu, qui faisait partie du dernier convoi à destination de l'Allemagne et qui allait affronter ce jour-là le peloton d'exécution du Mont-Valérien.

Notre système de communication nous informait également des progrès militaires et les rumeurs destinées à nous remonter le moral n'y manquaient jamais : les Alliés qui avançaient là, les Allemands qui avaient reculé ailleurs. Cette dose rituelle d'optimisme nous aidait à tenir. Ce contact quotidien, même indirect, avec les autres permit sans doute à un grand nombre d'entre nous de ne pas perdre la raison.

Mon procès devant un tribunal français sous domination nazie n'avait pas encore eu lieu, mais je connaissais déjà les charges retenues contre moi. On m'accusait de sabotage, terrorisme, assassinat et haute trahison. Cette dernière charge, la principale, signifiait que je m'étais efforcé par mes activités d'espion de livrer la France aux mains de ses ennemis, c'est-à-dire les Alliés.

J'allais être jugé selon la loi française ; j'avais donc droit à un défenseur. L'avocat que l'on me désigna ne fit aucun mystère du déplaisir qu'il éprouvait à défendre un « traître ». Ce fut d'ailleurs la seule chose dont il me parla pendant les vingt minutes que dura notre entretien.

Selon lui mon cas était perdu d'avance. Et je méritais mon sort. J'étais un Aryen qui avait agi comme le dernier des Juifs en vendant son pays dans l'espoir de faire fortune. Mes complices et moi désirions la victoire des Alliés pour pouvoir ensuite nous approprier les biens des patriotes tels que lui.

— C'est au bout d'une corde que vous trouverez votre récompense après la guerre, lui dis-je, parce que l'Allemagne nazie ne gagnera jamais.

Il prit note consciencieusement de toutes mes remarques. Tout devait m'être répété durant mon procès et utilisé par l'accusation pour décrire le criminel endurci que j'étais.

Mes journées d'isolement s'écoulaient avec une extrême lenteur. Hormis cette unique rencontre avec mon avocat et les émissions quotidiennes de la LIB, je n'avais aucun contact verbal avec les autres détenus. J'attendais avec impatience la promenade d'une demi-heure dans la cour de la prison et je cherchais toujours un prétexte pour retarder le moment du retour dans ma cellule. J'arrivais parfois à échanger un mot avec mon gardien ou avec un des hommes de mon groupe d'exercice, mais l'occasion se présentait rarement et cela n'apportait guère de satisfaction. De temps à autre les Quakers, que nous appelions les anges de Fresnes, nous distribuaient de la nourriture, ce qui secouait un peu la monotonie où nous étions englués.

Pour m'occuper, j'essayais d'attraper quelques-unes des puces qui infestaient ma cellule ; j'avais pour projet de monter un cirque de puces. Je ne devais avoir aucun talent de dresseur car elles s'enfuyaient toujours dès la première tentative. Du moins m'amusèrent-elles un peu, ce que je ne dirais pas des cafards, des rats et des punaises qui infestaient également ma cellule.

Les rats me semblèrent moins terribles dès que j'eus surmonté ma répulsion. Ils se contentaient en général de faire du bruit dans les coins sombres où ils tenaient des réunions tactiques en vue d'assaillir la boîte de biscuits donnée par les Quakers ou de venir me mordiller les doigts de pieds. En dépit de leur silence obstiné, les cafards ne cessèrent jamais de me dégoûter. Je retenais un haut-le-cœur chaque fois que je trouvais un cafard tapi dans ma boîte de biscuits.

J'affrontais nuit après nuit mon principal ennemi, les punaises. Je les écrasais avec délice en leur donnant le visage de mes tortionnaires humains, mais après avoir exterminé tous les SS, le gouvernement nazi et les collaborateurs, il restait encore assez de punaises pour m'assurer de nombreuses nuits d'insomnie.

« Les traîtres » n'avaient droit à aucun courrier. Je n'avais aucun moyen d'avertir ma famille que j'étais encore vivant, aucun moyen de savoir ce qui était arrivé à Sonia et à François. Sachant que j'étais en France, ma famille ou mes camarades de la Résistance se seraient sans doute efforcés d'assister à mon procès. La vue d'un visage familier m'aurait été d'un tel réconfort ! Je voulais envoyer une lettre à Mme Billard sous son pseudonyme à la poste restante de Nice, mais pour réaliser cela il me fallait un intermédiaire capable de sortir mes lettres de la prison.

Gustave, le gardien français qui m'apportait mes repas et m'escortait à la promenade, avait remarqué mon accent hongrois. Il me dit un jour que sa femme était Hongroise également. Ils étaient allés plusieurs fois en Hongrie avant la guerre et les habitants de ce pays lui avaient tellement plu que sa femme et lui projetaient sérieusement de s'y installer après la victoire des Allemands. Le fait que j'eusse l'accent de sa femme lui rendait agréables les promenades avec moi dans la cour de la prison. Une manière d'amitié naquit entre nous.

Un jour Gustave m'apporta une part de strudel hongrois fait à la maison. Ses yeux pétillaient lorsqu'il me le mit dans la main d'un geste furtif dans ma cellule. Nous avions de plus en plus de sympathie l'un pour l'autre et je pensais qu'il comprendrait les préoccupations qui me minaient au sujet de ma famille. Je demeurai cependant hésitant, jusqu'au jour où il m'annonça que mon avocat avait demandé de me rencontrer, ce qui signifiait que la date de mon procès approchait.

— Je vais être condamné à mort, dis-je alors à Gustave, et je le priai d'accepter mes quelques effets personnels comme cadeau.

Je lui demandai ensuite s'il aurait la gentillesse de poster une lettre pour ma famille et de me ramener la réponse s'il y en avait une.

La réponse que me fit Gustave me surprit :

— J'allais justement vous le proposer, me dit-il. Je peux très bien poster une lettre, ou bien donnez-moi l'adresse de votre famille et je la leur remettrai directement.

Je ne voulais pas révéler l'adresse de ma famille. Il était aussi simple d'adresser la lettre en poste restante, lui dis-je. Il me donna son adresse personnelle afin que l'on pût m'y répondre. La fois suivante, il m'apporta de quoi écrire et le lendemain matin je lui remettais ma lettre. Gustave la posta, du moins l'espérais-je.

Mon procès eut lieu la première semaine du mois de novembre 1943. Les juges en hauts chapeaux et robes flottantes prirent place ; soucieux avant tout de complaire aux nazis, ils me considéraient avec tout le mépris qui convenait aux traîtres dans mon genre. Le procureur énuméra mes péchés et conclut que j'étais un criminel contre qui on ne pouvait prononcer qu'une condamnation à mort.

Mon avocat plaida quinze minutes. Il dit que j'avais agi de bonne foi après m'être laissé abuser quant aux véritables intérêts de la France. Il rappela le fait que j'étais un médecin pour qui la vie humaine avait une importance primordiale. Il lut ma citation à l'ordre de l'armée comportant l'attribution de la Croix de Guerre et expliqua que j'avais sauvé de nombreuses vies au risque de la mienne. Il remit ensuite mon sort entre les mains de la cour.

Je levai les yeux pour constater l'effet de son discours sur les juges. Deux étaient absorbés par leur conversation. Le troisième semblait se réveiller d'un petit somme. Deux minutes et demie de délibération et le président prononçait la condamnation à mort.

Il exposa les détails de ma mise à mort par le peloton d'exécution du Mont-Valérien et il loua l'humanité de la cour qui me faisait bénéficier d'une mort honorable en m'évitant l'infamante guillotine réservée aux criminels de droit commun. Je ne pouvais pas faire appel. J'avais seulement droit à la visite d'un prêtre pour nettoyer mon âme de tous ses péchés.

J'entendis retomber le marteau. Mon avocat :

— C'est terminé. Je ne peux plus rien pour vous.

J'étais hébété. Je voulus me lever. Mes muscles ne répondaient pas. Ce n'était pas à moi que tout cela arrivait ! Mieux valait vivre en lâche que mourir en héros ! Ma famille ne saurait peut-être jamais rien. Je ne les reverrais d'ailleurs jamais. Le terne visage de Gustave, mon gardien, remplit mon champ de vision. Je sentis soudain mes intestins près de réagir à la peur comme à Sathonay le jour où j'étais tombé sur le canon antiaérien. Gustave m'emmena juste à temps aux toilettes.

Assis là je pris une décision. J'allais reprendre mon destin en main et me pendre ici même et immédiatement. Je cherchai des yeux un endroit où accrocher ma ceinture, que l'on m'avait rendue pour le procès. Mais quelle mort serait la plus douloureuse : pendu par mes propres mains ou fusillé par d'autres ? J'avais vu la lente et terrible agonie de malades atteints d'affections pulmonaires. D'ailleurs, Gustave m'entendrait suffoquer et me détacherait avant que survienne la mort. Autant attendre de passer devant le peloton d'exécution, me dis-je. Les six balles tirées simultanément ne me laisseraient peut-être pas le temps de m'apercevoir que je mourais.

Puis, toujours assis sur les toilettes, je me dis que mourir fusillé ferait de moi un héros national. François serait alors fier d'être mon fils. Serait-il pareillement fier d'un père mort pendu dans les toilettes de la prison ? Je relevai mon pantalon et sortis. La mort méritait un cadre plus digne que cela.

Gustave s'efforçait tant bien que mal de me réconforter

en me parlant du monde en si mauvaise posture et de la vie très difficile avec d'aussi sombres perspectives. Ce monde et ses perspectives d'avenir étaient bien le dernier de mes soucis dans la mesure où je n'y avais plus de place. Les Alliés progressaient en de nombreux endroits, fit-il remarquer, ce qui me permettait de garder quelque espoir. J'étais trop abattu pour lui répondre que mon exécution aurait eu lieu bien avant l'arrivée des Alliés. Le délai maximum entre le verdict et l'exécution était de dix jours, le temps qu'il faudrait à Pétain pour y apposer son cachet. On ne m'aurait pas proposé la visite d'un prêtre si ce délai avait dû se prolonger.

De retour dans ma cellule j'eus à prendre une autre décision. Allais-je mourir selon la tradition juive ou chrétienne ? J'étais enfermé dans mon rôle d'Aryen. Impossible de demander à l'administration de la prison l'assistance d'un rabbin que les SS arrêteraient instantanément pour l'envoyer en déportation. Ou bien ce serait un collaborateur qui dans l'espoir de sauver sa famille s'efforcerait de découvrir où se cachait la mienne.

Un curé serait tout aussi dangereux. Les religieux acharnés à pourchasser les Juifs se rencontraient fréquemment aux plus bas échelons du clergé.

J'appris plus tard l'existence d'un grand nombre d'exceptions. Mgr Raymond, par exemple, l'évêque de Nice, qui cacha des familles juives du début à la fin de la guerre ; et l'abbé Jacques Brunel, carme déchaussé, qui fut déporté à Gusen II pour avoir refusé de livrer les enfants juifs réfugiés dans son monastère près de Fontainebleau.

Il me fallait informer ma famille du verdict prononcé par la cour. Je devais écrire à Mme Billard en utilisant à nouveau les services de Gustave, même si j'ignorais s'il avait vraiment posté ma première missive. Je lui demandai cette fois de m'apporter également du papier carbone. J'avais l'intention d'adresser une copie de ma lettre à Ramoine sous son nom codé.

Il ne me restait plus que quelques jours à vivre. J'étais là, assis, l'esprit vide devant une feuille de papier blanc. Les mots pour écrire la dernière lettre de ma vie m'échappaient. Comment éviter le tragique ? Cacher ma frayeur ? Cette lettre, je ne l'adresserais pas à ma mère atteinte d'un cancer et qui n'avait pas besoin d'une raison de plus de désespérer.

Allais-je écrire à mon fils pour lui demander pardon de lui avoir fait défaut et lui recommander de ne pas éprouver d'amertume à cause de ma mort ? Je voulais lui dire mon chagrin à l'idée que je ne le verrais jamais grandir. Mais quelle utilité cela aurait-il ? Il ne se souviendrait pas de moi à l'âge où il deviendrait capable de lire ma lettre. Il ne resterait rien de moi, même pas une tombe devant laquelle se recueillir.

Au comble du désespoir j'évoquai Sonia, si belle et si courageuse la dernière fois que je l'avais vue. Je m'inquiétais encore au sujet de ses lunettes ; les lui avait-on cassées ? Elle était presque aveugle sans elles. La feuille de papier blanc continuait de me narguer. Ma dernière lettre serait adressée à Sonia.

Ma main tremblait. Comment annoncer à la personne que j'aimais le plus au monde que j'étais arrivé au seuil de la mort ? Cette confrontation avec la réalité de ma propre mort me terrifiait. Et cela me blessait profondément de savoir que si Sonia survivait pour lire ma lettre je ne serais point là pour apaiser son chagrin.

La nuit tombait. Je n'avais pas écrit un mot, même pas « Sonia chérie ». Impossible d'écarter l'image obsédante de moi-même face au peloton d'exécution du Mont-Valérien.

En me plaçant au centre du groupe de condamnés, je bénéficierais peut-être de quelques secondes de plus avant que les balles m'atteignent. Ou peut-être que les balles viendraient à manquer. A moins que la Résistance ne nous libère après avoir pris d'assaut la prison.

J'avais vu des hommes quitter leurs cellules pour le peloton d'exécution la tête encore pleine d'espoirs insensés. On les transférait dans une autre prison en raison de la surpopulation dans celle-ci, ou on allait les échanger en secret contre un officier allemand prisonnier. Certains y croyaient si fort qu'ils échangeaient avec leurs camarades de cellule adresses et bistrots favoris où se retrouver après la guerre. Voici que de folles illusions m'assaillaient également.

Je finis par m'allonger et m'endormis. Lorsque la lumière de l'ampoule électrique éternellement présente dans ma cellule me réveilla, il faisait encore nuit dehors et tout était silencieux.

Je me retrouvai face à ma feuille de papier blanc. Une phrase occultait tout le reste, tournant indéfiniment dans ma tête à la manière d'un disque rayé : « C'est la fin... c'est la fin... c'est la fin... c'est la fin... c'est la fin... c'est la fin... »

Je me mis à arpenter ma cellule pour que cela cesse, mais mes jambes tremblantes ne me soutenaient plus.

Je m'étendis à nouveau. Je m'enfonçai un doigt entre les côtes là où pénétrerait peut-être une balle ; jeu stupide qui ne fit rien pour m'apaiser. Je me pinçai le plus fort possible. Mais j'étais si hébété de peur que je ne sentais pas la douleur, que je ne me souvenais même plus des souffrances endurées pendant les séances de torture. Tout en sachant que ma mort était imminente, j'ignorais ce que l'on éprouvait en mourant, voilà ce qui causait tant d'angoisse et de terreur.

Derrière ma petite fenêtre, le ciel s'éclaircissait. Des bruits de pas retentirent derrière ma porte. J'avais dû m'endormir et continuer à me débattre avec ma peur dans mes rêves. Sur la feuille de papier, toujours pas un mot.

Mon gardien apporta le petit déjeuner, café noir fait à partir de pois chiches torréfiés et un morceau d'un pain noir compact ayant un goût de colle. Gustave s'assura d'un coup d'œil dans le couloir que personne ne nous voyait. Puis il ferma soigneusement la porte de ma cellule et s'approcha un doigt posé sur les lèvres. Il sortit une enveloppe de sa poche. Une lettre de Mme Billard ! Il me la remettait cachetée, ce qui prouvait sa discrétion. L'air heureux et compatissant, il me regardait l'ouvrir avec des mains tremblantes.

Mme Billard disait combien mes camarades étaient fiers de moi. Ils connaissaient les détails des tortures que l'on m'avait infligées et se demandaient où j'avais trouvé la force de ne pas les trahir.

François était en sûreté auprès de ma mère. Sonia avait reçu quelques gifles mais on ne l'avait pas torturée. Elle et Paule, sa sœur, avaient continué d'affirmer qu'elles n'étaient rien que des Juives camouflées dans le camp ennemi. On avait fini par les croire, car moins d'une semaine après leur mère se faisait dénoncer en tant que Juive et arrêter. On les avait toutes les trois conduites à l'hôtel Excelsior de Nice, centre de détention régional pour les Juifs. On les avait ensuite envoyées au camp de Drancy, près de Paris, où elles attendaient leur départ pour Auschwitz.

Le nom d'Auschwitz ne me fit pas d'impression particulière. C'était, pensais-je alors comme Mme Billard, un camp de travail réservé aux Juifs. Sonia n'en souffrirait pas trop. Elle était robuste. Travailler dur ne lui ferait pas peur. Elle était saine et sauve, voilà le principal !

Moi qui étais au bord du gouffre, cette lettre de Mme Billard me permit de me ressaisir ; j'en vins presque à croire à ma très prochaine libération. Mon fils était à l'abri. Ma femme avait échappé à la torture ; elle était vivante et avec sa famille dans un camp proche de Paris. Un miracle, ni plus ni moins. Un autre miracle me sauverait peut-être à mon tour.

L'émission matinale de la LIB m'arracha à mes pensées. Une rumeur courait, disait-on. Les nazis avaient cessé depuis peu d'exécuter les résistants ; on allait désormais les envoyer dans des camps de travail forcé en Allemagne. Aucune des exécutions prévues la semaine précédente n'avait eu lieu. Le miracle que j'attendais !

A présent je pouvais écrire une lettre optimiste si toutefois les séquelles de mon interrogatoire à la Villa Trianon me l'autorisaient. J'avais les deux pouces faibles et douloureux et mes épaules encore enflées me faisaient terriblement souffrir. Mon visage tuméfié et couvert d'ecchymoses reprenait peu à peu forme humaine, mes dents de devant brisées causaient une sorte de sifflement quand je parlais ou respirais par la bouche. J'avais réussi à atténuer la douleur produite par mes ongles de pied arrachés en coupant les bouts de mes chaussures. La souffrance physique ajoutée à l'émotion rendait le simple geste d'écrire excessivement difficile. Je m'efforçai néanmoins d'écrire lisiblement.

C'est alors, tandis que j'écrivais, qu'un bulletin d'informations exceptionnel de la LIB annonça que l'on venait d'emmener douze prisonniers devant le peloton d'exécution par mesure de représailles pour l'assassinat de soldats allemands à Paris. Cinq de ces hommes faisaient partie du groupe avec qui je faisais ma promenade quotidienne dans la cour, des hommes avec qui j'avais eu l'occasion d'échanger un mot de temps à autre. Cette fois, ce n'était pas une rumeur. Je cessai d'écrire.

Un peu plus tard ce jour-là, lorsque nous apprîmes que les exécutions avaient eu lieu, un prêtre parmi nous, le père Bonaventure, nous demanda de prier pour les hommes assassinés. Les paroles en hébreu d'une prière de mon enfance me revinrent en mémoire : « *Shema Yisroël adonai elobenu adonai echod.* »

Je n'étais pas religieux, mais je ne cessais de me répéter cette prière en pleurant. J'ignorais si je pleurais sur mon propre sort ou sur celui des douze hommes morts.

Peu à peu je me ressaisis. J'achevai ma lettre pour Sonia. J'essayais de dire avec honnêteté et sans détours le sort qui m'attendait, ce que j'éprouvais pour elle et mon immense gratitude pour tous ces moments pleins et riches qu'elle m'avait apportés. Je me promettais de faire mon possible pour affronter mon exécution avec courage avant de conclure : « Je suis si heureux que tu sois en vie ! Tu trouveras une issue grâce à ta force et à ton intelligence. Ne perds pas confiance dans les Alliés. La guerre sera bientôt terminée, et tu reviendras en France retrouver notre fils. »

Ce n'était pas exactement ce que j'aurais voulu dire, mais du moins avais-je dit quelque chose. Je pliai la lettre en pleurant. J'étais incapable de contenir mes larmes. Je ne reverrais jamais François et Sonia, ne les serrerais plus jamais dans mes bras.

Je cachetai l'enveloppe que je voulais remettre le lendemain matin à mon gardien. Je la plaçai en sûreté sous mon oreiller et m'allongeai en me remémorant le peu de temps que Sonia et moi avions passé ensemble. Je m'efforçais de faire revivre nos déjeuners et nos longs week-ends à Anvers, notre mariage hâtif et nos traversées en sous-marin pour Londres, l'attente de la naissance de notre enfant et je nous revis tous les deux penchés pour la première fois sur notre fils.

Quelle affaire lorsque Sonia m'avait annoncé qu'elle était enceinte ! C'était le début du printemps. Nous accomplissions notre dernier saut sur le plateau du Vercors pour monter un réseau de liaison avec les groupes de résistants nouvellement organisés. Comme le moment du parachutage approchait, Sonia me promit de m'annoncer une nouvelle très importante dès que nous serions en sûreté dans une cachette pour la nuit. Après un saut sans problème nous retrouvâmes nos contacts dans la région et leur chef nous emmena chez le maire des Abrets, qui nous cacha dans une cabane au milieu d'un champ lui appartenant.

Sonia et moi nous allongeâmes côte à côte sur une étroite banquette. C'est alors qu'elle me demanda si je me souvenais de sa promesse. Sa voix était douce et chaude. Ses yeux brillaient dans la clarté de notre petite lampe. En riant elle chuchota :

— Nous venons de vivre un moment historique !

Ces paroles m'intriguaient. Il ne s'était rien passé de particulier lors de cette mission.

Puis Sonia dit :

— Nous avons fait faire son premier saut en parachute à notre futur bébé.

J'étais abasourdi. Elle avait pris un risque énorme pour faire son dernier saut avec moi ! Quelle folie ! Mais cela ressemblait bien à Sonia.

— Pourquoi ne m'as-tu rien dit ? demandai-je.

Elle répondit :

— Tu es très fort quand il s'agit de toi-même mais tu es tout retourné dès qu'il arrive quelque chose à tes proches. Tu aurais été capable de louper ta mission à Innsbruck et notre saut d'aujourd'hui si je t'avais mis au courant plus tôt.

Je lui retirai ses lunettes teintées pour baiser ses paupières. Ma femme était enceinte de trois mois, et j'allais être père !

Le soleil brillait derrière la fenêtre de ma cellule. Des bruits de pas résonnèrent dans le couloir. Gustave m'apportait mon petit déjeuner. Je sortis la lettre de dessous l'oreiller et la cachai entre ma veste et ma chemise de manière à pouvoir la glisser au gardien sans être vu des prisonniers aidant à la distribution des repas.

La porte de ma cellule s'ouvrit. Mon sourire se figea sur mon visage. Ce n'était pas le jour de congé de Gustave... que faisait là son remplaçant ? Je n'étais jamais content de voir ce vieux pétainiste si déplaisant. Mais sa présence inattendue ce jour-là me fit craindre le pire. Gustave avait-il été pris alors qu'il aidait un autre prisonnier ? M'avait-il donné ? Celui qui le relevait aujourd'hui avait été blessé à Verdun pendant la première guerre mondiale et reçu sa décoration des mains mêmes de Pétain, qui restait pour lui un héros au génie militaire infaillible. Il était de surcroît convaincu que l'Allemagne souhaitait sincèrement voir la France redevenir une grande puissance. Donc, c'étaient nous les véritables ennemis de la France.

Le vieil homme entra en sifflotant joyeusement. Qu'est-ce qui le rendait si heureux ? Il m'annonça qu'un réseau de résistance de première importance venait d'être détruit. Le Vercors, un des centres nerveux de la clandestinité, n'existait plus. Camp d'entraînement, refuge, quartier général administratif pour le maquis, base opérationnelle où s'organisaient les actions de sabotage industriel, tout cela était réduit à néant. Après plusieurs parachutages, Sonia et moi connaissions bien la région et certains des résistants qui y travaillaient.

Le vieil homme m'expliqua d'un air triomphant que des membres de la Milice avaient réussi à infiltrer le maquis. Les informations fournies par eux avaient permis aux nazis de mener à bien un assaut terrestre et aérien. Le maquis avait été pris par surprise. Gustave, mon gardien, était parti avec le détachement chargé de ramener à Fresnes les quelques survivants. Il devait revenir quelques jours plus tard.

Le fait que de nombreux Allemands eussent perdu la vie dans la bataille ne me réconforta même pas. Qu'était-il advenu des quelques amis que j'avais là-bas ? Et des Américains qui entraînaient le maquis à l'usage des armes parachutées ?

Le lendemain, un dimanche, sembla durer une éternité. Le lundi matin, des pas résonnèrent derrière ma porte, comme d'habitude, et je vis paraître les traits familiers mais terriblement tristes de Gustave. Il revenait juste du Vercors.

Je lui remis ma lettre pour Sonia. Il me dit de la déchirer. Je quittais Fresnes après le petit déjeuner !

Je devins livide. Il me tendit la liste de mes effets ; ma signature devait certifier que tout m'avait été rendu. Je tremblais de peur. Il voulut me rassurer :

— Vous n'allez pas être exécuté ! Certains prisonniers vont être transférés dans une autre prison pour faire de la place aux nouveaux venus. C'est tout !

J'essayai de me ressaisir. Je remerciai Gustave pour ce pieux mensonge, mais je savais fort bien que ma fin était proche. Je ne souhaitais qu'une chose : que cela se termine rapidement. Pourtant, Gustave insistait ; je n'avais aucune raison de m'inquiéter, je ne serais pas exécuté. Je refusai de le croire. Je lui demandai un dernier service. Qu'il garde ma lettre pour Sonia jusqu'après ma mort pour y ajouter une note décrivant mon exécution, mais en évitant de mentionner bien sûr toute éventuelle manifestation de frayeur de ma part. Je lui donnai mes quelques effets, y compris ma montre et un peu d'argent. Il me serra la main longuement. (De retour à Paris après ma libération du camp de concentration, je me suis rendu au bureau de l'armée de la France libre pour y régler certaines questions administratives. On m'a alors remis un paquet que l'on avait apporté avec mon nom inscrit dessus peu après la défaite allemande. La description du porteur correspondait à celle de Gustave, mon gardien à Fresnes, alors que la note à l'intérieur du paquet était signée d'un autre nom. Dans le paquet, il y avait ma montre et 297 francs. La note expliquait que le Dr Albert Haas avait remis ces effets au porteur avant son transfert dans une autre prison. J'ai remué ciel et terre pour retrouver Gustave, allant jusqu'à louer les services d'un détective privé. Tout fut vain. Soit il avait signé d'un pseudonyme, soit il était déjà parti en Hongrie avec sa femme.)

Cette cellule solitaire et infestée de vermine avait été une véritable coquille pour moi ; j'en pris conscience tout en m'habillant. Là, pour un certain temps du moins, j'étais en sécurité. Persuadé de partir pour mon dernier voyage, je me prenais à regretter ces murs nus mais familiers, si rassurants. Je fis mes adieux au trou des toilettes, aux puces, aux rats, aux cafards et aux punaises. Au moment de partir, Gustave me serra contre lui, les larmes aux yeux.

Je fus ensuite livré aux Allemands.

8

Dans la cour centrale attendaient trois camions encerclés par les SS. Deux étaient fermés et prêts au départ. Menottes aux mains, on me poussa dans le troisième. Je m'assis sur un des bancs. Les visages des hommes déjà installés me semblèrent familiers dans la pénombre. J'avais dû les rencontrer dans les couloirs de mon bâtiment ou pendant la promenade. D'autres prisonniers alignés dehors furent entassés avec nous. Nous fûmes bientôt trente. Deux SS armés montèrent et les portières claquèrent.

J'entendis démarrer les autres camions et les motos, puis ce fut notre tour. Impossible d'identifier mes compagnons dans l'obscurité. Tout le monde fixait tristement le sol. Un prisonnier qui semblait souffrant demanda un verre d'eau et reçut un coup de crosse qui lui ensanglanta le front. Ses menottes l'empêchaient d'essuyer le sang qui lui coulait dans les yeux.

On ne pouvait communiquer ni par la voix, à cause des SS postés aux portières, ni par signes, à cause des menottes. Je prêtais l'oreille aux bruits filtrant de l'extérieur pour déterminer notre destination. J'entendais des gens qui parlaient dans des voitures roulant à notre hauteur. Nous nous immobilisions souvent à des feux de signalisation ; nous traversions donc une succession ininterrompue de communes. Puis des bruits d'avion indiquèrent que nous approchions d'Orly.

Les haltes se firent de plus en plus fréquentes. Je perçus d'instinct que nous traversions Paris. Le mot « Italie » passa dans la conversation de nos gardes. Les voitures étaient de plus en plus nombreuses, puis il y eut le son creux des roues passant sur un pont ; nous franchissions la Seine. Pourtant le trajet pour le Mont-Valérien et le peloton d'exécution ne passait pas par Paris. Pour la première fois depuis l'annonce de mon départ de Fresnes, je sentis poindre un minuscule espoir.

Nous roulions depuis une heure lorsqu'une odeur me rappela la fumée de locomotive. J'entendis peu après le bruit d'un train. Une halte de quelques minutes suivit. Des ordres claquèrent en français et en allemand et une lourde grille de métal s'ouvrit en grinçant. Le camion repartit lentement. Un quart d'heure et une voix hurlait en allemand : « *Halt* », et les camions s'immobilisèrent. De nouveau, des cris en français et en allemand, le lent mouvement des wagons que l'on attelait, une locomotive lâchant de la vapeur. Les gardes n'avaient échangé que très peu de mots durant le trajet. Depuis l'arrêt des camions, ils n'avaient pas bougé et gardaient le silence, se contentant de tirer sur leurs cigarettes. Ils avaient manifestement pour ordre de nous laisser dans l'ignorance la plus totale de notre destination.

Je restais attentif à tout bruit capable de me renseigner. Un long grincement m'évoqua l'ouverture des lourdes portes coulissantes d'un fourgon. Une voix hurla : « *Aufmachen* » (« Ouvrez les portières »), et des clefs fourragèrent dans la serrure des portes arrière du camion. Un soleil aveuglant chassa l'obscurité ; nous n'y voyions rien. Les SS nous firent sortir à coups de crosse. Certains perdirent l'équilibre à cause de leurs mains entravées dans le dos ; ils tombèrent, se tordant la cheville ou se cassant une jambe. Je me précipitai à l'aide d'un homme d'une quarantaine d'années vêtu d'une robe de prêtre. Comme je me tournai vers lui et m'agenouillai, une douleur terrible me traversa l'épaule et le crâne. Un SS me frappait. Il me frappa ainsi jusqu'à ce que je me relève. J'avais néanmoins pu aider le prêtre à se remettre sur ses pieds. Il y avait de la gratitude dans ses yeux. Un SS me poussa en avant d'un coup de botte dans les reins. Les trois prisonniers qui s'étaient également portés au secours de leurs camarades avaient reçu le même traitement que moi.

Je reconnus alors la gare du Nord. Une horloge indiquait trois heures de l'après-midi. Curieusement, nous avions mis six ou sept heures pour parcourir un trajet aussi court.

Sur les quinze ou vingt camions qui se trouvaient là, trois seulement venaient de Fresnes : on avait donc amené des détenus de plusieurs prisons. La plupart des camions ouverts et vides avaient déjà déchargé leur cargaison humaine. Une centaine de SS étaient alignés le long d'un train de marchandises.

On conduisit mon groupe devant un fourgon ouvert. Les injonctions « *Schnell, schnell !* » (« plus vite ! ») s'accompagnaient de violentes poussées et coups de poing. On aida à coups de crosse et de botte ceux qui avaient des difficultés à grimper. Dès que quarante ou cinquante hommes furent entassés dans le wagon, on ordonna de refermer la porte coulissante. Nous étions à nouveau dans l'obscurité, avec pour seule source de lumière une dérisoire bouche d'aération percée dans le plafond.

Dehors, quelqu'un cria que l'on ne rouvrirait pas le wagon avant un certain temps. Ceux qui auraient besoin d'uriner ou d'aller aux toilettes étaient priés d'utiliser la poubelle placée à cet effet dans la voiture. Nous n'avions rien mangé depuis le petit déjeuner mais étions trop anxieux pour songer à la nourriture. On ne pouvait ni s'asseoir ni se tenir debout confortablement. On nous avait entassés comme des sardines.

Une violente secousse nous jeta les uns sur les autres ; on attelait deux wagons. Nous tendions l'oreille. A l'avant, la locomotive lâcha sa vapeur. Son sifflement déchira l'air. Le train se mit en mouvement. Un instant plus tard les corps silencieux compressés dans le fourgon prenaient vie, poussés par un formidable besoin de parler. Tout ce qui avait été si longtemps ravalé en cellule d'isolement explosait soudain ; un contrepoint de voix faisait revivre femmes, enfants, parents, arrestations et tortures. Les barrières imprenables marquant habituellement nos solitudes se dissolvaient. Ce train emportait chacun de nous vers une identique incertitude et cela nous rendait si proches que nous croyions partager les mêmes battements de cœur. Je n'ai jamais éprouvé, ni avant ni depuis, un sentiment de communauté aussi absolu.

Mes compagnons de voyage sortirent un à un de leur silence. Enfin ils pouvaient parler et tous plongèrent à corps perdu dans cet instant d'une intensité inoubliable. Le train roulait ; une vague lumière balayait de temps en temps la nuit épaisse du wagon.

Mes yeux s'habituant à l'obscurité, j'aperçus non loin de moi le prêtre que j'avais aidé à se relever. Ses yeux tristes s'animèrent un peu lorsque je lui fis signe, et il se fraya tant bien que mal un chemin jusqu'à moi. Il m'exprima sa reconnaissance pour lui avoir porté secours, puis il me demanda :

— C'est vous le toubib de la cellule R 16 ?

Le père Bonaventure, un dominicain, avait été mon voisin. Dans la nuit du wagon plombé, il me raconta son histoire.

Il avait rejoint la Résistance, caché des armes et des maquisards blessés dans un monastère. Il prit bientôt la succession du chef de son réseau arrêté. Un camarade révéla sous la torture que son chef était un prêtre. Les Allemands menacèrent l'abbé d'incendier le monastère avec ses occupants à l'intérieur s'il ne livrait pas le prêtre résistant dans les douze heures.

L'abbé vint parler au père Bonaventure ; il lui révéla que lui aussi travaillait dans la clandestinité. Le monastère abritait plusieurs résistants et cachait de nombreux réfugiés et blessés. Le moine sut convaincre son supérieur que la perpétuation du mouvement lui-même était beaucoup plus importante que sa survie en tant qu'individu. Puis il alla se livrer aux Allemands, qui choisirent cinq moines au hasard pour les aider à fouiller le monastère. Ils ne découvrirent heureusement rien.

Le père Bonaventure avait enduré les tortures les plus barbares ; on était allé jusqu'à lui injecter de l'acide dans l'urètre. Les nazis exécutèrent finalement les cinq moines innocents, qui durant les quelques minutes précédant leur mort dirent en latin à leurs compagnons la joie qu'ils éprouvaient à mourir pour une cause juste et noble. On jeta le père Bonaventure dans une cellule où il fut battu quotidiennement, sans réussir à lui arracher le moindre aveu. Il fut transféré à Fresnes dès que les traces des tortures eurent disparu. Un simulacre de procès se termina par un verdict de mort automatiquement ratifié par le gouvernement de Vichy. La suite de son histoire, je la connaissais, bien sûr.

Après lui avoir à mon tour raconté la mienne, je lui fis part de ma terreur des quelques instants précédant la mort, juste avant que la balle ne frappe. J'éprouvais cette sorte de peur en avion également. Je ne craignais pas de m'écraser au sol mais j'avais une frayeur panique de la descente dans le ciel juste avant le choc. Le père

Bonaventure me conseillait de ne pas redouter ces quelques instants, dont je ne me souviendrais certainement pas après ma mort !

Il me donna ensuite une nouvelle qui me permit d'échapper temporairement à cette obsession de la mort qui me tourmentait. Avant de quitter Fresnes, le père Bonaventure avait fait venir l'aumônier de la prison pour qu'il le confesse en prévision d'une exécution imminente. Tout en acceptant de l'entendre, l'aumônier lui avait dit que cette confession lui semblait désormais inutile. Il avait appris de source sûre que l'on n'exécuterait plus aucun résistant condamné à mort. On n'appliquerait plus que les verdicts de mort prononcés contre les otages et les communistes reconnus. Tous les autres seraient transférés à Compiègne-Royallieu, une base militaire à mi-chemin entre Paris et la frontière belge, transformée par les nazis en un centre de détention où étaient regroupés les hommes devant partir en déportation dans les camps de concentration. Je comprenais à présent pourquoi l'on nous avait emmenés à la gare du Nord.

Je m'abîmai ensuite dans mes pensées ; j'avais perdu la notion du temps qui passait quand le rythme des roues se modifia ; le train ralentissait, changeait de voie. Nous approchions sans doute d'une gare.

Le train ralentit encore, s'immobilisa. Dehors, les cris à présent familiers en allemand et en français. Notre porte coulissante s'ouvrit. La pancarte indiquait bien Compiègne. Les aiguilles de l'horloge disaient onze heures trente.

Les SS nous ordonnèrent de sauter au sol. Je me retrouvai sur le quai sous une pluie fine et froide ; ce temps rendait étonnamment douloureuses les séquelles de mes séances de torture. La faim me tenaillait ainsi qu'une migraine atroce. Une quinzaine de SS braquaient leurs mitraillettes sur quatre ou cinq cents prisonniers alignés sous la pluie le long des voies. Il fallut se ranger par quatre, attachés deux par deux par des menottes ; soldats en armes et SS se distribuèrent le long de la colonne ainsi formée. En tête, un officier hurla un ordre et la colonne s'ébranla.

La nuit était sombre et froide. Sinistre. La pluie glacée ne faiblissait pas. Les quelques lumières blafardes de Compiègne éclairaient à peine la rue déserte et mouillée devant nous. La population entière s'était retirée derrière les portes closes ; les volets de bois hermétiquement fermés ne laissaient pas échapper le plus fin rai de lumière. Les immeubles, géants nombreux aux yeux clos, semblaient redouter la vision de notre souffrance. Une phrase d'un poème de Verlaine me traversa l'esprit : « *Il pleure dans mon cœur comme il pleut sur la ville.* »

Je marchais, hébété, automate attendant de sortir d'un mauvais rêve. La pluie détrempait mes sandales de fortune et mes chaussettes imbibées de sang coagulé. Une douleur lancinante m'engourdissait les orteils. Nos manteaux et nos vestes dégoulinaient ; l'humidité nous pénétrait jusqu'aux os. Le père Bonaventure attaché à moi par les menottes m'aidait à reprendre mon équilibre chaque fois que je trébuchais. Je me sentais au-delà de mes forces.

Tant d'efforts pour survivre ! Quelle futilité ! J'annonçai mon intention de m'asseoir et de ne plus bouger. Ce qui arriverait arriverait. Le père Bonaventure s'efforça de me raisonner. Les SS me traiteraient comme un fuyard. C'était la mort certaine. Dieu ne m'avait pas sauvé sans raison du peloton d'exécution, me dit-il. Il y avait un sens à ma vie ; je n'avais pas le droit de la gaspiller pour le plus grand plaisir de ces assassins. Il m'exhortait à penser à ma famille. Il me soutenait de la voix et de la main. Je marchais.

D'étranges lumières parurent à l'horizon ; j'avais toujours imaginé ainsi l'aurore boréale. Elles se firent de plus en plus intenses à mesure que nous avancions. Une demi-heure plus tard environ, nous étions à Royallieu, une base militaire située sur un vaste plateau. Les lumières aperçues étaient des projecteurs de haute puissance encerclant les bâtiments militaires. Les colonnes lumineuses balayaient la nuit sans répit tels des bras de géant s'efforçant d'attraper une mouche invisible.

On nous fit stopper devant les grilles. Un SS s'approcha de l'entrée. Quelques minutes silencieuses et le portail s'ouvrit. Nous nous remîmes en marche en direction d'un des bâtiments blancs et bas, strictement alignés. Nouvelle halte, tandis qu'un SS ouvrait la porte. Un couloir long et obscur. Le garde alluma une puissante lampe de poche. Une autre porte fermée au verrou. Il l'ouvrit, et l'on nous fit entrer dans une pièce sans lumière ni chauffage. Le verrou de la porte claqua derrière nous.

Un des projecteurs tournant à l'extérieur balayait la pièce périodiquement. Chaque passage du faisceau révélait trois paillasses empilées dans un coin ; mais la nuit ravalait tout si rapidement que nos tentatives de les atteindre se terminèrent par une terrible bousculade. Quelqu'un marcha sur mes orteils blessés et je hurlai de douleur.

Le père Bonaventure demanda que l'on ne bouge plus. Il proposa que trois hommes gagnent le coin au prochain passage du faisceau et transportent au passage suivant une des paillasses à l'autre bout de la pièce. Trois autres hommes transporteraient ensuite de la même manière la deuxième paillasse le long du mur de droite, et ensuite trois encore la dernière paillasse jusqu'au mur de gauche. Cela accompli en bon ordre, nous nous aperçûmes que nous n'avions pas de couvertures. Nous nous mîmes alors à crier et à tambouriner contre la porte pour attirer l'attention de quelqu'un dans le couloir. Le garde qui vint nous annonça qu'il faudrait se débrouiller sans couverture jusqu'à l'ouverture du magasin de la base.

Sur les conseils du père Bonaventure, nous entreprîmes d'étaler la paille des paillasses pour nous protéger un peu du sol froid et humide. Il était deux ou trois heures du matin. Nous n'avions toujours rien eu à manger ni à boire. J'étais hébété de fatigue, trop exténué pour me soucier de ma faim, de mes orteils douloureux ou de mes vêtements détrempés. Je tombai sur le sol couvert de paille et m'endormis immédiatement.

Un cauchemar terriblement vivant, où je me débattais sous la torture, déchira mon sommeil. Je me réveillai avec une douleur martelante dans le crâne. Quelqu'un m'appuyait un linge humide sur le front. Il y avait des gens penchés sur moi. Je les sentais sans pouvoir ouvrir mes paupières trop lourdes. Je brûlais puis soudain devenais glacé. J'ouvris finalement les yeux sur un visage suspendu dans un brouillard au-dessus de moi.

— Il a une très forte fièvre... Il faut trouver un médecin !

Lorsque j'eus de nouveau conscience de mon environnement j'étais au chaud et au sec, dans un lit avec des draps propres sous une couverture de l'armée. Cette sensation de réconfort céda vite à la panique lorsque je m'aperçus que je ne pouvais plus bouger ni les bras ni les jambes. Je soulevai la tête. J'avais les bras et les jambes attachés. Je ne me souvenais pas des circonstances mais j'étais manifestement tombé gravement malade.

L'homme couché dans le lit voisin cria :

— Infirmier, il bouge ! Il a ouvert les yeux !

Une voix répondit :

— J'appelle le médecin.

Bientôt parut un homme d'une cinquantaine d'années en blouse blanche et au visage avenant.

— Je suis le Dr Reiner, médecin-prisonnier comme vous, mon cher confrère. J'avoue que je ne pensais pas vous voir vous remettre de cette pneumonie...

J'étais complètement désorienté. Je me trouvais à Royallieu, un camp de détention allemand pour prisonniers politiques. Le lendemain de mon arrivée, on m'avait transporté du bâtiment de quarantaine à l'infirmerie. J'avais une pneumonie ; je délirais de fièvre. J'avais donc passé dix jours à l'infirmerie et me trouvais hors de danger depuis la nuit précédente.

Tandis que le Dr Reiner me parlait, mon nez commença à me démanger. Dans l'impossibilité d'utiliser mes mains, j'essayai de me frotter contre l'oreiller. Le Dr Reiner coupa la bande de gaze qui m'entravait. Il s'excusa d'avoir dû m'attacher mais j'avais bondi hors de mon lit et tenté de m'enfuir pour, disais-je, retrouver ma famille. Il avait fallu deux infirmiers pour me maîtriser.

Je me grattai donc le nez, puis je palpai mon visage. Le Dr Reiner m'apporta un miroir. Je vis un inconnu aux joues creuses, un homme d'âge mûr, avec le menton barbu, le regard douloureux et les yeux soulignés de profonds cernes bleus. La dernière fois que j'avais vu mon visage c'était le matin précédant mon arrestation à Nice ; j'étais alors un homme libre.

Le Dr Reiner m'expliqua que j'avais failli arriver trop tard à l'infirmerie. Le règlement ne prévoyait pas d'admissions d'urgence. Il ne pouvait accueillir sans formalités que les malades en consultation externe. Tous les autres devaient attendre pour être admis à l'infirmerie l'approbation du médecin militaire allemand, qui ne venait en consultation au camp qu'occasionnellement.

Par chance pour moi, un soldat allemand s'était tiré dans le pied le même après-midi en nettoyant son arme. Le Dr Reiner avait alors appelé le médecin militaire pour me faire admettre immédiatement à l'infirmerie. J'avais déjà perdu conscience. Le père Bonaventure avait dû me transporter sur son dos.

Chaque jour, le père Bonaventure s'était glissé hors du bâtiment de quarantaine pour me rendre visite. Voyant que mon état ne s'améliorait pas, il m'avait donné les derniers sacrements... à tout hasard. Le bon moine s'était dit que cela ne pouvait pas me faire de mal, même s'il ne savait pas à quelle religion j'appartenais. Grâce à lui, ce Dieu-là du moins m'accueillerait bien en son royaume.

Puis le bruit se répandit que j'étais hors de danger ; la joie de mes compagnons d'infortune à l'annonce de cette nouvelle me toucha profondément. Sauf pour les prisonniers encore en quarantaine, il y avait une grande liberté de mouvement à l'intérieur du camp, en sorte que les visiteurs défilaient constamment à mon chevet. Des amis et des étrangers venant des quatre coins du monde — Français, Américains, Anglais, Sud-Américains, Juifs, communistes — m'offraient de la nourriture reçue des Quakers ou de leur famille.

Le Dr Reiner, ancien pneumologue à la faculté de médecine de Vienne, était un homme aimable et d'une grande conscience professionnelle. Il m'apportait tous les matins du véritable café et du lait et trouvait tous les prétextes imaginables pour me garder à l'infirmerie.

Dès que je fus capable de me déplacer, j'utilisai ma relative liberté de mouvement pour explorer le camp de Royallieu à la recherche d'un éventuel moyen d'évasion. J'évitais soigneusement le chemin du sergent Kuntz, l'individu à tête chafouine qui en réalité dirigeait le camp. Le commandant de Royallieu, qui préférait les commodités d'un logement en ville, avait abandonné le camp aux soins de ce Kuntz à l'esprit lent et aux instincts sadiques. C'était cet homme, un ancien espion déguisé en garçon de café parisien, qui avait refusé au Dr Reiner l'autorisation d'appeler le médecin allemand en vue de mon admission à l'infirmerie.

Royallieu comprenait en fait trois camps de détention séparés par des barbelés et des miradors. Le Camp Un était destiné aux Juifs, le Camp Deux aux prisonniers politiques français et le Camp Trois aux ressortissants étrangers. Je me trouvais dans le Camp Deux, le mieux gardé, au centre d'une chaîne de miradors entre lesquels circulaient sans discontinuer sentinelles et gardes en armes. Toute la nuit, les faisceaux des projecteurs balayaient le camp.

La fuite semblait impossible.

Je me promenais sans cesse d'un bâtiment à l'autre, ce qui me permit de rencontrer toutes sortes de gens : artistes, médecins et avocats, commerçants, boutiquiers et ouvriers, fonctionnaires. Je me fis des amis extraordinaires. Nous

nous aperçûmes vite combien étaient futiles tous nos beaux plans d'évasion. Nous entreprîmes alors d'organiser des spectacles pour occuper nos soirées. En dépit de la privation de liberté, ou grâce à elle peut-être, nous nous sentions tous authentiquement frères et égaux.

Puis, un dimanche matin, le père Bonaventure vint m'annoncer que notre groupe partirait en déportation en Allemagne le lendemain. Nous nous embrassâmes et échangeâmes nos adresses en promettant de nous revoir dès que s'achèveraient ces temps de démence. Nous étions optimistes et guère inquiets du sort qui nous attendait en Allemagne.

Le Dr Reiner, qui avait reçu l'ordre de me renvoyer de l'infirmerie, semblait soucieux. Je devais partir avec le convoi du lundi matin. Il me donna un petit flacon de vitamines et m'assura que l'énergie qui m'avait sauvé de la pneumonie me soutiendrait quoi qu'il advienne ensuite. C'est alors qu'entra un soldat allemand porteur d'une liste. Il appela quatre noms, dont le mien.

Nous regagnâmes tous les quatre notre baraquement. On nous conduisit dans une grande pièce complètement nue. Une trentaine d'hommes étaient assis sur le sol couvert de paille. La plupart avaient des couvertures apportées par la famille, des amis ou acquises grâce au troc. Des valises étaient empilées dans un coin.

Le chef de chambrée nous salua :

— Vous êtes les derniers... Notre wagon est complet !

Je m'assis dans un coin. On m'apporta une couverture et une lettre, l'une et l'autre de la part du père Bonaventure. Il m'expliquait qu'il me donnait une de ses deux couvertures. Je la lui rendrais après la guerre, ce qui ferait une occasion de se revoir.

Un peu avant onze heures du matin, un soldat allemand désigna quatre d'entre nous pour aller chercher nos repas, une soupe insipide, un morceau de pain blanc, de l'ersatz de café. La soupe et le café étaient complètement froids. Comme je n'avais pas de bol m'appartenant, je dus attendre que quelqu'un d'autre eût terminé pour déjeuner à mon tour.

Après cela je m'installai pour lire le journal. J'avais à peine parcouru les gros titres qu'un homme d'âge moyen venait s'asseoir à mes côtés. Il était blond et corpulent. Il se présenta. Je n'en croyais pas mes yeux : j'avais devant moi le Dr François Ottinger, un des plus grands chirurgiens de Paris, chef d'un important service de chirurgie, professeur à la faculté de médecine, un homme réputé pour son esprit acéré. J'avais assisté à certaines de ses consultations pendant mon internat et à quelques interventions au cours desquelles l'agilité de ses doigts boudinés m'avait émerveillé.

Le Dr Ottinger m'expliqua qu'on l'avait dénoncé comme Juif refusant de porter l'étoile jaune. On l'avait arrêté et passé à tabac. Loin d'être Juif, il descendait d'une grande famille de huguenots. Il avait compté être libéré dès qu'il aurait fourni la preuve de ses origines protestantes. Mais il avait proféré des remarques anti-allemandes lors de son passage à tabac, et loin de le libérer, on avait condamné cet « ennemi du Troisième Reich » à la rééducation en Allemagne.

Un autre médecin se joignit à nous. C'était le Dr Aarons, un ophtalmologue juif qui avait rejoint le maquis dès le début des rafles visant les Juifs. Il s'était installé dans un petit village où il travaillait comme tanneur. Les nazis avaient brûlé son village et arrêté tous les habitants mâles, parmi lesquels ce petit homme alerte et grisonnant.

Peu à peu les autres s'approchèrent pour se présenter. Tout en parlant, nous nous découvrions de nombreux amis communs à l'extérieur. A cinq heures, l'arrivée d'un soldat allemand interrompit les conversations ; il désigna de nouveau quatre hommes pour servir le dîner, une simple réédition du déjeuner additionné de quelque chose qui ressemblait vaguement à de la saucisse. Après avoir rapporté la marmite de soupe à la cuisine, les quatre hommes revinrent pour nous annoncer que l'on avait nettement renforcé la garde autour de notre baraquement et consciencieusement verrouillé toutes les portes.

Que nous réservait l'avenir ? Nous essayions d'imaginer le pire. Mais la réalité, ce qui nous attendait, n'était pas imaginable.

Le lendemain matin je fus réveillé par une grande agitation. Un garde criait : « *Aufstehen und packen* » (« Debout et ramassez vos bagages »). Le Dr Reiner m'apporta un colis d'adieu contenant des analgésiques, quelques comprimés de somnifère, un flacon d'antiseptique, de la gaze et du coton, un rouleau de sparadrap, des bandages. Nous n'avions pas le droit de posséder d'objets coupants. Comment faire des pansements sans ciseaux ?

— En vous servant de vos dents, me répondit-il.

Puis il me serra contre lui et s'en fut. J'ai appris après la guerre que le Dr Reiner avait fait partie d'un des derniers convois de prisonniers, alors que les Allemands se retiraient de France. J'ai essayé de le retrouver quand je travaillais dans la zone française de Vienne, mais il n'est jamais revenu. Le Centre de Documentation d'Arolson en Suisse m'informa n'avoir son nom inscrit sur aucune de ses listes, ce qui signifiait qu'il n'était jamais entré officiellement dans aucun camp de concentration ni de travail. Il fut sans doute tué pendant le transport ou avant l'enregistrement dans le camp. Les Allemands avaient probablement préféré éliminer un témoin gênant.

J'enroulai mon nécessaire de premiers secours dans la couverture du père Bonaventure. Entre-temps, on apporta la nourriture : deux miches de pain et une demi-saucisse par personne pour tout le voyage ; on nous servit un ersatz de café noir comme réconfortant avant le départ. J'avais dans ma couverture ce qui restait du jambon, du chocolat et des biscuits offerts par mes visiteurs pendant ma maladie. Je déroulai ma couverture pour y ajouter le pain et la saucisse et en sortir un biscuit à croquer avec le café. Je déchirai une longue bande de gaze pour ficeler mon bagage proprement, et j'étais prêt à partir.

« *Abtreten* », cria-t-on, et nous sortîmes nous aligner sous un ciel à peine blanchi par l'aube et encore piqueté d'étoiles. Ce serait un autre de ces jours clairs et vivifiants du début de l'hiver. On nous compta ; on nous rangea par quatre.

— En avant, marche !

Les projecteurs brillaient encore lorsque nous franchîmes les grilles sous les yeux d'un SS et de quatre officiers de la Gestapo debout près d'une Citroën noire. Un groupe de soldats, baïonnette au canon, notre escorte, se disposa de part et d'autre de notre colonne. Nous refîmes en sens inverse le chemin menant à la gare de Compiègne, à travers la petite ville toujours déserte et chichement éclairée.

Pendant ce temps, le soleil grimpait dans le ciel et nous arrivâmes à la gare sous une douce lumière dorée. On fit s'immobiliser mon groupe devant un wagon à bestiaux sur le flanc duquel était inscrit un grand D. *Deutschland*, pensais-je. Cela signifiait en fait *Dachau*, ce qui ne m'aurait alors rien évoqué.

On nous fit monter dans le wagon en nous donnant un seau d'eau à boire et une poubelle pour toilettes. Puis la porte coulissante se ferma avec un fracas métallique, un bruit qui aujourd'hui encore m'emplit le cœur de terreur.

La dernière chose que je vis de la *belle* France de Pétain fut ce ciel bleu ensoleillé. Les petites ouvertures d'aération de chaque côté du plafond étaient scellées ; nous nous trouvions dans une totale obscurité. On verrouilla notre porte, puis « *Abtreten* », puis le silence déchiré de temps à autre par le sifflement d'un train qui passait. Le Dr Ottinger proposa que chacun prît la main des deux voisins les plus proches en échangeant les noms afin de sentir la présence d'un autre être humain.

Quelqu'un dans notre voiture entonna *La Marseillaise*. Nous nous joignîmes à lui, puis des centaines de voix montèrent des autres wagons. On n'entendait plus rien que notre chant. Des centaines d'hommes pour quelques instants soudés dans la noire obscurité. Le silence et la solitude qui émergèrent des derniers accents de notre chant étaient insoutenables. Les hommes autour de moi se mirent à sangloter. Les larmes mouillaient mes joues. Enfin les sanglots cessèrent, mais personne ne prononça un mot.

Nous entendîmes la locomotive approcher et nous sentîmes le choc de l'attelage. Notre train s'ébranla.

Le bruit des roues sur les rails semblait donner corps à la vitesse. Nous faisions de brèves haltes pour, selon le Dr Aarons, laisser le passage aux trains militaires, les seuls à avoir priorité sur les transports de cargaison humaine. Ces haltes étaient réduites au minimum de manière à prévenir toute velléité de fuite. Le Dr Aarons nous raconta comment son groupe de maquisards avait vainement tenté de libérer un convoi de prisonniers lors d'une halte au passage d'un train militaire. Leur échec avait coûté de nombreuses vies parmi ses camarades et parmi les prisonniers. J'abandonnai tout espoir d'évasion.

Il y avait parmi nous un jeune homme, un véritable titi parisien, qui disait avoir été arrêté en distribuant des tracts anti-allemands ; il avait réussi à monter dans le wagon avec un couteau dissimulé sur lui. Il proposa de déclouer la plaque obturant un des aérateurs. Debout sur les épaules d'un autre il réussit à desceller un des volets. Dehors il faisait sombre.

Quelqu'un fit une suggestion : chacun donnerait son nom

puis raconterait son action dans la Résistance, mais le Dr Ottinger nous avertit que les Allemands plaçaient volontiers des indicateurs dans les wagons. Nous nous aperçûmes rapidement que ses craintes étaient justifiées.

Lorsque nous fîmes halte à Bar-le-Duc pour vider nos toilettes et nous réapprovisionner en eau fraîche, un SS s'approcha de notre wagon et demanda à l'homme possédant un couteau de sortir. Le jeune homme ne broncha pas. Le SS nous fit tous descendre de la voiture ; on nous fouilla un à un en vain. Un soldat finit par retrouver le couteau dans un coin du wagon ; c'est alors que les SS, sans qu'un seul mot soit échangé, se dirigèrent tout droit vers le jeune homme pour l'emmener. Nous ne le revîmes jamais et ne découvrîmes jamais le mouchard qui l'avait donné.

Le train reprit son voyage. A l'arrêt suivant, nous entendîmes des trains qui passaient, des gens qui parlaient en français et en allemand, et de la lumière électrique filtrait par l'aérateur partiellement découvert. Un homme se percha sur les épaules d'un autre pour agrandir l'ouverture. Il réussit ainsi à voir que nous étions à Metz, à la frontière franco-allemande.

Le train repartit et prit de la vitesse. Le rythme des roues sur les rails finit par m'endormir, et je ne me réveillai que lorsque le train ralentit. Nous entrions en gare de Sarrebruck, où nous vidâmes nos toilettes et nous réapprovisionnâmes en eau fraîche. Puis la porte coulissante de notre wagon se referma et le train se remit en marche. Nous nous enfoncions au cœur de l'Allemagne.

Nous roulions plus lentement et avec de fréquentes haltes. Notre minuscule ouverture sur l'extérieur nous donnait un aperçu du temps qu'il faisait et nous permettait de différencier le jour de la nuit. Chaque matin la porte glissait avec fracas sur un nouveau paysage. Nous sautions dehors pour vider notre seau hygiénique, mais on ne nous réapprovisionnait pas toujours en eau fraîche. Après quatre ou cinq jours interminables, le train s'immobilisa dans une gare importante. Nous étions à Munich. Nous étions détachés de la locomotive depuis une heure environ lorsque les sirènes d'alerte se mirent à hurler. Nous entendîmes les échos d'une attaque aérienne, puis le signal de fin d'alerte retentit et tout redevint calme. On attela notre voiture à une autre locomotive et nous repartîmes.

Quinze ou vingt minutes plus tard, nouvelle halte.

Quelqu'un jeta un coup d'œil par notre petite ouverture ; nous étions toujours à Munich mais dans une gare de moindre importance. Nous attendîmes une heure ou deux d'être attelés à nouveau à une autre locomotive. Coup de sifflet strident, nouveau départ. Peu après nous entendions grincer les freins, et le train s'immobilisa une fois de plus. La porte s'ouvrit brutalement et des injonctions en allemand éclatèrent dans l'air tout autour de nous.

— Dehors ! Laissez tout dans la voiture !

Dans l'encadrement de la porte, deux SS ; près d'eux, un petit groupe à la fois comique et terrifiant, assemblage pathétique d'êtres décharnés vêtus d'uniformes rayés crasseux avec un petit calot assorti. Les commandait un homme robuste, portant un uniforme similaire mais propre et bien coupé. Il arborait un brassard noir sur lequel était inscrit le mot KAPO. Il avait à la main un tuyau de caoutchouc avec lequel il « aidait » les prisonniers à descendre du train.

En haut d'un poteau, une pancarte : « KONZENTRATIONSLAGER DACHAU. »

2
Évadé de Dachau

9

Je venais de glisser deux morceaux de chocolat dans ma poche quand un des malheureux au visage décharné, qui était monté dans le wagon, s'approcha de moi.

— As-tu une montre ou de l'argent ? Si oui, tu n'as qu'à me les confier ; je te les rendrai plus tard. Parce qu'on va tout t'enlever tout à l'heure, y compris ce que tu as sur le dos.

Je répondis n'avoir sur moi aucun objet de valeur. Hargneux, il me lança un coup de pied dans le derrière. J'allais riposter sur le même mode quand une violente douleur me traversa le crâne. Je me retournai au moment où le *Kapo* me frappait en plein visage avec son tuyau de caoutchouc, « *Schnell, schnell !* » ; il me poussa vers la porte ; je tombai du train et il cria :

— Cochon de Français !

En me relevant, je remarquai un chiffre inscrit et un triangle vert sur la poche de sa veste ; le visage au-dessus était dénué d'expression.

Une fois hors du train on nous aligna, puis on nous « encouragea » — à coups de poing et d'injures — à marcher en direction d'un immense hangar rempli de bancs. Trois hommes en uniformes rayés et munis d'instruments de barbiers se tenaient près de chaque banc. On nous ordonna de nous déshabiller, de laisser nos vêtements bien pliés et de trouver un endroit où nous asseoir.

J'avais encore sur moi les habits que je portais le jour de

mon arrestation. Ils étaient crasseux à présent, et ils sentaient terriblement mauvais, mais ils étaient les seuls compagnons qui me restaient de mon passé. Leur contact sur ma peau m'était d'un précieux réconfort. D'avoir à les perdre ici, en cet ailleurs aberrant, me mettait dans une profonde détresse.

Je pris place sur un banc et un « coiffeur » me coupa les cheveux, me rasa les aisselles et le pubis ainsi qu'une bande de cheveux du front à la nuque. Un autre homme examina ma bouche à la recherche de dents en or, un troisième mon anus à la recherche d'objets de valeur. Puis, d'un coup de pied au derrière, on m'envoya à la douche (« *Brausebad* ») en même temps que tous ceux qui avaient déjà subi ce déplaisant rituel.

On nous avait donné un minuscule morceau de savon ; nous nous lavâmes tant bien que mal sous une eau alternativement glacée et brûlante. Dégoulinants, on nous ordonna d'enfiler notre nouvelle tenue : une chemise bleu marine avec de fines rayures blanches, un pantalon à rayures plus larges, une veste, un calot et de mauvaises chaussures de bois. Nos « nouveaux » vêtements n'étaient pas propres.

Nos uniformes mouillés sur le dos, on nous aligna dehors dans le froid avant de nous conduire dans un autre hangar rempli de bancs. Des hommes de la Gestapo nous appelaient par nos noms pour nous faire subir un bref interrogatoire. Je m'assis. Le contact sur ma peau de mes anciens vêtements me manquait.

Environ une heure plus tard, on cria mon nom. On me demanda si Haas était mon véritable nom, quelle profession j'exerçais, qui il faudrait prévenir au cas où je mourrais. On me désigna un numéro que l'on inscrivit à l'encre sur mon torse. On me fit ensuite rejoindre un groupe de prisonniers comprenant le Dr Ottinger et le Dr Aarons. Je reconnus également un employé des chemins de fer, un journaliste communiste de *L'Humanité* et un jeune permanent du Parti communiste rencontrés à Compiègne.

Après un long moment d'attente, un détenu vint nous compter. Il portait un uniforme propre et bien coupé avec un brassard indiquant *Lagerschreiber* (secrétaire du camp). En prononçant ces mots étranges : « *Hier sind ihre Hasen* » (« Voici vos lapins »), il nous désigna à un autre détenu proprement vêtu, dont le brassard indiquait *Blockältester* (chef de bloc). L'ossature de son visage et son crâne rasé faisaient penser à un gorille.

Il nous conduisit dans un bâtiment peint en blanc, de construction rudimentaire et beaucoup moins vaste que les hangars que nous connaissions déjà. Il faisait environ vingt mètres sur dix mètres et était pauvrement chauffé par un poêle antique et ventru. Le baraquement possédait deux portes, celle par où nous étions entrés et une autre à l'opposé fermée au verrou. Des couchettes de bois rudimentaires s'étageaient de part et d'autre de la baraque sur toute sa longueur. Une trentaine d'hommes y étaient déjà installés. On nous aligna en nous ordonnant de choisir nos couchettes. Le gorille disparut dans la pièce du fond de la baraque.

Je pris la couchette au-dessus du Dr Ottinger et le Dr Aarons prit la couchette supérieure voisine au-dessus de l'employé des chemins de fer. Le matériel de couchage était constitué de deux sacs bourrés de paille — un grand pour le matelas, un petit pour l'oreiller — mais nous avions deux couvertures chacun. Une grande tache brun-rouge s'étalait sur une des miennes.

La faim commençait à me tenailler et je songeais au chocolat resté dans la poche d'une veste qui ne m'appartenait plus.

Le chef de bloc réapparut accompagné de deux adolescents.

— Bienvenue à l'hôtel Altona, lança-t-il.

Il faisait allusion à un grand hôtel très réputé de Berlin. Nous étions en quarantaine, expliqua-t-il, et partirions d'ici, morts ou vifs, avant peu. Nous lui devions une obéissance aveugle, ainsi qu'aux deux *Stubendiensts*, ses seconds. Tout le monde devait être au lit à huit heures et demie. Quiconque serait surpris debout sans raison valable après l'extinction des lumières serait immédiatement puni.

Tandis qu'il nous parlait, je ne pouvais détacher mes yeux de son large crâne rasé. Il avait des oreilles minuscules et le menton fuyant. Je n'avais jamais rencontré personne avec une tête pareille, ronde et lisse comme une boule de billard. Les prisonniers l'avaient surnommé à son insu *Kugelkopf* (« boule de billard »). Il était d'une laideur repoussante.

Il demanda six hommes pour aller chercher notre dîner à la cuisine. Je me portai volontaire dans l'espoir de glaner, grâce à ma connaissance de l'allemand, quelques informations sur le sort qui nous attendait. Espoir vain. Les deux sous-chefs qui nous accompagnaient exigeaient le silence complet.

Nous rapportâmes la soupe dans un fût de bois et le pain dans un grand sac. Il y avait également deux pots d'un ersatz de margarine fabriqué à partir du charbon et du miel artificiel d'origine indéterminée. Un petit tonneau contenait du café noir. Et moi qui croyais savoir ce qu'était un café imbuvable ! J'inventai à ce sujet une devinette pour amuser mes amis.

— Ce café présente un avantage, un désavantage et un mystère. Quels sont-ils ?

Quelques éclats de rire saluèrent la réponse :

— Il n'y a pas de chicorée, ce qui est un avantage ; il n'est pas fait de grains de café et c'est un désavantage ; mais pourquoi l'appelle-t-on café ? Voilà le mystère.

Nous mangeâmes, puis nous allâmes nous coucher, le cœur lourd.

Les cris des deux adolescents, les seconds du chef de bloc, me réveillèrent d'un sommeil sans rêve. « *Aufstehen, aufstehen !* » Ce mot, qui signifie « debout », devint rapidement le mot le plus haï de tout le vocabulaire allemand, véritable poignard trempé dans le sel qui s'enfonçait chaque matin dans mon esprit pour m'arracher au sommeil. Lorsque nous fûmes habillés, ils nous distribuèrent de petits morceaux de savon où étaient gravées les lettres « RJF ». Je n'ai appris qu'après la guerre que ces initiales signifiaient *Reines Jüdisches Fett* — « Pure Graisse de Juif ». L'idée d'avoir quotidiennement nettoyé mon corps au moyen d'un sous-produit tiré des millions de Juifs victimes des chambres à gaz me soulève le cœur aujourd'hui encore. Nous essayions toujours de subtiliser les savons RJF qui moussaient beaucoup mieux que les savons artificiels que l'on nous distribuait alternativement.

Nus jusqu'à la taille, nous nous rendîmes aux lavabos, où nous nous lavâmes penchés au-dessus d'une longue rangée de robinets. L'eau était glacée et il n'y avait pas de serviette. Les doigts gourds, nous refermâmes nos chemises sur nos corps mouillés.

C'est alors que je remarquai au dos de ma veste une tache brique marquée de plusieurs petits trous. Je demandai à un sous-chef pourquoi on nous donnait des vêtements sales. Il sourit ; ce n'était que du sang de lapin, dit-il, et de toute façon, ici, les vêtements étaient seulement désinfectés, jamais lavés.

De retour dans la baraque, le chef de bloc nous fit aligner. Il fallut se remettre torse nu. Un des adolescents portait deux bouteilles d'encre noire sur un plateau. Le chef entreprit alors de foncer les numéros inscrits sur notre poitrine en nous recommandant bien de nous rappeler nos nouveaux « noms ». Ces numéros seuls serviraient désormais à nous désigner. Ne pas répondre instantanément équivalait à de l'insubordination, ce qui, comme la rébellion, était sanctionné de cinquante coups de fouet sur les fesses. Mais ces numéros étaient provisoires. Après la quarantaine, lors de l'intégration au camp proprement dit, si nous y entrions un jour, alors seraient cousus sur nos vestes nos numéros définitifs.

On nous divisa en plusieurs unités de travail de trente hommes, appartenant toutes à l'*Aufräumungen Kommando* responsable du sanitaire et du ramassage des poubelles. Les Kapos et sous-Kapos ukrainiens étaient armés de tuyaux de caoutchouc, véritables bâtons de maréchal qui leur donnaient tout pouvoir sur nous durant les heures de travail. Parler était *verboten*. Si l'on enfreignait la règle, le fouet retombait jusqu'à ce que le Kapo soit trop fatigué pour poursuivre.

Par chance, mon unité comprenait les Drs Ottinger et Aarons. Munis de grands récipients de bois, nous devions ramasser les poubelles du quartier nord du camp ; nous nettoyions ainsi les cuisines, le rebut de paille provenant des lits des détenus et la paille souillée provenant des écuries du commandant du camp.

Les récipients de bois avaient la forme d'énormes boîtes fermées par une porte sur le côté. Il fallait six hommes pour manipuler chaque conteneur et le traîner sur une charrette. Lorsque le nôtre fut plein, nous allâmes le décharger dans une fosse ménagée à l'extérieur du camp. Deux SS nous escortaient. Ils étaient Croates, des *Volksdeutsche* (gens de culture allemande nés et élevés hors d'Allemagne) qui ne parlaient qu'aux Kapos. Nous retournâmes ensuite remplir nos conteneurs.

Tandis que nous hissions notre premier chargement sur la charrette, un homme corpulent aux yeux bleus me demanda dans un murmure si j'étais Français. Il parlait en allemand avec un fort accent slave. J'en déduisis qu'il était

Russe. Il émanait de lui une suffisance déplacée vu les circonstances. Je fis oui d'un signe de tête presque imperceptible. D'un chuchotement à peine audible, il me demanda si je venais de Paris. Je fis à nouveau oui de la tête. Toujours à mi-voix, il m'apprit qu'il était un officier polonais, mais le Kapo s'approcha et il dut se taire.

Il m'entreprit à nouveau alors que nous nous apprêtions à pousser notre charrette vers la décharge extérieure. Comme nous nous penchions pour pousser, l'arrière de la charrette cachait nos visages aux yeux du Kapo. Le Polonais reprit ses chuchotements. Il avait des gestes et une démarche étrangement efféminés, ce qui ne s'accordait guère avec ses traits épais et son menton proéminent. Sur son crâne rasé repoussaient des poils drus et blonds. Il avait gagné la France avec l'intention de rejoindre l'armée polonaise en exil en Angleterre, mais il s'était fait prendre à Strasbourg par la Milice qui l'avait ensuite livré à la Gestapo. On découvrit sur lui une adresse d'un ami dans le Sussex, une adresse qui se révéla être celle d'un camp d'entraînement militaire. On l'envoya alors en Allemagne pour y subir un interrogatoire. Il était arrivé à Dachau deux semaines auparavant avec environ trente-cinq autres prisonniers. Il n'y avait plus que cinq survivants.

A la décharge, à l'extérieur du camp, je fus surpris de voir les SS qui nous escortaient demeurer à l'écart. Pendant que nous travaillions, ils bavardaient entre eux et avec le Kapo tout en fumant des cigarettes. Ils ne jetèrent pas un seul coup d'œil vers nous. Ils nous tournèrent même un moment le dos, le temps de partager une bouteille. Mes rêves d'évasion revinrent soudain m'assaillir. Mais on m'avait déjà averti que les SS incitaient volontiers les détenus à s'enfuir pour le seul plaisir de leur tirer dans le dos. Les SS qui avaient abattu un prisonnier en fuite se voyaient attribuer une citation, et le prisonnier terminait en cendres dans le crématoire. Je repoussai donc mes rêves d'évasion.

Comme nous faisions la queue pour notre bol de soupe ce soir-là, l'officier polonais me demanda si nous pouvions manger ensemble. Je proposai de le rejoindre à sa couchette. Il avait un châlit à un niveau inférieur, où je pensais que nous attirerions moins l'attention que sur le mien. Nous passions un à un devant une marmite où un Stubendienst plongeait sa louche pour nous servir de petites portions de soupe, c'est-à-dire un peu d'eau chaude où flottaient quelques pelures de pommes de terre. L'autre adolescent nous tendait un morceau d'un pain noir compact et peu attrayant.

Mon bol de soupe à la main, j'allai m'asseoir sur la couchette du Polonais. Il se présenta : capitaine Peter Kalka, officier de cavalerie de l'armée polonaise. Il me fournit ensuite quelques renseignements qui étaient le fruit de son séjour de deux semaines à Dachau.

Deux hiérarchies distinctes gouvernaient les camps, les SS et leurs contremaîtres, des détenus qu'on appelait les « Prééminents » (*Prominenten*). Les chefs, en somme. Kalka me mit en garde contre les uns et les autres.

Les SS dirigeaient le camp. Le SS commandant du camp et ses gradés en étaient les administrateurs redoutés ; ils faisaient le règlement et tenaient la comptabilité. Les soldats SS avaient la charge des miradors et des grilles du camp. Ils surveillaient l'appel du matin et du soir et les inspections. Ils montraient tous un zèle étonnant à accomplir leurs tâches diverses ; le but de cette organisation était de nous maintenir dans des conditions qui produisaient sur l'être un maximum de dégradation, exigeaient un minimum d'investissement pour notre entretien tout en tirant — compte tenu de ces considérations — un rendement maximum de chaque prisonnier, lequel était aisément remplaçable. On exterminait en masse les détenus inutilisables dès l'arrivée et ceux qui avaient cessé de servir. On gagnait ainsi du temps.

Les « Prééminents » gouvernaient nos vies directement. Ils étaient les « chiens de garde » des SS. Ils formaient une aristocratie de détenus sans morale composée de droit commun pour la plupart et de quelques prisonniers politiques choisis avec soin par les SS. Les camps devaient fonctionner selon les critères nazis, en sorte que les chefs les plus inhumains naturellement se voyaient attribuer les postes les plus élevés.

Dans cette hiérarchie, chaque chef était un despote pour ses inférieurs et l'esclave de ses supérieurs. Seul échappait à la règle le Lagerältester, le détenu chef du camp, qui n'obéissait qu'à sa fantaisie. Tous avaient le droit absolu de tuer qui il leur plaisait, comme il leur plaisait. Intermédiaires entre les SS et les autres détenus, ils effectuaient plus que volontiers les exécutions sommaires dictées par leurs maîtres SS.

Impossible d'échapper au pouvoir des chefs. Le Lagerältester était le chef suprême. Immédiatement en dessous venaient le Lagerschreiber qui enregistrait, affectait et transférait les prisonniers, l'Arbeitschreiber qui organisait les kommandos de travail et le Lagerkapo qui s'assurait que les ordres et les affectations étaient suivis d'effet.

Chaque baraque, ou *Block*, était une sorte de petit fief de province gouverné par un Blockältester (chef de bloc) que nommait le Lagerältester. Le Blockältester choisissait pour le seconder un Blockschreiber, un Blockkapo et un ou deux Stubendiensts. Les Stubendiensts étaient toujours de beaux adolescents, souvent Ukrainiens, prétendument préposés aux travaux ménagers de la baraque, mais ils servaient surtout à satisfaire les appétits sexuels de leurs maîtres. Ils se prostituaient aux plus offrants parmi les chefs de bloc et les Kapos et manipulaient leurs amants avec une habileté extrême. Le peu d'humanité et de tendresse dont étaient capables les chefs ne transparaissait que dans ces amours distordues. Les Stubendiensts n'avaient aucune autorité officiellement, mais leurs relations sexuelles avec les supérieurs leur donnaient un pouvoir illimité sur les autres détenus de la baraque.

A mon arrivée à Dachau, une guerre sourde et sans merci agitait le camp. Kalka m'expliqua que les droit commun et les prisonniers politiques s'affrontaient en vue du contrôle de cette bureaucratie détenue. Ils auraient tué sans hésitation pour assurer un poste à un membre de leurs clans respectifs.

On distinguait d'un coup d'œil les droit commun des politiques. Sous son numéro d'immatriculation chaque prisonnier avait un triangle de couleur cousu à la poche de sa veste. La couleur désignait la nature du délit motivant la déportation. Les détenus de droit commun transférés des prisons surpeuplées portaient un triangle vert. Ceux qu'on avait arrêtés pour leur opposition au régime hitlérien portaient un triangle rouge. Les asociaux — qui refusaient de travailler pour gagner leur vie — avaient un triangle noir. Les gitans recevaient un triangle bordeaux, les objecteurs de conscience un triangle violet et les homosexuels un triangle rose.

Puis venaient les intouchables du camp, les Juifs, aisément reconnaissables à leur étoile jaune à six branches formée de deux triangles superposés. Les Juifs arrêtés pour des raisons politiques se voyaient attribuer une étoile composée d'un triangle jaune sur un triangle rouge. Les prisonniers arrêtés hors d'Allemagne portaient sur leur triangle de couleur une lettre désignant leur pays d'origine : « F » (arrêté en France), « B » (Belgique), « P » (Pologne), et ainsi de suite.

Étant en quarantaine, je n'avais encore reçu ni mon numéro d'immatriculation ni mon triangle de couleur. Dès mon intégration définitive au camp principal de Dachau, on m'attribuerait un matricule officiel ainsi qu'un triangle rouge surmonté d'un « F », m'identifiant comme prisonnier politique français.

— Il faudra faire attention, me dit Kalka. Les chefs n'aiment pas les Français. Dieu merci, tu n'es pas Juif. Ils sont séparés de nous dans le camp, et même si c'est horrible ici, chez les Juifs c'est bien pis. Ils ont des conditions de vie atroces et ils sont la cible favorite des jeux sadiques des chefs. Et les SS en font les principales victimes de la sélection pour les chambres à gaz.

Moi qui avais supplié Recsek de croire que j'étais Juif ! Je ne devais la vie sauve qu'à son incrédulité.

Je demandai à Kalka quand aurait lieu notre transfert dans le camp principal de Dachau.

— Je ne sais pas combien de temps ça prend, répondit-il. Mais il faut déjà survivre jusque-là. Les politiques emmenés d'abord aux *Bunkers* (cachots) pour être interrogés n'en reviennent généralement jamais. Même sans passer par les Bunkers, ce n'est pas facile de tenir. Les prisonniers trop malades pour travailler ou épuisés sont automatiquement liquidés. C'est ça, l'efficacité allemande. Les prisonniers en bonne santé affluent et on les envoie aux chambres à gaz dès qu'ils sont hors d'usage. On prend les cheveux, les couronnes en or, tout ce qui a un peu de valeur, et le reste part pour le crématoire. Les cendres servent d'engrais.

« Il y a même un kommando de prisonniers qui travaille aux chambres à gaz. Les SS les appellent les *Himmel Kommandos* (commandos pour le ciel, c'est-à-dire commandos-suicide). Ils déshabillent leurs camarades, les conduisent dans les chambres de la mort et branchent le gaz. Après ils enlèvent les cadavres et ramassent les cheveux et tout ce qui peut servir aux Allemands.

« Et puis tu peux mourir parce qu'un chef est de

mauvaise humeur ou simplement parce que tel est son bon plaisir.

— Mais personne ne se défend ?

Je ne pouvais pas croire que les gens se laissaient massacrer passivement.

— Se défendre, pour quoi faire ? Ici la vie humaine n'a de valeur que dans un uniforme nazi. On n'est rien que des sous-humains pour eux. Et si tu échappes à une tentative de meurtre, certains de tes camarades se feront un plaisir d'accomplir la besogne dans l'espoir de s'attirer les faveurs d'un chef ou d'un SS.

J'avais quelques difficultés à assimiler ce que Kalka m'expliquait. Ce monde, on me l'avait déjà décrit une fois, et je n'y avais pas cru. Deux hommes d'une autre unité de résistance à Nice avaient été arrêtés et déportés dans un camp en Allemagne. Ils avaient réussi à s'enfuir et étaient revenus dans le Midi de la France. Tout le monde, moi y compris, s'était esclaffé en entendant leurs récits sur les camps de concentration allemands. Le peuple qui avait produit Beethoven et Goethe ne pouvait montrer tant de sauvagerie. On aurait dit une histoire d'horreur inventée de toute pièce pour nous émouvoir. Je m'apercevais soudain qu'aucun lien apparent ne rattachait la grande civilisation de l'Allemagne d'autrefois et le démon qui la possédait aujourd'hui. Comment allais-je survivre ?

Kalka me demanda ce que je faisais avant mon arrestation. Je lui parlai de la Hongrie et de la France, de mes études et de ma profession de médecin, sans mentionner mon travail dans la Résistance. Je lui dis simplement que les Allemands m'avaient arrêté comme espion sur la foi de fausses informations.

Puis Kalka me fit le récit des circonstances préalables à son internement en camp de concentration. Il affirmait être le seul survivant du massacre de Katyn près de Smolensk. Les Allemands accusaient l'URSS de ce crime, ce qui n'était pas la version de Kalka.

L'Allemagne avait aisément défait l'armée polonaise, équipée d'un armement datant de la première guerre mondiale. Le pays fut occupé, l'intelligentsia et les officiers emmenés dans des camps de quarantaine. Kalka et ses camarades travaillaient dans un atelier de campagne où ils réparaient des chars d'assaut allemands et des transports de troupe endommagés.

En 1941, peu avant l'attaque surprise de l'Allemagne sur l'URSS, la Gestapo demanda des volontaires polonais pour former une légion antibolchevik. Kalka et la grande majorité des Polonais refusèrent de se battre aux côtés des oppresseurs. Le lendemain de l'attaque allemande sur l'Union soviétique, plusieurs camions gardés par des soldats de la Wehrmacht firent leur entrée dans le camp où était interné Kalka. On y chargea tous les prisonniers du camp et on les transporta à une journée de route de là, à Katyn, où on leur fit passer la nuit entière dans le froid au milieu d'un champ complètement vide. Ils pensèrent avoir été amenés à Katyn pour y créer un nouvel atelier de réparations de campagne.

On les réveilla avant l'aube et on leur ordonna de creuser une fosse. Des soldats SS avaient remplacé ceux de la Wehrmacht. Le ciel s'éclaircit et Kalka vit qu'un autre groupe important de prisonniers polonais, provenant manifestement d'un autre camp, était occupé à creuser une fosse dans la partie opposée du champ. A la tombée de la nuit, en fin d'après-midi, les Allemands disposèrent dans le champ des projecteurs portatifs. Kalka en déduisit qu'il leur faudrait continuer à creuser jusque tard dans la nuit. Au lieu de cela, on leur ordonna de poser leurs pelles pour s'aligner le long de leur fosse. On leur demanda ensuite d'ôter leurs souliers et de baisser leurs pantalons et leurs culottes en dessous du genou. Plusieurs camions s'approchèrent des fosses en marche arrière et s'immobilisèrent. Les portes arrière tombèrent. Les balles giclaient déjà de tous côtés lorsque Kalka aperçut les mitraillettes. Puis tout devint noir.

Lorsqu'il rouvrit les yeux, c'était encore noir, et un poids formidable l'écrasait. Il éprouvait une violente douleur à l'épaule gauche et dans la poitrine. Il toussa et expectora ce qu'il crut d'abord être des mucosités mais était en réalité du sang coagulé. Il réussit finalement à libérer ses mains. Il écarta peu à peu le poids amoncelé au-dessus de lui et se mit debout. Sous ses pieds, un tapis de cadavres. Il se blessa la main droite en essayant d'escalader la paroi caillouteuse de la fosse. La douleur dans son bras gauche était si intense qu'il poussa un hurlement en essayant de le soulever. Il émergea de sa tombe en construisant lentement et péniblement un escalier de cadavres. Dans la nuit, il longea les bords de la fosse dans laquelle des malheureux, qu'il était incapable de localiser, suffoquaient et appelaient au secours. Avec un haut-le-cœur, il s'aperçut que la fosse était déjà partiellement remplie de terre. Il vomit du sang puis s'éloigna.

Hébété, Kalka marcha droit devant lui ; il vit bientôt des lumières à l'horizon et la silhouette d'une ferme. Il gagna la porte en titubant, et il frappa avant de s'effondrer. La porte s'ouvrit ; un vieux paysan tenant une lampe se pencha sur lui. Kalka pleurait. Le vieil homme le tira à l'intérieur.

Le vieux paysan et sa famille baignèrent Kalka et pansèrent sommairement ses blessures, puis pendant trois jours ils le nourrirent et le cachèrent sous la paille de leur grange. Le vieux paysan avertit son fils, un partisan en rapport avec la Résistance, et le matin du quatrième jour Kalka quittait la ferme dissimulé entre deux bottes de foin dans une charrette.

Il se retrouva au milieu d'une forêt dans une grotte qui servait de cachette pour les partisans et de refuge pour leurs blessés. Un infirmier militaire découvrit qu'une balle avait transpercé le poumon gauche de Kalka avant de ressortir. Une autre balle s'était logée dans son bras gauche en brisant l'os. L'infirmier réussit à extraire la balle ; il désinfecta la plaie et lui mit le bras gauche dans un plâtre.

Mon visage devait trahir mon incrédulité croissante car, interrompant son récit, il s'exclama :

— Tu ne me crois pas !

Il releva sa chemise pour me montrer les cicatrices laissées par la balle en entrant dans sa poitrine et en ressortant dans son dos. Je lui demandai de se placer face à moi et d'expirer profondément. Le côté gauche de son torse se dilatait en effet très peu, ce qui est le signe d'un poumon endommagé ayant partiellement perdu sa capacité à se dilater.

Sentant que je n'étais pas vraiment convaincu, il commença à découvrir son bras gauche. Je lui dis que j'avais suffisamment de preuves. J'avais en réalité l'impression que rien de ce qu'il pouvait me montrer ne saurait effacer le doute en moi.

L'affaire du mouchard dans le train m'avait rendu prudent ainsi que certains récits faits par Kalka sur la vie dans le camp. Je me méfiais désormais de tous les autres détenus. Qu'est-ce qui me gênait chez Kalka ? Pourquoi, d'abord, m'avoir choisi pour me faire toutes ces confidences ? L'Allemagne avait affirmé devant le monde entier que les Soviétiques étaient responsables du massacre de Katyn. Ils ne laisseraient jamais vivre des témoins capables de les démentir. Qu'est-ce qui rendait Kalka si sûr que je ne le dénoncerais pas pour m'attirer les faveurs des autorités du camp ? J'avais remarqué également que son allemand s'améliorait étrangement à mesure qu'il avançait dans son récit. Et pourquoi s'être présenté sous le nom de Peter Kalka alors que j'entendais ses compatriotes l'appeler Stashik ou Lizinski ?

A cette dernière question, Kalka me répondit qu'au moment de son arrestation en France, il avait donné le nom de Stanislaw (dont « Stashik » est le diminutif) Lizinski parce que son véritable nom se trouvait sur la liste des officiers polonais massacrés à Katyn et les nazis n'auraient pas manqué de faire le parallèle.

— Et pourquoi me raconter tout cela à moi ? Je suis arrivé hier. Tu ne sais rien de moi.

— Je suis acculé, me dit-il. Les Allemands vont découvrir que je suis l'unique survivant de Katyn, ce n'est qu'une question de temps. On va me torturer et me liquider. Mon seul espoir, c'est la fuite en me cachant dans la décharge, et je ne peux pas le faire tout seul. Il me faut l'aide de deux personnes. L'une devra se laisser enfouir avec moi dans les ordures sous le conteneur en train de se vider, et ensuite on s'échappera ensemble. L'autre homme devra nous masquer avec le conteneur au moment où nous sauterons dans la décharge et il lui faudra vider les ordures sur nous. Je t'ai choisi, toi, parce que tu parles allemand comme moi et parce que tu es médecin, ce qui signifie qu'on peut te faire confiance.

Le plan d'évasion de Kalka ne m'enthousiasmait guère, même si j'y avais moi-même vaguement songé ; c'était trop risqué. Je lui dis que nous en reparlerions dans les jours à venir. Je lui souhaitai bonne nuit et m'en fus me coucher.

Kalka ne m'inspirait toujours pas confiance. Mais j'ignorais si ma méfiance était due à quelque attitude qui me gênait en lui ou si c'était la conséquence inévitable de cette paranoïa sans laquelle il n'était pas de survie dans un camp de concentration. Deux événements qui se produisirent à peu de temps d'intervalle quelques jours plus tard m'obligèrent à oublier mes soupçons pour accepter la proposition de Kalka.

Nous avions à peine terminé notre café et notre pain le lendemain matin quand le Blockführer, l'officier SS responsable de notre baraque de quarantaine, entra accompagné de plusieurs soldats SS. Il tendit une liste au chef de bloc. On appela dix prisonniers que l'on mit à l'écart, et nous sortîmes accomplir les corvées de la journée. Le lendemain seulement, nous apprîmes ce qui était arrivé à ces hommes.

En gagnant la décharge avec notre premier conteneur chargé d'ordures, Kalka me demanda d'observer comme nous serions bien à l'abri des yeux des chefs au moment où on le vidait dans la fosse. Nous aurions le temps de nous ensevelir sous l'accumulation d'ordures et à la fin une troisième personne recouvrirait rapidement ce qui dépasserait encore. Comme nous nous penchions derrière le rebord de la fosse, je pus en effet constater que ni le Kapo ni les soldats SS ne pouvaient rien voir de l'endroit où ils se trouvaient. Le plan de Kalka semblait réalisable pour l'essentiel, mais il fallait encore y réfléchir et se préparer.

Nous avions surtout besoin d'une troisième personne de confiance. Il fallait également s'équiper convenablement. Nous devions avant tout trouver des vêtements civils. Comment passer inaperçus dans nos uniformes rayés ? Il faudrait partir avec de la nourriture car il serait difficile, sinon impossible, d'en trouver en route. Enfin, il nous faudrait savoir quelle direction prendre en quittant le camp.

Nous parlions de tout cela dès qu'une occasion se présentait. Kalka nous avait déjà trouvé un refuge ; nous serions accueillis à la Frauenkirche de Munich par un prêtre catholique de Danzig qu'il connaissait bien. L'église serait la cachette idéale en attendant que l'on ait abandonné les poursuites.

Pour réduire les risques, nous décidâmes d'éviter d'être vus ensemble plus que nécessaire dans le camp. Celui qui aurait des suggestions à faire au sujet du plan d'évasion avertirait l'autre d'un signe convenu d'avance, ou bien il attendrait de le rejoindre à sa couchette à l'heure du repas. Le plus urgent restait de trouver une troisième personne.

Cinq seulement des dix prisonniers appelés ce matin-là étaient de retour à la baraque lorsque nous revînmes du travail. Un jeune permanent du Parti communiste français arrivé par le même convoi que moi était en état de choc, si bien qu'il ne bougea même pas de sa couchette à l'heure du dîner. Le Dr Aarons alla le voir, mais l'homme se contentait de marmonner à l'infini : « *Ce n'est pas possible !* » Lorsque le chef de bloc le gifla en lui ordonnant d'aller chercher sa nourriture, il se leva machinalement et s'en fut, le regard somnambule. Il ne réagit même pas quand le Stubendienst manqua son bol volontairement et versa le café bouillant sur sa main. La nuit, nous l'entendîmes parler tout seul en sanglotant. Le lendemain matin, ce n'est que lorsque l'officier responsable du bloc de quarantaine nous aligna pour l'appel que nous nous aperçûmes de son absence. Le SS le trouva dans les toilettes pendu à l'aide d'une serviette.

Le malheureux s'était-il suicidé ou avait-il été assassiné par le chef de bloc qu'il dérangeait dans son sommeil ? Le Dr Aarons, le Dr Ottinger et moi-même décidâmes alors de découvrir ce qui avait pu choquer à ce point le malheureux. Son corps ne portait ni blessures ni ecchymoses, aucune trace de torture. Aucun d'entre nous n'avait reçu de serviette. L'apparition soudaine de cette serviette, avec laquelle l'homme s'était apparemment pendu, était un mystère.

Je demandai discrètement à l'un des quatre qui restaient ce qui s'était produit la veille. Sans répondre, l'homme répéta plusieurs fois avec la main le geste de se trancher la gorge. Je n'y comprenais rien. Je dus m'éloigner car le chef de bloc s'approchait l'air menaçant. Je voyais le Dr Aarons qui essayait de parler à un autre prisonnier et qui secouait la tête d'un air perplexe. Apparemment, sa tentative était aussi infructueuse que la mienne. Ensuite le Dr Ottinger nous fit signe qu'il avait quelque chose à nous dire, mais trop tard, car il fallait former les unités de travail.

Kalka et moi étions chacun à un bout de la charrette, ce qui rendait impossible toute communication. J'enrageais qu'il suivît ma consigne aussi consciencieusement. Il réussit néanmoins à me glisser qu'il viendrait ce soir-là à la couchette sous la mienne. Surgi de nulle part, le Kapo me frappa en criant : « *Nicht sprechen !* » ce qui mit un terme à notre conversation.

Tout en remplissant les conteneurs d'ordures, je réfléchissais à notre plan d'évasion. Les SS étaient censés nous compter chaque fois que nous quittions et regagnions le camp, mais j'avais observé que la plupart d'entre eux ne se souciaient de le faire que pour le premier des quatre trajets quotidiens. Après cela le Kapo se contentait d'annoncer « trente prisonniers » et, manifestement persuadé qu'une évasion serait impossible, il nous laissait poursuivre notre tâche sans autre forme de procès.

Le plus sage semblait de disparaître lors du dernier trajet de la journée ; car à cette heure-là on ne nous comptait jamais et la lumière baissait. Le chef de bloc nous comptait toujours avant le dîner, mais la nuit serait tombée depuis longtemps à ce moment-là et nous serions déjà près d'atteindre la Frauenkirche à Munich. Mais comment cacher nos crânes tondus et nos uniformes rayés ? De cela je n'avais pas la moindre idée.

De retour à la baraque je retrouvai le Dr Ottinger et le Dr Aarons aux toilettes. Le Dr Ottinger avait appris ce qui était arrivé aux dix hommes la veille. Il s'agissait d'un exercice que les SS appelaient « *Hasen Jagd* » (tir aux lapins). C'était le Grand Guignol transposé dans la vie.

On avait fait sortir les hommes par la porte nord qui donnait sur une cour. On leur avait ordonné d'ôter leurs souliers et de courir. C'est alors que quelqu'un s'était mis à tirer depuis une cachette sur les prisonniers transformés en cibles mouvantes. Quand un homme était touché, on voyait son corps culbuter en avant, et sur son visage s'imprimait cette expression de terreur qui est aussi celle du lapin frappé par une balle.

Je me souvenais des mots prononcés d'un ton ironique en nous mettant entre les mains du chef de bloc, « voici vos lapins » ; il m'était malgré tout difficile de croire à cette histoire. N'avait-on pas menacé les survivants de mort s'ils parlaient ? Cet homme avait inventé ce récit bizarre de « tir aux lapins » par peur de révéler la vérité.

Les Allemands, s'ils voulaient vraiment liquider ces prisonniers, pouvaient tranquillement les aligner contre un mur avant d'ouvrir le feu. Pourquoi une telle mise en scène, alors ? Cela heurtait ma logique simplette !

Comme je regagnais ma couchette, le chef de bloc envoya le sous-Kapo chercher notre nourriture. En vociférant, il nous fit aligner pour nous compter. Je fus surpris et déçu de ne pas voir les quatre survivants des mystérieux événements de la veille, car j'aurais bien voulu les interroger à nouveau.

On nous distribua le dîner et j'emportai ma maigre gamelle jusqu'à la couchette du Dr Ottinger. Kalka se joignit à nous. Je lui demandai s'il avait entendu parler de cette histoire idiote de tir aux lapins. Sans doute, il allait s'esclaffer et balayer d'un geste ces fadaises ! Il nous expliqua au contraire que cette torture très spéciale avait pour objectif de briser la résistance des prisonniers politiques ayant refusé de parler lors des interrogatoires.

Le bref interrogatoire consécutif à notre inscription le jour de notre arrivée se faisait en présence d'agents de la Gestapo chargés de désigner les futures victimes des parties de tir aux lapins. Tous les prisonniers politiques se classaient sous la rubrique « NN » — *Nacht und Nebel* (« nuit et brouillard »), parce qu'ils étaient destinés à disparaître sans laisser de trace dès que l'on aurait réussi à les faire parler. Voilà qui expliquait nos numéros d'immatriculation provisoires. Pourquoi se fatiguer à coudre un numéro sur la veste d'un homme promis à une mort prochaine ? On soupçonnait les politiques désignés pour le tir aux lapins de détenir des informations importantes et on savait qu'ils résistaient aux formes traditionnelles de torture.

Le tir aux lapins se tenait dans la cour fermée située au nord derrière la porte habituellement verrouillée. On intégrait dans chaque groupe de lièvres quelques victimes choisies au hasard. Certaines victimes avaient donc de l'importance, d'autres pas, et les tireurs SS les connaissaient. Ils prenaient donc pour cibles vivantes les pauvres bougres choisis au hasard, sacrifiés dans l'espoir que la terreur ferait parler les autres. Les quelques rares prisonniers politiques qui surmontaient l'épreuve sans rien révéler étaient envoyés au camp principal. Mais le sursis était de très courte durée.

J'étais muet de stupeur. Mais l'histoire du Dr Ottinger ne donnait qu'un vague aperçu de ce sadisme incompréhensible et terrifiant.

Kalka et moi allâmes à sa couchette pour discuter de notre projet d'évasion. Nous essayâmes de déterminer qui parmi nous avait pu être inscrit au nombre des lièvres importants. Selon moi, le Dr Ottinger risquait fort d'être désigné. C'était un médecin éminent mis à l'index comme anti-Allemand. Il ne nous avait jamais révélé avoir travaillé dans la Résistance, mais si tel était le cas quelqu'un à Royallieu pouvait l'avoir reconnu et dénoncé. Alors seulement l'évidence me sauta aux yeux. Il y avait certainement mon nom en bonne place sur leur liste !

Le lendemain matin je m'éveillai d'un sommeil agité avec la conviction que le SS allait d'une minute à l'autre appeler le « gibier » du jour, dont je faisais partie. Mais à mon immense soulagement, le SS responsable du bloc se contenta ce matin-là de relever l'appel des prisonniers.

Kalka voulait que nous procédions rapidement à une répétition de notre évasion. Mais je le suspectais toujours d'être un mouchard. J'avais donc le sentiment de courir moins de risques s'il commençait le premier. Il accepta sans difficulté de se cacher le premier.

Après avoir vidé notre premier chargement d'ordures, je demandai au Dr Ottinger de pousser avec nous à l'arrière de notre charrette. Je discutai avec lui de notre projet. Nous pouvions parler librement car Kalka ne comprenait pas le français. Il trouvait également préférable que Kalka fît le premier coup d'essai. Si j'étais pris pendant mon tour, je pouvais toujours dire que Kalka avait disparu et que je le cherchais.

Lors du deuxième chargement, Kalka sauta dans la fosse, masqué par la porte ouverte du conteneur que le Dr Ottinger et moi-même maintenions penché. Lorsque nous le relevâmes, seul un talon du Polonais restait visible. Nous le recouvrîmes, ajoutâmes prudemment une couche d'ordures supplémentaire et répandîmes une pelletée de crottin de cheval au sol pour marquer l'endroit.

Je me rendis seulement compte qu'il nous faudrait l'assistance d'un prisonnier d'une troisième équipe pour couvrir notre fuite. Un homme manquant sur six par charrette pouvait passer inaperçu, deux certainement pas.

Nous laissâmes Kalka ainsi deux heures avant de retourner le libérer. L'expérience avait été si déplaisante (puanteur insupportable, respiration difficile et terribles courbatures dues à l'immobilité prolongée) que nous remîmes mon coup d'essai au lendemain.

Ce soir-là, le Dr Ottinger vint nous proposer des solutions pour faciliter la respiration sous les ordures et limiter les courbatures consécutives à l'immobilité. Pour aider à respirer il avait pensé à ces tubes qu'enfants nous utilisions pour nager sous l'eau. Mais où trouver un tube de cette sorte ? De nouveau, le Dr Ottinger avait la réponse : un *Schlag*, un de ces tuyaux de caoutchouc qui servaient de matraque aux Kapos. Et comment s'en procurer un ? En soudoyant un Stubendienst ? Mais nous n'avions rien à offrir en échange. La seule solution aurait été d'en voler un. Mais qui aurait la témérité de s'introduire dans la pièce du chef de bloc ? Par miracle, une véritable coïncidence, l'occasion rêvée, se présenta le lendemain même.

10

Le lendemain matin, après nous avoir comptés, un Stubendienst demanda aux médecins de se désigner. Mes amis et moi sortîmes du rang. Qui parlait allemand ? Je levai la main. On nous conduisit tous les trois dans la salle du chef de bloc. Kugelkopf (Boule de Billard), comme nous le surnommions, était allongé sur son lit ; il transpirait abondamment et se tenait le ventre. Il souffrait de terribles douleurs abdominales. Le Dr Ottinger l'examina ; il diagnostiqua très vite une crise d'appendicite et lui conseilla d'aller à l'infirmerie. Mais le chef de bloc tenait à être soigné dans sa chambre, même dans le cas où une intervention chirurgicale serait nécessaire.

Nous ne comprenions rien à son attitude, car nous ne savions pas encore que l'infirmerie était le champ de bataille où s'affrontaient sans merci en vue du pouvoir détenus de droit commun et prisonniers politiques. Or à cette époque-là les triangles verts (droit commun) étaient écrasés puisque le chef de l'infirmerie et son Kapo étaient des triangles rouges (politiques). Les chefs verts, comme notre chef de bloc, ne pouvaient donc espérer d'assistance médicale que de médecins détenus dans leurs baraques. Nous devions également apprendre que les Allemands n'attachaient aucune importance à la mort d'un détenu de droit commun, même s'il était chef. Ils se contentaient alors de le rayer du registre du camp et de mettre à sa place un autre chef ; cela n'avait pour eux aucune autre conséquence.

Toutefois, nous craignions pour nos vies si cet assassin

mourait dans la baraque durant l'intervention. Dans l'espoir de gagner un peu de temps, je déclarai au chef de bloc qu'une opération nécessitait un certain nombre d'instruments particuliers ainsi que des matériaux stériles. Il suffisait de dresser une liste, dit-il, et tout serait à notre disposition dans l'heure suivante. En gémissant de douleur, il nous suppliait de faire vite.

Comme nous rédigions notre liste, le Dr Aarons suggéra d'y ajouter plusieurs cathéters semi-rigides. Beaucoup mieux que les *Schlags* comme tubes de plongée, expliqua-t-il en voyant notre étonnement. Le Dr Ottinger énuméra les produits pharmaceutiques — dont la teinture d'iode —, les fournitures et les instruments nécessaires à une intervention chirurgicale. Je traduisis le tout en allemand et l'inscrivis sur une feuille de papier.

De retour à nos couchettes, je demandai au Dr Ottinger ce qu'il comptait faire si Kugelkopf avait vraiment une appendicite.

— Opérer, évidemment. Je quitterai peut-être la quarantaine plus vite grâce à ça et je vais vous aider dans votre évasion. Les cathéters feront des tubes de plongée très efficaces et à peu près invisibles au milieu des ordures. Et la teinture d'iode servira à teindre les rayures blanches de vos uniformes.

Vint l'appel. On nous compta et on nous fit aligner dehors pour former les unités de travail. En raison de nos soupçons à son sujet, nous avions jugé prématuré de faire part à Kalka de ces nouveaux développements. Nous allions rejoindre nos formations quand un Stubendienst appela le Dr Ottinger et tous deux disparurent dans la baraque.

Au moment où nous hissions le conteneur sur la charrette, Kalka s'approcha de moi. Il était livide de frayeur. D'une voix tremblante, il chuchota à mon oreille :

— C'est pour me dénoncer, hein, que tu es allé chez le chef de bloc !

Sans me laisser m'expliquer, il s'obstinait à nous accuser d'avoir signé son arrêt de mort. Manifestement, il n'avait pas plus confiance en nous que nous en lui. Une terreur absolue habitait ses yeux. Alors je voulus le rassurer en lui annonçant qu'au contraire des événements très favorables s'étaient produits, dont je lui parlerais en arrivant à la décharge. Mais il me fut impossible de tenir ma promesse.

Comme nous atteignions la grille du camp, il y avait là un de nos Stubendiensts en grande discussion avec les soldats SS. Enfin il courut vers nous en appelant mon numéro et celui du Dr Aarons. Le Dr Ottinger avait besoin de notre aide. Il allait donc opérer ! Nous échangeâmes un regard de profonde inquiétude. Et comme si chacun lisait les pensées de l'autre, ensemble nous marmonnâmes : « *Il a perdu le nord !* » Et si Kugelkopf mourait ? Nous ne pouvions évidemment pas refuser de seconder le Dr Ottinger. La mort dans l'âme, nous regagnâmes notre baraque.

Ce qui s'y passait nous laissa muets de stupeur. Nous n'en croyions pas nos yeux ! Il y avait là le chef de bloc étendu sur une table, le coiffeur occupé à raser ses poils pubiens, les Stubendiensts qui s'agitaient en tous sens et, au milieu de tout cela, le visage calme et le geste autoritaire, le Dr Ottinger qui officiait. Comme à sa bonne habitude en salle d'opération, il se faisait obéir au doigt et à l'œil et terrorisait absolument tout le monde. On l'aurait cru dans son service de l'hôpital Saint-Louis de Paris !

— Ah quand même, vous voilà ! nous dit-il. Cet imbécile ne comprend rien à ce que je lui demande.

J'étais trop ahuri pour lui faire remarquer qu'il s'adressait en français à des gens qui ne parlaient que l'allemand.

— Haas, poursuivit-il, dites-leur d'apporter de l'eau chaude sans interruption. Brossage des mains. On opère. Appendicite aiguë ! J'en suis sûr.

Mais pour moi, ce qui poussait le Dr Ottinger à opérer était le besoin de se distinguer une fois de plus devant une assistance ébahie. Le théâtre de la salle d'opération devait cruellement lui manquer ! Apparemment il ne se souciait pas le moins du monde de nous mettre en mauvaise posture... mais son intervention allait également faciliter notre évasion, et je ne pouvais pas refuser de le seconder. Je lui demandai alors s'il jugeait la présence du Dr Aarons vraiment nécessaire. Sans lui laisser le temps de répondre, ce dernier dit que nous étions embarqués dans la même galère tous les trois ensemble, et qu'il entendait y rester jusqu'au port.

Devant mes yeux incrédules, s'étalaient tous les produits et chaque instrument, jusqu'au plus insignifiant, indiqués sur notre liste de fournitures. L'officier SS responsable du bloc couvait tout cela d'un regard inquiet. Nous commençâmes à brosser nos mains sous l'eau chaude. Soudain, la porte s'ouvrit ; un officier supérieur SS entra.

C'était un médecin militaire. « *Achtung !* » cria le secrétaire du bloc. Nous interrompîmes notre brossage. Ayant pressenti sans doute qui était le capitaine de notre équipe, le SS s'adressa directement au Dr Ottinger.

— Ainsi vous voulez opérer ce prisonnier ?

J'eus un haut-le-cœur. On nous avait dénoncés ! Nous étions perdus. C'est alors qu'il se présenta :

— Je suis l'Hauptsturmführer Koenig, chef de la section médicale de Dachau et de notre hôpital SS. J'ai ratifié personnellement votre liste d'instruments et de fournitures. Je connais l'excellente réputation du Dr Ottinger. Je veux le voir opérer, et peut-être apprendrai-je quelque chose de lui.

Je traduisis. Le Dr Ottinger répondit, parfaitement dédaigneux, qu'il ne doutait pas que le Dr Koenig tirerait grand profit de cette expérience ; il l'invitait donc volontiers à assister en observateur à son intervention. Je traduisis, en ayant soin d'omettre la première partie de sa déclaration.

Le Dr Ottinger ne semblait toujours pas se rendre compte que nous nous trouvions dans une situation absolument extraordinaire. Il avait réintégré son rôle de chirurgien chef en salle d'opération à l'hôpital Saint-Louis et rien ne saurait l'en distraire. Nous finîmes de nous brosser les mains. Le Dr Ottinger me demanda alors de proposer au médecin SS de l'assister au cours de l'intervention. J'ouvris des yeux ébahis. Avait-il perdu tout sens de la réalité ? Il avait oublié son uniforme de prisonnier avec un numéro sur la poitrine ; il se conduisait à la manière d'un chirurgien éminent dans une véritable salle d'opération d'un véritable hôpital. La gorge nouée, je demandai néanmoins si le prisonnier numéro tant avait l'autorisation de parler à l'Hauptsturmführer. Il acquiesça d'un signe de tête.

— Le *Häftling Arzt* (prisonnier-médecin) voudrait savoir si l'Hauptsturmführer souhaiterait l'assister lors de cette intervention.

— Non, je veux seulement l'observer.

— Fort bien, dit le Dr Ottinger. Vous m'assisterez, Haas.

Nous mîmes des tabliers de boucher. Le Dr Aarons versa de la teinture d'iode dans un haricot, tandis que le Dr Ottinger et moi-même enfilions des gants de caoutchouc. Le Dr Ottinger prit un morceau de gaze avec ses pinces ; il le trempa dans la teinture d'iode et badigeonna le ventre de son patient. Tout en plaçant les champs stériles, il m'annonça son intention de réaliser une version légèrement améliorée de l'incision de MacBurney, technique extrêmement délicate utilisée sur les danseurs et sur les travailleurs de force ; elle ne laissait qu'une minuscule cicatrice de huit centimètres en réduisant notablement la faiblesse post-opératoire de la paroi abdominale. En fait, le Dr Ottinger avait été le médecin attitré de la plupart des danseurs des grands night-clubs parisiens. Il termina de recouvrir le patient en marmonnant :

— Je vais lui montrer, à ce *Schleu*, ce qu'un grand chirurgien peut faire en dépit des circonstances.

Il fit signe au Dr Aarons d'injecter l'Evipan. Le chef de bloc commença à cent le compte à rebours et s'endormit avant d'avoir atteint soixante-sept. On prolongerait l'anesthésie avec de l'éther, une bonne épaisseur de gaze servant de masque. A ma très grande surprise, le médecin SS noua le masque du Dr Ottinger. Le Dr Aarons attacha le mien avant de se poster à la tête du chef de bloc pour administrer l'éther.

Le Dr Ottinger prit le scalpel et incisa. Une incision de trois centimètres seulement ! J'en oubliai de clamper les vaisseaux coupés de mon côté. Il m'engueula carrément, en disant que ce genre de choses arrivaient toujours quand il se faisait assister par un non-chirurgien. Je me mis à transpirer.

Le Dr Ottinger décrivait chaque étape de l'intervention d'un ton psalmodiant comme en présence d'un parterre d'étudiants en médecine.

— Bon, j'incise le grand oblique.

Il demanda les écarteurs.

— Placez-les, Haas ! Tenez-les ! Voici le fascia... et le péritoine. Haas, clampez les vaisseaux ! On incise le péritoine, et on trouve le caecum. Tirez sur les écarteurs, Haas, que je puisse voir !

Pinces en main, il poursuivit :

— J'écarte le caecum, et voici l'épiploon, que je pousse à gauche. Et la voilà, la saloperie.

Il souleva l'appendice pour montrer l'abcès au médecin SS.

— Sur le point de perforer !

On entendit un bruit mat : le SS responsable de la baraque venait de s'évanouir. Sans s'interrompre, le Dr Ottinger ordonna :

— Haas, clampez la base de l'appendice ! Qu'on asperge d'eau ce crétin.

Il ligatura le corps de l'appendice, l'assura et coupa au bord de la pince. Il remit en place l'épiploon, le caecum et le péritoine. Il posa un petit drain dans l'ouverture, recousit le fascia, les muscles et enfin la peau.

L'opération, depuis la première incision jusqu'au dernier point de suture, avait duré exactement sept minutes. Le médecin SS était de toute évidence très impressionné. Il affirma au Dr Ottinger qu'il se souviendrait de lui, et il s'en fut aussi brusquement qu'il était entré.

Je demandai au Dr Ottinger ce qu'il aurait fait si l'appendice, dont la localisation peut varier, s'était trouvé dans une position inhabituelle. Il aurait alors fallu inciser différemment. Il haussa les épaules.

— Il faut risquer sa chance parfois, mon petit, en priant pour que ça marche. Mais j'en ai tellement fait, des incisions presque invisibles sur mes danseuses, que j'avais un peu plus qu'une prière comme atout dans ma manche !

Sa démonstration m'avait tellement étonné que j'en avais oublié d'empocher les cathéters en sortant. J'allais revenir sur mes pas en marmonnant.

— Merde, j'ai oublié les cathéters !

Le Dr Aarons me retint par le bras en souriant, car lui ne les avait pas oubliés.

Le Dr Ottinger demeura au chevet du chef de bloc tandis que nous passions le reste de la journée à paresser dans la baraque. Les autres chefs de bloc vinrent rendre visite à leur collègue à l'heure du dîner. Ils arrivèrent les bras chargés de victuailles. Le Dr Ottinger vint alors nous transmettre leur invitation à dîner. C'était une véritable fête vu notre situation, sans compter que nous évitions l'appel du soir !

Je voulais voir Kalka qui devait se ronger d'inquiétude. Du pain et de la saucisse dissimulés dans ma veste, en même temps qu'une petite bouteille de Schnapps, j'annonçai mon intention d'aller aux toilettes. Je m'éloignai en m'assurant qu'on ne me suivait pas.

Kalka était assis sur sa couchette. Il avait les yeux fixes et écarquillés comme une statue. Il marmonnait tout seul. Je m'assis à côté de lui et sortis le pain et la saucisse. Son visage se transforma instantanément. Le temps de sortir le Schnapps et il souriait. Après lui avoir parlé des cathéters et de la teinture d'iode, je le laissai sur sa couchette, l'air content, occupé à engloutir ses victuailles.

A mon retour, le chef de bloc, qui s'était réveillé entre-temps, me pria de remercier en son nom les Drs Ottinger et Aarons ; il nous ferait tous trois quitter la baraque de quarantaine dès qu'il serait sur pied. Il savait que le Dr Koenig, le médecin SS, aimait à s'entourer de praticiens de renom.

Le Dr Ottinger demeura au chevet de son patient, tandis que le Dr Aarons et moi-même regagnions nos couchettes. Nous fîmes signe à Kalka de nous rejoindre pour lui faire le récit détaillé des événements de la journée. Il décida de garder le Schnapps pour le donner au Kapo le jour de notre évasion. Le Kapo partagerait sans doute la bouteille avec les soldats SS chargés de nous surveiller, ce qui les rendrait encore moins vigilants que d'habitude. Le Dr Aarons et moi-même restâmes à bavarder encore un moment après le départ de Kalka. Tout semblait s'enchaîner favorablement. Pour la première fois depuis mon arrivée à Dachau quatre jours auparavant, cette nuit-là, j'eus un sommeil réparateur.

— *Aufstehen ! Aufstehen !*

Les vociférations du Stubendienst me réveillèrent en sursaut. Après le petit déjeuner, entrait le SS responsable du bloc suivi de son escorte. Il tendit une liste au Stubendienst, qui appela quinze numéros. On regroupa dans un coin les prisonniers désignés. Dix appartenaient à mon groupe et cinq à un groupe arrivé avant nous. Les autres furent alignés dehors avant de constituer les formations de travail.

Un cathéter caché sous ma chemise, j'annonçai à Kalka que j'étais prêt pour mon coup d'essai. A la décharge, lui et le Dr Aarons renversèrent le conteneur au-dessus de moi tandis que je m'allongeais sur le dos. Les ordures s'amoncelèrent sur moi. Avant de partir, le Dr Aarons chuchota :

— Du calme. Tout va bien. On revient très bientôt.

Je respirais assez facilement grâce au cathéter, mais j'étais totalement immobilisé par le poids des ordures. Une particule de quelque chose s'était logée dans ma narine. Impossible de m'en débarrasser. Je commençais à avoir froid, surtout aux pieds à cause de mes orteils blessés. La petite saleté dans mon nez me chatouillait de plus en plus.

J'eus l'impression d'attendre une journée entière. Je me serais assoupi si je n'avais craint d'attirer l'attention en bougeant dans mon sommeil. Je songeais à Sonia et

François en me jouant diverses versions de nos futures retrouvailles et de notre avenir tous ensemble. François grandissait ; il maintenait la tradition familiale en devenant un médecin de grande renommée. Sonia et moi étions installés devant un feu de cheminée crépitant dans une station de sports d'hiver et nous nous remémorions nos souvenirs de la guerre.

Des bruits de voix, de roues sur le sol et d'ordures que l'on déchargeait vinrent secouer mes songeries. On murmurait :

— Sors vite de là. On renverse le conteneur au-dessus de toi.

Impossible de bouger. Mes membres raides comme du bois pesaient une tonne, et mes articulations douloureuses refusaient de plier. Je réussis néanmoins à m'extraire de sous mon tas d'ordures. Kalka et le Dr Aarons relevèrent le conteneur, puis ils m'aidèrent à me mettre sur mes pieds pour sortir de la décharge. J'étais si habitué à la puanteur des poubelles que je ne me rendais même pas compte de la terrible odeur que je dégageais. Le cathéter caché sous ma veste, je m'efforçai de réchauffer mes mains dans le creux de mes aisselles.

Sur le chemin du retour, je proposai de faire une série de coups d'essai afin de nous adapter progressivement à ces conditions très difficiles. Il nous fallait du coton pour protéger notre nez et nos oreilles. Il fallait également réfléchir à ce que nous ferions s'il pleuvait le jour de notre départ. J'étais gelé, ce jour-là, malgré un temps relativement clément.

J'avais si froid que la soupe du déjeuner, aussi insipide que d'habitude, me fut d'un réel réconfort. Elle me réchauffa rapidement tout le corps. Mes pieds seuls restaient glacés. Mes anciennes blessures aux orteils recommençaient à m'élancer. Je me frictionnai sans guère obtenir d'amélioration.

Le soir, à notre retour dans la baraque, le Dr Ottinger nous attendait avec une véritable soupe bien chaude. Il l'avait subtilisée au chef de bloc, qui selon lui en avait moins besoin que nous. Il promit d'essayer de voler une deuxième bouteille de Schnapps pour nous aider à lutter contre le froid le jour de notre évasion. Le Dr Aarons et moi allâmes partager notre soupe épaisse avec Kalka.

Peu après, le Dr Ottinger nous rejoignait. Le matin même, il avait été témoin d'une partie de tir aux lapins depuis la chambre du chef de bloc, par un petit trou ménagé dans le mur donnant sur la cour.

— Je n'aurais jamais cru des êtres humains capables d'une telle cruauté, si je ne l'avais vu de mes propres yeux. Sept des quinze hommes appelés ce matin ont été froidement abattus par les tireurs SS. Je les ai vus tirer et ensuite examiner soigneusement les cadavres pleins de sang pour voir où les balles étaient entrées. Ils avaient l'air assez contents de leurs performances. Après ils ont emmené je ne sais où les huit survivants. Je n'oublierai jamais la terreur sur leurs visages.

Je n'arrivais pourtant pas vraiment à y croire.

Le lendemain matin, je devais être à mon tour désigné pour un tir aux lapins.

Nous allions partir travailler quand arriva le SS responsable du bloc. Il ordonna :

— On rentre. Tout le monde ! Fermez les portes de la baraque.

Ce genre d'événements n'annonçait jamais rien de bon.

Nous demeurâmes debout devant nos couchettes au moins une heure tandis que l'officier responsable du bloc arpentait la pièce en jetant des coups d'œil à sa montre. Une douleur lancinante dans les orteils, j'étais excessivement fatigué mais n'osais pas m'asseoir. L'officier ordonna finalement aux Stubendiensts d'apporter une table et quatre chaises. Le Dr Ottinger aida notre chef de bloc récemment opéré à prendre place sur une des chaises ; il alla ensuite se poster comme tout le monde près de sa couchette. Il était livide. En passant près de moi, il avait soufflé le mot « sélection », ce qui ne m'évoquait alors rien. J'étais intrigué.

Le silence se poursuivit, interminable. Même notre chef de bloc chuchotait.

Enfin, l'officier responsable du bloc demanda :

— Tout est prêt ?

— *Jawohl,* répondirent ensemble le secrétaire de bloc et les Stubendiensts.

Alors l'officier SS sortit, et j'entendis le bruit sinistre de la porte refermée à clef derrière lui.

Le Dr Ottinger s'approcha de moi. En un chuchotement presque imperceptible, il m'expliqua :

— Le chef de bloc m'a dit qu'un nouveau convoi allait arriver. Alors ils vont faire de la place dans la baraque de quarantaine. Les tirs aux lapins vont s'intensifier et on va transférer au camp principal les politiques les moins intéressants pour eux. Si tout à l'heure vous, Kalka, le Dr Aarons et moi faisons partie de ceux qui restent dans la baraque, on est foutus.

La clef tourna dans la serrure. Le Dr Ottinger regagna promptement sa place.

L'officier responsable du bloc revenait en compagnie d'un autre SS et de deux agents de la Gestapo munis de porte-documents. Ils appartenaient à la *Politische Abteilung* (section politique de la Gestapo). Apparemment peu pressés, ils discutaient avec notre chef de bloc de sa récente opération de l'appendicite. Soudain, l'officier SS cria :

— Où est le chirurgien ?

Il ordonna au Dr Ottinger d'aller dans la chambre du chef de bloc et de refermer la porte derrière lui.

L'autre officier énuméra une longue liste de numéros, trente prisonniers que l'on regroupa à l'écart tandis que nous demeurions debout près de nos couchettes. Les agents de la Gestapo prirent la liste des trente détenus nommés puis s'en furent en refermant à clef la porte derrière eux.

Les Stubendiensts désignèrent les détenus chargés d'aller chercher le petit déjeuner. On ne nous laissa nous asseoir qu'après la distribution des repas. Le Dr Ottinger disait que les trente prisonniers seraient transférés mais nul ne savait ni où ni quand. On lui avait également parlé de son départ imminent comme chirurgien au HKB, l'infirmerie des prisonniers. Le médecin SS avait tenu parole.

Mais le Dr Ottinger avait aussi une très mauvaise nouvelle pour nous. Un tir aux lapins spécial était prévu pour l'après-midi. Il sortit de sa poche de la gaze et des bandages.

— Pour quand vous reviendrez de là-bas.

Je rangeai le tout sous mon oreiller. Nous demeurâmes enfermés dans la baraque toute la matinée.

A l'heure du déjeuner, j'étais en plein désarroi, accablé de frayeur. Bien que tenaillé par la faim, j'avalais chaque bouchée de mon repas avec difficulté. Le Dr Ottinger revint avec d'autres nouvelles qui chassèrent pour un instant mon malaise. Des pardessus civils étaient suspendus dans le vestiaire du chef de bloc. Il allait essayer d'en subtiliser deux pour Kalka et pour moi.

Le Dr Ottinger risquait sa vie en faisant cela ; mais avait-il conscience du danger qu'il courait ?

— Bien sûr que oui, répondit-il. Vous risquez bien de vous faire prendre et exécuter ; ça demande du courage ! Je peux bien avoir celui de vous aider. Si vous vous faites prendre avec les manteaux, je dirai que le chef de bloc vous les avait offerts en remerciement pour votre aide pendant l'intervention.

Vu la pingrerie légendaire de notre chef de bloc, personne ne croirait à ce mensonge, mais j'acceptai sans discuter plus longtemps le service du Dr Ottinger. C'était un homme fier et volontaire, que l'on ne dissuadait pas aisément.

Je voulais savoir pourquoi la porte de notre baraque était toujours fermée à clef. D'après ce que lui avait dit le chef de bloc, on attendait le camion devant emporter les trente prisonniers transférés. Il terminait à peine sa phrase que l'on entendit ronronner un moteur à l'extérieur. Une clef tourna dans la serrure, la porte s'ouvrit, et l'on poussa les trente détenus dans le camion rangé devant notre baraque. Puis la porte se referma.

Le crépuscule approchait lorsque l'officier SS responsable du bloc réapparut avec les deux agents de la Gestapo. Ils tendirent aux Stubendiensts une autre liste. On appela un numéro. Un homme sortit du rang. On appela un deuxième numéro. Le mien.

Le mien ! J'avais les pieds cloués au sol, et la phrase « c'est mon numéro qu'on appelle » ricochait dans ma tête. Je sortis du rang. Le Dr Aarons sortit du rang également. La plupart des détenus désignés appartenaient à notre convoi. Ce que j'ai pensé à cet instant-là, je ne m'en souviens plus, mais je n'oublierai jamais les yeux remplis de terreur du Dr Aarons.

Nous étions douze. Les autres prisonniers furent conduits hors de la baraque. On referma la porte. Les Stubendiensts nous dirent que nous allions seulement à la douche. Pourquoi dans ce cas le Dr Ottinger n'était-il pas avec nous ?

Les deux agents de la Gestapo nous écrasaient d'un regard de dédain. C'est alors qu'à mon grand étonnement mon anxiété se dissipa ; je me sentais soudain calme et serein. Ils ouvrirent la fatidique porte de derrière et nous firent sortir dans la cour. Elle faisait toute la longueur de la baraque et était presque aussi large. Sous les derniers rayons du soleil on nous disposa en file à trois mètres les uns des autres. Un des hommes de la Gestapo demanda qui parlait allemand. Tous les regards se tournèrent vers moi et je levai la main.

Deux généraux SS sortirent alors de notre baraque. Les crosses de leurs revolvers dépassaient de leurs étuis ouverts. L'homme de la Gestapo m'ordonna de traduire ce qu'il allait dire, ce qui se résumait ainsi : nous étions un ramassis de chiens paresseux à qui un peu d'exercice ferait le plus grand bien et qui devaient se sentir honorés que des généraux SS soient venus assister à notre séance de gymnastique. Il nous remit à chacun une épingle de nourrice et une feuille de papier blanc carrée marquée de cercles concentriques chiffrés, le genre de cible que nous utilisions pour l'entraînement dans la Résistance. On nous ordonna d'épingler la cible dans le dos et à hauteur du cœur du prisonnier placé devant nous.

Le Dr Aarons était devant moi. Je bataillai un moment avec l'épingle de nourrice ; je lui dis que j'espérais être touché au cœur du premier coup pour en finir rapidement. Je m'efforçai d'épingler la feuille exactement sur son cœur afin qu'il eût une mort rapide et relativement sans douleur. Les généraux SS nous observaient intensément. L'un nous ordonna de courir. J'étais incapable de bouger tant je tremblais, mais le prisonnier derrière moi me poussa et je me mis à courir.

Soudain un coup de feu retentit. Un homme près de moi sauta en l'air et retomba, mort. Un des généraux éclata de rire. Le revolver dans sa main fumait. Nous courions en tous sens comme une volée de poules décapitées, chacun essayant de se cacher derrière un autre. Au milieu de ce cauchemar, je vis le Dr Aarons qui serrait contre lui son bras gauche ensanglanté.

La terreur me submergea ; le sang me martelait les tempes et je n'avais plus dans les oreilles que le bruit rauque de ma propre respiration. Mes pieds me faisaient tellement souffrir soudain que je pouvais à peine les soulever ; une douleur brûlante s'installait dans ma poitrine et mes poumons. Je manquais d'air. Je me mis à haleter. Un prisonnier tomba près de moi. Sur son visage, cette expression de lapin, puis je trébuchai et tout fut noir. J'entendais des voix lointaines. « J'ai été touché », telle fut ma dernière pensée tandis que je flottais loin au-dessus de tout.

On me jetait de l'eau sur le visage lorsque je repris conscience. Je me mis debout. Des corps sans vie parsemaient le sol de la cour. Un violent coup de pied me poussa vers le groupe en attente devant la porte de la baraque. On nous fit rentrer. Je tombai sur ma couchette ; je vomissais et sanglotais en même temps. Le Dr Ottinger parut, une seringue à la main ; il m'injecta un sédatif prélevé sur les produits qui restaient de l'opération. Il me dit que le Dr Aarons avait eu le bras éraflé par une balle mais qu'il allait bien. Je sombrai à nouveau.

Je revins à moi alors qu'on servait le repas du soir. Je n'avais pas d'appétit et donnai ma nourriture au Dr Aarons assis à côté de moi. Il me demanda de nettoyer et panser sa blessure mais seulement après l'extinction des lumières pour que personne ne s'aperçoive que nous disposions de fournitures de premiers secours. Ce soir-là, le Dr Ottinger nous apporta de la poudre sulfamide et de la teinture d'iode, un peu plus de gaze et des pansements, et il nous annonça qu'il avait volé les deux manteaux. Il avait caché un lourd pardessus noir sous mon oreiller et donné un loden vert à Kalka. Le Dr Ottinger avait assisté avec horreur au tir aux lapins par le petit trou ménagé dans le mur de la chambre du chef de bloc. Pouvait-on conserver sa santé mentale après avoir vécu un cauchemar pareil ? Nous pensions au jeune communiste qui s'était pendu le lendemain de notre arrivée à Dachau.

Je ne songeais plus qu'à réaliser aussi vite que possible notre projet d'évasion. Kalka proposa le samedi suivant, jour durant lequel la surveillance du camp se relâchait. Mais le samedi ne me semblait pas une bonne idée. Il serait plus difficile de passer inaperçus dans les rues de Dachau où il y aurait moins de monde qu'un jour de travail. Je voulais arriver dans la ville à l'heure de la sortie de l'usine pour me fondre dans la foule des ouvriers. Kalka jugeait que les rues de Dachau seraient suffisamment animées un samedi pour qu'on ne nous remarque pas. Quelqu'un suggéra pour clore la discussion que nous attendions la nuit pour partir, car on nous verrait moins dans l'obscurité. Mais le Dr Aarons trouvait qu'il nous serait plus difficile de nous diriger dans l'obscurité et de voir ce qui se passait alentour. Et où nous cacherions-nous en cas de raid aérien ? Le Dr Aarons pensait également que nous devions nous procurer un peu d'argent allemand pour prendre un bus à destination de Munich, afin d'éviter d'être vus sur les routes.

C'est alors que le Stubendienst annonça « *Licht aus !* » (extinction des lumières). Le Dr Ottinger regagna la chambre du chef de bloc, Kalka sa couchette, et les lumières s'éteignirent hormis les deux petites veilleuses à chaque extrémité de la baraque.

Le Dr Aarons ôta sa veste tandis que je sortais mon matériel de premiers soins de sous mon oreiller. Assis sur sa couchette, j'examinai sa blessure de mon mieux malgré la pénombre. Par chance, il n'y avait pas besoin de points de suture. Je la nettoyai, y répandis de la poudre sulfamide avant de mettre le pansement. Je chuchotai « bonne nuit » et allais regagner ma couchette quand la porte de la baraque s'ouvrit violemment.

L'officier SS responsable du bloc et un autre SS entrèrent en titubant, ivres morts. Ils agitaient leurs revolvers en l'air en riant. Pris de panique, je bondis vers ma couchette, mais je n'eus pas le temps d'y arriver ; les lumières s'allumèrent. L'officier SS me repéra instantanément.

— *Häftling*, ici !

Je sautai au sol. Il leva son revolver sous mon menton.

— Que fais-tu debout après l'extinction des lumières ?

— Je revenais des latrines.

— Qu'as-tu dans la main ?

Que répondre ? J'avais oublié dans ma précipitation que je tenais toujours la gaze et les pansements.

— Donne-moi ça !

J'ouvris la main et il les saisit en hurlant :

— Ces fournitures ont été volées à la pharmacie SS. Qu'est-ce que tu faisais avec ça ?

Parler des soins donnés au Dr Aarons risquait de lui attirer les pires ennuis sans me sortir d'affaire.

Le Dr Ottinger sortit alors de la chambre du chef de bloc. L'officier SS lui demanda comment la gaze et les pansements étaient arrivés en ma possession. Le Dr Ottinger expliqua calmement en français qu'il me les avait donnés pour soigner la blessure du Dr Aarons. Traduire la vérité revenait à signer notre arrêt de mort à tous. Je lui demandai rapidement en français de me laisser mener l'affaire comme je jugeais le mieux. Le Dr Ottinger accepta, mais selon lui les Allemands étaient tellement soûls que tout pouvait arriver ; ce qu'on dirait n'y changerait rien.

Je racontai à l'officier que pendant l'opération le Dr Ottinger m'avait vu mettre la gaze dans ma poche parce qu'il n'y avait de place nulle part à un moment où j'avais besoin d'avoir les deux mains libres rapidement. L'officier hurlait :

— Nos soldats meurent au front par manque de matériel de premiers soins, et tu te permets d'en voler pour ton usage personnel ! Je vais te donner une leçon que tu n'oublieras jamais !

Croyant l'incident clos pour l'instant, je me détournai pour regagner ma couchette.

— Ne bouge pas ! cria-t-il en me giflant.

Il se tourna vers l'autre SS ; de leurs chuchotements je ne saisis qu'un mot : « *Strick* » (« corde »). Ils rirent, et ce rire n'augurait rien de bon. L'autre SS partit. L'officier me fixait à la manière d'un serpent essayant d'hypnotiser sa victime. Il ordonna aux Stubendiensts de réveiller tous les détenus qui devraient attendre debout près de leur couchette. J'avais l'impression qu'une main de métal glacé se refermait sur mon cœur. J'étais sur le point de céder à la panique.

L'autre SS soûl réapparut une corde entre les mains. Un picotement parcourut ma peau. Allaient-ils me fouetter ou me pendre ? Le SS sauta pour enrouler un bout de la corde autour de la poutre du plafond. L'officier hurlait de nouveau :

— Ce prisonnier a volé du matériel de guerre appartenant au Reich allemand. Il est coupable de sabotage ! Sa punition vous servira d'exemple.

Il s'interrompit pour sortir une bouteille de la poche de son manteau, et il avala une longue goulée avant de la passer à l'autre SS. Il s'essuya la bouche avec sa manche et poursuivit :

— Il sera donc pendu !

J'entendis les mots. Mais s'agissait-il de moi ? J'étais pétrifié ; le temps s'immobilisa ; tout devint flou et lointain. Mon esprit ne traduisait plus. Je voyais ses lèvres bouger sans saisir les mots qui en sortaient. J'éprouvais cette froide émotion du passant qui aperçoit par la fenêtre d'un inconnu une scène d'horreur qu'il n'a aucun moyen de faire cesser.

Un Stubendienst apporta un tabouret. Il y avait de la terreur dans les yeux du Dr Ottinger. On me poussait, on me soulevait ; j'étais debout sur le tabouret, les mains libres. On ne m'attache pas les mains ? me demandai-je vaguement. Je me souvins d'un jouet que j'avais confectionné pour François, un clown dont on actionne les membres au moyen d'une ficelle. « Ces sadiques veulent me voir gigoter », pensai-je.

L'officier m'ordonna de placer la corde autour de mon cou. Paralysé par la peur, je ne comprenais rien à ce qu'il me disait. Un Stubendienst sauta alors sur la table pour placer le nœud autour de mon cou.

Je me mis à trembler. Rien ne semblait réel, mais je fermai les yeux pour effacer la réalité. L'officier disait quelque chose. Je n'entendais rien. Je serrais très fort mes paupières ; j'allais m'évanouir. Puis j'ouvris les yeux en étouffant un cri. Je venais de tomber sur le sol ! Partout, des rires explosaient. Un rire hystérique s'échappa alors de moi et rejoignit la cacophonie générale. Peu à peu, la vérité fit son chemin en moi. Je n'étais pas le survivant d'une exécution ratée mais la victime d'un divertissement très spécial organisé par le SS. Mon rire bascula dans les sanglots.

Les Drs Ottinger et Aarons me soulevèrent avec précaution pour me transporter jusqu'à ma couchette. L'un tenait ma tête dans ses bras tandis que l'autre s'efforçait de me calmer. J'étais brisé, incapable de prononcer un mot. Je tremblais, la proie d'une infinie tristesse. Je devais la vie sauve à un simple caprice. Il aurait suffi de si peu, une fantaisie d'ivrogne, pour qu'à cet instant je fusse mort irrévocablement. Mais cela dépassait mon entendement.

Mes deux amis passèrent auprès de moi la nuit entière. Le Dr Ottinger me parlait ; le Dr Aarons me tenait la main. Je vis l'aube se lever. Je venais de passer une semaine à Dachau.

Le Dr Ottinger aurait voulu que je ne quitte pas la baraque le lendemain, mais je refusai. Je craignais la solitude, de ne pas résister à la tentation d'achever l'œuvre de mort commencée la veille par les deux SS. Le Dr Ottinger s'aperçut que la corde avait laissé sur mon cou des brûlures superficielles. Il était très surpris que je n'eusse à aucun moment supplié mes tortionnaires de me garder la vie sauve. Je lui expliquai que cette attitude n'était que la conséquence d'un sentiment d'irréalité absolue. Il hocha tristement la tête.

Le Dr Aarons se porta volontaire pour aller chercher le petit déjeuner, dans l'espoir de glaner aux cuisines quelques nouvelles fraîches. Allongé sur ma couchette, je me contentais d'écouter autour de moi bruits et voix déjà presque familiers. Je me mis debout à grand-peine lorsque le Stubendienst nous aligna pour nous compter. Je vivais mais me sentais comme un cadavre qui ne reverrait jamais ni la lumière du soleil ni les visages de ses amis.

Le Dr Aarons revint avec le petit déjeuner. Il avait surpris une conversation entre le Kapo des cuisines et notre Stubendienst. On était sur le point de vider notre baraque de ses occupants. Certains seraient transférés dans le camp principal. Les autres iraient aux bunkers, c'est-à-dire les cachots où se tenaient les interrogatoires. Je ne me faisais aucune illusion sur mon sort après le tir aux lapins et le simulacre de pendaison de la veille.

Nous appelâmes Kalka. Affolé, persuadé d'aller aux bunkers, il voulait s'enfuir immédiatement. Nous ne pouvions certes plus attendre, mais il fallait selon moi s'accorder un jour de délai pour rassembler notre équipement et l'enterrer près de la décharge. C'était le temps nécessaire à nos préparatifs. Notre évasion comportait suffisamment de risques imprévisibles, et trop de précipitation pouvait tout faire échouer. Le Dr Ottinger aussi jugeait préférable de remettre le départ au lendemain, ce qui lui donnerait le temps de subtiliser un peu de l'argent qu'il avait découvert dans une boîte d'allumettes sur la table de nuit du chef de bloc. Ce fut l'argument décisif. Nous nous ménagerions une journée de préparatifs pour nous évader de Dachau le lendemain.

Après le petit déjeuner, nous attachâmes nos manteaux civils autour de notre taille et cachâmes sous nos chemises les cathéters. Les manteaux portaient des insignes d'identification du camp que nous déchirerions plus tard. Le Dr Aarons prit la teinture d'iode dans sa poche et moi la gaze et la bande adhésive dans les miennes. Kalka était chargé du Schnapps. Le Dr Ottinger restait encore au chevet du chef de bloc toute la journée. Nous n'avions pas le temps de trouver quelqu'un pour le remplacer.

Nos préparatifs se passèrent sans incident notable. Nous enfouîmes notre équipement au bord de la décharge sous une bonne couche de crottin de cheval dans laquelle évidemment personne n'irait fouiller. A notre retour dans la baraque, le Dr Ottinger nous remit à chacun cinq marks. Il devait prendre la direction de l'infirmerie le lendemain matin aux premières heures. Il ne tenait pas à attirer l'attention sur nous en passant trop de temps en notre compagnie. Il nous fit de brefs adieux mais ses yeux étaient pleins d'affection. Il promit au Dr Aarons de faire tout ce qui serait en son pouvoir pour obtenir également son transfert à l'infirmerie. Il nous souhaita bonne chance et nous dit « merde » et s'en fut sans nous serrer la main.

Le Dr Aarons exprima tout haut ce que je pensais.

— Il n'est pas si dur que ça en fin de compte ! Je l'ai toujours pris pour un chirurgien de génie mais froid et cynique. Mais maintenant j'ai compris, il a peur de montrer ses sentiments.

Puis il nous annonça une nouvelle importante :

— Il y a là un de mes vieux camarades du maquis. Il va s'arranger avec son unité de travail pour venir avec nous à la place du Dr Ottinger.

J'étais harassé de fatigue ce soir-là mais trop excité et anxieux pour dormir. Les yeux fixés sur la poutre du plafond je réfléchissais au lendemain. Ce serait la mort assurée si on nous prenait dans la décharge et une mort non moins certaine si nous restions au camp. La Gestapo savait que j'avais travaillé dans la Résistance après une période d'instruction à Londres. Ils m'avaient laissé la vie sauve et envoyé à Dachau dans le seul but de m'arracher des renseignements. On allait m'interroger à nouveau et me torturer et, que je craque ou non, on finirait de toute façon par m'exécuter. Mes jours ici étaient comptés et ma fin très proche. Je gardais quelques doutes au sujet de Kalka, mais avais-je le choix ? Notre évasion représentait ma seule et unique chance de survie.

Allongé là, j'éprouvai soudain un urgent besoin d'aller aux toilettes. Mes intestins recommençaient à me tourmenter. Il me fallait pourtant me contrôler, car j'avais trop peur d'être à nouveau surpris debout en gagnant les latrines. Il me vint alors à l'esprit que ce problème risquait de me perturber gravement lors de notre évasion. Pourquoi n'y avoir pas pensé plus tôt ? J'aurais pu obtenir un remède anti-diarrhéique à l'occasion de l'opération du chef de bloc. J'étais furieux contre moi-même.

Que se passerait-il si le prêtre que connaissait Kalka était absent au moment de notre arrivée à la Frauenkirche ? Plus je m'inquiétais, plus je me sentais coupable pour ceux que nous laissions derrière nous, en particulier pour le Dr Aarons qui était physiquement très frêle. Des frayeurs, rationnelles et irrationnelles, m'assaillaient, m'amenant au bord de la panique. J'appelai le Dr Aarons, mais il dormait.

Je tentais de me persuader que l'évasion représentait ma

seule alternative. Je me répétais et me répétais encore que tout irait bien... Évidemment puisque notre plan était excellent et que nous n'avions rien laissé au hasard. Peu à peu mes pensées s'embuèrent. Je fermai les yeux. Je finis par céder à l'épuisement et au manque de sommeil de la nuit précédente.

Le lendemain matin, c'est en vain que je cherchai des yeux le Dr Ottinger aux lavabos. Kalka, le Dr Aarons et moi nous portâmes volontaires pour aller chercher le petit déjeuner. Sur le chemin de la cuisine, nous nous répétâmes une fois de plus toutes les étapes de notre évasion. Kalka et moi devions nous cacher sous les ordures à tour de rôle chaque fois que l'on déchargerait la poubelle. Nous nous cacherions tous les deux lors du dernier voyage de la journée. Le Dr Aarons et son camarade du maquis s'assureraient que nous étions parfaitement dissimulés sous les ordures.

Le temps était gris et couvert. J'étais d'humeur sombre. De mauvais pressentiments continuaient de m'assaillir. Nous aurions une nuit sans lune, et cela ne me plaisait guère. Nous risquions moins d'être vus mais beaucoup plus de perdre notre chemin.

On forma les unités de travail après le petit déjeuner. Tout se passa comme d'habitude ; il fallut charger les conteneurs, les pousser jusqu'à la grille, puis dehors accompagnés des soldats SS jusqu'à la décharge. Je me cachai lors de ce premier voyage, Kalka au suivant, et ainsi de suite en alternance toute la journée.

Enfin, Kalka sauta dans la décharge et je l'y suivis. Je plaçai le cathéter dans ma bouche tandis que les ordures s'amoncelaient sur moi. Je sentais mon cœur tambouriner dans ma poitrine. Le chariot repartit ; le grincement de ses roues se perdit au loin ; il n'y eut bientôt plus que le silence.

Je laissai un peu de temps s'écouler avant d'écarter les ordures recouvrant mon visage. J'ouvris les yeux dans la lumière déclinante. Je m'essuyai la bouche et soufflai « Psst ! » Kalka répondit. Nous nous dégageâmes entièrement et reprîmes notre équipement enfoui sous le crottin de cheval. Nous déchirâmes la pièce d'étoffe rayée cousue au dos des deux manteaux. Nous décidâmes de mettre quelque distance entre nous et le camp avant de teindre les rayures blanches de nos bérets et pantalons. Kalka sortit sa petite bouteille de Schnapps, et nous en prîmes chacun une gorgée qui nous réconforta.

Kalka suggéra que nous nous éloignions de la décharge en rampant, en sorte que de loin on pût nous confondre avec des chats ou des chiens à la recherche de nourriture. Je ne voulais pas. J'avais entendu raconter que la pénurie était telle dans les campagnes allemandes que les chats et les chiens terminaient souvent sur la table du dîner. Je voulais trouver la voie de chemin de fer et la suivre jusqu'à Munich. Kalka s'y opposa avec énergie. Les cheminots allemands étaient pour la plupart des nazis fanatiques. Il fallait marcher jusqu'à Dachau, non loin de là, où nous trouverions le bus menant à Munich.

Entre-temps nous avions atteint l'extrémité de la décharge. Nous nous mîmes debout et entreprîmes de nettoyer nos vêtements. Impossible, en dépit de tous nos efforts, de se débarrasser de la puanteur. La nuit tombait rapidement. Il faisait déjà plus froid. Une deuxième gorgée de Schnapps et nous nous mîmes en route. Nous marchâmes d'un pas vif pendant vingt minutes, en restant à l'écart de la route. Nous ne rencontrâmes personne.

Nous atteignions les abords de Dachau à la nuit tombante quand le hurlement des sirènes déchira le silence de la campagne. Nous apercevions au loin les lueurs des bombes qui explosaient et des faisceaux qui balayaient le ciel à la recherche des avions américains.

— Comme ça au moins, on sait où est Munich, dit Kalka.

Nous approchâmes de la route. Des gens couraient tous dans la même direction, probablement vers un abri collectif. Assis dans un fossé à l'écart de la route, nous entreprîmes de teindre nos bérets et pantalons.

Les noires silhouettes des avions américains fourmillaient en formations serrées contre le ciel gris crépusculaire. C'était un spectacle d'une beauté et d'une force étonnante ; un frisson me parcourut l'échine. A notre grande surprise, aucun avion allemand ne leur donnait la chasse. On entendait le ta-ta-ta caractéristique de la DCA, et l'on voyait au loin des bouffées de fumée blanche. Un avion se détacha soudain de la formation et tomba en décrivant une longue courbe dans le ciel. Il y eut une explosion lumineuse et l'avion qui descendait de plus en plus vite en spirale. Le visage tourné vers le ciel, nous étions hypnotisés. Un autre avion fut touché, puis un autre, un autre et un autre encore... Les autres continuaient sans faire mine de rompre la formation, comme si la destruction de leurs camarades les laissaient indifférents.

Le tir antiaérien s'intensifia. Un éclair éblouissant monta vers le ciel, et l'on entendit une explosion étouffée. Les avions qui avaient lâché leurs bombes sur Munich revenaient vers nous. Le vrombissement s'évanouit dans le lointain et les sirènes lancèrent le signal de fin d'alerte.

Puis la nuit redevint tranquille. Seul, au loin, un clignotement rappelait le feu mortel qui avait secoué le ciel pendant une demi-heure. Nous avions fini de teindre nos pantalons et nos bérets. Nous quittâmes notre abri pour gagner la route. Pour marcher vers Munich, il nous suffisait de prendre la même direction que les avions.

Nous atteignîmes le centre de la petite ville de Dachau. Les quelques personnes qui étaient dans la rue regardaient les lumières clignotant dans le lointain. En tendant l'oreille on distinguait, très affaibli par la distance, le ululement des voitures de pompiers. D'après Kalka, les arrêts de bus se situaient habituellement au centre des villes. Nous ne tardâmes pas en effet à apercevoir l'arrêt ainsi, d'ailleurs, qu'un bus qui approchait. Ses phares camouflés ne laissaient paraître qu'une très légère lueur bleutée. L'intérieur était dans l'obscurité totale. Je demandai au chauffeur s'il allait à la Frauenkirche de Munich. Il répondit que oui d'un signe de tête et nous nous assîmes dans l'obscurité.

Le receveur vint à nous. Il nous demanda en ricanant si nous nous étions cachés dans des latrines pendant le raid, à moins, lâcha-t-il, que nous n'ayons fait dans nos pantalons ? J'étais tellement habitué à la puanteur de la décharge que je ne me rendais pas compte à quel point notre proximité pouvait être incommodante. Sans répondre à ses sarcasmes, je réclamai deux billets et tendis mes cinq marks. Il me remit les billets ainsi qu'un peu de monnaie.

Tandis que nous nous éloignions de la ville de Dachau, le receveur se lança dans une longue diatribe contre ces sauvages d'Américains qui tuaient ainsi des civils allemands innocents. Nous arrivâmes à Munich et il parlait toujours sans que nous ayons bronché une seule fois. Il me fut toutefois difficile de ne pas lui demander ce qu'il pensait du fameux camp de concentration si proche de sa ville.

A destination, le receveur interrompit son discours le temps seulement de nous indiquer :

— Voilà la Frauenkirche. Entrez-y donc prier pour la

victoire de l'Allemagne si vous voulez vivre dans un monde libre.

Je l'invitai à se joindre à nous, en riant à part moi de ma petite plaisanterie. Je lui offris même une gorgée de Schnapps avant de sauter du bus.

La vieille église de pierre s'élevait face à une place qui devait grouiller de monde dans la journée. Après avoir contourné le bâtiment nous poussâmes une porte non verrouillée et nous nous dirigeâmes directement vers le confessionnal. Kalka appela le prêtre en appuyant sur un bouton. Nous attendîmes. Nous restâmes assis là vingt minutes sans bouger ni proférer un son sinon un chuchotement de temps à autre. Kalka appuya sur le bouton une deuxième fois. Nous entendîmes approcher des pas. Une silhouette drapée de noir se détacha dans la pénombre. Kalka posa une question à l'homme, et une exclamation joyeuse parvint de l'autre côté de la grille. Puis Kalka et l'homme échangèrent quelques phrases rapides en polonais. Kalka ne semblait nullement gêné d'être ainsi enfermé dans ce réduit sans air. Je lui suggérai de poursuivre ailleurs leur conversation.

Comme nous sortions du confessionnal, le prêtre nous embrassa tous les deux chaleureusement sur les deux joues. Il était mince et blond avec les pommettes hautes et les yeux bleus en amande de l'aristocratie polonaise. Il y avait en lui une certaine réserve que faisait vite oublier son regard plein de bonté. Le prêtre nous fit traverser son appartement privé puis descendre à la cave, où nous retrouvâmes deux Polonais évadés d'un camp de travaux forcés voisin. Il nous recommanda de dormir. Au matin il nous apporterait un repas bien nourrissant et nous commencerions à parler de notre fuite. Nous avions frappé à la bonne porte !

Impossible de dissimuler le fait que nous venions d'une prison ou d'un camp de concentration ; nous eûmes cependant soin de taire nos noms aux deux autres fugitifs. Kalka engagea la conversation avec eux. Je m'assis à l'écart dans un coin. Il parlait en polonais mais au bout d'un moment je vis à ses mimiques qu'il leur faisait le récit de mon simulacre de pendaison. Il vint vers moi pour me serrer affectueusement contre lui. Un des deux autres se leva également pour me donner un morceau de saucisse. Il n'avait pas d'autre manière d'exprimer sa sympathie et son désir de me réconforter. Son geste me toucha profondément. Me revinrent en mémoire les présents de nourriture déposés à mon chevet lors de ma maladie à Royallieu. La nourriture prend une immense valeur symbolique et émotionnelle dans la vie d'êtres démunis de tout le reste.

J'étendis ma couverture sur le sol. Kalka fit de même et s'allongea à mes côtés. Sa voix chaude et enveloppante réussit presque à me faire oublier la froideur de la pierre sous moi. Nous avions réussi notre évasion, disait-il. Nous étions sauvés et un très fort lien de fraternité nous unissait. Pourtant, en moi, une dernière parcelle de méfiance refusait de se dissoudre.

Je ramenai mes genoux sur ma poitrine dans l'espoir de me réchauffer. Que faisais-je là, moi, Albert Haas, le Juif ? Je venais d'échapper aux Allemands et j'avais trouvé asile dans la compagnie de Polonais. Or les sentiments antisémites étaient depuis des siècles tout aussi virulents en Pologne qu'en Allemagne et en Autriche. Ces trois hommes dans cette cave haïssaient-ils les Juifs ? Et le prêtre ? Je ne voulais surtout pas éveiller de soupçons. Les Allemands n'avaient pas découvert que j'étais Juif, et ces trois hommes ne le devaient pas non plus.

Kalka chercha ma main dans l'obscurité et l'étreignit. Rien, dit-il, ne nous séparerait avant d'avoir tous les deux recouvré notre liberté. Il parlait de nos vies après la guerre, de ma famille et des êtres chers que j'allais retrouver. Sa voix me berçait ; je me sentais au chaud et à l'abri ; tout doucement je sombrais dans un sommeil sans rêve.

Je me réveillai quelques heures plus tard, glacé de froid et vaguement conscient que quelqu'un plaçait une couverture sur moi. Un habit de religieuse se matérialisa au milieu des ombres profondes de la cave. Mes yeux embués de sommeil s'entrouvrirent sur un visage de femme. Le doigt sur les lèvres, elle m'enjoignit de me taire. Je ne fis pas un geste. La robe noire se fondit dans l'obscurité. Je me rendormis.

11

Ce fut l'arôme du café fraîchement moulu qui me réveilla. La lumière était allumée dans la cave, et Kalka, les deux Polonais et le prêtre assis autour d'une table. Une religieuse versait le café fumant dans les tasses. Ce devait être la femme qui m'avait mis la couverture en pleine nuit. Je souhaitai le bonjour à tout le monde et pris une chaise. A mon grand étonnement et à ma grande joie, le petit déjeuner se composait de véritable café, et de pain de campagne frais avec une assiette de saindoux. J'étalai le saindoux sur une tranche de pain avant de le saupoudrer de sel. Chaque bouchée me semblait un délice ; je la savourais avec lenteur, la tournant et la retournant dans la bouche avant d'avaler. Les autres me regardaient en riant.

Je me délectais ; je pris mon temps. C'était mon premier repas d'homme libre depuis quatre mois. Lorsque enfin j'eus terminé, je pris le prêtre à part pour savoir s'il avait entendu parler de notre évasion. Les résistants de la petite ville de Dachau auraient sans doute des nouvelles, mais ils n'étaient pas encore arrivés à Munich d'aussi bon matin. Selon lui, personne n'avait jusqu'à présent essayé de s'évader de Dachau. C'est probablement pourquoi cela nous avait été relativement aisé.

— Il va falloir vous armer de patience maintenant, dit-il. La Résistance vous procurera des vêtements et de fausses pièces d'identité mais ça va prendre du temps. Vous êtes trop maigres ; il faudra vous étoffer un peu avant de sortir et laisser repousser votre bande de cheveux rasés. Pour l'instant, dans mon église, vous ne craignez rien. Et si on fouille l'église, vous pourrez vous cacher dans les catacombes. Il est très improbable qu'on fouille l'église... mais il faut quand même prendre toutes les précautions possibles. Vous ne devez laisser aucun signe d'occupation dans la cave. Il faudra vous entraîner à disparaître en une seconde sans abandonner derrière vous la plus petite trace de votre présence. C'est pour ça que je ne vous donne pas de matelas ni même de paillasse. Ce n'est pas très agréable de dormir par terre, je sais, mais c'est plus sûr.

Le prêtre nous conduisit jusqu'à une entrée soigneusement masquée ouvrant sur les catacombes. Devant nous, un long couloir de pierre où flottait une odeur de moisi. Des tombes s'encastraient dans ses parois baignées d'ombre, des catafalques s'alignaient au milieu. Nous pouvions déloger une dalle de la base d'un des catafalques pour nous cacher dessous. Mais il faudrait prendre garde à ne pas donner l'alarme en faisant s'entrechoquer les squelettes rangés à l'intérieur.

Moi qui souffrais de problèmes intestinaux, je m'inquiétai des commodités prévues pour nos besoins naturels. Le prêtre répondit qu'en temps normal il nous ferait monter dans son appartement privé ; nous disposerions par ailleurs de récipients contenant du lysol ou du phénol pour le cas où un danger nous retiendrait dans la crypte. Nous les viderions dans ses toilettes dès que nous pourrions monter sans risque. Nous trouverions de l'eau potable en permanence dans la cave. La nuit, si les circonstances l'autorisaient, nous pourrions utiliser la salle de bain privée du prêtre.

Il nous donna un échiquier et quelques livres et promit de nous procurer de quoi écrire. Toutefois nos lettres ne devraient pas contenir de jugements négatifs sur les Allemands ni divulguer où nous nous trouvions ni demander qu'on réponde. Le numéro d'un camp de travaux forcés servirait d'adresse d'expéditeur. Les lettres seraient postées de l'intérieur du camp par des résistants.

Le prêtre prit nos mensurations pour notre nouvelle tenue ; il voulait que je l'agrémente d'un béret et Kalka d'une de ces casquettes à visière souple typiques des Polonais. Il nous recommanda de nous laisser pousser la moustache. Pour l'heure, dit-il, le mieux était de dormir le plus possible, sans oublier en nous réveillant de ne jamais parler qu'à mi-voix.

Chaque matin il descendrait prier avec nous et serait toujours à notre disposition pour la confession. Voilà qui m'inquiétait. Il me faudrait prendre garde.

— Prions ensemble tout de suite, commença-t-il.

Il se tourna alors vers moi.

— Je ne vous ai pas demandé votre religion. Mais nous prions Dieu, et cela seul m'intéresse. Debout ou à genoux, une prière reste une prière.

Les autres s'agenouillèrent. Sous le regard surpris du prêtre je m'agenouillai également. Il pria en latin, nous bénit et après nous avoir demandé de rester à genoux il pria pour les Juifs morts à cause de leur fidélité à leur religion. A mon grand étonnement, il récita le *Kaddish*, la prière des morts. Lorsqu'il eut terminé, j'étais submergé d'émotion et me précipitai pour lui baiser les mains. C'était de ma part un mouvement spontané et naturel mais qui risquait de me démasquer aux yeux de mes camarades polonais. Ils suivirent en fait mon exemple et vinrent après moi baiser les mains du prêtre.

Je suis aujourd'hui convaincu que le prêtre savait que j'étais Juif, même s'il n'y fit jamais allusion de son propre chef. C'est moi qui en parlai le premier un jour que j'étais allé le voir seul. Alors, dans le confessionnal, il récita le *Kaddish* et je le répétai après lui. Je dis également, comme je l'avais fait à Fresnes, le *Shema Yisroël*. J'avais honte de ne pouvoir réciter sans aide ces deux prières fondamentales de ma religion. Ce fut néanmoins un moment historique, car je suis le premier Juif à avoir dit le *Kaddish* et le *Shema* dans un confessionnal et avec l'aide d'un prêtre polonais !

Le lendemain matin, le prêtre nous apportait de quoi écrire. Comment expliquer ma situation à mots couverts à Mme Billard de Nice ? Ce fut une tâche ardue. Je commençai ainsi : « Je n'ai seulement pas réussi à voir mon grand-père. » Il lui faudrait penser qu'en fait il était mort. Et je poursuivis : « Je suis en route pour Montpellier où habite mon oncle Jacques. J'espère trouver une correspondance avec un train pour arriver à la maison pour les vacances. » *(Je me suis évadé et prépare mon retour en France aux environs de Noël.)* « Je n'ai aucune nouvelle de Sonia depuis qu'elle est partie travailler dans une autre usine que moi. » *(Je ne sais rien de son sort depuis notre arrestation.)* « J'aimerais beaucoup avoir un recueil de poèmes de François Villon car j'ai grand besoin de me rafraîchir la mémoire. Dites bien au bibliothécaire combien ce livre me manque. » *(Mon fils François me manque terriblement. Il est à l'abri dans ma famille, à Villon. S'il vous plaît, faites-le-leur savoir.)* « Il est inutile de répondre à ma lettre puisque je vais bientôt être transféré ailleurs ; de là-bas je pourrai aider Ramoine à résoudre ses problèmes de mécanique. J'écrirai de nouveau dès que possible. » *(J'aurai des renseignements précieux pour la Résistance si j'arrive à rentrer.)*

J'achevai ma lettre en embrassant tout le monde tendrement, scellai l'enveloppe et la remis au prêtre.

L'après-midi, il nous apporta des vêtements. Il y avait un costume pour Kalka, des bottes militaires et de grosses chaussettes kaki pour moi. Dès que le reste de notre tenue serait là, il ferait venir un photographe en prévision de nos fausses pièces d'identité et cartes de travail. Il examina nos mains pour ne pas faire d'erreur dans le choix de nos professions. Aucun d'entre nous n'avait les mains calleuses des travailleurs de force, mais elles étaient suffisamment rugueuses pour appartenir à des mécaniciens ou à des tourneurs.

Après le départ du prêtre, Kalka proposa une partie d'échecs, mais nous avions à peine avancé nos premiers pions qu'il commençait à se lamenter sur son avenir. Il était sûr que je survivrais, mais lui, que lui arriverait-il ? Il n'avait pas revu sa femme et sa fille depuis la défaite de l'armée polonaise. Il craignait de ne jamais revoir leurs visages. Il me fit apprendre par cœur son adresse à Varsovie et promettre d'aller voir sa famille après la guerre.

— Ne te tracasse donc pas tant, lui dis-je. Tu seras bientôt de retour chez toi. Et quand j'irai à Varsovie, j'apporterai du parfum français et un foulard de soie pour ta femme et une belle poupée pour ta fille.

Kalka ne trouva aucun réconfort dans mes paroles. Il se fâcha, au contraire :

— Et pourquoi n'avoir pas mentionné de cadeau pour moi puisque tu es tellement sûr que je vais m'en sortir ?

— Parce que je te gardais pour la fin.

Je citai un proverbe allemand connu disant que c'est toujours la dernière gorgée de café la plus sucrée puisque le sucre tombe au fond de la tasse.

— Je t'apporterai une bouteille de champagne millésimé et du foie gras aux truffes, lui dis-je. On mangera et on boira et on racontera nos souvenirs et notre évasion de Dachau.

Kalka me demanda alors d'un air désespéré si je croyais que nous avions la moindre chance de sortir vivants de ce cauchemar. Je ne pouvais lui parler de mes doutes, dont il était la cause pour une grande part. Je mis tout l'enthousiasme possible dans ma voix pour lui dire :

— Quand on était sous notre tas d'ordures à Dachau, est-ce que tu t'es permis de penser une seule seconde qu'on passerait la nuit suivante ici, dans cette église, à Munich, loin des SS et de leurs laquais, qu'on aurait un bon petit déjeuner et qu'on passerait l'après-midi à jouer aux échecs ?

Retrouvant sa bonne humeur, Kalka s'exclama :

— Tu vas voir comme elle est belle, ma petite fille ! Elle doit avoir quatorze ans maintenant.

Il me parla ensuite de sa famille dont presque tous les hommes avaient fait carrière dans l'armée polonaise. Son père, très autoritaire, avait exigé qu'il suivît, en tant qu'aîné des garçons, la tradition familiale. La musique et les animaux, voilà ce qui passionnait Kalka, mais on l'avait envoyé dès l'âge de douze ans dans une école militaire. Il en sortit lieutenant et fut affecté dans la cavalerie. Il épousa rapidement la fille de son colonel, Maria, une aristocrate assez guindée. Ce n'était, comme pour bien des jeunes officiers, qu'un mariage de raison.

Son histoire me fit penser à mon propre mariage. Quelle différence avec l'union dénuée d'amour de Kalka ! La rencontre de Sonia pétillante d'imagination et d'intelligence avait enrichi ma vie au point que je me sentais comme une coquille vide sans elle.

Nous discutâmes ainsi un moment. Quelle était l'opinion de Kalka concernant l'antisémitisme d'une grande partie du peuple polonais ? Il me rappela que l'antisémitisme sévissait aujourd'hui en France de manière aussi virulente qu'en Pologne et dans les pays baltes. Aucun gouvernement d'un pays occupé n'avait coopéré avec tant de zèle avec l'envahisseur que celui de la France qui pourchassait ses citoyens juifs pour le compte d'Hitler.

Kalka avait un ami juif dans l'armée qui se disait de nationalité polonaise et de religion hébraïque. Kalka n'avait jamais compris comment on pouvait se sentir Polonais d'abord et Juif ensuite ; jamais, jusqu'au jour où il vit son ami tomber à Katyn non en tant que Juif mais en tant que patriote polonais.

L'arrivée du prêtre interrompit notre conversation. L'accompagnait un homme d'âge moyen muni d'un appareil photographique. Le prêtre me remit un paquet contenant un costume noir, une chemise paysanne sans col et un faux col qui se fixait au moyen de boutons. Il y avait aussi un chapeau et des chaussures. Je m'habillai donc de pied en cap. Le photographe nous plaça devant un mur de teinte foncée impossible à identifier. Nous avions nos chapeaux sur la tête pour cacher nos crânes tondus. Le photographe remit le film exposé au prêtre et s'en fut en nous souhaitant bonne chance.

— Pourquoi, demandai-je au prêtre, le photographe sort-il en ville avec son appareil vide ? Il paraît que la Gestapo confisque très souvent les appareils des civils. Ils vont se douter de quelque chose si un agent de la Gestapo le prend avec son appareil vide.

— Nous ne sommes pas si bêtes ! répondit le prêtre. Aujourd'hui, il y a marché. Le photographe vient toujours ici les jours de marché avec dans sa poche un film non développé mais exposé le jour du marché précédent. Nous ne laissons rien au hasard. Il est impossible d'établir la provenance du matériel utilisé pour fabriquer vos papiers et les gens qui y ont participé ne se connaissent pas entre eux. Tout passe par moi.

Le prêtre ne me révéla jamais rien de plus des rouages de son organisation clandestine.

Tout était en place pour la phase suivante de notre évasion. Le prêtre nous expliqua alors comment s'organiserait notre voyage après le départ de l'église. Kalka et moi resterions ensemble puisque nous allions tous les deux en France. Il faudrait éviter autant que possible les transports en commun. Nous utiliserions donc généralement un véhicule privé, l'idéal étant une charrette de paysan. Des fermiers sympathisants nous accueilleraient pour la nuit dans les campagnes. Il nous serait facile de nous fondre dans la masse des villes et des communes importantes.

Deux guides nous accompagneraient toujours d'une étape jusqu'à la suivante. L'un ouvrirait la marche sans se faire remarquer, l'autre suivrait discrètement. Le premier n'entrerait jamais dans la maison devant nous accueillir ; il s'arrêterait devant puis allumerait une cigarette qu'il écraserait immédiatement pour donner le feu vert. Deux nouveaux guides nous prendraient en charge en quittant la maison. Ils se feraient connaître en se postant devant la maison et en allumant une cigarette. Une cigarette rapidement écrasée signifierait : « Danger. Restez à l'intérieur. » Nous pourrions sortir si notre guide continuait à fumer tranquillement.

Peu de fugitifs accompagnés de guides s'étaient fait prendre jusqu'alors. On ne savait rien de leur sort. Je me demandai tout haut comment on avait organisé le départ des deux autres Polonais. Le prêtre me fit remarquer poliment que cela ne me concernait pas, et je m'excusai.

Il nous quitta et revint peu après avec notre déjeuner et du vin sacramentel. Cela faisait si longtemps que je n'avais pas bu de vin ! Le doux embrasement qu'il laissa sur son passage me fit presque oublier notre situation si précaire.

Après le déjeuner, le prêtre nous fit une faveur supplémentaire. L'un de nous deux pourrait prendre un bain. Nous tirâmes au sort. Kalka gagna. J'en étais malade de jalousie. Il me faudrait transporter un peu plus longtemps la puanteur de la décharge.

Tandis que Kalka s'affairait là-haut à extraire Dachau des pores de sa peau, j'ouvris un numéro du quotidien allemand *Völkische Beobachter*, que le prêtre avait apporté. L'armée allemande faisait retraite sur le front russe, ce dont on rendait compte par euphémisme comme d'un « développement stratégique de sa position ». Les éditoriaux étaient remplis de mensonges flagrants et simplistes. Le grand public avalait sans broncher ce qu'un enfant de dix ans normalement développé aurait percé à jour au premier coup d'œil. Je venais de reposer le journal quand le prêtre revint accompagné d'un Kalka sentant bon la savonnette. Par chance, il restait assez d'eau chaude pour moi.

Il me conduisit à sa salle de bain et me donna un petit morceau de savon en me recommandant de ne pas le laisser fondre dans l'eau. Le savon était une denrée de plus en plus rare. Je me plongeai lentement dans la baignoire ; je sentais sur ma peau l'enveloppante caresse de l'eau chaude et propre. Ce fut un instant de plaisir total, sensuel, infini, mystique, exquis — un moment délectable qu'aucun mot ne saurait décrire. Je demeurai lové dans ce somptueux cocon jusqu'à ce qu'un coup frappé à la porte me fasse sursauter. On me priait d'en finir. J'avais passé dans la baignoire une heure entière.

L'eau avait refroidi. Je me savonnai et me rinçai promptement pour ensuite savourer le plaisir de m'essuyer avec une véritable serviette de toilette, grande et douce. Je mis mes nouveaux vêtements. Je me sentais un autre homme, heureux, débordant d'optimisme et d'énergie.

Régénérés, Kalka et moi entamâmes une partie d'échecs. Le prêtre passa l'heure suivante seul avec les deux Polonais qui devaient partir le lendemain matin. Plus tard dans la soirée, la religieuse nous apporta notre dîner : choucroute, saucisse et bière brune. C'était ma première bière depuis très longtemps. L'ersatz de bière ne m'avait jamais paru aussi délicieux auparavant !

Le prêtre nous demanda ensuite de nous coucher tôt car les deux Polonais auraient besoin d'une bonne nuit de sommeil avant leur départ le lendemain matin. Étendu dans l'obscurité, j'essayais de m'imaginer à leur place, mais était-ce l'effet d'un ronflement près de moi ou celui du vin et de la bière, un instant plus tard je dormais déjà.

Puis il fut sept heures du matin et le prêtre me réveilla pour le déjeuner et la prière. Les autres étaient déjà debout, habillés et en grande conversation. Kalka avait-il suivi le conseil du prêtre ? Avait-il eu soin de ne pas révéler qui nous étions, d'où nous venions et où nous allions ? Je le souhaitais de tout cœur. La religieuse descendit chercher les deux Polonais après le petit déjeuner. Nous leur dîmes au revoir et bonne chance et ils partirent.

Kalka et moi fîmes alors retraite chacun dans nos pensées. Au bout d'un moment il rompit le silence :

— J'espère que tout ira bien pour eux.

Je lui demandai tout de go s'il avait divulgué quelque chose à notre sujet.

— Je leur ai juste donné l'adresse de ma famille et une lettre pour ma femme. C'est tout.

Kalka demeura sombre et abattu toute la matinée. Quant à moi je me sentais de plus en plus nerveux.

Je n'osai rien demander à la religieuse lorsqu'elle nous apporta notre déjeuner, et elle ne parla de rien. Le prêtre descendit peu après nous dire que les Polonais et leurs guides étaient partis sans incident ; mais il ne savait pas ce qui s'était passé ensuite.

Il nous offrit de la lecture ; sa bibliothèque contenait un grand nombre d'ouvrages en français, en latin et en allemand. Je me laissai tenter par Zola et Hugo. Kalka n'avait pas de préférence.

Le prêtre revint avec deux romans de Victor Hugo, *Les misérables* et *Notre-Dame de Paris*. Il m'apporta également un ouvrage de philosophie chinoise, qui, pensait-il, me serait d'un grand profit dans les circonstances où je me trouvais. Vivre au jour le jour sans s'inquiéter du lendemain, telle était la règle des grands philosophes chinois. N'était-ce pas justement l'attitude que Sonia et moi nous étions efforcés d'adopter dans la vie ?

Il donna à Kalka un roman polonais que j'avais lu étant adolescent : *Quo Vadis*, ce qui signifie « Où vas-tu ? », question dont je percevais l'ironie amère au seuil d'un avenir aussi incertain que le nôtre.

J'ouvris un des livres de Victor Hugo sans réussir à me concentrer tant j'étais préoccupé du sort des deux Polonais. Que leur était-il arrivé ? Avaient-ils réussi à quitter la ville ? Je ne tenais pas en place. Je voulus me dégourdir les jambes, mais mes allées et venues gênaient Kalka. Je me rassis et pris l'ouvrage sur les philosophes chinois, sans plus de succès.

Le temps s'écoula lentement jusqu'au retour du prêtre. Il nous apportait une bonne nouvelle : les deux Polonais avaient franchi sans encombre leur première étape. Nous dînâmes peu après, et la soirée s'étira. Nous n'étions ni l'un ni l'autre d'humeur loquace. Au camp où il était interdit de parler, nous en avions perpétuellement le désir. Mais ici où nous étions libres de le faire, l'anxiété nous rendait muets.

S'il ne l'égaya pas, le prêtre anima un peu la soirée en nous amenant enfin des nouvelles de Dachau. On avait découvert notre absence à l'heure du dîner. Tous les détenus de notre baraque, y compris le chef de bloc et le Dr Aarons, avaient dû passer la nuit entière debout dans le froid glacial. Les SS avaient retourné le camp de fond en comble, mais à aucun moment il ne leur était venu à l'idée d'interroger les kommandos de collecte des ordures. On avait « emmené » plusieurs prisonniers dont deux Français. Selon le prêtre, les autorités allemandes allaient ratisser furieusement les environs pendant quelque temps. Il nous faudrait donc attendre un bon moment à l'abri dans l'église que leur vigilance se relâche. Mais, ajouta-t-il, notre évasion favoriserait peut-être la fuite de nos deux camarades polonais en détournant l'attention sur nous.

Le lendemain matin, je fus assez satisfait de l'image que je rencontrai dans le miroir. Ma moustache commençait à ressembler à une moustache, même si je n'appréciais guère sa couleur roussâtre, et ma bande de crâne dénudée par le rasoir commençait à disparaître. La religieuse nous apporta notre petit déjeuner. Le prêtre, dit-elle, avait été appelé à l'extérieur. Elle resterait pour prier avec nous.

Après le déjeuner, je lui demandai, un peu hésitant, si elle pourrait me trouver une brosse à dents car cela faisait assez longtemps que je ne m'étais pas lavé les dents. Les racines de certaines dents brisées lors de mon interrogatoire s'étaient infectées. Elle promit de faire son possible. Le prêtre revint avec nos fausses pièces d'identité et une musette pour chacun de nous. Kalka et moi jouâmes aux échecs jusqu'à midi. Puis nous lûmes un moment avant de revenir à notre échiquier.

Cette routine s'installa pour de nombreux jours, coupée seulement par un bain de temps en temps et les fréquentes séances durant lesquelles le prêtre nous faisait ânonner ses directives.

« Ne jamais dire, même pas aux guides, qui vous êtes et d'où vous vous êtes évadés. »

« Ceux qui travaillent dans un réseau d'aide aux évadés n'avoueront jamais ce qu'ils ne savent pas en cas d'arrestation. »

« Ne jamais engager la conversation avec les occupants d'une maison où on vous cache. »

« Se méfier si ces occupants deviennent trop curieux. Cela peut signifier que ce sont des mouchards infiltrés dans le réseau. »

« Être particulièrement méfiant dans les maisons où il y a des enfants. Ils peuvent être beaucoup plus dangereux que les adultes, surtout s'ils appartiennent aux Jeunesses hitlériennes. Ils seraient aussi bien capables de dénoncer leurs parents. »

« Restez attentifs, et conduisez-vous le plus naturellement possible. »

12

Un matin, la religieuse descendit nous réveiller. Je ne l'avais jamais vue dans un tel état d'agitation. Elle apportait de mauvaises nouvelles. Les deux Polonais avaient été pris. Le prêtre était sorti à la recherche de leurs guides pour les mettre à l'abri au cas où les évadés parleraient sous la torture.

J'éprouvai une violente crispation à l'estomac. Je dis à la religieuse que j'avais besoin d'aller très vite aux toilettes. Elle m'enjoignit de monter doucement car il y avait déjà quelques fidèles dans l'église. Mais je savais que je serais incapable de me contrôler longtemps. Je me précipitai donc dans les catacombes où se trouvaient les récipients prévus à cet effet.

Pendant que je me soulageais, des voix inconnues venant de la cave filtrèrent. Mon Dieu ! Les Polonais avaient-ils parlé de l'église à la Gestapo ? J'en finis aussi vite que possible et m'approchai de la porte. Une des voix était celle du prêtre, mais l'autre m'était inconnue. J'essayai vainement d'y déceler des accents amicaux ou hostiles. J'entendis le prêtre s'enquérir de moi. Je ne pus distinguer la réponse de la religieuse. Le prêtre rit. Elle avait dû raconter le dérangement intestinal dû à l'annonce de la mauvaise nouvelle. De soulagement, je flageolais sur mes jambes.

J'émergeai donc des catacombes. Le prêtre discutait avec un homme d'âge moyen. Un homme plus jeune aidait Kalka à ranger ses effets dans sa musette. Le prêtre me proposa de m'asseoir quelques minutes. Mortifié, je bredouillai que le dîner de la veille n'avait pas dû réussir à mon organisme affaibli. En même temps, j'étais furieux contre moi-même de me sentir obligé de justifier ce qui était une réaction normale vu les circonstances. Était-ce si terrible d'admettre devant ces gens que j'avais failli chier de peur dans mon pantalon ?

Le prêtre nous fit le récit de l'arrestation des deux Polonais.

— Des SS les ont repérés dans la rue et ont commencé à les suivre. Selon la procédure prévue dans ce cas, leurs guides leur ont signalé qu'un danger menaçait avant de faire retraite discrètement jusqu'à un poste d'observation éloigné. Ils ont vu les SS agripper les Polonais. L'un a appelé une voiture au moyen d'un sifflet. Ils ont poussé les Polonais dedans et la voiture est partie. Tout s'est passé très vite et sans heurt au point que, dans la rue, personne à part les guides ne s'est aperçu de rien.

— Cela signifie que les autorités vont peut-être entendre parler de l'église et la fouiller. Il faut que vous partiez sur-le-champ. Il n'y a pas une seconde à perdre. Les deux personnes ici présentes sont vos guides.

Je fus pris de vertige. Je n'avais pas imaginé ainsi notre départ.

La religieuse nous donna du pain et de la saucisse. Les guides nous aidèrent à empaqueter nos effets personnels tandis que le prêtre s'assurait qu'aucun élément ne manquait à nos fausses pièces d'identité. Il nous enjoignit une dernière fois d'observer méticuleusement ses directives. Il espérait, dit-il, que nous nous reverrions après la guerre.

Je tenais à exprimer à la religieuse ma reconnaissance et mon affection. Mais que dire qui ne soit creux et impersonnel ? J'hésitai un moment, décidai courageusement de l'embrasser sur la joue mais au dernier instant je n'osai pas et pris sa main pour la baiser en lui disant quelques mots de gratitude. Kalka fit de même, et nous fûmes prêts à partir. Le cœur battant, je sortis de l'église à la suite du guide.

Sur la place, c'était jour de marché. Mon guide, le plus âgé des deux hommes, s'approcha d'un étal pour s'enquérir des prix, et je m'attardai un peu plus loin devant des pantoufles brodées. Du coin des yeux, je vis Kalka sortir de l'église. Il s'avança vers moi. Mon guide s'éloigna des éventaires du marché, et le guide de Kalka nous indiqua d'un signe de tête que nous pouvions nous mettre en route.

Kalka et moi marchions tout en bavardant de choses et d'autres. Nous nous éloignions de la place de l'église. Une sensation de vertige me submergea soudain ; j'étais dehors et libre. L'air frais dans mes poumons agissait comme une rasade d'alcool prise à jeun. Le jeune guide nous rattrapa le temps de nous indiquer l'arrêt de bus tout proche. On n'avait pas eu le temps de trouver une charrette de fermier. Nous allions prendre le bus à destination d'Augsbourg.

A l'arrêt du bus, un homme en civil demanda à voir nos papiers. Pendant quelques secondes interminables, il scruta alternativement mon visage puis la photo d'identité. J'affectais un air aussi dégagé que possible. Mais j'avais l'estomac noué d'angoisse lorsque enfin il prononça le salutaire « *Alles ist in Ordnung* ». Les papiers de Kalka furent contrôlés également et nous montâmes dans le bus. Nos guides s'assirent l'un à l'avant l'autre à l'arrière. Il y avait du monde derrière nous ; il fallut attendre. Enfin la portière se ferma et le bus repartit. Nous avons tourné dans Bayernstrasse — j'ai lu le nom sur la plaque au passage. Il y avait un panneau indiquant Augsbourg à cinquante-neuf kilomètres. Le voyage de retour avait commencé.

Kalka était d'excellente humeur, ce qui le rendait toujours volubile. J'écoutais distraitement en répondant par oui ou non d'un signe de tête. Une question m'occupait tout entier à cet instant-là. Qu'allait-il se passer si à mon retour mes camarades de la Résistance s'imaginaient que les nazis m'avaient laissé partir de Dachau pour me faire travailler comme agent double pour leur compte ? Des cas similaires s'étaient sans doute produits dans le passé. Comment procéder si de tels soupçons s'élevaient ? Je m'efforçais de chasser ces idées sombres de mon esprit. Ce n'était pas le moment de se laisser abattre. Alors je songeai à ma famille et à la nourriture. Le petit déjeuner pour commencer : les croissants que préparait ma sœur, tartinés de bon beurre frais et de confiture maison, le tout accompagné d'un bol de café au lait fumant. Je terminai ma dégustation de croissants cinquante kilomètres plus loin.

Kalka secoua d'un coup de coude mes songeries culinaires. Notre premier guide venait de se lever. Nous reprîmes nos musettes et descendîmes derrière lui à l'arrêt suivant ; le jeune guide était sur nos talons.

Il était près de midi et nous nous trouvions dans la

banlieue d'Augsbourg. Nos guides nous conduisirent jusqu'à une taverne en bord de route et nous firent signe d'entrer les premiers. Ils allaient manifestement vérifier que personne ne nous avait pris en filature. Nous entrâmes et prîmes place. Ils nous rejoignirent à notre table un peu plus tard pour nous annoncer que leur mission s'achevait dans cette taverne. Ils nous remettaient aux mains du patron des lieux qui faisait partie du réseau d'aide aux évadés. Ils nous souhaitèrent *Hals und Beinbruch* (bonne chance) et s'en furent.

Un homme petit et grassouillet nous apporta des bières. Il nous dit en les posant que nos nouveaux guides arriveraient très bientôt. Nous nous sentions terriblement seuls et abandonnés. Je ne détachais pas les yeux de ma bière. Kalka jetait d'incessants coups d'œil en direction de la porte.

Le patron revint à notre table.

— Hé, les gars, va falloir prendre votre mal en patience et avoir l'air un peu plus naturel que ça, même s'il n'y a personne pour l'instant. C'est l'heure du déjeuner. Des clients peuvent entrer à tout moment.

J'essayai donc de me décontracter. Je sortis le pain et la saucisse de ma musette. Mais l'appétit qui m'avait fait rêver durant le trajet en bus m'avait déserté. J'avais des difficultés à avaler comme si quelque chose s'était coincé dans ma gorge. Ce n'était qu'une impression, je le savais. Un cas de *globus hystericus* rencontré pendant mes études me revint en mémoire.

Une jolie jeune femme avait été hospitalisée car elle se plaignait d'avoir un morceau de nourriture coincé dans la gorge depuis le dîner de la veille. Or ce dîner avait suivi une terrible dispute avec sa mère. A l'examen on ne trouva qu'une légère rougeur de la gorge. A cette époque les étudiants n'avaient qu'un droit, celui de se taire ; j'avançai néanmoins une opinion et diagnostiquai une irritation due à une croûte de pain ou à un bout d'os. Le médecin expliqua en me considérant avec dédain que le symptôme de la femme avait une cause purement psychologique ; ce n'était que la conséquence de la dispute avec sa mère. Persuadé qu'il avait tort, j'opinai en riant sous cape.

Mais voici que ma belle assurance d'alors me faisait sourire. Kalka me demandait avec humeur ce qui m'amusait tant, quand deux hommes entrèrent. Ils prirent du vin blanc au comptoir. Le patron les servit immédiatement sans lever une seule fois les yeux vers nous. Manifestement il ne s'agissait pas là de nos guides mais de simples habitués. Un des deux hommes repartit.

L'autre attendit quelques minutes, puis il vint s'asseoir à notre table. Il nous donna ses directives à mi-voix.

— Mon ami et moi allons vous conduire jusqu'à votre prochaine étape. Nous prendrons le trolleybus ; nous nous assiérons près de vous mais devrons garder nos distances dans la rue. Nous nous arrêterons pour allumer une cigarette devant la maison qui vous servira de refuge pour l'après-midi. Si nous continuons à fumer, vous devrez poursuivre votre chemin. Si tout va bien nous écraserons notre cigarette tout de suite. Vous frapperez à la porte. On vous ouvrira et vous direz : « C'est nous les volontaires. » La réponse doit être : « Bienvenue à Augsbourg. »

Après avoir ramassé nos affaires, nous cherchâmes du regard le patron. Notre guide nous signifia que l'heure n'était point aux congratulations. Il fallait partir sur-le-champ.

Nous prîmes le bus pour un court trajet, puis nous longeâmes plusieurs pâtés de maisons. Un de nos guides nous recommanda de ralentir le pas dès qu'ils traverseraient la rue. Ils s'immobilisèrent enfin devant une maison du pâté suivant. Ils allumèrent chacun une cigarette, la jetèrent sur le trottoir et l'écrasèrent avant de s'éloigner.

Kalka et moi traversâmes la rue. Nous étions remplis d'inquiétude. Je frappai à la porte de la maison. Quelques instants plus tard, une jeune femme d'un abord agréable ouvrit. Je donnai le mot de passe. Elle nous souhaita la bienvenue à Augsbourg. Nous entrâmes. Avant de refermer elle sortit la tête, l'air de scruter la rue, puis elle se tourna vers nous avec un sourire.

Nous nous retrouvâmes dans une toute petite entrée. Plusieurs pardessus masculins étaient accrochés au portemanteau à miroir de style victorien. Une casquette militaire occupait la tablette sous le miroir. Notre hôtesse nous fit entrer au salon et nous présenta aux trois personnes assises là, son mari, son beau-frère et son fils âgé de seize ans.

Nous engageâmes quelques vagues conversations qui avortèrent. La maîtresse de maison nous servit du café et du *Babka*, un gâteau typiquement allemand pour accompagner le café. Kalka s'efforça de rompre le silence fort lourd en lui faisant l'éloge de son café et de son gâteau (qui, à la vérité, étaient épouvantables). Le silence retomba ensuite, aussi lourd. Ils étaient assis là tous les quatre à nous regarder fixement. N'y tenant plus, je me risquai finalement à poser une question anodine.

— Combien de temps allons-nous rester ici ?

Le jeune garçon répondit :

— Oh, pas longtemps. Juste le temps que la voiture arrive.

Mon cœur se mit à marteler ma poitrine. Le prêtre n'avait jamais parlé de voiture. Il y en avait très peu dans les rues à cette époque-là, et cela ne pouvait qu'attirer l'attention sur nous.

On dut voir mon visage se rembrunir, car la maîtresse de maison entreprit immédiatement de me rassurer. Par un « très heureux hasard », dit-elle, un fonctionnaire qui habitait non loin de là et qui appartenait aussi au réseau d'aide aux évadés s'était vu confier une mission à Strasbourg et il devait y aller en voiture. Nous irions donc en France avec lui en nous faisant passer pour ses interprètes. Il lui faudrait seulement consigner nos noms sur le document officiel.

Mon inquiétude croissait rapidement. Ce brusque changement dans la procédure à suivre et la nécessité de décliner nos noms étaient très mauvais signe. Je me tournai vers Kalka. Il était en grande conversation avec le jeune garçon. Incrédule, je l'entendis prononcer les noms de Katyn et de Dachau.

Un des adultes s'exclama :

— Ah ! C'est vous les deux évadés de Dachau !

Je voulus nous sauver :

— Non, non, nous ne venons pas de Dachau. Nous sommes des travailleurs volontaires mais nous devons rentrer chez nous pour des raisons familiales. C'est trop long d'obtenir une autorisation en bonne et due forme ; alors on a décidé de faire comme ça.

Kalka me coupa :

— Mais enfin, docteur, ces gens sont des amis. Pas besoin de leur raconter des histoires !

— *Ferme ta gueule !*

Un réflexe dû à la peur m'avait fait parler en français. Mais quelle ne fut pas ma stupeur d'entendre Kalka me répondre :

— *Docteur, ne t'inquiète pas !*

J'avais toujours cru que Kalka ne connaissait pas le français. A ce sujet-là, en tout cas, il m'avait menti. Était-il un espion, en fin de compte ? Venais-je de tomber dans un piège mortel ? Ou était-ce simplement que, grisé par notre liberté retrouvée, il avait perdu tout sens du danger ? Muet d'horreur, je le voyais parler et parler avec pour ponctuer ses phrases les « ah » et les « oh » de son auditoire. Quelque dernier vestige de prudence ou de respect des autres l'empêcha de nommer les diverses personnes qui nous avaient aidés.

Emporté par son enthousiasme, Kalka heurta sa tasse de café qui tomba au sol. Le jeune garçon se mit à genoux pour la ramasser. Son pull-over remonta alors au-dessus de la ceinture, laissant apparaître la chemise brune des Jeunesses hitlériennes. La casquette aperçue dans l'entrée me revint en mémoire. J'étais pétrifié.

Une voiture se rangea devant la porte. Ensuite, les événements s'enchaînèrent à une allure vertigineuse. On frappa à la porte. Le jeune garçon courut ouvrir. La maîtresse de maison lui emboîta le pas en disant :

— Voilà votre voiture.

Elle revint avec deux hommes qui vociférèrent :

— *Geheimstaatspolizei* (Gestapo) ! Pas un geste ou on vous abat sur place !

L'idée de fuir me traversa, mais c'était perdu d'avance. Néanmoins, plus tard, je devais être furieux contre moi-même de n'avoir opposé aucune résistance.

Les hommes de la Gestapo nous escortèrent jusqu'à la Citroën noire près de laquelle attendait le jeune garçon. Il avait ôté son tricot et exhibait fièrement son uniforme des Jeunesses hitlériennes. Il y avait la svastika sur sa casquette et plusieurs décorations accrochées à sa veste. Nul doute que notre arrestation lui en vaudrait une de plus. Il persifla :

— Vous prenez vraiment les Allemands pour des imbéciles !

Il nous poussa dans la voiture d'un coup de pied.

Kalka était livide de terreur, les yeux fixés droit devant lui. Un des hommes de la Gestapo était à sa droite ; l'autre, assis à l'avant, se retourna ; il nous considéra un long moment d'un regard de mépris.

Tout était survenu si vite que cet instant-ci avait quelque

chose d'irréel. Cinq minutes auparavant je prenais le café dans un salon douillet. Libre, ou presque. Je faisais des projets d'avenir. A présent, j'avais une impression de flou ; là, dans cette voiture, ce n'était pas vraiment moi... tandis que dans un coin de mon esprit continuait de s'enfoncer l'atroce réalité. Ce détachement, qui apparemment m'advenait toujours face à un danger imminent, me permit de m'interroger avec froideur sur les circonstances de notre arrestation. Avions-nous été trahis à la taverne ? Ou le sort en était-il déjà jeté ce matin-là avant notre départ de l'église ?

La Citroën a fait halte devant le commissariat de police d'Augsbourg. Un haut portail s'est ouvert et la voiture est entrée dans une cour intérieure. Kalka et moi sommes descendus. Au moment de nous séparer j'ai murmuré :

— Courage ! Faut tout nier !

Il s'est éloigné, l'œil fixe, le visage couleur de cendre, le pas mécanique d'un zombi.

On m'a conduit dans une cellule au rez-de-chaussée. Il y avait la lunette des toilettes dans un coin et une véritable fenêtre mais entièrement occultée par des planches. Pour seul mobilier, un lit étroit avec un matelas nu. La porte de bois, une porte d'appartement, avait quelque chose d'incongru en ce lieu.

Du temps s'est écoulé, interminable à cause du silence oppressant. J'ai marché de long en large un moment, cinq pas, demi-tour, cinq pas, demi-tour, cinq pas, cinq pas, cinq pas, cinq pas... La tête me tournait ; je me suis allongé sur le matelas.

Qu'allait-il se passer ? La Gestapo n'allait pas se contenter de notre seule capture. Ils voudraient savoir qui nous avait aidés, alors que Kalka et moi n'étions même pas convenus d'une histoire plausible à laquelle nous tenir en cas d'arrestation. Étions-nous totalement stupides ? C'était moins la torture qui m'effrayait que l'éventualité de craquer et de révéler le rôle joué dans notre évasion par le prêtre et la religieuse. Mais que ferait Kalka même si je me taisais ? Le plus urgent restait d'inventer une histoire crédible en prévision de l'interrogatoire inévitable, et pour la suite je ne pouvais qu'espérer.

J'ai commencé à avoir soif. Je me suis levé et j'ai collé mon oreille contre la porte. Toujours ce silence assourdissant. J'ai frappé, mais personne n'est venu. J'ai tambouriné à coups de poing et de pied et je n'ai cessé que lorsque mes poings menaçaient de saigner. Je suis retourné m'étendre sur le lit ; les yeux fixés au plafond, incapable de détacher ma pensée de notre échec.

Nous avions soigneusement mis au point notre plan ; nous étions sûrs de nous ; et pourtant, une erreur s'était glissée quelque part. J'essayais de passer en revue les événements de cette journée, tout emmêlés dans ma tête. Quelle erreur avions-nous commise ? Pourquoi n'avais-je pas eu l'intuition plus tôt de ce qui menaçait dans cette maison ? Étais-je trop confiant ou avaient-ils joué leur rôle à la perfection ? Des pas vinrent interrompre mes songeries morbides.

13

Deux SS et un civil sont entrés dans ma cellule. Un des SS m'a lié les mains dans le dos avec des menottes. On m'a fait sortir dans la cour et poussé dans une Citroën. J'étais assis entre deux soldats SS. Un agent de la Gestapo était assis à l'avant à côté du conducteur. J'ai demandé où était Kalka. On n'a pas répondu à ma question.

Peu de temps après, nous entrions dans une autre cour. Impossible de voir où l'on m'emmenait car il faisait nuit et trop sombre. Je ne me suis aperçu qu'en partant que j'étais dans le quartier général de la Gestapo.

On m'a sorti de la voiture et entraîné dans un grand édifice blanc qui ressemblait à un monastère. Deux volées de marches et je me suis retrouvé dans une vaste salle brillamment éclairée. J'ai d'abord pensé être dans un gymnase à cause des cordes qui pendaient depuis le plafond, à cause aussi d'un cheval d'arçon placé dans un coin et des haltères accrochés aux murs. J'ai aussi remarqué un générateur d'électricité et quelque chose qui ressemblait à un projecteur de forte puissance. Un homme en vêtements civils et avec un visage avenant était assis derrière un bureau. On me poussa dans le siège face à lui.

L'homme a dit : « Asseyez-vous, je vous en prie », ce qui m'a décontenancé puisque j'étais déjà assis. Il m'a offert une cigarette. Je l'ai acceptée. Fumer ménage un peu de temps pour réfléchir puisqu'on ne peut pas parler en inhalant. Il a pris une cigarette pour lui et en a placé une entre mes lèvres. Il a sorti un briquet pour allumer sa cigarette. En se penchant au-dessus du bureau pour me donner du feu, il a fait un faux mouvement avec la main et la flamme du briquet m'a brûlé les lèvres. Il a dit :

— Oh, pardon, excusez-moi. Quel maladroit.

Ensuite, comme si rien ne s'était passé, il a dit au garde debout à côté de moi :

— Mettez-lui les menottes devant pour qu'il puisse fumer.

Il a placé un cendrier près de mes mains entravées et il a demandé si j'étais prêt. Comment nous étions-nous enfuis de Dachau ? Avec l'aide de qui ? Grâce à qui étions-nous arrivés à Augsbourg ?

Je lui dis que deux personnes m'avaient aidé à Dachau. Je nommai le jeune Français qui s'était pendu et un détenu mort durant mon tir aux lapins. Il était évidemment impossible de tout cacher. Je lui parlai donc des fournitures volées à l'occasion de l'intervention chirurgicale du chef de bloc ainsi que du simulacre de pendaison pour me punir d'avoir subtilisé la gaze et les pansements. Il connaissait sans doute déjà l'affaire car il acquiesçait tout en m'écoutant parler.

Enfin il me coupa :

— Très jolie, votre histoire, mais gardez-la pour votre retour à Dachau. Nous savons que des agents alliés ont été parachutés dans cette région. Nous savons aussi que vous avez réussi à éviter les patrouilles civiles et que vous aviez de l'argent pour prendre le bus jusqu'à Munich. Vous avez donc été aidés dès votre sortie de la décharge. Par qui ?

Je répondis que personne ne nous avait aidés. Nous nous étions éloignés au bénéfice de la nuit et du raid aérien. Il me considéra d'un air sceptique. Et nous n'avions rencontré aucune patrouille civile ? Nous nous étions cachés dans un fossé au bord de la route au moment de leur passage. Ensuite nous avions gagné l'arrêt de bus et nous en avions pris un jusqu'à Munich.

— Comment saviez-vous où se trouvait l'arrêt de bus ?

Je lui dis que supposant qu'il y en aurait un vers le centre de la ville, nous avions marché jusqu'à le trouver.

— Et qui vous a donné l'argent des billets ?

— Je l'ai volé dans la chambre du chef de bloc pendant l'opération.

— Qu'avez-vous fait une fois arrivés à Munich ?

— On a tourné un moment, puis on s'est cachés dans un jardin public.

J'allais prendre ma cigarette dans le cendrier. Une douleur atroce sur le dessus de la main me coupa le souffle. Je baissai les yeux. Il venait d'écraser sa cigarette sur ma main.

De nouveau, il s'excusa :

— Je suis désolé. Excusez ma maladresse. J'étais si absorbé par la fable que vous racontiez ! Je n'ai même pas vu votre main au-dessus du cendrier !

Le ton de sa voix se modifia à peine pour dire :

— Voilà ce qui arrive quand on ment si bien. Pourquoi ne pas me dire tout simplement qui vous a cachés à Munich ? Qui vous a procuré vos vêtements ? Qui vous a donné des faux papiers ?

Sa désinvolture me perturbait, ce jeu du chat et de la souris me paralysait littéralement ; impossible de réfléchir vite. Je m'efforçais de ne pas perdre le fil à mesure que se succédaient les questions. Je regrettais amèrement de n'avoir pas préparé une histoire à tête reposée ; même tirée par les cheveux, il m'aurait alors suffi de la réciter et de m'y cramponner pour ne pas perdre pied. Le prêtre avait-il été négligent ? Ou avait-il prévu quelque chose et simplement oublié de nous le dire ?

J'allais tenter les arguments moraux qui m'avaient sauvé lors de la séance de torture à Nice.

— Je ne peux pas vous donner des noms et des adresses que je ne connais pas, dis-je. Mais même si je les connaissais, je ne pourrais jamais mettre en danger la vie de quelqu'un délibérément.

Il me considéra d'un air somme toute civil et répondit :

— On n'est pas au Moyen Age, enfin ! Vous n'allez pas souffrir pour l'honneur uniquement ? De toute façon, vous ne sortirez pas de cette pièce avant d'avoir répondu à toutes mes questions. Votre ami Kalka est ici lui aussi. Ça ira très mal pour vous aujourd'hui si vos histoires divergent un tant soit peu. Vous serez exécutés dès votre retour à Dachau. D'ici là, on peut soit vous torturer soit vous laisser en paix, tout dépend de votre attitude.

Il dit tout cela d'une voix tranquille et naturelle, comme s'il me fallait seulement l'aider à résoudre un problème intéressant mais guère important.

Comme d'habitude, la peur dérangea mes intestins. J'avais faim et soif ; j'étais épuisé. Un soldat SS vint déposer quelques feuilles de papier devant mon interrogateur. Il les feuilleta rapidement puis m'annonça d'un ton léger qu'il s'agissait de la transcription des aveux de Kalka. Il voulait m'accorder quelques heures, le temps de réfléchir un peu à tout cela. Un homme de la Gestapo entra. Il me fit sortir de la salle, descendre un couloir, monter quelques marches, prendre un autre couloir flanqué de lourdes portes... L'une était ouverte. Il me poussa dans une cellule petite et violemment éclairée et referma à clef derrière moi.

On gémissait et sanglotait dans une cellule voisine. Kalka ? De toute la force de mes poumons, je hurlai : « Peter, Peter. » Pas de réponse. J'essayai encore et encore. Finalement, je renonçai et allai m'allonger. Je m'endormis instantanément. Presque tout de suite, me sembla-t-il, l'interrogateur me réveilla. Qu'avais-je décidé ? Acceptais-je ou non de corroborer les aveux de Kalka ? Je me mis debout et tendis les mains ; on me mit les menottes. Étais-je vraiment celui qui le matin même prenait la route pour rentrer chez lui en France ?

On me ramena dans la salle de gymnastique et on me poussa dans le siège face à l'homme au visage avenant. On m'ôta mes menottes.

— Quel était le nom du prêtre ? Qui d'autre vous a aidés à Munich ? Qui a pris les photos ? Qui a apporté les vêtements ?

Je laissais les questions guider mes réponses pour ne pas me contredire. La Gestapo possédait de nombreux renseignements, mais on ne mentionna jamais la religieuse. Kalka avait-il omis d'en parler ? A moins que leur informateur n'eût jamais mis les pieds dans la cave ?

Je dis que je ne connaissais pas le nom du prêtre. Deux hommes étaient venus dans la cave, l'un pour apporter l'appareil, l'autre pour prendre les clichés. Un SS me lança un coup de pied dans les côtes. Le nom du prêtre ? Je ne l'avais réellement jamais su. Le SS me frappa à la tête. Alors je dis que je pensais que son nom se terminait par un « -witz » ou un « -ski ».

— Avait-il un accent ?

Je répondis que ne parlant pas parfaitement l'allemand je ne pouvais pas juger.

Le ton impersonnel et détaché de l'homme en face de moi et la violence de la situation où je me trouvais dissonaient totalement.

— Debout, dit-il doucement.

On me poussa contre le mur d'un coup de pied dans

l'estomac. Il m'ordonna de me tenir sur une jambe en écartant les bras. Il me mit un haltère dans chaque main et répéta :

— Le prêtre avait-il un accent ?

Je répétai que je ne savais pas.

— A quoi ressemble-t-il ?

Je fis la description d'un homme au physique banal.

Les questions ne cessèrent pas. Mes mains et mes bras s'alourdissaient ; ma jambe se fatiguait. Quand cela devint insupportable, j'essayai de m'adosser légèrement au mur. Un des haltères tomba. Le SS me lança un coup de pied dans l'estomac. Je basculai en arrière et tombai au sol, ce qui me soulagea un peu de ma position debout sur une jambe, mais les crampes d'estomac me firent presque vomir ; j'eus si peur de leur colère, si je vomissais, que je ravalai tout.

— Debout, chien !

Dès que je fus sur mes genoux, on se remit à me frapper à coups de pied et de poing jusqu'à ce que je retombe au sol. Ils me firent me relever et retomber ainsi plusieurs fois. J'avais le dos et le ventre de plus en plus douloureux. Je sentais mon visage et mes lèvres se tuméfier. On finit par me ramasser pour me remettre dans le siège, mais j'étais incapable de tenir assis et retombai au sol. Ils me jetèrent de l'eau froide sur le visage.

L'interrogatoire se poursuivit. Questions et coups se succédaient en une ronde interminable. Puis soudain tout s'arrêta. On m'emporta et on me jeta sur le lit de la cellule. Je pus enfin me laisser aller à vomir, mais je n'avais rien mangé de consistant depuis notre halte à la taverne, je ne rejetai rien qu'un peu de bile. Je m'étendis sur le lit, affaibli et fébrile, le corps traversé de douleurs au moindre mouvement.

Après un court moment, un SS me ramena dans la salle de l'interrogatoire. Une femme en uniforme de SS tapait à la machine ce qui se révéla être « mes aveux ». Mon interrogateur me lut le compte rendu : une description détaillée du prêtre que je n'avais jamais faite, les noms du photographe et du porteur de l'appareil, que je n'avais jamais sus. Avaient-ils obtenu ces renseignements de Kalka ou d'un agent infiltré dans le réseau d'aide aux évadés de la Frauenkirche ?

Il plaça la transcription devant moi pour que je la signe.

Indigné, je déclarai que je ne pouvais pas de bonne foi endosser ce texte.

— Je sais, dit-il. En fait, ce sont les aveux de votre camarade. Mais nous ne voudrions pas que vous connaissiez le même sort que lui, ni le désagrément d'un nouvel interrogatoire dès votre retour à Dachau.

Je ne voulais toujours pas signer.

L'homme au visage avenant fut soudain pris de fureur. Il se tourna vers un garde SS.

— Qu'on apporte le cheval et la machine à chanter.

La dactylo avait l'air d'apprécier le spectacle.

Les gardes m'ôtèrent mon pantalon et ma culotte ; ils me jetèrent sur le cheval d'arçon et lièrent mes mains et mes pieds dessous. De nouveau je refusai de signer. Je me rends compte aujourd'hui de mon ridicule, moi qui étais plus gêné d'exposer ainsi mon derrière qu'effrayé de ce qu'on allait me faire.

Des mains gantées de caoutchouc écartèrent mes fesses et un objet rigide et froid pénétra mon anus. Je ne savais pas qu'il s'agissait d'une électrode. Une violente décharge me transperça les entrailles et une douleur inimaginable noua mes intestins. Je hurlai. Une odeur de fèces et de chair brûlée vint jusqu'à mes narines.

Quand je regardai autour de moi, j'étais par terre et l'on m'aspergeait d'eau froide. J'avais perdu connaissance. Une voix dit :

— Il a son compte. Il parlera maintenant.

Cela sentait encore la chair brûlée et les fèces. J'avais une douleur atroce dans le ventre ; j'en tremblais. Je m'évanouis.

Je fus réveillé par la douleur. Un SS me frappait à la tête à coups de pied. Il criait :

— Essuie-toi, cochon !

Quelque chose se balançait devant mes yeux mi-clos. Je tendis la main. C'était une serviette.

Je me séchai sans réussir à nettoyer les excréments. Le SS m'emmena à la salle de bain. La douleur était si intense lorsque je touchais mon anus que je ne fus guère efficace. A demi-nu, on me reconduisit à la salle de gymnastique et l'interrogateur poussa la déposition devant moi. Je refusai de signer. Les deux SS me prirent et me jetèrent sur le cheval.

Je ne pouvais pas supporter cela une seconde fois. Je

demandai silencieusement pardon à ceux que mentionnaient ces aveux.

— Je vais signer, dis-je accablé.

— Alors, est-ce que ça valait la peine de résister ? me demanda l'interrogateur lorsque j'eus signé.

Que pouvais-je dire ? Avec cette expression avenante, cette inquiétante douceur, il ordonna aux gardes de me reconduire dans ma cellule. Je devais retourner à Dachau le lendemain. Il avait demandé qu'on m'apporte du café et à manger dans ma cellule parce qu'il « ne voulait pas qu'on l'accuse d'être un mauvais hôte et de traiter mal ses invités ».

La nourriture était déjà là. De l'ersatz de café chaud, un morceau de pain noir et de la soupe au chou et à la pomme de terre. J'avais les entrailles encore nouées de douleur et secouées de spasmes. Je n'avais guère d'appétit. J'éprouvais un besoin irrésistible de m'étendre, mais si je le faisais, je risquais de m'endormir, et le café et la soupe seraient froids à mon réveil. Alors je mangeai, en utilisant le pain comme cuillère. Ce repas me sembla délicieux ; était-ce simplement parce que je n'avais pas mangé depuis très longtemps ? Le vieux proverbe dit qu'« il n'y a pas meilleur cuisinier que la faim ».

Je me sentis un peu mieux après avoir mangé. Qu'allait-il m'arriver à mon retour à Dachau ? Mais aussi, pourquoi me torturer moi-même ? Telle fut ma dernière pensée cohérente avant de m'endormir. Les vieux philosophes chinois avaient raison. A chaque jour suffit sa peine et demain est un autre jour.

Je me suis réveillé et j'ai vomi tout ce que j'avais mangé. Puis j'ai dû dormir assez longtemps, le temps en tout cas que se remplissent ma vessie et mes intestins. J'étais encore installé au-dessus des toilettes, quand la clef a tourné dans la serrure. La porte s'est ouverte sur mon interrogateur et un lieutenant SS. J'étais toujours accroupi, le pantalon aux chevilles. Mon interrogateur a dit :

— Notre invité d'honneur.

Et le lieutenant :

— Habille-toi et suis-moi. Le comité d'accueil de Dachau t'attend... avec impatience.

Nous sommes sortis. La porte de la cellule voisine était ouverte et la pièce vide. L'espoir insensé de retrouver Kalka en bas m'a traversé. Une Mercedes de teinte kaki attendait dans la cour. J'étais terriblement déçu de ne pas voir Kalka.

J'étais assis à l'arrière entre deux SS. Le lieutenant est monté à l'avant. Nous avons quitté le quartier général de la Gestapo ; alors je n'ai pas pu m'empêcher de demander où était mon ami. Le lieutenant a porté la main à sa gorge.

— Kaput, fini !

14

Le trajet en voiture jusqu'à Dachau dura une heure, pendant laquelle je me demandais terrifié ce qui m'attendait à l'arrivée et ce qu'il était réellement advenu de Kalka. Les grilles de Dachau parurent. La voiture les franchit et s'immobilisa. Les portes s'ouvrirent. On me traîna jusque dans le corps de garde et je reçus un coup de crosse en pleine face. Mes lèvres se remirent à enfler et j'eus un goût de sang dans la bouche. Tous ceux qui m'approchaient — et ils étaient nombreux — me frappaient à coups de poing et de pied, et parfois à coups de crosse. Pas un mot ne fut prononcé. On n'entendait rien que les coups, le bruit des respirations et, de temps en temps, un grognement dû à l'effort ou au plaisir.

Lorsque claqua le mot « *Halt* », j'étais au sol et j'essayais de protéger ma tête et mon visage. J'avais le visage tuméfié au point que mes yeux s'étaient complètement fermés. J'étais aveugle.

— Laissez-en un peu pour les autres, dit la même voix. On ne va pas les priver d'un peu d'amusement. Apportez la planche.

Les coups cessèrent aussi soudainement qu'ils avaient commencé.

On me souleva pour me passer une corde autour du cou. En me traînant par les bras on me fit franchir la porte, descendre une marche et je me retrouvai dehors sur le sol de terre battue. Je m'efforçais d'inhaler profondément un peu d'air frais, mais je ne pouvais prendre que de très courtes inspirations à cause de la douleur intense qui à chaque fois me transperçait la poitrine. J'étais incapable de m'asseoir. On me hissa pour me déposer à genoux sur du bois. On me lia les mains dans le dos, puis on attacha mon corps en position debout. On donna l'ordre de partir. Alors seulement je m'aperçus qu'on venait de me hisser sur une charrette de bois. Je n'avais aucune idée de l'endroit où on m'emmenait.

Enfin la charrette s'immobilisa. Je sentis le vent sur mon visage et en conclus que nous étions arrivés sur une vaste étendue plate. Le lieu de rassemblement ? On défit les cordes qui me maintenaient debout, puis on me descendit de la charrette. J'avais toujours les mains liées dans le dos. Je n'entendais pas un bruit.

On me releva les bras toujours dans le dos et on accrocha la corde tenant mes poignets à un objet placé un petit peu plus haut que ma tête. Pas une parole ne fut prononcée. A plat sur mes pieds, j'avais l'impression que mes épaules allaient se déboîter. La seule position tolérable était sur la pointe des pieds et penché en avant.

Un silence intense m'environnait, dans lequel claqua soudain la même voix qu'auparavant :

— Le prisonnier que voici a eu l'audace de s'évader de Dachau. Nous l'avons capturé et la punition qu'il va subir vous servira d'exemple. Mais nous n'avons pas encore décidé de cette punition. En attendant, il restera pendu là sans manger ni boire et vous autres allez défiler devant lui pour bien voir ce qui arrivera à quiconque tenterait également de s'évader. Il n'y a qu'une manière de sortir d'ici, c'est par la cheminée là-bas !

L'ordre de marcher retentit. Un nombre infini de semelles de bois commença à marteler le pavé. Chaque pas de cette invisible multitude explosait à l'intérieur de mon crâne. Impossible de rester plus longtemps sur la pointe des pieds. Mes épaules sortaient lentement de leurs articulations. J'avais envie de hurler que je ne tiendrais pas debout plus longtemps ! Finalement, mes jambes plièrent sous moi, et aucune volonté au monde n'aurait pu empêcher cela. J'étais suspendu par la corde tenant mes poignets. L'obscurité qui m'environnait prit possession de mon esprit et je sombrai à nouveau dans le noir complet.

Ce fut le froid qui défit peu à peu le lourd cocon de l'inconscience. Mon corps frissonnant n'était plus qu'un nœud de douleurs. Je gisais sur un sol humide et glacé. J'ouvris les yeux petit à petit, mais je me trouvais dans l'obscurité totale ; impossible de savoir où j'étais. La moindre tentative de bouger les bras produisait une douleur transperçante dans mes épaules. J'essayai de remuer les mains, mais mes poignets me faisaient également souffrir. Je ne pouvais utiliser que les doigts pour explorer la pierre sous moi. L'effort m'épuisait.

Je m'aperçus que je pouvais rouler de côté sur le sol. Je me roulai donc jusqu'à rencontrer un mur. J'aurais voulu m'y adosser mais me redresser en position assise était au-delà de mes forces. Étendu sur le dos, je réussis à pivoter en poussant avec les pieds jusqu'à ce que l'arrière de ma tête appuie contre le mur. Je continuai à pousser, pour, très lentement, me relever contre le mur. Harassé, après de nombreux échecs, je finis par me hisser en position assise. J'étais hors d'haleine, avec dans la tête une douleur martelante. Je souffrais atrocement même si je cessais de bouger, mais la douleur se fit peu à peu plus sourde et presque moins insupportable.

Un profond silence m'isolait du reste du monde. Je me concentrai pour capter les bruits extérieurs. J'entendis des voix dehors, mais mes oreilles me cuisaient et je m'aperçus après un moment que j'étais le jouet d'une illusion auditive. A cause de l'immobilité, le froid me pénétrait jusqu'à la moelle des os. De nouveau, je frissonnais. Étais-je là depuis longtemps ? Alors seulement, en me posant cette question, je me rendis compte que j'étais pieds nus.

Je pliai les genoux au menton et entrepris de me hisser sur les pieds le long du mur. Ce fut une lutte longue et exténuante. J'essayais de placer les mains légèrement contre le mur pour ne pas perdre l'équilibre, mais la moindre pression sur mes épaules provoquait une douleur à couper le souffle. Je finis néanmoins par me retrouver debout.

Je me reposai quelques instants avant de me déplacer précautionneusement de côté le long du mur. Je fis cinq ou six pas, rencontrai un coin et poursuivis ma progression en aveugle le long du mur adjacent. Une quinzaine de petits pas m'amenèrent au coin suivant et une dizaine de pas supplémentaires à une porte. Mes mains étaient inutilisables ; je baissai donc la tête et me servis de mon nez pour chercher une serrure ou un guichet. J'explorai ainsi longuement la porte sans rien découvrir. Ni ouverture ni bouton de porte, rien que le contact rugueux du bois. Je me mis à cogner du front dans l'espoir d'attirer l'attention de quelqu'un à l'extérieur, mais il semblait qu'aucun son ne franchirait jamais l'épaisseur compacte de cette porte.

Épuisé, le corps douloureux et les pieds à demi gelés, je poursuivis ma progression le long des murs, dont je n'osais pas m'éloigner, et je finis par me laisser glisser lentement jusqu'au sol en ramenant les genoux sous le menton. J'aurais voulu atteindre mes orteils glacés pour les frictionner, mais il y avait toujours cette douleur à couper le souffle à la moindre tentative de bouger les bras. J'avais les orteils trop engourdis pour les remuer ; je les frottai donc un moment avec énergie contre ma jambe de pantalon ; ce nouvel effort m'endolorit les hanches et m'épuisa rapidement.

Qu'était-il arrivé après que je me fus évanoui ? Les Dr Aarons et Ottinger avaient-ils défilé devant moi comme les autres ? C'est à ce moment de mes pensées que je recommençai à souffrir du froid. Il ne fallait pas cesser de bouger ! Les jambes étendues, je me balançai d'une fesse sur l'autre pour progresser le long du mur. J'avais déjà moins froid en arrivant au coin. Bouger les avant-bras devenait moins douloureux et remuer les poignets moins intolérable. Par quel miracle étais-je encore vivant après tout ce qui s'était passé ? Pourquoi m'avoir pendu par les bras et non par le cou ? Espéraient-ils encore m'extorquer des renseignements sur la Résistance ? Cela signifiait une autre séance de torture, à laquelle je n'aurais aucune chance de survivre.

Tout à coup je remarquai une ligne rectangulaire jaunâtre en face de moi. De la lumière filtrait sur le contour de la porte. Un bruit de pas émergea du silence, suivi par celui d'une clef dans la serrure. Une lumière aveuglante se déversa soudain par la porte ouverte.

Les yeux mi-clos, je réussis après un moment à distinguer une silhouette dans l'encadrement de la porte. Il se présenta : Hugo, Kapo du bunker. A présent, donc, je savais où j'étais.

— J'ai ordre de te conduire à la section politique, me dit-il.

Mais depuis quand étais-je là ?

— Depuis hier soir. Un docteur français est venu te voir. Tu avais les épaules déboîtées. Il les a remises et m'a donné un bout de pain et des pilules pour toi.

Hugo proposa ensuite de m'apporter du café pour m'aider à les avaler. Tant de prévenance m'étonnait de la part d'un triangle vert, car j'avais remarqué le triangle vert cousu sur la poche de sa veste. Hugo dut sentir mon trouble.

— Je ne suis pas un véritable criminel malgré mon triangle vert, dit-il. Je n'ai tué personne. Je suis à Dachau pour avoir détourné des fonds de l'entreprise pour laquelle je travaillais. J'ai de la compassion pour qui va mourir bientôt. J'essaie d'adoucir leurs derniers moments.

Ses paroles me tournaient dans la tête : « pour qui va mourir bientôt... mourir bientôt... mourir bientôt... mourir bientôt... ». Combien de temps me restait-il à vivre ? Mais j'avais une question plus urgente à résoudre. Pour l'instant, j'avais froid aux pieds. Hugo promit de me donner des chaussures tout de suite après mon interrogatoire. J'avais également besoin d'aller aux toilettes. Il désigna du doigt le récipient ouvert destiné à cet usage. Je ne l'avais pas vu dans l'obscurité.

— Tu aurais pu le sentir.

Avait-on également amené Kalka au bunker ?

— Non. Toi seul es arrivé ici vivant. J'ai entendu deux versions différentes de sa mort. La moins désagréable est qu'ils l'ont liquidé tout de suite. Mais on dit aussi qu'ils ont découvert qu'il avait survécu au massacre de Katyn ; ils l'auraient suspendu à un crochet de boucher et lui auraient crevé les yeux pour lui faire dire les noms d'autres témoins survivants.

Ces rumeurs ne réussirent pourtant pas à dissiper entièrement mes soupçons. Kalka pouvait toujours être un espion bien vivant et déjà en route pour une autre mission. Mais si ces bruits correspondaient à la réalité, en particulier la deuxième version de sa mort... pauvre Kalka !

Je m'accroupis au-dessus du récipient, mangeai le pain et avalai mes pilules. Ensuite Hugo me fit monter l'escalier et entrer dans une pièce où m'attendait un certain nombre de personnes. La plupart étaient des SS, y compris quelques officiers des services de sécurité, et il y avait également deux agents de la Gestapo. Un des SS cria *« Achtung ! »* au moment où entrait le commandant du camp.

Un homme grassouillet et tout à fait ordinaire s'immobilisa à quelques pas de moi. Il me fixa un moment d'un œil impassible. Un Allemand parmi tant d'autres, d'âge moyen, au visage de bon bourgeois avec les joues roses et le nez en patate. Mais sur son uniforme de SS s'alignaient galons dorés et décorations. Il tenait une cravache à la main. Il finit par détacher les yeux de moi et il se tourna vers son auditoire.

— Voici donc un des petits oiseaux qui voulaient s'envoler. Leur perte nous aurait brisé le cœur !

Puis le commandant s'adressa à moi.

— Et tu leur as dit que personne ici ne vous a aidés ?

Je répondis affirmativement.

— Je n'arrive pas à y croire, dit-il. Mais je suis bien obligé puisque l'autre a dit la même chose. J'hésite entre te faire pendre ou te laisser pourrir dans le bunker, mais en attendant tu vas me montrer comment vous vous y êtes pris.

Dehors attendait un conteneur rempli d'ordures et posé sur une charrette maniée par quatre prisonniers. Je me joignis à eux pour pousser la charrette jusqu'à la décharge. Le commandant et les autres nous suivaient. Je leur montrai comment je m'étais caché sous le conteneur au moment où on le renversait, en m'enfouissant sous les ordures avant qu'on ne le redresse. Le commandant ne fit qu'un seul commentaire :

— Superbe !

Apparemment ma démonstration avait suffi à le convaincre.

De retour dans son bureau, le commandant annonça sa décision.

— Ton évasion a été une réussite à cinquante pour cent et ton complice est déjà mort ; ta mort pure et simple ne nous suffirait donc pas. Il y a des endroits où les chiens dans ton genre peuvent servir d'exemple.

— Emmenez-le !

Un garde me fit redescendre l'escalier du bunker sans ménagement. Hugo semblait soulagé de me voir revenir.

On me mit dans une cellule vaguement plus grande. Il y avait un lit, une ampoule électrique et un seau pour mes besoins. « Une réussite à cinquante pour cent », avait lancé le commandant avec sadisme. Son air amusé m'avait ulcéré. Je n'avais plus l'énergie de m'interroger sur l'avenir. A cet instant-là j'étais simplement content d'être encore en vie.

Hugo m'apporta un message du Dr Ottinger. Il viendrait me voir dès que possible. Il faisait partie de la caste des chefs du camp, à présent et il avait demandé à Hugo de me traiter avec des égards particuliers. Selon Hugo, c'était grâce au Dr Ottinger si on ne m'avait pas laissé pendu par les poignets jusqu'à ce que mort s'ensuivît. La rumeur disait qu'il avait persuadé les SS de me mettre dans le prochain transport à destination d'un autre camp.

Hugo faisait son possible pour améliorer mes conditions de détention. Plus tard dans l'après-midi, il m'apporta une miche de bon pain et un bol de soupe venant de la cuisine des SS, une délicieuse soupe de pommes de terre bien épaisse avec un goût de viande fumée. Je trouvai même un morceau de viande au fond, que je retournai un long moment dans ma bouche avant de l'avaler. En revenant chercher le bol, Hugo me laissa un journal. J'avais pas mal de chance, finalement ! J'avais survécu à ma capture, je venais de manger un plat excellent, et pour finir j'allais m'installer tranquillement pour lire le journal du soir comme un monsieur ! Mon contentement crût même notablement à l'annonce des « retraites tactiques » opérées par l'armée allemande sur tous les fronts. Une vague lueur d'espoir me revint même, s'agissant de mon avenir.

Deux journées s'écoulèrent ainsi presque agréablement, ponctuées par les visites de Hugo. Le troisième matin, surgit sans avertir le Dr Ottinger, visage souriant et brassard de chef du service médical au bras. Il courut vers moi et me serra contre lui. Quel plaisir j'éprouvai en cet instant-là !

Mais qu'était-il advenu du Dr Aarons ? Notre ami avait été transféré au camp principal et promu responsable de la lutte antipoux. Il faisait la tournée de toutes les baraques pour examiner les vêtements des détenus. Les poux transportaient des maladies pouvant se transmettre aux nazis aussi bien qu'aux prisonniers, en sorte qu'avoir des poux était un crime assez grave pour requérir souvent la « désinfection » dans la chambre à gaz. Peu importait alors que l'hôte mourût en même temps que le parasite. Le Dr Aarons se vit offrir bien des cadeaux comestibles pour l'inciter à fermer les yeux sur les insectes pouvant entraîner la malédiction. Le contrôle antipoux ne lui permettait pas d'utiliser ses capacités professionnelles, mais cela présentait l'avantage inestimable de lui assurer de quoi manger pour vivre.

Le Dr Ottinger m'annonça que l'on m'enverrait à Flossenbourg, un camp proche de la frontière tchécoslovaque. Il avait usé de toute son influence pour obtenir mon transfert hors de Dachau. Quant à moi, j'étais perplexe.

— Mais pourquoi ? Au moins, ici, j'ai des amis !

— On vous tuera, ici, et vos amis n'y pourront rien. A Flossenbourg, vous aurez une chance de survivre. Il n'y a rien de pire que cet enfer.

Le Dr Ottinger examina mes épaules, puis il me donna des analgésiques et quelques cigarettes. Il me dit « *Merde* » et s'en fut sans autre forme de procès comme à son habitude.

Cette entrevue avec un ami me réconforta, mais à présent j'étais tenaillé par l'incertitude et l'appréhension. Il y avait quelque chose d'incompréhensible. Pourquoi les nazis auraient-ils fait tout cela, me capturer, m'interroger, me torturer, pour ensuite céder aussi facilement à la requête du Dr Ottinger ? La réponse ne se fit pas attendre très longtemps. Les nazis venaient de nous jouer à tous les deux une blague diabolique. Ils n'avaient pas fini de s'amuser.

Hugo revint avec un agréable repas pour moi, un uniforme rayé propre et une paire de chaussures agrémentées de deux morceaux de tissu en guise de chaussettes. J'éprouvai un véritable plaisir à échanger mes vêtements crasseux et maculés de sang pour une nouvelle tenue, même deux fois trop grande. La nuit suivante fut assez tranquille. Hugo me réveilla au petit matin avec du café chaud et du pain subtilisés à la cuisine des SS. Il me recommanda de me tenir prêt à partir dès son retour peu de temps après, et il disparut sans me laisser le temps de lui demander des précisions.

Lorsque je l'interrogeai à son retour, il confirma les paroles du Dr Ottinger. Je partais à Flossenbourg avec un transport de soixante prisonniers. Que savait-il de Flossenbourg ? Hugo garda le silence. Plus j'insistais, plus il se troublait, et il finit par me crier de le laisser tranquille. Il me demanda de le suivre. Je devais rejoindre les autres prisonniers au lieu de rassemblement.

Plusieurs corps mutilés étaient empilés à l'extérieur du bunker. Hugo désigna le plus abîmé des trois — on lui avait arraché de gros morceaux de chair et ses yeux pendaient hors des orbites remplies de sang coagulé. C'était Kalka, me dit-il. Mais qu'aurais-je pu reconnaître dans ce corps déchiqueté et ensanglanté ?

Je rejoignis les deux rangées de prisonniers qui attendaient sur le lieu de rassemblement. Nous attendîmes ainsi jusqu'à l'arrivée de deux camions ouverts. On nous remit avant de grimper une petite portion de pain et un ersatz de saucisse. On nous conduisit à la gare où on nous fit monter dans des wagons à bestiaux et on ferma les portes. Nous écoutions les bruits caractéristiques de la machine quittant la gare. La pulsation des roues s'accéléra ; nous prenions de la vitesse. Nous étions assez à l'aise dans le wagon avec seulement trente passagers et de la paille éparpillée sur le sol, mais on parlait peu. Les fragments de conversations très sporadiques que je saisissais étaient dans des langues slovaques. J'entendais aussi des bribes de phrases en hollandais ou en flamand. Je demandai à haute voix : « Y a-t-il un Français dans ce wagon ? » Personne ne répondit. Je m'allongeai pour dormir.

Dans un demi-sommeil, je m'aperçus qu'on me touchait. « Qu'est-ce que c'est ? » demandai-je. Pas de réponse. La main se retira furtivement. On avait sans doute voulu me voler ma maigre pitance. J'avais faim. Je me mis à grignoter et au bout d'un moment j'avais tout mangé. Puis je me reprochai ma bêtise. Qui savait quand on nous redonnerait de la nourriture ? Mais je pouvais désormais dormir sans craindre qu'on me vole. Je m'endormis. Ce fut le grincement des freins qui me réveilla. La porte s'ouvrit. Nous sortîmes vider les seaux hygiéniques. On nous aligna et on nous compta avant de remonter.

Comme je souffrais du froid, sans couverture, je me recroquevillai dans l'espoir de garder un peu de chaleur. Puis soudain je sentis qu'on me secouait désespérément. L'homme m'expliqua à moitié en allemand à moitié en hollandais qu'il m'avait cru mourant à cause du râle dans ma poitrine. Je combinai mon allemand aux quelques bribes de flamand apprises à Anvers. Puis il s'avéra qu'il parlait un peu de français. Après un moment nous étions en grande conversation, jonglant fort habilement entre nos quatre langues.

C'était un enseignant, membre de la Résistance hollandaise ; il s'occupait d'une station de radio clandestine au moyen de laquelle il recevait et transmettait des messages et faisait de la propagande antinazie. Les nazis qui l'avaient identifié le prirent en filature. Il les mena ainsi directement au local où se trouvait sa radio. Ils commencèrent à tambouriner à sa porte alors qu'il était au milieu d'un message, ce qui lui permit de signaler son arrestation imminente avant de détruire son carnet de code.

Son silence lui valut une blessure par balle et un

interrogatoire SS en bonne et due forme. On ne lui extorqua néanmoins aucun aveu. Il fut libéré par des résistants pendant son transport à destination de l'Allemagne mais repris à peine quelques kilomètres plus loin et emmené au quartier général de la Gestapo à Amsterdam. Arrivé à Dachau la veille, sans doute comme candidat à une partie de tir aux lapins, mais la place manquait au camp et il avait passé la nuit au bunker avant de se retrouver dans ce convoi à destination de Flossenbourg (où je devais le voir peu après abattu sauvagement). Je lui en racontai le moins possible à mon sujet, me contentant de lui parler de la baraque de quarantaine, du tir aux lapins et de mon évasion ratée.

— C'est curieux, dit-il soudain songeur, la plupart des Hollandais de ce transport racontent des histoires d'évasions ratées.

Il m'offrit un morceau de chocolat qu'il avait réussi à sauver et que j'acceptai avec empressement. Nous allions nous coucher pour dormir quand les freins hurlèrent et le train s'immobilisa en grinçant avec fracas. On nous cria de sortir. Nous sautâmes dehors. Je levai les yeux. Sur une pancarte, un nom : « FLOSSENBOURG ».

3

Flossenbourg - Buna
Laurahutte - Gusen I

15

On nous conduisit au lieu de rassemblement pour nous compter. Au-dessus de nos têtes, un ciel lugubre rempli de nuages noirs. C'était un jour sombre, humide et froid. Les ruines d'un château médiéval coiffaient l'une des basses montagnes encerclant le camp de Flossenbourg. Un paysage sinistre, tout droit sorti d'un film d'horreur. Debout derrière l'officier SS, un groupe de Kapos bien nourris et proprement vêtus nous observaient.

L'officier ordonna aux ingénieurs qui étaient parmi nous de s'avancer. Une dizaine d'hommes sortirent du rang. Un Kapo fut chargé de les conduire dans sa baraque pour leur donner une nouvelle tenue et un bol de soupe de l'usine (de l'eau chaude vaguement assaisonnée fournie par l'usine pour laquelle les détenus du camp travaillaient). Ensuite l'officier SS appela les dessinateurs industriels, puis les ajusteurs, puis les électriciens, et enfin les tourneurs, et chaque fois il désignait le groupe d'hommes à un Kapo qui les emmenait.

Ne restaient plus qu'un autre détenu et moi-même. Je me disais qu'on avait toujours besoin de médecins. A ma connaissance j'étais le seul de ce transport. L'officier nous considéra un moment silencieusement, puis il dit à un Kapo :

— Éloigne d'ici ces ordures !

Nous prîmes un chemin qui serpentait en direction de trois baraques isolées du reste du camp par des barbelés. Nous attendîmes un moment dans l'enclos face à l'une des baraques, puis on nous ordonna d'entrer.

Il n'y avait absolument rien à l'intérieur sinon une longue table avec un banc de chaque côté. Pas de vitres aux fenêtres. Une quarantaine d'hommes s'y trouvaient déjà. Le chef de bloc, un homme d'âge moyen, gras mais l'air puissant, nous fit nous aligner. Ses traits grossiers sous son crâne rasé respiraient la bestialité.

Un chef dont le visage m'était étrangement familier entra dans la baraque. Je le regardai s'asseoir en bout de table, ouvrir un registre et signaler d'un geste le début de l'inscription. C'était le secrétaire du camp. Il entreprit de nous inscrire un à un dans un petit cahier, qui n'était manifestement pas le registre général du camp.

Lorsque vint mon tour, le secrétaire répéta sans lever les yeux : « Nom, prénom, profession ? » Je répondis. Il hésita une seconde avant d'écrire. J'avais la nette impression de l'avoir connu en des temps meilleurs ; je me torturai l'esprit en vain ; la mémoire me faisait défaut. Il griffonna quelques mots sur un petit bout de papier qu'il poussa vers moi. Mais j'avais déjà lu à l'envers ; je quittai donc la table sans y toucher, après avoir dit :

— C'est bon, je l'ai lu.

— Au suivant ! cria-t-il.

Le mot disait : « *On se connaît de Nice.* »

Le secrétaire sortit et le chef de bloc revint. Il sortit de sa poche un morceau de craie qu'il tendit au premier de la rangée.

— Fais ton lit, ordonna-t-il.

Nous le considérions tous avec stupeur. Un sourire mauvais aux coins des lèvres, il expliqua :

— Chacun de vous a besoin d'un endroit où dormir, mais on n'a ni couchette ni lit ici. Alors vous allez tracer par terre deux lignes parallèles à un mètre l'une de l'autre, et ce sera votre lit. Quand ton lit sera fait, tu donneras la craie à ton voisin, qui fera le sien à son tour, et ainsi de suite jusqu'au bout de la rangée.

Après avoir tracé nos lits sur le sol, nous attendîmes nos paillasses et nos couvertures ; nous attendions en vain car on ne devait nous donner ni couverture pour nous protéger du vent glacé entrant par les fenêtres sans vitres, ni paillasse pour isoler nos corps sous-alimentés du sol froid et humide. Aucun de nous ne survivrait longtemps dans ces conditions. Je compris alors le silence gêné de Hugo au sujet de Flossenbourg. M'envoyer là équivalait à m'éliminer. On aurait pu m'abattre, me pendre ou m'envoyer à la chambre à gaz à Dachau ; ils avaient simplement choisi une méthode plus lente et beaucoup plus cruelle.

Dès que nos lits furent « faits », le chef de bloc chargea cinq détenus d'aller chercher notre dîner. Les autres devaient attendre au garde-à-vous le long de la table. Lorsque la soupe arriva, tout le monde tremblait de froid. On déposa la marmite près de la pile de bols rouillés où se décomposaient les restes des repas précédents. Enfin nous allions avoir quelque chose de chaud ! On nous ordonna de poser nos bols sur la table et d'attendre toujours au garde-à-vous que soit servie la soupe. Quand cela fut fait, nous n'eûmes encore pas l'autorisation d'y toucher. Nous devions rester immobiles, les mains à plat sur la table.

Nous étions assis à contempler le liquide fumant. Nos nez se mirent à couler à cause du froid. Je levai la main pour m'essuyer avant que cela ne goutte dans ma soupe. Une violente douleur dans le dos interrompit mon geste. Un des Stubendiensts vociféra :

— Tu n'as pas demandé l'autorisation de bouger !

Je demandai donc l'autorisation de m'essuyer le nez et reçus pour réponse un autre coup de bâton dans le dos. Le Stubendienst hurla :

— Qui t'a permis de parler ?

Je levai la main comme font les écoliers. En me frappant encore, il s'écria :

— On t'a autorisé à bouger ?

Je finis par comprendre que je n'aurais pas le droit d'essuyer mon nez, qui gouttait à présent juste au bord de mon bol de soupe presque froide.

Enfin l'ordre retentit : « *Essen* » (« manger »). Je m'essuyai le nez subrepticement en soulevant mon bol. Je l'avais à peine porté à mes lèvres qu'on nous ordonnait de sauter sous la table. Dans le désordre qui s'ensuivit, plusieurs détenus firent tomber leur bol au sol. Une seconde après, on nous disait de nous rasseoir les mains à plat sur la table, puis ce fut de nouveau l'ordre de manger. La première gorgée n'était même pas avalée qu'il fallut encore passer sous la table. Cette séance de gymnastique dura environ une heure, chaque ordre s'accompagnant, inutile de le dire, de coups de pied et de bâton.

La plus grande partie de la soupe était à présent répandue au sol et sur la table. Ce jeu sadique ne se termina qu'avec l'ordre de nettoyer. La nuit tomba pendant que nous épongions avec nos vestes. Nous dûmes demeurer un long moment encore immobiles devant la table, puis on nous aligna pour aller aux latrines. Il fallut ensuite attendre au garde-à-vous près de nos « lits » que vienne l'ordre de se coucher pour dormir.

Nous étions épuisés et nous avions tous trop faim et froid pour résister longtemps à ce traitement, même si nos tortionnaires ne nous tuaient pas.

J'essayais de faire le point sur la situation dans laquelle je me trouvais. Manifestement, pour les nazis tous les hommes rassemblés dans cette baraque étaient voués à la mort. Personne ne se préoccupait plus de m'interroger avant de me supprimer. Dans ce cas, pourquoi m'avoir envoyé mourir à Flossenbourg au lieu de m'exécuter à Dachau tout simplement ? Et ici comme à Dachau, je me retrouvais dans une baraque dont les occupants étaient inscrits non pas dans le registre général du camp mais dans un cahier à part. J'en vins à la conclusion glaçante et incontournable qu'en fait tous ici étions déjà morts. Nous n'existions pas puisque nous n'étions jamais entrés officiellement dans le camp. Nous devions donc disparaître rapidement (en une semaine, devais-je apprendre le lendemain) sans laisser de trace.

Je me demandais pourquoi ils s'étaient fatigués à nous inscrire et ce qu'ils comptaient faire de ces petits registres spéciaux. Ils ne faisaient jamais rien au hasard.

Oublier le sol humide sous mon corps transi de froid ! Je concentrai toutes mes pensées sur le secrétaire du camp qui prétendait me connaître, et tout à coup la mémoire me revint. C'était un réfugié polonais rencontré à La Jetée, un casino sur la Promenade des Anglais à Nice. Il m'arrivait d'aller au casino, parfois pour passer des informations à un croupier du chemin de fer membre de la Résistance également, parfois pour jouer, parfois pour assister aux spectacles que donnait l'Opéra de Paris au théâtre du casino.

Un soir, Sonia et moi étions un peu en avance pour le spectacle et j'en profitai pour jouer au chemin de fer, mon jeu favori. En m'asseyant à la table, je signalai discrètement au croupier que je venais seulement pour mon plaisir. Comme je plaçais mon enjeu, un inconnu en face de moi annonça qu'il voulait jouer avec moi contre la banque. J'acceptai et nous gagnâmes quatre parties de suite. Lorsque je rejoignis Sonia pour le début du spectacle, j'étais plus riche de trois mille francs. Je lui donnai deux mille francs pour acheter le manteau de sport de haute couture dont elle rêvait. En fait, c'était celui qu'elle portait le jour de notre arrestation.

Lors du premier entracte je retournai aux tables de jeu tenter ma chance à la roulette. Je gagnai aux deux premières mises, en perdis une puis gagnai les cinq jeux suivants. J'étais si époustouflé que je ne voyais même pas les gens s'attrouper autour de ma table. La sonnette retentit ; c'était la fin de l'entracte. Mon partenaire au chemin de fer, qui s'était approché en même temps que les autres, vint se présenter (un nom polonais, dont je ne me souviens plus). Il avait copié tous mes jeux à la roulette et me remerciait pour ses gains. Je lui expliquai que je devais retourner au théâtre et lui souhaitai bonne nuit.

Sonia voulut fêter cela dignement par un « bon gueuleton ». Nous choisîmes le Chanteclair, un des meilleurs restaurants de la ville, de ceux où il suffisait de donner un pourboire convenable au maître d'hôtel pour n'avoir pas à sortir ses tickets de rationnement. Nous prîmes des huîtres et une bouteille de sauternes, le vin préféré de Sonia. Suivirent la soupe de poisson, le poulet à la crème accompagné de haricots verts et de pommes de terre rissolées. Soudain Sonia m'annonça avec agacement qu'un inconnu à une table voisine lui faisait les yeux doux. Je lui recommandai de se détendre et de ne pas y prêter attention. Lorsque arriva le vin devant accompagner notre entrée, le sommelier nous informa qu'il nous était offert avec les compliments du monsieur de la table voisine. A son tour, Sonia me recommanda de déguster le vin sans m'énerver. Je me retournai pour voir à quoi ressemblait l'importun et me retrouvai face à face avec mon partenaire à la table de jeux. Il était seul, et mon invitation à se joindre à nous l'enchanta. Je ne manquai pas de faire remarquer à Sonia que c'était non sa beauté mais les gains faits grâce à moi qui le fascinaient aussi irrésistiblement !

Nous nous rencontrâmes assez souvent par la suite, surtout pour jouer ensemble au casino. Puis, à l'automne 1942, les Allemands occupèrent le Sud de la France et le casino fut transformé en place militaire. Dès lors, je le vis plus rarement. La dernière fois que je l'avais croisé dans la rue, il avait pris la fuite en me voyant. Le retrouver là, à Flossenbourg, était incroyable. Comment m'avait-il reconnu aussi facilement malgré les traces de mon récent tabassage ?

Cette première nuit à Flossenbourg, j'avais l'esprit si plein de souvenirs vivaces et de conjectures et le corps si transi de froid que je désespérais de jamais m'endormir. Étendu là, frissonnant, je pris conscience de la proximité inhabituelle des corps à mes côtés. Nous étions blottis les uns contre les autres pour nous tenir chaud. La sensation de froid se dissipa et je finis par m'endormir.

Il faisait encore sombre lorsqu'on nous réveilla. Quatre prisonniers allèrent chercher notre petit déjeuner pendant que deux autres nous distribuaient les bols sales de la veille. Une mauvaise odeur flottait dans la salle en dépit des fenêtres sans vitres à cause de deux détenus qui s'étaient oubliés dans leur sommeil. Le chef de bloc les envoya attendre dehors au garde-à-vous que nous ayons terminé notre café insipide et tiédasse avec une mince tranche d'ersatz de pain. Cette fois, du moins, on nous laissa manger.

Ensuite on nous aligna et nous nous rendîmes aux latrines et aux lavabos. Les deux malheureux qui s'étaient salis marchaient en queue de ligne. Aux latrines il n'y avait rien, pas le plus petit morceau de papier sale avec lequel nous essuyer. Les gardes SS firent s'avancer les deux prisonniers qui s'étaient souillés ; ils leur ordonnèrent d'ôter leur pantalon et de nettoyer leurs excréments avec leur langue. Le plus âgé refusa. Il fut battu presque à mort. Le plus jeune s'exécuta. Les détenus les plus sensibles vomirent leurs petits déjeuners.

On ramena le corps du vieil homme à la baraque. Je l'examinai et informai le chef de bloc qu'il était encore vivant. Avec une claque sur la tête, on me répondit de ne pas m'inquiéter, il serait bientôt mort.

On remit des pelles à un petit nombre d'entre nous, y compris le jeune homme qui avait souillé son pantalon, et nous nous enfonçâmes loin dans la forêt environnante. Nous transportions le corps du vieil homme à demi mort. Six soldats SS nous escortaient. On nous ordonna bientôt de nous arrêter pour creuser la tombe du vieil homme. Le sol gelé était si dur que nous peinâmes très longtemps, le temps pour le vieil homme de reprendre connaissance. Lorsque la fosse fit environ un mètre cinquante de profondeur, les SS nous ordonnèrent de l'y jeter. Personne ne bougea.

Un soldat braqua son arme sur le jeune homme et sur

deux autres détenus. Ils firent rouler le vieil homme dans le trou. Je vis son regard affolé de terreur au moment où il basculait par-dessus bord. Il y eut ensuite le bruit de la terre qui retombait dans la fosse, et la plainte de plus en plus faible de l'homme en dessous. Puis ce fut le silence.

Il fallut piétiner la terre pour masquer la tombe fraîche et le jeune homme ainsi que quatre autres détenus reçurent l'ordre de creuser une deuxième fosse. Lorsqu'elle fut assez profonde, les autres nous rejoignirent et on ordonna au jeune homme de sauter dedans et de s'étendre au fond. Il refusa d'y entrer. Il tomba à genoux et baissa abjectement la tête en suppliant qu'on lui laisse la vie sauve. Un soldat prit une pelle et le frappa à la nuque du tranchant. La tête tomba des épaules, suspendue au tronc par quelques lambeaux de chair ; le sang jaillissant de la blessure béante nous éclaboussa tandis que le corps basculait en se contorsionnant. Tous, y compris les soldats SS, étions pétrifiés d'horreur en voyant les yeux et la bouche de la tête tranchée s'ouvrir, se refermer, s'ouvrir, se refermer, s'ouvrir, se refermer, la tête se raccrochant désespérément à la vie pendant que le corps se tordait en proie aux spasmes de la mort. Un soldat le poussa dans la fosse d'un coup de pied. Puis nous comblâmes la deuxième tombe.

Sur le chemin du retour j'étais hanté par le regard écarquillé d'horreur du vieil homme enterré vivant et par la tête tranchée pendue au corps du jeune homme. Nul ne sait combien de cadavres gisent encore sous la terre de cette forêt de Bohême. Personne n'a jamais songé à faire des recherches là-bas.

A la baraque on nous aligna et il fallut attendre au garde-à-vous la venue du secrétaire du camp. En arrivant il se rendit directement dans la chambre du chef de bloc où il resta une demi-heure. Il ressortit, me désigna en même temps qu'un autre détenu et nous indiqua d'un geste de gagner la porte. Trois autres prisonniers et quelques soldats SS attendaient dehors. Pas un mot ne fut prononcé. Les gardes nous firent sortir de l'enclos de barbelés. Ils nous conduisirent aux douches. Nous nous lavâmes et on nous rasa des pieds à la tête avant de nous remettre des uniformes propres. Puis on nous fit entrer dans une autre baraque et on nous dit d'attendre — quoi, nous n'en savions toujours rien.

Peu après le secrétaire du camp réapparut. Il me fit signe

de le suivre dans une autre pièce. A peine la porte fut-elle fermée qu'il me serrait dans ses bras avec émotion.

— Dieu merci, je vous ai reconnu ! dit-il. Vous êtes dans un camp spécial disciplinaire que peu de gens connaissent. Tous les détenus envoyés ici meurent, d'une manière ou d'une autre, dans les cinq ou six jours. Il faut partir sur-le-champ. C'est votre seule chance. Je suis responsable de toute la paperasserie du camp en sorte que j'ai pu vous inscrire sur un transport de gens ayant des compétences recherchées partant demain pour Buna. Buna est un camp satellite d'Auschwitz dont les détenus travaillent pour IG Farben. Les conditions n'y sont pas trop mauvaises... Dieu merci, je vous ai reconnu ! répéta-t-il.

Je lui racontai combien j'avais dû fouiller ma mémoire pour retrouver qui il était. J'étais heureux qu'il n'eût pas mis si longtemps à reconnaître mon visage.

— Votre visage ! s'exclama-t-il. Vous n'avez pas vu la tête qu'ils vous ont faite... Je n'aurais jamais reconnu votre visage ! C'est votre voix que j'ai reconnue.

Je lui demandai alors pourquoi il m'avait évité lors de notre dernière rencontre à Nice. Il m'avait pris pour un espion nazi, me dit-il, à cause de mon uniforme de l'organisation Todt. Ce n'est qu'en apprenant mon arrestation qu'il avait compris que je travaillais pour la Résistance. Pilote polonais, il essayait à l'époque de gagner l'Angleterre, mais il avait été pris par les Allemands et envoyé à Flossenbourg. Il avait réussi grâce à d'habiles manœuvres et à beaucoup de chance à sauver sa vie en entrant dans la caste des détenus privilégiés du camp.

Sachant que je n'avais presque rien mangé depuis mon arrivée, il me donna un peu de nourriture. Il me conseilla de me taire et, surtout, de ne rien faire pouvant attirer l'attention sur moi. Le transport partait de bonne heure le lendemain matin. Il m'accompagna à ma couchette. Je m'endormis et, comme d'habitude, « *Aufstehen* » me réveilla en sursaut.

Je bondis sur mes pieds et allai faire la queue pour mon café et mon pain, un autre petit déjeuner précédant un autre départ pour une destination inconnue. Le secrétaire du camp vint me serrer la main et je partis, une fois de plus, dans un wagon à bestiaux.

Ce fut un voyage presque agréable comparé aux conditions avilissantes des précédents transports. La machine de guerre allemande devait avoir grand besoin de nos compétences « importées ». Les dispositions de base dans le wagon restaient identiques : une poubelle comme seau hygiénique, un peu de pain et de saucisse comme nourriture. Mais nous n'étions pas plus de trente dans la voiture. Il y avait largement assez de paille pour s'asseoir, deux couvertures par personne et la place d'étendre les jambes. Ils avaient manifestement ordre de nous traiter moins durement. Le Kapo à face simiesque chargé de notre surveillance nous frappait avec une certaine modération, en sorte que pas une goutte de sang ne fut versée.

Deux ingénieurs français étaient assis près de moi. L'un avait travaillé près de Cannes dans une petite usine d'aviation de La Boca, patrie de Maurice Chevalier. L'autre avait été ingénieur chimiste chez Rhône-Poulenc. Il y avait également un ingénieur chimiste juif ayant travaillé pour IG Farben avant l'accession au pouvoir de Hitler. Il s'était ensuite réfugié en France mais avait rapidement été repris par les nazis et ramené en Allemagne. Le malheureux s'efforçait de plaisanter :

— Je ne me serais pas donné tout ce mal pour quitter IG Farben si j'avais su que je me retrouverais à travailler pour eux quand même !

Après huit ou dix heures de route, le train s'immobilisa dans une petite gare. On nous fit sortir, on nous aligna, on nous compta et on nous conduisit à environ une demi-heure de marche de là jusqu'à une sorte de hangar où il fallut se soumettre au rituel habituel, c'est-à-dire se laver avant d'être rasé de la tête aux pieds. Ensuite, on donna à chacun de nous un numéro d'immatriculation définitif et on nous inscrivit — nom, prénom, profession, numéro d'immatriculation — dans le registre officiel du camp. Enfin, j'existais !

J'appelais ce registre officiel du camp notre carnet de naissance parce qu'il sanctionnait pour chacun de nous notre renaissance à la vie concentrationnaire. Moi, le Dr Albert Haas, Français, venais de me métamorphoser en *Häftling Arzt* (prisonnier-médecin) n° 1 762 222 d'Auschwitz. Comme à tous les prisonniers entrant à Auschwitz ou dans un camp satellite, mon numéro fut tatoué sur mon avant-bras gauche.

J'étais finalement devenu un membre respectable de la société concentrationnaire. Cela ne signifiait pas que l'on ne pourrait plus me pendre, me gazer, m'électrocuter, m'abattre ou me frapper à mort, non, cela signifiait seulement que si l'une de ces fins m'advenait, le commandant du camp aurait à consigner ma mort dans un registre. J'avais désormais, sauf malheur imprévu, une chance raisonnable de survivre aux quelques semaines suivantes, ce qui vu les conditions représentait un exploit considérable.

On nous remit de nouveaux uniformes rayés, on nous chargea dans un camion découvert et nous partîmes pour notre ultime destination, *Auschwitz Drei*, mieux connu sous le nom de Buna, l'usine de caoutchouc et le camp de travaux forcés situés près de la ville polonaise de Monovitz. Un soldat SS me poussa hors du camion d'un violent coup de crosse. En tombant j'entendis un craquement accompagné d'une douleur aiguë à la jambe. Un des ingénieurs français me soutint jusqu'à notre baraque.

Je demandai la permission de parler à notre chef de bloc, Alphonse. Je lui dis que j'avais la jambe cassée. Il éclata de rire.

— Où te crois-tu ? C'est un camp de travail, ici. Les prisonniers qui ne peuvent pas travailler pour des raisons médicales vont directement à la chambre à gaz.

Je répondis que j'étais médecin. J'étais à Buna parce qu'on y avait urgemment besoin de mes compétences. Une jambe cassée ne m'empêchait nullement de pratiquer la médecine. De nouveau, Alphonse éclata de rire.

— On a tellement de médecins ici qu'il y en a qui travaillent comme manœuvres à l'usine de caoutchouc. Mais...

Il parut réfléchir un instant.

— Mon père était médecin, lui aussi. Je vais voir ce que je peux faire pour toi.

J'appris par la suite que le père d'Alphonse était Juif. Les nazis avaient tué sa famille tout entière. Cela faisait douze ans qu'après l'avoir rendu orphelin, les nazis le ballottaient d'un camp à l'autre.

Alphonse me fournit deux plaques de bois et une ficelle avec lesquelles je me confectionnai une attelle improvisée. Il me conseilla de ne pas aller à l'infirmerie me faire porter malade. De toute façon, les nouveaux venus voyaient le médecin-chef des prisonniers dans les premiers jours suivant leur arrivée à Buna. Je reconnus le nom du médecin, un hématologiste renommé de Strasbourg.

Alphonse en parlait comme d'un homme très humain qui ferait son possible pour aider un collègue. En attendant, le chef de bloc me prenait comme Stubendienst de la baraque, ce qui m'éviterait les déplacements.

Je ne pouvais pas du tout m'appuyer sur ma cheville trop douloureuse, même avec les attelles. Elle était si enflée que pour une fois je rendais grâce aux sabots si raides et habituellement trop larges. J'utilisais mon balai de Stubendienst à la manière d'une béquille pour sautiller sur une seule jambe, et je faisais mine de balayer dès qu'un inconnu pénétrait dans la baraque.

Le cinquième jour, les nouveaux arrivants furent appelés au HKB, l'infirmerie des prisonniers. Je me présentai au médecin-chef et lui parlai de ma jambe. Une radio confirma mon diagnostic : fracture du péroné. Le Dr Ottinger m'avait décrit l'équipement rudimentaire du HKB de Dachau, en sorte que je ne cachai pas ma stupeur de trouver à Buna du matériel de radiographie. J'appris que la direction d'IG Farben exigeait que toutes ses usines fussent dotées d'une infirmerie convenablement équipée. Les SS s'appropriaient l'équipement dans les territoires occupés, le cédaient à IG Farben pour un prix modique et empochaient la totalité de la somme.

Le médecin-chef me fit un plâtre léger pour que je sois à la fois soutenu et libre de mes mouvements, et il me promit de faire son possible pour obtenir mon transfert dans un camp de travail plus petit, ce que l'on appelait un *Ausser Kommando* (unité de travail extérieure). Entre-temps, je pouvais continuer mon emploi fictif de Stubendienst de ma baraque. Je le remerciai pour sa bienveillance à mon égard.

Il tint parole. Je ne passai à Buna que quelques jours de plus. On me transféra à Laurahutte, à environ cinquante kilomètres de là, un nouvel Ausser Kommando dans la couronne des satellites d'Auschwitz. Le camp était rattaché à l'usine de canons appartenant à Hermann Gœring dans la petite commune de Laurahutte. Le seul médecin du camp était Juif. Le commandant du camp fut très soulagé de le remplacer par un Aryen et de le rétrograder simple assistant du médecin-chef. Ma supercherie pouvait parfois se teinter d'ironie. Voici que j'étais promu médecin-chef aryen de Laurahutte !

16

Le lendemain matin un petit groupe d'entre nous fut emmené en camion à Laurahutte, un petit camp de travail situé en plein centre de la ville. Les prisonniers entraient par un portail donnant sur une des principales rues d'un quartier résidentiel. A l'intérieur, à gauche du portail, le corps de garde ; à droite, l'usine de canons occupant un des longs côtés du rectangle dans lequel s'organisait le camp. L'usine, qui disposait d'une autre entrée sur la rue destinée aux ouvriers libres, jouxtait les quartiers des SS ainsi que les bureaux.

Il y avait une infirmerie de fortune dans les quartiers des prisonniers, un immense bâtiment en forme de hangar. Une haute clôture électrifiée nous isolait du monde extérieur, mais les habitants des immeubles situés de l'autre côté de la rue avaient vue plongeante sur le camp depuis les fenêtres des appartements. De nous voir ainsi en permanence observés était plutôt rassurant pour nous, car cela réduisait la fréquence des coups et des meurtres qui ne pouvaient pas avoir lieu de jour et sous l'œil des braves citoyens.

Les premières semaines, le camp n'accueillit que quelques centaines de prisonniers et tout le monde s'affaira à nettoyer les débris de métaux et autres détritus rejetés régulièrement dans la cour par l'usine avant l'adjonction du camp. Le médecin-chef était le Dr Robert Bloch, un Parisien d'une cinquantaine d'années. Il avait convaincu le commandant du camp que son expérience professionnelle, de très loin supérieure à la mienne, compensait l'inconvénient de son étoile jaune. Robert travaillait comme les autres la moitié de la journée seulement et ensuite préparait l'infirmerie en prévision des consultations qui avaient lieu entre la sortie du travail et le début du dîner. Quant à moi, je devais fournir une journée complète de travail avant d'assurer à l'infirmerie les soins des petites coupures et blessures sans gravité. Quelle impression étrange de voir Robert, brillant spécialiste, traiter à longueur de journées rhumes, migraines et diarrhées.

Un jour, l'ordre tomba : il fallait agrandir le camp pour porter sa capacité d'accueil à quinze cents prisonniers. On dessina les plans de deux vastes bâtiments supplémentaires pour les quartiers des détenus et d'un autre plus petit pour notre infirmerie, laquelle serait montée en panneaux préfabriqués faits au camp même. On me désigna pour un kommando chargé de fabriquer le ciment. Il fallait transporter des sacs de ciment pesant cinquante kilos depuis le camion jusqu'au chantier, apporter le gravier dans une brouette et enfin mélanger le tout avec de l'eau. Je n'ai jamais compris pourquoi j'étais obligé de transporter les sacs de ciment un à un sur mon dos au lieu d'en charger plusieurs sur ma brouette. Mélanger le ciment était la seule partie vraiment déplaisante de ce travail. Mes mains trop délicates se couvrirent dès le premier jour d'énormes ampoules qui ne tardèrent pas à éclater. A mon grand soulagement, elles guérirent sans s'infecter. Le soir, après ma journée de travail dans le kommando je devais assurer la consultation d'un nombre croissant de malades.

Le SS responsable du service de santé de Laurahutte était un Polonais de Silésie du nom de Vloka ; c'était en fait un *Volksdeutscher* (Allemand ethnique) en poste dans sa région d'origine, où se situaient Auschwitz et ses camps satellites. Vloka était petit et mince. Il clignait les yeux en permanence, ce qui lui valait aux coins des paupières une multitude de petites rides. Il avait l'air d'un vieux renard rusé.

Vloka n'était pas tout à fait un mauvais bougre. On pouvait même le prendre pour un brave homme, mais chez lui tout bon geste avait son prix. Robert et moi recevions de la nourriture supplémentaire si nous nous conduisions comme il l'entendait, en particulier si nous lui procurions des dents en or et de la monnaie étrangère cédées par des prisonniers.

Rapidement, Vloka me demanda d'être son intermédiaire au marché noir. J'acceptai son offre et remplis ma fonction honnêtement pour le bénéfice de toutes les parties. Les prisonniers recevaient une nourriture conséquente en échange de biens sans valeur pour eux dans la situation où ils se trouvaient. Vloka tirait quant à lui un bon profit des espèces et de l'or acquis en échange d'aliments et de médicaments qu'il volait. Mes activités offraient par ailleurs à l'équipe travaillant à l'infirmerie une certaine tranquillité, un peu d'indépendance, des suppléments de nourriture et de médicaments. J'étais très dur en affaires, un exemple vivant du stéréotype nazi du Juif exploitant les chrétiens. Vloka ne se douta jamais que Juif, je l'étais en réalité, et la crainte d'être démasqué ne m'effleura même pas. Il était en affaires deux fois plus dur que moi !

Une fois conclue notre première transaction, je demandai à Vloka une faveur. Je voulais travailler à plein temps à l'infirmerie. J'étais épuisé par ces longues journées de maçon suivies d'heures supplémentaires à l'infirmerie. Quelques jours plus tard, Vloka m'annonça que j'étais muté aide cuisinier à temps partiel ; il n'avait pas pu faire mieux. En échange, bien sûr, il me faudrait voler de la nourriture pour le plus grand profit de son petit commerce. J'acceptai sans hésitation. Depuis ce jour j'adore faire la cuisine même si ce n'est plus qu'un passe-temps pratiqué avec les produits de mon choix aux prix qui me conviennent.

Laurahutte était commandé par le SS Hauptscharführer Quackenacker. A l'encontre des règles SS, on lui avait confié ce commandement alors qu'il n'était que sous-officier. A la différence des brutes qui se hissaient habituellement à la tête des camps de concentration, il avait des manières d'aristocrate rappelant ces officiers de haut rang d'autrefois. Cette distinction m'apparut dès notre première rencontre. Je remarquai d'abord ses cheveux partagés par une raie et non coupés en brosse comme tous les SS. Les traits fins, grand, élancé et très soigné, le commandant Quackenacker avait l'air d'un aristocrate raffiné, du bout de ses ongles manucurés à la pointe de ses bottes cirées. Il s'adressait toujours à moi de manière distante mais respectueuse. Le plus surprenant pour moi, la première fois que je le vis, fut qu'à aucun moment il ne montra de la colère. Mais, bien sûr, tout ce que je vivais depuis quelques mois avait considérablement modifié mes critères de jugement ; voilà pourquoi sans doute je dépeins Quackenacker sous un jour relativement favorable. Le commandant Quackenacker, qui fut pendu pour les atrocités commises à Laurahutte, ne fit jamais preuve à ma connaissance de cette sauvagerie propre à bien d'autres officiers SS qui échappèrent, eux, à tout châtiment.

Notre commandant était un homme de discipline. Le plus petit écart était toujours puni et la punition toujours plus sévère que l'infraction ne le justifiait. Il ne montrait cependant jamais de fureur meurtrière lors de ces châtiments.

Le commandant Quackenacker prétendait juger de la gravité de chaque infraction individuellement. Je m'aperçus pourtant très vite que la punition dépendait en fin de compte du temps qu'il avait mis à délibérer. S'il réfléchissait un certain temps, la sentence était toujours de vingt-cinq coups de fouet sur les fesses administrés en public par un Kapo bien sûr, qui y mettait tout son cœur pour complaire au commandant. Mais si Quackenacker prenait sa décision sur-le-champ, il exécutait la sentence lui-même. Il enfilait toujours un gant avant de frapper, ne frappait jamais en dessous de la ceinture et ne perdait jamais son calme.

Si le nombre exact de coups de fouet dépendait de la gravité du crime commis, Quackenacker concluait invariablement par un direct au menton qui mettait KO le prisonnier. Celui-ci avait droit ensuite à une période de repos proportionnelle au temps qu'il était resté inconscient. D'ailleurs, les jours où Quackenacker venait à l'usine, le crime de parler à un ouvrier libre se reproduisait à une fréquence inhabituelle. C'était la garantie absolue d'un direct au menton spécial Quackenacker avec knock-out et journée de repos ensuite !

Quackenacker était très fier de son knock-out ; il éprouvait même une sympathie immédiate pour le prisonnier qui restait un certain temps au tapis, et l'on était d'autant mieux apprécié qu'on mettait du temps à reprendre connaissance. On ne manquait jamais de montrer aux visiteurs du camp le détenu qui détenait à tel moment le record du knock-out. Cette situation nous valut quelques démonstrations impressionnantes par certains détenus capables de simuler l'inconscience de plus en plus longtemps.

Cependant une compétition non officielle et fort malsaine s'instaura entre les gardes SS et Quackenacker. Les soldats se faisaient fort de battre le dernier record du knock-out remporté par leur commandant. Ils avaient une technique assez élaborée pour y parvenir : ils incitaient un détenu à commettre une infraction, l'envoyaient au tapis d'un direct au menton pour ensuite fignoler le travail à grands coups de pied dans la tête. Les vrais perdants étaient, comme toujours, les prisonniers. Les malheureux incapables de résister aux provocations des soldats commencèrent à défiler à l'infirmerie avec des traumatismes crâniens.

Lorsqu'il ne se trouvait pas à l'usine, Quackenacker était dans son bureau, et il ne se préoccupait généralement pas de ce qui se passait à l'infirmerie. Je ne le voyais donc qu'à l'heure de l'appel ou les rares fois où il vint consulter. Il montra rapidement une totale confiance dans nos compétences médicales à Robert, à moi et au médecin juif yougoslave qui s'était joint à nous. Il nous parlait toujours avec le plus grand respect, contrairement à ce qui se passait dans les autres camps. Moi seul toutefois étais autorisé à le toucher, puisque j'étais censé n'être pas Juif.

Quatre exécutions eurent lieu à Laurahutte durant les sept mois que j'y passai, un chiffre extraordinairement bas étant donné la période. La première pendaison dont je fus témoin fut celle d'un Russe de dix-sept ans qui avait tenté de s'évader après avoir volé du pain et un couteau au contremaître de l'usine. Le jeune garçon avait, disait-on, blessé un SS en voulant se défendre avec le couteau au moment de sa capture. Les pendaisons, auxquelles tous les détenus sans exception étaient tenus d'assister, avaient toujours lieu le dimanche pour ne pas gêner le travail de l'usine. Tous nos bons citoyens de voisins avaient approché des sièges de leurs fenêtres ; ils avaient regardé basculer le tabouret sous les pieds du garçon tandis que deux prisonniers tiraient sur ses jambes pour serrer le nœud coulant autour de son cou. La jeune vie s'acheva après quelques spasmes.

Je levai alors les yeux vers les spectateurs aux fenêtres de leurs appartements. La silhouette d'un prêtre se détachait dans l'encadrement d'une fenêtre ouverte juste de l'autre côté de la rue. Je m'attendais à le voir faire le signe de croix pour bénir l'âme qui nous quittait, mais au lieu de cela il s'éloigna. Un instant plus tard, il réapparaissait en mordant à belles dents dans une part de gâteau. Je réussis à capter son regard. Je fis le signe de croix et d'un geste je l'interrogeai : « Et vos derniers sacrements ? »

Il me regarda d'un air de dégoût avant de disparaître de la fenêtre.

On coupa la corde et le cadavre fut placé dans la cave de la nouvelle infirmerie. Je me mis alors à la recherche d'un homme de Dieu chrétien parmi les prisonniers mais ne trouvai qu'un rabbin. Je lui promis deux rations de pain en plus et une semaine de supplément de soupe s'il acceptait de veiller le corps du garçon dans la cave. Le rabbin donna son accord même si toute activité religieuse était strictement interdite dans le camp. Je lui trouvai une fausse maladie et l'hospitalisai. Mes deux collègues, qui me trouvaient fou de prendre un tel risque, coopérèrent néanmoins et nous fîmes notre veillée mortuaire dans la cave.

En une très lointaine époque, un soldat romain païen avait monté la garde près du tombeau de Jésus-Christ pour un sicle d'argent juif. J'offrais, moi, à un rabbin un peu de pain et de soupe supplémentaires pour qu'il veille sur l'âme d'un jeune chrétien. J'ignore ce qu'ils avaient dans le cœur, ces anciens Juifs, en achetant les services du Romain. Mais pour moi c'était un acte de rébellion spontané contre notre impuissance au milieu d'une époque si dure que les hommes de Dieu eux-mêmes ne montraient plus aucune compassion pour les souffrances de leur prochain.

J'appris beaucoup plus tard que notre camp avait pour réputation d'accueillir essentiellement des Juifs, et que le prêtre en question était venu expressément assister à la pendaison d'un Juif. Cette réputation nous venait peut-être du fait que nous étions un camp satellite d'Auschwitz, à moins que les autorités allemandes n'eussent répandu ce bruit pour éviter toute action des partisans en vue de libérer le camp s'ils avaient su qu'y étaient détenus des représentants de toutes les nationalités, y compris des Polonais chrétiens. La plupart des partisans russes et polonais étaient des antisémites convaincus qui n'auraient jamais risqué leurs vies pour des prisonniers juifs.

Fut pendu ensuite un ingénieur aéronautique qui avait fait tomber une pièce de métal dans les rouages de la machine sur laquelle il travaillait, ce qui avait momentanément perturbé le fonctionnement de l'usine. Personne ne sut jamais si c'était un accident ou un geste délibéré. Il fut pendu après avoir été sauvagement torturé par les hommes de la Gestapo. Nos braves citoyens étaient encore aux fenêtres, mais cette fois je ne vis pas le prêtre. Et je n'organisai aucun rite religieux avec le rabbin. J'étais alors trop désespéré pour trouver la moindre signification à un geste aussi clairement dérisoire.

Je cessai mon travail à mi-temps à la cuisine dès que la nouvelle infirmerie fut prête. Je déménageai dans les nouveaux locaux. J'avais ma chambre, une porte que je pouvais fermer, et un véritable lit garni de draps propres et d'un édredon hongrois fait main. De nombreux prisonniers hongrois partaient avec leurs précieux édredons, que les SS leur volaient dès leur arrivée au camp.

La nouvelle infirmerie comprenait deux vastes dortoirs, une salle de consultation et une salle de soins, et une pièce réservée aux interventions chirurgicales. J'avais pour fonction de traiter les détenus victimes d'accidents à l'usine. Les visites et les soins commençaient immédiatement après le dîner et se poursuivaient jusqu'au départ du dernier patient, c'est-à-dire en général aux environs de minuit. Dans la journée, je m'occupais des blessés dont l'état exigeait une hospitalisation.

Les fenêtres de notre salle d'opération faisaient face au troisième étage d'un immeuble d'habitation de l'autre côté de la rue. J'étais toujours trop affairé pour remarquer si des gens nous observaient ou non depuis leurs fenêtres. Quelqu'un pourtant occupait ainsi une grande partie de son temps. Ce fut l'occasion pour moi, dont la vie oscillait entre une existence amèrement tolérable à Laurahutte et le centre même des enfers, d'un contact unique et charmant avec le monde extérieur.

Ce fut un triangle vert, le Kapo du kommando de mécanique qui à mon insu joua l'intermédiaire. Comme Hugo, le bon Kapo du bunker de Dachau, Hans était un brave homme incapable de brutalité ; il était Allemand et avait été arrêté pour vol. A cela se limitait la ressemblance. Hugo était un escroc de haute volée, arrêté pour détournement de fonds, Hans un simple pickpocket condamné par la justice de Hitler à l'amputation de tous les doigts de la main droite. Notre amitié naquit à l'infirmerie. Un de ses moignons ne cicatrisait pas convenablement. Il venait régulièrement et j'essayai un à un tous les traitements à ma disposition. J'espérais obtenir un résultat avec de l'huile de foie de morue et lui avais demandé de m'en procurer.

Un matin, Hans entra à l'infirmerie en prenant des airs mystérieux. Il avait quelque chose pour moi. Il voulait me voir en privé. J'éclatai de rire. Fallait-il tant de précautions pour me donner de l'huile de foie de morue ? Il sourit.

— Ce n'est pas ça la surprise, dit-il.

Robert Bloch continua les pansements à ma place et j'emmenai Hans dans ma chambre. Nous fermâmes la porte.

Il sortit alors un petit paquet de sous sa chemise. Un volontaire français l'avait introduit à l'usine au moment de la relève de nuit et le lui avait remis à l'intention du docteur qui soignait jusque tard le soir les prisonniers blessés. Je l'ouvris. Je n'en croyais pas mes yeux ! Il y avait là une tablette de chocolat, un paquet de tabac, du papier à rouler les cigarettes et une lettre manuscrite.

Il faut savoir ce que les détenus des camps de concentration étaient disposés à lui sacrifier pour comprendre la valeur du tabac. Un grand nombre mouraient de sous-alimentation parce qu'ils échangeaient trop souvent une part de leur ration déjà insuffisante contre une vague cigarette roulée dans du papier journal.

La lettre, écrite en allemand, venait d'une jeune femme nommée Maria Cielack. Elle disait m'observer souvent depuis sa fenêtre de l'autre côté de la rue tandis que je travaillais dans la salle d'opération. Elle admirait la générosité de mes efforts pour secourir mes camarades en dépit du tragique de ma propre situation. Elle espérait que les petites choses envoyées par elle m'aideraient à supporter mon sort. Et, concluait-elle, si je désirais lui écrire, l'ouvrier français ferait un intermédiaire fiable.

Comment y croire en dépit de l'évidence ? Il y avait là deux étrangers qui prenaient le risque de terminer eux-mêmes en camp de concentration uniquement pour adoucir un peu l'existence d'un détenu inconnu. Le geste de Maria Cielack me touchait profondément.

Ce soir-là, à l'heure des soins, je jetai un coup d'œil vers les fenêtres de l'autre côté de la rue. Je voulais signaler à ma nouvelle amie que j'avais reçu sa lettre et ses cadeaux. Mais toutes ses fenêtres étaient obscures. Je crus un instant, très fugitivement, apercevoir une ombre ; mais l'éclairage de la salle de soins était trop fort ; on ne voyait rien à l'extérieur.

Comment faire comprendre à Maria Cielack que je ne pouvais pas la voir ? Je me dirigeai vers l'interrupteur. Sous l'œil stupéfait des autres détenus, j'éteignis la lumière l'espace de quelques secondes. Alors, une pièce s'éclaira au troisième étage de l'immeuble en face et une femme s'approcha de la fenêtre. Je vis sa main monter à son visage et envoyer un baiser dans les airs. Puis la lumière s'éteignit.

Le lendemain, je remis à Hans un mot où je la remerciais. Je l'avertissais également du risque qu'elle prenait en se nommant ainsi dans ses lettres. Deux jours plus tard, je recevais un paquet de biscuits accompagné d'une note où elle me priait de le partager avec mes collègues. A part cela, il y avait une lettre non signée où Maria Cielack me disait être une veuve vivant avec sa mère. Son mari et son père étaient morts en se battant contre les Allemands, et son frère était dans un camp de prisonniers de guerre. Elle s'occupait du magasin de chaussures et de la cordonnerie familiaux.

Dans ma lettre suivante, je lui demandais de me faire parvenir une photo d'elle. Tous les jours, j'attendais sa réponse avec impatience et chaque soir je jetai un coup d'œil vers sa fenêtre. Elle allumait toujours la lumière pour signaler sa présence, comme pour dire : « Je suis là. Réelle. Tu ne rêves pas. » Enfin, Hans m'apporta un paquet contenant entre autres choses une photo d'une jolie jeune femme avec de grands yeux noirs et de longs cheveux bruns.

Maria Cielack et moi correspondîmes ainsi régulièrement pendant tout mon séjour à Laurahutte. Mes lettres se faisaient de plus en plus fréquentes et de plus en plus longues. Je lui racontai tout de ma famille, de mes doutes et de mes craintes concernant le sort de mon épouse. C'était merveilleux, lui disais-je aussi, de pouvoir s'ouvrir de la sorte à un être humain libre.

Elle donnait tant, et je n'avais rien à offrir. Je voulais lui envoyer un cadeau, un témoignage concret de ma gratitude. Nous avions un camarade, un artiste qui avant la guerre travaillait pour la publicité, qui fabriquait pour les chefs et les soldats SS de beaux abat-jour. Il se procurait ainsi un peu de supplément de soupe. Il peignait à l'intérieur de l'abat-jour des vues de Paris et y incorporait un mécanisme qui le faisait tourner. Je lui en commandai un modèle pour Maria. En allumant la lumière, apparaissait l'image d'une rue du quartier du Champ-de-Mars ainsi que les premiers vers d'une chanson populaire à l'époque : « *Maria, si je vois tes yeux.* » J'y ajoutai une note pour signaler que cet abat-jour était l'œuvre d'un professionnel, et elle m'envoya un paquet de tabac pour lui.

17

A la fin de l'hiver et au début du printemps 1944, la situation sur le front russe commença à nous apparaître très clairement. Les prisonniers qui arrivaient nous parlaient des contre-offensives russes. Les Allemands évacuaient à mesure les camps de concentration situés dans les régions abandonnées. Des survivants de Maidanek et des autres camps d'extermination de Russie et du nord de la Pologne étaient redistribués dans d'autres camps, y compris Auschwitz et ses satellites. Quelques-uns furent envoyés à Laurahutte. Ceux qui avaient survécu le devaient soit à des compétences professionnelles précieuses pour l'effort de guerre allemand soit à des objets de valeur qu'ils avaient miraculeusement réussi à conserver depuis leur départ de chez eux.

Notre marché noir était plus florissant que jamais grâce à la progression des Soviétiques. Dents en or, valeurs étrangères et diamants affluaient au camp et cette monnaie d'échange permettait de s'alimenter mieux en travaillant moins dur, les deux conditions essentielles de notre survie.

De même, l'infirmerie commençait à ressembler à une véritable infirmerie. Fini le temps du matériel de fortune, des pansements en papier non stérile et des tampons d'ouate en papier cellulosique, de l'aspirine pour seul et unique remède. Nous avions désormais de la gaze stérile, du coton hydrophile et un certain nombre de médicaments de base que Vloka se procurait à la pharmacie de la ville. Grâce au transport hongrois, qui comportait de nombreux médecins, arriva au camp une quantité impressionnante d'instruments chirurgicaux parmi les plus sophistiqués, lesquels aboutirent rapidement par l'intermédiaire de Vloka dans les tiroirs de notre infirmerie. Mes transactions sur le marché noir nous permettaient de pratiquer une médecine d'un bon niveau, réduisant notablement le taux de mortalité du camp. On n'enregistra pas plus de vingt-cinq décès durant mon séjour à Laurahutte, sans compter les quatre exécutions capitales, bien sûr.

Difficile de cacher mon étonnement le jour où Vloka apporta pour me payer des instruments de chirurgie et d'examen utilisés en gynécologie. Je lui demandai avec un sourire si les homosexuels parmi les chefs craignaient d'avoir un jour besoin de curetages et de soins obstétricaux. Il me considéra en silence, l'air de me jauger, puis il me demanda si je pouvais interrompre une grossesse. Je continuai sur le ton de la plaisanterie, mais il était on ne peut plus sérieux.

Et après un bref silence :

— C'est un service pour Quackenacker.

J'étais sidéré. Empêcher une naissance aryenne était passible de mort en Allemagne nazie. En fait, on encourageait femmes aryennes et soldats allemands à avoir des enfants illégitimes, qui étaient mis au monde dans un hôpital spécial de Munich et ensuite élevés par l'État allemand.

— Je ne connais rien en gynécologie, dis-je à Vloka, ce qui était la vérité.

Je désignai alors Bela Robert, un gynécologue d'une grande compétence qui travaillait à l'usine du camp. Bela, un Juif yougoslave, était commissionnaire à l'usine où il donnait également les soins d'urgence. J'avais plusieurs fois tenté de le faire transférer à l'infirmerie où nous étions surchargés de travail, mais Vloka avait toujours refusé. Cet avortement constituait un argument de poids pour modifier l'attitude de Vloka à l'égard du gynécologue yougoslave.

Vloka insistait. J'avançai une fois encore le nom de Bela Robert.

— C'est hors de question, répliqua Vloka, parce qu'il est Juif. La femme à avorter est l'épouse ou la maîtresse d'un officier supérieur SS.

Je répétai que je ne possédais pas les compétences

nécessaires et que je ne mettrais pas en danger une vie humaine en pratiquant une telle opération.

Le dimanche suivant, le commandant Quackenacker envoya un commissionnaire chargé de me ramener immédiatement à son bureau. Allait-il me solliciter directement au sujet de l'avortement ? En chemin, son commissionnaire m'annonça que je venais de recevoir une carte postale de ma femme, mais tout le monde se méfiait de ce que racontait ce mouchard notoire, en sorte que je ne le crus pas. Cette convocation n'avait peut-être rien à voir avec l'avortement. On avait peut-être fini par éplucher mon dossier et on me préparait un autre interrogatoire spécial.

Je me trouvai face à un agent de la Gestapo occupé à examiner une carte posée sur le bureau du commandant. Quackenacker exigeait de savoir quand j'avais écrit à ma femme.

— Je ne lui ai pas écrit. Je ne sais même pas où elle est.

Il désigna la carte.

— Comment expliquez-vous ceci, alors ? Ça vous est adressé personnellement.

J'écarquillai des yeux stupéfaits.

— Mais je ne sais pas.

Quackenacker reposa la carte sur son bureau. L'agent de la Gestapo entreprit de m'interroger au sujet de Sonia. Tout en répondant, je jetai des coups d'œil furtifs sur la carte. C'était à n'en pas douter l'écriture de Sonia.

Quackenacker m'ordonna d'attendre dans son bureau pendant qu'il s'entretenait en privé avec l'agent de la Gestapo. Tous deux sortirent. J'étais persuadé qu'ils voulaient ainsi me donner l'occasion de lire ma carte, mais j'avais été échaudé par les mois passés dans les camps ; je me méfiais. Sans bouger de ma place, j'entrepris de lire lentement la carte à l'envers.

Elle commençait par ces mots : « Piciny papajo ». C'était donc bien de Sonia ! Depuis la naissance de François, elle commençait toutes ses lettres par cette expression reproduite phonétiquement, signifiant : « Cher petit père ». Fou de joie, j'oubliai toute prudence et me saisis de la carte. J'avais quelque peine à lire à travers mes larmes. Mais tant pis pour les conséquences ! Ce bonheur valait bien les châtiments les plus durs.

L'instant d'après, Quackenacker était derrière moi. Avais-je reconnu l'écriture ? Ou cela pouvait-il être un message codé destiné à quelqu'un d'autre ? Pris la main dans le sac, impossible de nier que j'avais lu la carte. J'affirmai au commandant qu'elle ne pouvait qu'être de Sonia. Les mots du début et de la fin étaient des expressions hongroises reproduites phonétiquement que je lui avais apprises.

A ma grande surprise, Quackenacker me laissa partir sans autre forme de procès. Je pensais qu'il m'accuserait d'avoir fait sortir une lettre du camp, mais apparemment il était convaincu de ma bonne foi. Ma joie indescriptible me maintint éveillé une grande partie de la nuit. Le lundi matin, après avoir longuement pesé les risques que je prenais, j'avais décidé de demander à Vloka de lui transmettre une réponse à Auschwitz.

Je ne devais revoir Vloka que trois jours plus tard, trois jours interminables que j'occupai à rassembler une monnaie d'échange capable de l'intéresser. Je réussis à me procurer plusieurs dents en or, une broche garnie d'un petit diamant, environ vingt-cinq francs suisses et mille *pengö* (une monnaie hongroise). Une lueur de contentement s'alluma dans les yeux de Vloka tandis qu'il examinait la marchandise. Restait à débattre de la quantité de margarine, de pain et de saucisses que ces richesses valaient. Habituellement, j'étais dur en affaires, mais je fis cette fois-là quelque chose dont aujourd'hui encore je ne suis pas très fier. J'offris à Vloka de lui abandonner pour un très bon prix toute la marchandise que l'on m'avait confiée s'il acceptait de transmettre ma lettre à Sonia. Il dit oui sans hésiter une seconde mais ajouta qu'il lui faudrait quelque chose de plus pour conclure le marché. J'étais bien obligé de m'incliner, à présent. Il me dirait en revenant avec la nourriture à quoi je m'étais engagé.

A ma grande surprise, Vloka apporta plus de denrées que je ne l'espérais avec même un gros morceau de gâteau préparé par sa femme. Il y avait anguille sous roche. Vloka s'enquit alors du nombre de malades séjournant à l'infirmerie. Je lui répétai combien Bloch et moi étions surchargés de travail. Il voulut ensuite que je lui rappelle le nom du gynécologue qui travaillait à l'usine. Il allait demander au commandant de le muter immédiatement à l'infirmerie.

C'est le moment que choisit Vloka pour dévoiler ce qu'il attendait de moi pour sceller notre marché. J'aurais un rôle à jouer lorsqu'on pratiquerait l'avortement, conséquence d'une histoire difficile à croire même en sachant à quel point était distordu le code de moralité régissant les nazis.

Le commandant d'un camp de première importance entretenait une relation incestueuse avec sa fille âgée de seize ans, et la jeune fille était enceinte. Le gynécologue pratiquerait l'avortement ; mais comme il était Juif, personne ne devait savoir qu'il l'avait touchée. Elle-même devrait croire que c'était moi qui avais fait l'intervention. Mais pourquoi n'avoir pas simplement demandé les services d'un médecin SS ? Vloka me considéra d'un air amusé.

— Quel excellent moyen de chantage pour un médecin SS ! dit-il.

Sa remarque signifiait que le père coupable appartenait aux plus hautes sphères de l'organisation SS.

Vloka précisa que le gynécologue ne serait pas muté à l'infirmerie si je refusais ma participation. Je posai néanmoins mes conditions : j'arrangerais l'avortement mais Vloka devrait après avoir transmis ma lettre à Sonia me faire parvenir sa réponse. Il accepta. Le marché était conclu.

J'écrivis ma lettre à Sonia le jour même, une lettre courte et optimiste où je me limitais au strict nécessaire pour qu'elle parte le plus vite possible. Je lui disais ma joie indescriptible en reconnaissant son écriture, et que je me récitais sa carte tous les jours en guise de prière du soir. Je lui donnais des nouvelles de François qui, d'après Mme Billard, était en sécurité auprès de Jan (nom de jeune fille de ma mère); et après lui avoir dit combien je me sentais seul sans elle, je lui demandais de me répondre et de remettre sa lettre au messager de Vloka.

Bela Robert, le gynécologue, fut transféré à l'infirmerie le lendemain. Il acceptait de pratiquer le curetage. Il passa alors en revue les instruments et les fournitures disponibles dans notre local. Seuls manquaient les étriers, mais il était facile d'improviser des supports pour surélever les jambes de la patiente. La jeune fille ne devait pas savoir qui pratiquerait l'opération, il fallait donc l'anesthésier. Je proposai de l'endormir par une injection d'Evipan et de prolonger l'anesthésie avec de l'éther. A la demande de Bela, il fallut se procurer à la pharmacie de la ville une racine à partir de laquelle il ferait une préparation utilisée par les sages-femmes d'Europe centrale pour dilater le col de l'utérus. Nous avions également besoin d'un antiseptique et d'un appareil de stérilisation pour nos instruments. Enfin,

Bela voulait examiner la jeune fille afin de déterminer la date la plus favorable pour l'opération.

Je présentai toutes ces conditions à Vloka. Rien ne posait de problème sauf l'examen préliminaire. C'était hors de question. La jeune fille ne viendrait qu'une fois, et ce serait un jour où elle courrait le moins de risques d'être vue. Elle viendrait donc un dimanche, jour où l'usine était fermée et les détenus dans les baraques. Vloka s'occuperait de faire fabriquer les supports pour les jambes, et il se procurerait les fournitures à la pharmacie de la ville. Il nous obtiendrait également un stérilisateur où mettre nos instruments et ferait le nécessaire pour que je puisse l'apporter à l'hôpital de la ville, sous bonne escorte, bien sûr.

En partant, Vloka mit dans ma main une enveloppe couverte des bondissants jambages de l'écriture de Sonia : « *Albert Haas, Häftling Arzt, Nebenlager Laurahutte.* » Je dis à Bloch que j'avais la migraine et que j'allais essayer de dormir un peu. En sortant je glissai un scalpel dans ma poche.

Dans ma chambre je tirai la lettre de ma poche pour contempler mon nom inscrit là. Était-ce un rêve ? Les mains tremblantes, je lisais et relisais l'adresse. Je craignais presque que le contenu de la lettre disparût soudain si j'ouvrais l'enveloppe. Mais mon impatience l'emporta et je glissai le scalpel sous le rabat. Je le fis très lentement et précautionneusement de peur d'érafler un seul mot.

L'enveloppe enfin ouverte je dépliai deux feuilles de papier à en-tête. Mon cœur tambourinait dans ma poitrine. Sous mes yeux avides, toujours la même formule de début, « *Piciny Papajo* », puis :

« *Tu n'imagines pas mon plaisir et ma joie d'apprendre que nous sommes si proches l'un de l'autre. Je parie que tu te demandes comment je me suis débrouillée pour te trouver ? On m'a mise à la Section politique où ma connaissance des langues étrangères leur est bien utile. Grâce à mon travail ici, j'ai accès aux fichiers de tous les détenus de tous les camps d'Auschwitz. Chaque jour j'ai cherché ton nom sur la liste des nouveaux arrivants. Et un jour je t'ai trouvé sur un transport à destination de Buna, puis de Laurahutte. Impossible de m'empêcher de t'envoyer une carte par l'intermédiaire du courrier SS de ton camp. Maintenant je vais au fichier tous les matins te dire bonjour en embrassant ta fiche !*

« *Au cours de mes recherches je suis tombée sur un Arpad*

Haas. Je ne savais pas s'il s'agissait de ton cousin Arpad, qui aux dernières nouvelles vivait à Moscou, alors que celui-ci avait été arrêté en France, à Montpellier. Je suis entrée en contact avec lui grâce à un Kapo et je lui ai demandé s'il avait un cousin prénommé Albert. "Bien sûr !" a-t-il répondu. Arpad est entré en relation avec ta famille avant son arrestation. Mme Raphia [Mme Billard] *leur a écrit ; n'ayant plus aucune nouvelle de toi elle pensait que tu avais été exécuté.*

« *Arpad avait des nouvelles de notre bébé.* » Mon cœur cessa presque de battre. François avait-il été emmené à Auschwitz, que je savais maintenant être un des plus horribles camps d'extermination ?

« *François est sain et sauf à Villon. Il a eu une otite qui a guéri sans intervention chirurgicale. Le curé du village l'a emmené à l'hôpital de la ville voisine pour les soins.* »

Sonia espérait pour finir que nous nous reverrions bientôt et elle me recommandait de « *ne pas oublier Beethoven* ». Elle faisait allusion de manière codée aux émissions clandestines de la France libre. Elle voulait dire, « *Ici la France libre* », formule ouvrant toutes les émissions, et « *On les aura, les Boches* », formule qui les terminait.

Après l'avoir relue de nombreuses fois, je finis par m'endormir avec la lettre sur ma poitrine.

J'eus un instant de panique en sentant qu'on me secouait. Par chance, ce n'était que Robert Bloch. Il avait vu la lettre de Sonia ; je ne pouvais donc plus garder secrète notre correspondance. De toute façon, j'éclatais tellement de joie que j'étais content de partager mon émotion avec un ami. Bloch fut très touché. Je lui montrai la lettre. « Une fille épatante, ta femme ! » dit-il en la terminant. Il soupira ; il se demandait ce qu'était devenue sa propre femme. Il espérait que le fait de n'être pas Juive lui sauverait la vie.

— Je suis très heureux pour toi, dit-il en me quittant.

J'étais sur un petit nuage pendant deux jours, ce qui ne m'empêchait pas de réfléchir à ma réponse à Sonia. Il me fallait des expressions codées, tout en gardant un sens dans le contexte de ma lettre, pour communiquer à Sonia toutes les informations qu'il aurait été dangereux de coucher sur le papier telles quelles. Je pourrais par ce moyen raconter à Sonia tout ce qui m'était arrivé depuis notre séparation.

Je fis également parvenir une note à Maria Cielack pour lui annoncer l'excursion prévue à l'hôpital de la ville. Je lui demandai l'adresse de son magasin pour le cas où j'arriverais à soudoyer mes gardes SS pour qu'ils m'emmènent la voir.

Le lendemain, Vloka apporta les fournitures indiquées par Bela ainsi que le stérilisateur avec lequel je devais aller à l'hôpital le matin suivant. Pour mes échanges au marché noir de ce jour-là, on m'avait remis diverses monnaies étrangères et deux bridges, l'un en or l'autre en *wipla*, un alliage dentaire allemand qui ressemblait au platine. Je gardai dix dollars par-devers moi pour soudoyer les SS le lendemain, mais je réussis à combler ce déficit en convainquant Vloka que le bridge de *wipla* était du platine.

En prévision d'une éventuelle rencontre avec Maria Cielack, j'écrivis une lettre à destination de la France, qu'elle posterait pour moi. C'était en fait une lettre à l'intérieur d'une autre. La première était adressée à une infirmière avec qui j'avais travaillé à Nice ; je lui demandais d'envoyer la seconde en poste restante à Mme Billard, laquelle se chargerait de la faire parvenir à ma mère ; je lui demandais également de me faire savoir par un mot adressé à Maria Cielack à Laurahutte que ma lettre était arrivée à bon port.

A huit heures, le lendemain matin, mon « escorte » et moi-même étions prêts à partir pour l'hôpital de la ville. Le bruit des lourdes portes de métal se refermant derrière moi me donna presque le vertige tant était forte l'illusion de liberté. Tout le long du chemin, je réfléchissais au meilleur moyen de soudoyer mes gardes pour qu'ils me conduisent au magasin de chaussures de Maria Cielack.

En arrivant à l'hôpital, un de mes gardes demanda à l'autre s'il pouvait aller chez lui un court moment. L'autre, qui savait que je ne tenterais pas de m'évader, accepta. Après avoir remis notre stérilisateur à l'infirmière, nous nous assîmes sur un banc dans le couloir. Les gens nous regardaient comme si nous débarquions d'une autre planète : un homme grand et maigre avec un drôle d'uniforme rayé et un SS prêt à dégainer. Quelques minutes s'écoulèrent. Le moment était venu d'essayer.

— Vous savez, dis-je, il y a une femme qui vous payerait cher si vous m'emmeniez chez elle. Elle tient une cordonnerie et personne ne trouverait bizarre de nous y voir.

J'attendis. Il réfléchit un instant, puis il demanda à l'infirmière combien de temps durerait la stérilisation.

— Au moins deux heures, répondit-elle.

— Bon, me dit-il. Allons-y. Mais tu n'as pas intérêt à me faire une entourloupette !

Je lui donnai l'adresse de Maria Cielack.

Apparemment, il n'y avait personne dans la boutique lorsque nous arrivâmes. Elle craignait peut-être que l'on nous vît ensemble. Le garde frappa à la porte. On ouvrit, et je me trouvai face à la charmante personne vue en photo. Aucun mot ne peut décrire ce que j'éprouvais d'être aussi près d'une femme après tant de temps. Sans rien dire, je pris sa main pour la baiser. Elle avait la peau très douce et légèrement parfumée. Moi, Albert Haas, qui n'étais jamais à court de mots, étais soudain muet comme un adolescent à son premier rendez-vous galant. Manifestement sensible à ma maladresse et à l'étrangeté de la situation, le soldat SS se balançait d'un pied sur l'autre d'un air gêné.

Maria nous invita en allemand à la suivre dans l'arrière-boutique. Il y avait là une table, des chaises et de grands sacs rangés dans un coin. Nous nous assîmes. Elle sortit du vin, du pain et des morceaux de viande froide. Alors seulement je retrouvai l'usage de la parole. Où étaient donc les employés de la boutique ? Le magasin n'ouvrait que trois jours par semaine, et celui-ci était un jour de fermeture. Les yeux plissés, le SS ne nous lâchait pas du regard. J'arrivais à peine à avaler ma nourriture. Tout à coup, Maria lui demanda s'il aurait la très grande gentillesse de nous laisser seuls. A mon grand étonnement, il accepta après s'être assuré qu'il n'y avait aucune autre issue dans l'arrière-boutique. Maria lui donna la bouteille de vin et il sortit.

Elle s'assit, approcha sa chaise et déposa un tendre baiser sur ma joue. Elle me demanda ensuite les circonstances de mon arrestation. En lui racontant mon histoire, je me rappelai soudain la lettre destinée à l'infirmière de Nice. J'expliquai à Maria que ce n'était qu'une lettre pour faire savoir à ma mère que Sonia et moi étions vivants. Elle promit de la poster et de me faire parvenir la réponse dès réception.

Je me sentais de plus en plus mal à l'aise. D'être près d'elle ainsi éveillait tous mes sens ; en dépit de la torture, je restais un homme capable d'éprouver du plaisir et de l'émotion en compagnie d'une femme. Je me penchai vers elle, comme hypnotisé ; mon regard glissa de ses yeux à ses lèvres. Je perdis mon sang-froid. Je la pris dans mes bras et l'embrassai. Il n'y avait alors plus rien au monde que la chaleur et le parfum de son corps contre moi. L'extase et la souffrance se mêlaient. Je me sentais si vivant ! Elle se libéra lentement de mes bras, baisa mes yeux et dit :

— La prochaine fois que vous viendrez ici, je vous cacherai et vous aiderai à vous évader.

Elle avait déjà aidé plusieurs détenus à s'enfuir, me confia-t-elle à mi-voix.

Le garde frappa à la porte. C'était fini. Il fallait partir. Elle donna un petit paquet de friandises au garde et un autre pour moi. Je lui glissai dans la main les dix dollars presque oubliés au fond de ma poche ; elle me lança un coup d'œil interrogateur ; je lui dis que c'était pour la nourriture. Elle vérifia que personne ne nous voyait sortir dans la rue, et nous partîmes.

De retour à l'hôpital, nous récupérâmes le stérilisateur et l'autre garde nous rejoignit peu après. Au camp, j'annonçai à Bela que les instruments étaient stérilisés et prêts à l'usage.

Vloka fit son apparition le lendemain matin pendant l'appel. Il était à peine six heures. Il me fit sortir du rang pour m'emmener dans la salle d'opération. Nous mîmes tout en place pour l'avortement prévu pour le dimanche suivant. Personne ne devait voir la jeune fille entrer ni sortir. Toutes les baraques seraient temporairement fermées à clef, toutes les fenêtres occultées à la peinture.

Le bruit qu'on allait fermer les baraques se répandit presque immédiatement. Les détenus pris de peur commencèrent à s'agiter. Les Hongrois venant d'autres camps savaient que l'on fermait toujours les baraques dans la journée précédant un départ en masse pour les chambres à gaz. Le jour où l'on peignit les fenêtres, les Hongrois affolés contaminèrent tout le camp. Ils firent le récit des massacres dont ils avaient été témoins. Certains avaient même vu des cas où les provisions de gaz étaient insuffisantes pour le nombre de victimes, lesquelles perdaient seulement connaissance. On entassait alors les corps des victimes étourdies, certaines encore conscientes, avec parmi elles des enfants, dans une énorme fosse, on les arrosait d'essence avant de mettre le feu. Leurs cris continuaient de hanter la mémoire des témoins, dont les récits semaient la panique dans tout le camp.

Je m'efforçais de calmer mes camarades. Je leur rappelais que nous étions dans un petit camp de travail. Ils me regardaient avec des visages fermés. Je leur fis remarquer qu'il n'y avait pas de chambre à gaz à Laurahutte. Ils avaient le sentiment que je les trahissais. Ils étaient persuadés que les soldats SS allaient jeter des boîtes de gaz dans les baraques. Un samedi matin, deux rescapés des camps de la mort se suicidèrent. Les détenus assiégeaient l'infirmerie ; ils demandaient l'asile en échange d'or et d'argent. Je continuais de leur affirmer qu'il n'y avait aucun danger. Ils ne me croyaient pas. Ils me supplièrent de leur donner du poison pour ne pas être brûlés vifs.

La situation nous échappait totalement. Après avoir brièvement débattu, nous optâmes pour la solution proposée par Bloch. Nous préparâmes des paquets d'aspirine et de laxatifs que nous distribuâmes en affirmant qu'il s'agissait de poison. Le peintre qui fabriquait les abat-jour décora chaque paquet d'une tête de mort avec deux os croisés et les mots « Danger ! Poison ! ». Nous fîmes promettre aux détenus de n'utiliser le poison que pour le cas où on les ferait sortir des baraques manu militari. Le vent de panique ne s'apaisa pas pour autant.

Les supports de jambes furent livrés le samedi après-midi. Vloka m'annonça que la jeune fille arriverait dans la cuisine des SS d'où je la conduirais immédiatement en salle d'opération. Tout en m'occupant de mes patients dans l'après-midi, je me demandais à quoi elle pouvait ressembler. J'imaginais une jeune personne arrogante et méprisante. La fille d'un commandant SS ne pouvait qu'être imprégnée de la propagande nazie sur la race supérieure.

Le dimanche matin, à dix heures, Vloka vint me chercher à l'infirmerie. Arrivé dans la cuisine des SS, je cherchai du regard une jeune femme déguisée en soldat. La pièce était vide. Tout à coup une porte s'ouvrit ; vint vers moi une jolie jeune femme aux yeux bleus et aux cheveux noirs ; elle était habillée avec simplicité et bon goût. Elle tendit la main. « *Guten Tag, Herr Doktor*. Heureuse de vous rencontrer. » Je ne m'attendais certes pas à une personne aussi charmante et polie, aussi peu imbue d'elle-même.

Je me mis à transpirer ; j'étais mal à l'aise et ne savais pas de quoi lui parler. Pour la première fois depuis que j'exerçais cette profession, ce fut ma patiente qui s'efforça de me mettre à l'aise. Avec gentillesse et naturel, elle m'interrogea sur moi-même ; depuis quand étais-je incarcéré, et pourquoi ? J'ignorais ce qui avait motivé mon arrestation puisque, fis-je remarquer, j'étais innocent des charges retenues contre moi. Je faillis éclater de rire, car n'est-ce pas ce que proclame tout criminel ? Ma jeune patiente me souhaitait de retrouver vite ma liberté ; ainsi pourrais-je démentir les vilaines rumeurs courant sur les camps de concentration. Elle savait par son père que les détenus étaient bien traités, même les Juifs dont on ne séparait pas les familles. Je la regardais avec incrédulité ; pouvait-on être aussi naïf ? Elle continua de bavarder de cette manière propre aux jeunes de son âge. Elle ne me parut pas le moins du monde anxieuse, jusqu'au moment où je m'aperçus qu'elle parlait de tout sauf de l'avortement. Elle avait très peur, en fait.

Elle devint silencieuse dès notre entrée dans la salle d'opération. Ses traits se tendirent quand elle vit la table équipée de supports de jambes. J'étais désemparé. Aujourd'hui encore, je souris en me revoyant là, devant cette jolie jeune fille à qui je n'osais pas demander de se déshabiller ! Nous étions face à face, raides comme des piquets. Moi, le médecin qui trouvais toujours les mots capables de rassurer mes patients, j'étais ce jour-là sans voix. Je finis néanmoins par briser le silence :

— Voulez-vous un verre d'eau ?

Il me fallait lui expliquer ce qui allait se passer. Je lui demandai soudain si je pouvais l'appeler Tina. Elle accepta en riant ce prénom temporaire. Impossible de savoir comment elle s'appelait, bien sûr, mais tout semblerait trop impersonnel si elle restait sans nom. Pourquoi Tina ? Il n'y avait pas de raison particulière. Le nom m'était venu à l'esprit comme ça, à cause peut-être de « Titine », la fameuse chanson de Maurice Chevalier.

J'expliquai à Tina que j'allais l'anesthésier en sorte qu'elle ne souffrirait pas. Je lui ôterais ses vêtements quand elle serait endormie si cela la gênait de le faire devant moi. Elle était beaucoup plus à l'aise que moi puisqu'elle déclara qu'elle se déshabillerait si je lui donnais un drap et tournais le dos. Je décidai de la laisser seule un moment et lui recommandai de vider sa vessie et ses intestins pendant mon absence. Elle me surprit en me répondant que suivant le conseil d'une amie, elle avait pris un laxatif et était allée aux toilettes avant de venir.

Bela et Vloka attendaient dehors. Je proposai d'injecter une dose légère d'Evipan avant d'appeler le gynécologue pour qu'il prît le relais. A mon retour, ma patiente était déjà sur la table d'opération et recouverte par le drap. Elle était vraiment ravissante avec ses yeux bleus si profonds et son épaisse chevelure noire. Une vraie beauté juive, me dis-je, un peu amer. Je préparai la seringue, l'éther et le masque.

J'ouvris le stérilisateur et alignai fournitures et instruments. Elle suivait mes mouvements avec curiosité. Je lui demandai de tendre le bras pour l'injection. Son geste fit glisser le drap, révélant ses seins ronds et fermes. Mes doigts se mirent à trembler. Impossible de détacher les yeux de sa poitrine. J'étais horriblement gêné. J'essayais vainement de concentrer toute mon attention sur le garrot. Elle dut sentir mon attirance parce qu'elle fit un mouvement pour replacer le drap. Je finis par le lui remonter moi-même jusqu'au cou. Grâce à sa veine proéminente, l'injection fut facile malgré mes mains un peu tremblantes. Elle commença le compte à rebours à cent et s'endormit avant d'avoir atteint quatre-vingts.

Je sortis prévenir Bela Robert que la patiente était prête. Vloka voulait entrer avec nous. J'étais consterné. Il mourait d'envie, disait-il, d'assister à un curetage. Mais à mon avis, c'était plus l'anatomie de la jeune fille que l'opération en elle-même qui l'intéressait. Je lui fis remarquer qu'il n'avait pas de blouse stérile et que nous entrerions tous dans la chambre à gaz main dans la main si une infection se déclarait. Pour me débarrasser de lui une bonne fois pour toutes, je lui promis, stupidement, d'arranger d'autres avortements pour lui. Ce serait chose facile à présent que nous avions le matériel nécessaire. Il pourrait y assister aussi souvent qu'il voudrait. Vloka se résigna à attendre dehors tandis que Bela me suivait dans la salle d'opération.

Bela tira la jeune fille vers le bout de la table. Il plaça et attacha ses jambes tandis que j'administrais l'éther au moyen du masque. Il sortit la racine abortive de son tube de verre et inséra le dilatateur dans le col de l'utérus. Soudain, il s'arrêta avec un sifflement étonné. Je craignis un problème.

— Ça alors, dit-il. Elle est pleine de sperme. Elle a eu des relations ce matin même !

Après avoir nettoyé le sperme, il l'examina. Elle était enceinte de dix à douze semaines et le moment était propice à l'avortement. Puis il introduisit la racine dans le col. Il ôta ses gants, me dit d'interrompre l'anesthésie et de le rappeler quatre heures plus tard.

Je libérai les jambes de la jeune fille et la remis allongée sur la table. Elle ouvrit les yeux au moment où je la recouvrais. Elle eut d'abord l'air désorientée, puis elle éclata en sanglots. Après quelques minutes, elle se calma et demanda si tout était fini. Je lui expliquai qu'il faudrait attendre quatre heures avant de terminer l'intervention. Elle se sentait somnolente à cause de l'anesthésie et avait envie de dormir. Je lui proposai de rester à son chevet pour lui éviter de basculer de la table dans son sommeil. Avait-elle faim ou soif ? Elle me répondit non. Éprouvait-elle un malaise ? Elle ne répondit rien. Elle dormait déjà.

Je m'assis, les yeux fixés sur le visage de cette jeune fille énigmatique. Quelle situation étrange que la sienne ! Elle n'était visiblement pas cette enfant gâtée d'un commandant SS à laquelle je m'attendais. J'imaginais mal son père la violant réellement, mais je ne comprenais pas mieux comment cette jeune fille intelligente et bien élevée pouvait entretenir une relation incestueuse, et cela apparemment sans trace de culpabilité.

Plongé dans mes pensées, je ne m'aperçus pas tout de suite qu'elle me parlait. Elle avait les yeux ouverts et me scrutait, depuis un long moment sans doute. Qu'est-ce qui me donnait l'air si songeur ? Je répugnais à répondre, mais malgré cela, je m'entendis demander :

— Comment se fait-il qu'une belle jeune fille comme vous puisse entretenir une relation amoureuse avec son père ? Vous a-t-il violée ?

Elle émit un petit bruit de gorge.

— En quelque sorte, dit-elle.

Je pris soudain conscience du risque que je prenais. Je mettais en danger la vie de tous les détenus travaillant à l'infirmerie si son père venait à apprendre mon indiscrétion. Je lui dis d'oublier ma question et lui expliquai pourquoi. Elle fut très surprise que je puisse penser qu'elle en parlerait à son père.

— Vous pouvez demander, dit-elle. Je n'ai rien à cacher.

J'étais surtout intrigué par l'attitude de sa mère. Pensais-je vraiment que cela se serait produit du vivant de sa mère ? Et elle me raconta son histoire.

Sa mère était morte quand elle avait onze ans. Son père semblait inconsolable. Chez lui, il passait le plus clair de son temps enfermé dans sa chambre. C'était un foyer triste, et elle connut bientôt des difficultés à s'endormir. Une nuit d'insomnie, alors qu'elle venait d'avoir douze ans, elle était particulièrement anxieuse, et elle alla chercher du réconfort auprès de son père. Elle l'entendait marcher de long en large derrière sa porte. Elle frappa et lui demanda l'autorisation de dormir avec lui parce qu'elle avait peur. Elle s'endormit pelotonnée dans ses bras. Elle se réveilla en sursaut. Elle avait les cuisses écartées et son père allongé au-dessus d'elle émettait des bruits bizarres. Elle était muette de frayeur. Elle subit plusieurs viols cette nuit-là et finalement s'endormit. Elle pensa avoir rêvé tout ce qui s'était passé en se réveillant dans son lit à elle ; puis elle se mit debout ; elle avait une douleur entre les jambes et du sang sur les cuisses. Son père était parti et ne rentra pas chez lui pendant plusieurs jours. Elle dormit dans son lit à lui chaque soir de cette semaine-là ; elle se sentait très malheureuse et responsable de l'absence de son père.

La nuit où il revint, elle se réveilla alors qu'il se déshabillait. Elle éprouva un très fort désir pour lui. Lorsqu'il entra dans le lit, elle releva sa chemise de nuit et attira son père vers elle. Depuis elle avait passé toutes les nuits avec lui. Il avait toujours utilisé des moyens contraceptifs mais il était rentré un peu ivre d'une fête le soir du nouvel an. Elle avait toujours eu plaisir à faire l'amour avec lui et elle se languissait de lui pendant ses absences.

L'aimait-elle ? Elle m'assura que oui.

— Il est beau. C'est un amant merveilleux et une personne pleine de délicatesse. Je suis seulement triste de ne pouvoir lui donner d'enfant. Il serait un si bon père !

On aurait dit qu'elle n'avait jamais été sa fille ; elle avait complètement abandonné son identité en tant que telle. Ils vivaient comme mari et femme. Je lui aurais volontiers suggéré de rencontrer un psychiatre, mais ce conseil aurait pu me coûter la vie. Je gardai le silence, essayant de mettre de l'ordre dans mes pensées. J'étais moins choqué qu'au début. Je connaissais la légende d'Œdipe et cela me rendait peut-être cette histoire du XXe siècle un peu plus acceptable sinon compréhensible.

Un silence tendu s'était installé ; je la regardai. Elle avait les yeux fermés. Elle ne paraissait pas plus de douze ans ainsi. Puis je vis les larmes ruisselant sur ses joues. Je n'avais pas de mouchoir. J'essayai de sécher ses larmes avec un morceau de gaze. Alors elle ouvrit les yeux. Une grande tristesse dans la voix, elle dit :

— Je suis désolée.

Il était temps de terminer l'avortement. Comme je la préparais, le drap glissa de nouveau. Je fis un effort violent pour refréner l'émotion qu'éveillait la vision de son corps nu. Ce n'est qu'une pauvre enfant, voulais-je me convaincre. Elle aussi semblait gênée ; elle saisit nerveusement un coin du drap pour le replacer sur elle. Elle mit son bras sur ses yeux. Après ce que j'avais souffert aux mains des Allemands, j'étais stupéfait d'éprouver tant de compassion pour la fille du commandant d'un camp de concentration.

J'injectai l'Evipan et appelai Bela dès qu'elle fut endormie. Trois quarts d'heure plus tard le curetage était terminé. Bela repartit et je fis à la jeune fille une injection de Rubiasol pour prévenir les risques d'infection. Lorsqu'elle se réveilla, je lui expliquai que je lui avais administré un médicament qui colorait les urines en rouge, et qu'elle ne devait pas s'en effrayer. Je confectionnai un épais tampon d'ouate roulé dans de la gaze et le plaçai dans sa culotte pour absorber le sang. Elle se reposa pendant environ une heure et demie ; puis elle demanda quelque chose à manger. Je lui recommandai de s'habiller pendant que j'allais à la cuisine. Vloka me donna pour elle du pain, de la margarine et du thé.

A mon retour, elle était habillée, assise sur la chaise, la tête appuyée sur la table. Elle avait été prise de vertige en enfilant ses vêtements. Elle commença à manger lentement, mais tout à coup elle s'interrompit. Elle voulait savoir à quoi ressemblait le fœtus.

— C'était une fille ou un garçon ?

Je ne l'avais pas vu ; alors je biaisai en disant qu'on ne pouvait pas encore déterminer le sexe à ce stade de développement.

J'avertis Vloka qu'elle pouvait partir dès qu'elle se sentit un peu plus ferme sur ses jambes. Il donna pour consigne de la ramener par la cuisine SS. Elle ne prononça pas un mot jusqu'au seuil de la porte ouvrant sur l'extérieur. Là, elle me remercia et me souhaita de retrouver bientôt ma famille. Puis elle disparut.

Je regagnai la salle d'opération ; je restais préoccupé par l'attitude de Tina. Pourquoi m'avait-elle parlé aussi ouvertement de sa liaison avec son père ? N'avait-elle personne d'autre avec qui partager des sentiments trop forts pour elle seule ? Ou était-ce une manière de m'exprimer sa sympathie ? Une manière de me dire que nous sommes tous prisonniers de notre passé ? Ou alors c'était l'effet de l'anesthésie qui aurait fait tomber temporairement ses défenses ? N'allait-elle pas ensuite regretter ces confidences ? J'ignorais le motif profond qui l'avait poussée à se confier à moi, mais je savais que son père était par sa conduite consciemment et délibérément responsable du trouble affectif de cette enfant.

Le silence inhabituel qui régnait dans la cour me détourna de mes pensées. Les détenus auraient dû être dehors à présent que tout était terminé. Je me hâtai de regagner les baraques. Là, le chef de bloc m'annonça qu'une épidémie de dysenterie inexplicable s'était soudain répandue parmi les détenus. On les voyait tous en ligne devant les latrines. Le chef de bloc les observait avec perplexité. Moi aussi... jusqu'au moment où je compris ! Vloka avait décidé de reporter le déjeuner après le départ de la jeune fille. Il avait ordonné d'attendre son signal avant de le distribuer, mais il avait oublié d'avertir les prisonniers que leur repas serait retardé. Ne voyant pas leur soupe venir à l'heure habituelle, les prisonniers s'étaient convaincus qu'un gazage de masse se préparait. Ils avaient tous pris leur « poison » et ceux qui avaient reçu les laxatifs faisaient la queue devant les latrines.

Les événements prenaient un tour inattendu, qui eut pour moi des conséquences fâcheuses. Les prisonniers s'aperçurent vite que je n'avais pas menti en disant qu'il n'arriverait malheur à personne ; ils comprirent en revanche que je les avais trompés au sujet des poisons. Ils prirent ma supercherie pour une plaisanterie sadique ; rien ne sut combler le fossé que cette affaire avait creusé entre eux et moi. D'avoir ainsi perdu la confiance de mes camarades attrista tout le reste de mon séjour à Laurahutte.

Vloka nous apporta en remerciements une boîte pleine de médicaments, ce qui ne représentait sans doute qu'une part infime de ce que lui-même avait reçu pour avoir facilité l'avortement. Ce paquet n'en était pas moins une véritable mine d'or. Je fis l'inventaire de son contenu, qui comprenait même de l'huile de foie de morue. D'après les étiquettes collées sur les récipients, tous ces produits venaient d'une pharmacie juive de Hongrie. Qu'était-il advenu du pharmacien qui gardait en réserve ces médicaments pour le bien de sa communauté ?

Je n'osais pas demander à Vloka des nouvelles de Tina, à qui nous devions, j'en étais persuadé, tant de générosité. Mais peut-être pensai-je cela uniquement parce que j'avais besoin de croire que quelqu'un « là-bas dehors » éprouvait de la compassion pour nous ? Une illusion, peut-être, mais que je ne tenais pas à dissiper, car ma santé mentale en dépendait, tout simplement.

Un mois plus tard, Vloka me remit une enveloppe contenant quelques mots de remerciements et un petit mouchoir avec « Tina » brodé dans un coin. Par ce petit mouchoir, un souvenir touchant du morceau de gaze avec lequel j'avais séché ses larmes, la jeune fille me prouvait sa reconnaissance, sa confiance et sa sympathie. J'en fus profondément ému.

18

A la fin de l'hiver 1944, les Russes ne cessaient de progresser sur le front est. Les camps de concentration qui se trouvaient sur leur route avaient été abandonnés, et les détenus exterminés ou transférés dans d'autres camps. Tant que durèrent ces transferts, notre marché noir fut alimenté de façon continuelle. Nous en étions venus à nous habituer à cet arrivage journalier de nouveaux détenus avec leur argent et autres biens. Mais à la fin du printemps, lorsque les Russes eurent atteint Varsovie, les évacuations cessèrent. Plus un visage nouveau à Laurahutte. Le filon s'épuisait.

Un jour, je dus refuser la nourriture et les médicaments que nous apportait Vloka. Je n'avais plus rien à lui offrir en échange.

— Continuez donc à les accepter, me répondit Vloka en souriant. En échange, laissez-moi seulement assister au prochain avortement.

J'étais anéanti. Je n'avais jamais pensé qu'il pût prendre au mot ma promesse hâtive. Malheureusement, Vloka était bien décidé à exploiter à fond cette nouvelle possibilité. J'étais acculé. Je dus parvenir à un compromis. A chaque intervention, Vloka s'engageait à ce que l'un d'entre nous aille faire stériliser les instruments à l'hôpital, et il s'engageait également à nous rétribuer généreusement en nourriture, pansements, gaze, antiseptiques et médicaments divers qu'il pourrait se procurer.

Je n'en étais pas moins extrêmement réticent. Je tentai

de gagner du temps en lui disant qu'il fallait que j'en parle à mes confrères. J'informai Bloch et Bela du tour déplaisant que prenaient les choses. Eux non plus ne voyaient pas comment se sortir de ce guêpier. Nous ne pouvions que céder au chantage.

Vloka nous amena notre nouvelle patiente à neuf heures du soir le jour convenu. L'intervention eut lieu aussitôt et Vloka y assista du début à la fin. J'espérais que cette expérience lui suffirait, mais elle ne fit qu'aiguiser son appétit. Il devait également empocher une somme rondelette pour ses services.

Nous dûmes poursuivre nos avortements. Notre seul réconfort tenait dans la nourriture et les médicaments que nous pouvions distribuer à nos camarades. Nous baptisâmes la clinique d'avortement de Vloka la « fabrique d'anges ». Outre les rétributions en nature, nous pûmes également faire hospitaliser les prisonniers les plus malades ou les plus affaiblis à l'infirmerie, où le repos et une meilleure nourriture leur permettaient d'échapper pour quelque temps à leur envoi vers des camps plus durs. Dans ces camps-là, la chambre à gaz les attendait immanquablement. Grâce à Vloka, nous pouvions aussi faire transférer les patients requérant une intervention chirurgicale délicate à l'infirmerie centrale d'Auschwitz, bien équipée, et... les récupérer. Bien que dans la clinique d'avortement de Vloka nous mettions un terme à des vies potentielles, nous pouvions aussi sauver la vie de nombreux prisonniers. En fin de compte, ce marché nous parut justifié.

Lorsque je me rendais à l'hôpital de la ville pour la stérilisation des instruments, j'hésitais toujours à rendre visite à Maria Cielack. D'un côté, le désir d'une femme n'avait cessé de me hanter depuis que j'avais vu Tina sur la table d'opération, et je n'étais pas sûr de mes réactions la prochaine fois que je verrais Maria. D'un autre côté, et aussi étrange que cela puisse paraître, j'avais peur de céder à la tentation de m'enfuir. J'étais sûr que les Russes n'allaient pas tarder à arriver. J'imaginais que les SS abandonneraient tous les camps de notre région et que dans le chaos qui en résulterait je pourrais rejoindre Sonia. Je décidai d'éviter les deux tentations et de ne plus revoir Maria.

Les nouvelles qui nous parvenaient de la progression des troupes russes étaient spectaculaires. Je me voyais déjà retrouvant Sonia. Nous entretenions une correspondance suivie, décrivant avec force détails la vie dans nos camps respectifs, mais je tus soigneusement toute allusion à la fabrique d'anges. Dans l'une de mes lettres, je demandai à Sonia si elle possédait de nouvelles informations sur la situation militaire. Elle ne savait rien de particulier. Ses occupations au camp lui avaient permis de lire le *Völkische Beobachter* (ce même journal que m'avait donné le prêtre à Munich), mais les SS, brusquement, n'avaient plus voulu la laisser le lire. Il devait se passer quelque chose d'important.

Je n'oublierai jamais cette date du 6 juin 1944, jour du débarquement en Normandie.

Tôt ce matin-là, je fus appelé d'urgence à l'usine du camp. L'atmosphère qui y régnait me parut tout à fait inhabituelle. Les ouvriers allemands discutaient entre eux avec fébrilité. Assis dans un bureau vitré, le directeur et deux officiers SS arboraient des visages sombres. Les ouvriers français du STO, en revanche, montraient des mines réjouies. Un jeune Juif français était allongé au milieu d'eux, apparemment inconscient. Il avait la face tuméfiée. Du sang coulait d'une large blessure au cuir chevelu. Je me demandais comment il avait pu faire pour se blesser, puisque les machines n'étaient pas encore en marche. Le commandant Quackenacker arriva sur mes talons et rejoignit le petit groupe qui se tenait dans le bureau du directeur. Personne ne m'offrit la moindre explication.

Le jeune homme ouvrit les yeux et s'efforça de parler. Je me penchai et parvins à comprendre les quelques mots qu'il soufflait : « Ils arrivent, ils arrivent. » Je pensais qu'il craignait le retour de ceux qui l'avaient mis dans cet état. Je demandai alors au directeur et aux officiers l'autorisation de le faire transporter à l'infirmerie. Pas de réponse. Les quatre hommes avaient l'oreille rivée au poste de radio où un présentateur annonçait que les forces alliées avaient débarqué en trois endroits de la côte normande. Mon cœur se mit à battre plus vite.

D'un ton irrité, Quackenacker me demanda ce que je voulais ; il me donna alors l'autorisation demandée et me congédia. En quittant le bureau, j'eus le temps d'entendre le présentateur annoncer que les Alliés seraient repoussés dans les vingt-quatre heures.

Les trois prisonniers qui m'aidèrent à transporter le

blessé jusqu'à l'infirmerie m'expliquèrent ce qui s'était passé. Il ne s'agissait nullement d'un accident du travail. Le jeune homme, qui comprenait l'allemand, se trouvait près du bureau du directeur lorsque la radio avait annoncé le débarquement allié. Il annonça alors la nouvelle en hurlant de joie. Fou furieux, le directeur de l'usine se mit alors à le frapper avec un lourd morceau de métal. Il l'aurait tué si les gardes n'étaient pas intervenus. Je me rendais compte, lentement, que vu la façon dont les choses étaient présentées à la radio, les Alliés n'avaient pas été repoussés. En outre, si ce débarquement n'avait pas constitué une réelle menace, la réaction du directeur de l'usine n'aurait pas été aussi violente. Il ne s'agissait rien moins que d'une invasion. Les Allemands se trouvaient dans un sacré pétrin !

Je suturai la plaie à la tête du jeune blessé, posai sur son nez cassé un pansement de coton et de sparadrap et lui arrachai ses quatre dents cassées. Je remerciai le ciel pour notre fabrique d'anges qui nous permettait de disposer de matériel stérile.

Le lendemain, je reçus une lettre de Maria Cielack, écrite à la hâte. Elle m'annonçait le débarquement allié et la désintégration du dispositif militaire allemand, et m'affirmait que notre libération était proche. Elle se proposait également de me faire connaître par signes, depuis sa fenêtre, les principales informations diffusées par les radios clandestines. Elle réitérait son offre de m'aider à fuir et terminait sa lettre par un « tenez bon ! » des plus encourageants.

Le lendemain, un affût de canon tomba « accidentellement » sur le directeur de l'usine, le tuant sur le coup. L'affaire fut considérée comme un accident du travail et il n'y eut pas de représailles. Quelques jours plus tard, je réussis à mettre la main sur un exemplaire du *Völkische Beobachter* introduit clandestinement au camp. Les Alliés avaient percé les lignes de défense allemandes et poursuivaient leur avance ; tout cela, bien entendu, devait être compris comme un repli tactique décidé par le haut commandement nazi.

Tous les matins et tous les après-midi, Maria me transmettait par signes les nouvelles captées sur les radios clandestines. Je ne comprenais pas tout, mais elle réussit à me faire savoir que les Alliés avançaient sur tous les fronts. La défaite allemande n'était plus qu'une question de temps. Mais maintenant que la délivrance semblait proche, les doutes m'assaillaient : Sonia et moi allions-nous survivre à cet enfer, allions-nous nous retrouver ? On racontait que pour effacer toute trace des crimes commis dans les camps, Himmler avait décidé de procéder à une extermination massive des détenus. Nous avions l'impression de vivre une course contre la montre.

L'été touchait à sa fin et nous n'avions pas encore été libérés. Certains gardiens, pourtant, semblaient se préparer en secret à la prochaine défaite de l'Allemagne. Un jour de septembre, Vloka vint me voir ; il semblait particulièrement nerveux. Il me demanda une déclaration écrite signée de moi et des malades de l'infirmerie, certifiant qu'il les avait bien traités. Je lui répondis que j'essaierais. C'est alors qu'à haute voix, je me demandai pourquoi cela faisait déjà un certain temps que je n'avais pas reçu de nouvelles de Sonia. Vloka se frappa le front. Cela faisait une semaine qu'il gardait sur lui une lettre de Sonia. Tellement préoccupé par ses propres problèmes, il avait oublié de me la remettre. Soulagé, je partis lire la lettre dans ma chambre.

Sonia était très inquiète. Elle avait découvert que la Gestapo d'Auschwitz étudiait mon dossier. Le jour même où elle m'écrivait cette lettre, un agent de la Gestapo avait inscrit sur ma fiche : « A transférer au Bunker. » Ce qui voulait dire « interrogatoire ». Tous deux, nous savions que je ne survivrais pas à une autre séance de torture. Sonia m'écrivait cependant que je serais tranquille pendant quelque temps car la Gestapo avait fort affaire pour découvrir les instigateurs de la récente révolte des détenus d'Auschwitz. Les mutins n'avaient pas réussi à libérer le camp, mais à la grande fureur de la Gestapo et des SS, ils avaient détruit la chambre à gaz et le crématorium. Comme la Gestapo n'allait pas tarder à s'occuper de mon cas, elle s'était débrouillée pour me faire transférer vers un autre camp, situé en Autriche, du nom de Mauthausen, et qui avait la réputation de n'être pas trop dur. Elle regrettait bien sûr de ne pas pouvoir me retrouver dans un avenir proche, mais au moins, écrivait-elle, aurais-je ainsi une chance de survivre.

Mes espoirs étaient cruellement déçus. J'écrivis à Maria pour lui annoncer mon prochain transfert. Je la remerciai pour tout ce qu'elle avait fait pour moi, lui assurant qu'elle m'avait aidé à mieux supporter mes souffrances. Je lui donnai le pseudonyme et l'adresse postale de Mme Billard, qui saurait que j'avais survécu et où me trouver après la guerre. J'annonçai également la nouvelle à Bloch et à Bela. Pour leur propre sécurité, je voulais qu'ils continuent à faire fonctionner notre fabrique d'anges.

Trois jours passèrent sans que rien vînt déranger ma routine quotidienne. Le quatrième jour, Quackenacker me convoqua dans son bureau : je serais transféré l'après-midi même à l'infirmerie d'Auschwitz avant d'être envoyé dans un autre camp. Il me renvoya sans un autre mot. Je retournai dans ma chambre et détruisis toute ma correspondance. Le cœur serré, je déchirai en mille morceaux les lettres de Sonia. Ces lettres avaient été notre seul lien et j'avais l'impression de détruire une partie de mon être. Puis je détruisis les précieuses lettres de Maria, ce qui fut mon dernier acte d'amitié envers elle.

Vloka arriva sur ces entrefaites. Il était temps de partir. Il m'emmènerait lui-même à Auschwitz. Une dernière accolade avec mes confrères, et je quittai Laurahutte avec pour tous biens les vêtements que je portais sur le dos. J'avais la désagréable impression de quitter une existence relativement sûre et tranquille pour une destination inconnue et dangereuse.

Dans la voiture, Vloka se tenait à mes côtés. Avant de me souhaiter au revoir, il me tendit un paquet de cigarettes. Je fus surpris de découvrir de l'émotion dans son regard. Après tout, cet homme était capable de compassion.

Avant de me tendre le paquet de cigarettes, il me dit : « J'ai vu votre femme, elle va bien. Elle a toujours ses cheveux ; c'est une fille ravissante. »

Les femmes étant rasées dans les camps, Vloka m'indiquait à sa manière que Sonia occupait une position privilégiée et qu'elle avait de bonnes chances de s'en sortir vivante. Même prisonnière à Auschwitz, Sonia n'avait pas changé : elle avait su évaluer froidement la situation et la faire tourner à son avantage.

Je demandai à Vloka si je pourrais la voir, ne fût-ce qu'un instant. Il me répondit que c'était impossible. Les hommes et les femmes étaient détenus dans des zones séparées de ce camp immense, et toute tentative de ce genre serait immédiatement punie de mort. Etre si près d'elle et ne pouvoir la voir, quelle cruelle ironie !

Dès mon arrivée à Auschwitz, on m'annonça que je serais bientôt transféré au camp de Mauthausen, près de la ville de Linz, en Autriche. Mauthausen avait un besoin urgent d'un médecin prisonnier aryen. Je fus vacciné contre le typhus et devais recevoir un rappel la semaine suivante. Mais ce rappel, on ne me le fit jamais, car le lendemain, on appelait mon numéro pour le départ.

19

A nouveau un wagon à bestiaux. Cette fois-ci, je me trouvais en compagnie d'environ cinq cents Polonais. Nous étions répartis dans cinq wagons prévus pour accueillir, selon l'écriteau peint en grosses lettres à l'extérieur, « Huit chevaux ou quarante hommes ». Ni eau ni nourriture. Et il y avait à peine la place de loger la poubelle qui nous servait de seau hygiénique.

Il n'y avait pas la place de bouger et des bagarres éclatèrent car les gens ne pouvaient pas accéder au seau. Les prisonniers souffrant de dysenterie ne pouvaient se contrôler longtemps et l'odeur devient rapidement intolérable. La chaleur aussi était suffocante. J'avais soif. L'odeur devenait absolument insupportable.

J'avais appris de mes précédents convoyages qu'il valait mieux se tenir près du seau hygiénique et je devais donc assister aux défécations de tout le wagon. Il fallait faire attention car nous étions tellement secoués que parfois un homme perdait l'équilibre et manquait le seau. Mes efforts furent vains : je ne tardai pas à être souillé. Une fois que le seau fut plein, ce qui ne tarda guère, j'étais éclaboussé chaque fois que le train donnait un coup de frein un peu brutal.

Il y avait des cris, des gémissements. Je ne comprenais rien, car tout le monde autour de moi parlait polonais. Les gens suffoquaient. Personne ne pouvait s'asseoir. Je m'appuyais alternativement sur une jambe puis sur l'autre. Je regardai autour de moi : quelle terrifiante capacité à supporter la souffrance. Sonia se doutait-elle de ce qui m'arrivait ? Impossible. Ce convoyage dépassait l'imagination. J'essayais pourtant de me persuader que c'était encore préférable à une nouvelle séance de torture.

Vint la nuit. J'essayai de dormir debout. Nous étions si serrés qu'il n'y avait aucun risque de tomber ! Je dormis un petit peu en faisant des rêves embrouillés. Je sentis alors quelque chose de chaud couler le long de ma jambe. C'était un homme qui urinait contre moi. J'essayai de le repousser, mais il n'y avait pas de place. Les transports d'esclaves vers l'Afrique ressemblaient-ils à cela ? Mais les anciens trafiquants d'esclaves faisaient cela pour de l'argent, tandis que les nazis avaient pour but de nous tuer en plus grand nombre possible.

Des plaintes tout autour de moi. Des hommes criaient : *wodih* (de l'eau). Un autre appelait un médecin. Je ne pouvais bouger. Et puis qu'aurais-je pu faire, sinon dispenser des encouragements dans une langue que personne dans le wagon ne comprenait ? De toute façon, j'avais autant besoin qu'eux d'encouragement.

Le train s'immobilisa enfin. Au loin, j'entendis l'ouverture d'une porte. Le bruit se répéta, de plus en plus proche. Longtemps après, notre porte s'ouvrit. Un SS nous aboya l'ordre de descendre, et nous sautâmes du wagon, aveuglés par la lumière. Avant que nous fussions tous descendus, le seau se renversa et les moins rapides furent aspergés. En jetant un regard autour de moi, je constatai que nous étions moins nombreux que lors de l'embarquement. Je me soulageai la vessie, heureux tout de même de n'avoir pas été obligé de le faire dans mon pantalon.

De l'intérieur du wagon à bestiaux, une voix, en allemand, réclamait un médecin. Je m'approchai de la porte. Un SS m'ordonna de sauter à l'intérieur. Le sol était jonché de cadavres. On m'ordonna de les examiner. J'en comptai dix-sept, vraisemblablement morts d'asphyxie ou piétinés.

Le SS m'ordonna de les empiler dans un coin. Je tirai ainsi deux corps, puis, avec difficulté, en rajoutai deux autres. Au cinquième, j'étais épuisé et je dus me servir de mon dos pour le hisser en haut des autres. Les gardiens m'observaient, se demandant probablement si j'allais ou non y arriver.

Le sixième corps était très rigide, ce qui voulait dire qu'il avait dû être l'un des premiers à mourir, et il était donc particulièrement difficile à mouvoir. J'étais trop fatigué pour le soulever. Je réussis pourtant à le mettre debout et le poussai en haut de la pile. Au moment où je ramassais le suivant, ma pyramide de cadavres s'effondra, au grand amusement des SS. Quand ils eurent fini de s'esclaffer, ils ordonnèrent à d'autres prisonniers de m'aider dans ma tâche. Cette fois-ci, nous disposâmes les corps tête-bêche et les jambes allongées de façon à ce que la pile ne s'effondre pas.

On nous fit remonter dans les wagons. Cette fois, je pris soin de me placer un peu plus loin du seau hygiénique, de manière à ne pas être éclaboussé à chaque virage ou à chaque coup de frein. Un des Polonais se mit à parler à la cantonade, et mon voisin réussit à m'expliquer qu'il nous proposait de nous asseoir. Avec les dix-sept morts en moins, nous avions désormais la place de nous asseoir, les genoux ramenés sous le menton.

Une fois les portes fermées, la chaleur et la puanteur devinrent rapidement insupportables. Passe encore pour la faim, mais la soif nous tourmentait cruellement dans cette fournaise. Les cris commencèrent à fuser : *wodih, wodih, wodih.* J'avais la langue gonflée.

La nuit se passa au milieu des cauchemars et de moments de veille peuplés de cris et d'appels à l'aide. J'essayais, en vain, de déglutir. J'avais les lèvres sèches et douloureuses. Entre les planches du wagon, on apercevait de la lumière. Debout devant le seau, un prisonnier urinait dans sa main et buvait son urine. Je fermai les yeux. Lorsque je les rouvris, l'homme avait disparu. Était-ce une hallucination ?

Plus tard, le train s'arrêta dans un gémissement de freins. Les lumières clignotantes que l'on apercevait dehors indiquaient que l'on se trouvait dans une gare. Alors que notre attente se poursuivait, interminable, je remarquai l'odeur douce, écœurante, qui régnait dans le wagon ; cette odeur m'était familière : c'était celle de la chair en décomposition. Une à une, les portes s'ouvrirent. Des ordres : « Dehors, *schnell, schnell !* » Notre porte s'ouvrit, nous sautâmes.

Nous nous trouvions au milieu des ruines d'une gare bombardée. On nous fit aligner. Quatre prisonniers furent chargés de tirer un wagonnet contenant deux gros tonneaux. A tour de rôle, nous devions plonger un bol dans le récipient qui contenait de l'ersatz de café. Il fallait l'avaler sur-le-champ et laisser le bol pour le suivant. On nous distribua également un morceau de pain de cent vingt-cinq grammes environ. Je bus mon café goulûment, d'une traite, sans même respirer.

J'avais à peine avalé la première bouchée de pain qu'un SS appelait en hurlant le médecin du wagon. A l'intérieur, le sol était jonché de cadavres. Un des morts bondit soudain sur ses pieds, et avec un rire hystérique sauta du wagon. Il se mit à courir en zigzag le long du quai. Un SS cria : « *Halt !* » Mais le malheureux fou continuait de courir. Un coup de feu et il bascula en avant. Derrière moi, un SS m'administra un coup de pied en disant : « De toute façon, il était déjà mort. » Deux prisonniers ramenèrent le corps dans le wagon. Il restait encore vingt-sept cadavres étendus sur le plancher. Six prisonniers furent désignés pour m'aider. J'avais à peine mis la tête dehors pour respirer une goulée d'air frais, que les autres prisonniers recevaient l'ordre de remonter dans le wagon. On ferma les portes.

Il régnait une effroyable odeur de chair en décomposition. Nous étions là, hébétés, lorsque quelqu'un se mit en devoir d'organiser la répartition de l'espace où nous asseoir. Le silence régna un long moment, interrompu seulement de temps à autre par un long soupir. L'odeur me poursuivait, et j'aurais bien aimé la faire disparaître de mes mains. Je finis par uriner sur mes mains, mais l'odeur persista, aussi forte.

Quelques mots de polonais brisèrent le silence. Personne ne répondit. La voix n'en continua pas moins, interrompue de temps à autre par un éclat de rire : l'homme semblait heureux de parler ainsi tout seul. En allemand, quelqu'un demanda un médecin. Je tentai de m'approcher, mais après quelques pas, quelqu'un hurla que je lui marchais sur la main. Je retournai à ma place. Le Polonais se remit à parler, entrecoupant son monologue de chansons et de rires. J'entendis pleuvoir des coups. L'homme se mit à pleurer. En allemand, je demandai à mon voisin ce qui se passait. Dans un allemand hésitant, il me répondit : « Il a perdu l'esprit. » On entendait toujours des coups. L'homme se mit à supplier, puis le silence s'installa.

Je ne pouvais parler avec aucun de mes compagnons et cela ne fit qu'accroître mon désespoir et mon sentiment de solitude. Je me mis alors à siffler la chanson de Maurice Chevalier, *Titine*. A ma grande joie, deux de mes plus proches voisins reprirent avec moi le refrain. Je me mis alors à parler avec volubilité en français, en allemand et en hongrois. Je crois que si je n'avais pas parlé, j'aurais moi aussi perdu l'esprit.

Bien que personne autour de moi ne parlât aucune de ces langues, mon plus proche voisin semblait comprendre le besoin qui m'habitait. Il me répondit en polonais. Nous discutâmes ainsi, chacun dans notre langue, en nous souriant, signifiant par là que nous étions attentifs l'un à l'autre même si nous ne nous comprenions pas. Finalement, je récitai quelques-uns de mes poèmes préférés de Verlaine, et, en polonais, il me répondit en récitant lui aussi des vers. Dans ce cachot roulant, au milieu des corps en décomposition, de la chaleur et de l'odeur fétide, un autre être humain avait répondu à mon désir d'être écouté ! Peu importait qu'il ne comprît aucune de mes paroles, il m'avait apporté un immense réconfort.

Lorsque le train s'arrêta à nouveau, il faisait encore jour. Les portes s'ouvrirent et on nous ordonna, en criant, de descendre. Deux prisonniers, visiblement devenus fous, riaient et faisaient des grimaces. Je vis d'autres cadavres. Je demandai aux SS si nous ne pouvions pas rassembler tous les cadavres dans un wagon et répartir les vivants dans les quatre restants. Pour toute réponse, je reçus un coup de pied, pas trop fort, et un sourire sarcastique. Je me demandai depuis combien de temps nous voyagions ainsi : trois jours probablement.

On m'ordonna de compter les derniers cadavres. L'un d'entre eux était couvert de sang ; était-ce l'homme qui n'arrêtait pas de parler tout seul la nuit précédente ? Combien d'entre nous avaient encore gardé toute leur raison ? A certaines bribes de phrases échangées entre les SS, je compris que nous n'étions guère éloignés de notre destination. Cette impression se confirma lorsque nous reçûmes l'ordre de décharger tous les cadavres sur le quai, le long de la voie. L'heure du pointage était venue. Les SS se mirent à inscrire sur la liste du convoi les numéros des morts.

L'homme de mon wagon qui avait été abattu leur posait un problème. Il n'avait pas encore été tatoué et le sang qui avait coulé sur sa veste rendait illisible le numéro qui y était apposé. Les gardes se grattaient la tête, embarrassés, et j'étais quand même satisfait de voir que l'un d'entre nous avait réussi à leur poser un problème, même si pour cela il lui avait fallu mourir. Tout au long du convoi, devant chaque wagon, la même scène macabre se répétait : les SS relevaient les numéros des corps revêtus de leur uniforme rayé, pétrifiés dans une seconde d'éternité.

Pour la première fois, je remarquai deux wagons de voyageurs attelés à notre train. Leurs occupants, des femmes et des enfants pour la plupart, nous regardaient avec curiosité. Il s'agissait des familles des SS qui nous accompagnaient. Que pouvaient bien dire les mères à leurs enfants, et que pouvaient penser ces enfants en voyant leurs pères à l'œuvre pour cette sinistre besogne ? Je n'ai jamais décelé sur leurs visages autre chose que de la curiosité, et jamais je n'en ai vu aucun se signer par respect pour ces morts. On eût dit qu'ils assistaient à quelque rite primitif.

La nuit commençait à tomber. Il nous fallait encore ramener nos cadavres dans les wagons. Il y avait à présent quarante-trois morts et cinquante-sept vivants. Pour ménager suffisamment de place pour nous étendre, nous entassâmes les cadavres en une seule pile, plaçant chaque rangée perpendiculaire à celle du dessous. A la cinquième rangée, la pile était solide et ne menaçait pas de s'écrouler. Épuisés, de nombreux prisonniers s'assirent, adossés à la muraille de corps de leurs compagnons.

Lorsque je sortis annoncer aux SS que nous avions fini, je les trouvai toujours réunis autour du corps couvert de sang. Je pensais qu'ils allaient tout simplement abandonner le cadavre sur place, mais l'un d'eux finit par avoir une idée. Il courut jusqu'aux wagons civils et en revint avec des ciseaux, du fil et une aiguille. Il ordonna à un tailleur de mon wagon de coudre sur la veste du mort son propre numéro et de coudre sur la sienne le numéro taché de sang. Quelle plaisanterie macabre si le tailleur devait mourir avant d'être arrivé à destination ! Une fois l'échange effectué, le tailleur et moi dûmes hisser le corps au sommet de la pile déjà constituée.

Le Polonais avec qui j'avais « parlé », m'accueillit avec le sourire d'un ami que l'on n'a pas vu depuis longtemps. Un lien s'était créé entre nous. Maintenant que nous avions plus de place, mon compagnon se plaça de façon à ce que nous fussions assis dos à dos. Nous dormîmes ainsi, appuyés l'un contre l'autre.

Je ne tardai pas à me réveiller. Des voix me parvenaient du côté de la pile de cadavres ; on entendait des corps tomber sur le sol. Avec la chaleur, l'odeur de décomposition devenait insoutenable. J'avais la gorge horriblement sèche.

En me dirigeant vers le seau hygiénique, j'aperçus de la

lumière filtrant à travers les planches du wagon. Quand je m'étais levé, mon compagnon polonais avait glissé sur le côté sans se réveiller. A mon retour, il ronflait paisiblement. Il se réveilla tout de même lorsque je le remis doucement en position assise et se rendormit aussitôt dès que j'eus repris ma place. Ce fut le sifflet du train qui nous réveilla. Il prenait de la vitesse.

Il ne commença à ralentir qu'en fin de journée. A nouveau le grincement des freins... Le train s'immobilisa. Quelques minutes de silence, puis des pas lourds, la porte qui s'ouvre, mais nous n'étions pas autorisés à descendre.

Je vis les civils sortir leurs bagages des wagons. Les enfants gambadaient autour de leurs parents ; personne ne nous accordait un regard. Nous n'étions pas des êtres humains.

On finit par décharger la cargaison humaine. D'abord les vivants, ensuite les morts. Je jetai un regard à notre muraille de corps si soigneusement appareillée. Elle n'existait plus, les corps étaient éparpillés sur le sol. Lorsqu'on nous ordonna de descendre, plusieurs cadavres se dressèrent soudainement. Certains de mes compagnons avaient en effet utilisé ces corps en décomposition comme matelas.

On nous donna ensuite l'ordre de charger les morts sur des wagonnets à deux roues se trouvant sur le quai. Nous étions crasseux et sentions horriblement mauvais. Une dizaine d'hommes de mon groupe, titubant comme des zombis, chargèrent les corps sur les wagonnets. Impossible de les y faire tenir tous. Quant au chef de gare autrichien et à ses employés, ils observaient la scène comme si elle n'avait rien de particulièrement extraordinaire. Ils devaient être habitués à un tel spectacle. Sur l'écriteau de cette gare, il y avait inscrit MAUTHAUSEN.

20

Nous étions quatre prisonniers pour faire avancer les wagonnets : deux pour pousser et deux pour tirer. Ces wagonnets en bois n'étaient pas couverts et ils étaient hérissés de bras et de jambes qui ballottaient tandis que nous traversions le village de Mauthausen, qui semblait désert. Pourtant, nous apercevions des gens qui nous observaient derrière leurs rideaux. Nous grimpâmes le long d'une route en lacets pendant près d'une heure et arrivâmes enfin en vue d'un large espace dominé par un bâtiment qui ressemblait à une forteresse. Les portes s'ouvrirent. Nous passâmes sous un écriteau où était inscrit : « *Konzentrationslager Mauthausen.* » Les portes se refermèrent derrière nous.

On nous fit aligner, avec nos wagonnets remplis de corps, pour nous compter. Le soldat SS qui nous gardait rapporta aux autorités du camp qu'il restait encore à la gare de nombreux cadavres que l'on n'avait pas pu amener. Il fut violemment sermonné. On fit sortir du rang huit d'entre nous. Puis tous les autres, y compris les morts, furent emmenés.

En compagnie de quatre SS, les huit prisonniers (j'en étais) montèrent dans deux camions pour aller récupérer les corps à la gare. En dépit de notre fatigue, la besogne fut rapidement terminée. Nous fîmes le trajet du retour assis sur les cadavres en décomposition. Les habitants étaient à présent plus nombreux dans les rues. La vue de prisonniers crasseux, émaciés, juchés sur des piles de cadavres squelettiques, ne semblait pas les émouvoir outre mesure. Après la guerre, ce sont les mêmes qui devaient se récrier avec horreur, jurant leurs grands dieux qu'ils n'avaient pas la moindre idée des crimes monstrueux qui se commettaient sous leurs yeux.

A l'intérieur du camp, le camion s'arrêta dans une petite cour où l'on nous ordonna de décharger notre cargaison. J'hésitai un instant : comment procéder de la façon la moins fatigante possible ? Un SS me frappa violemment en hurlant : « *Schnell, schnell !* » Je sautai trop rapidement du camion : j'entendis craquer ma cheville gauche. La douleur me coupa le souffle. Je m'étais encore cassé la cheville ! Un prisonnier m'aida à me remettre debout et je ne sais comment, je parvins quand même à décharger le camion avec les autres.

On nous conduisit au Brausebad pour la douche et la tonte, puis aux baraques de quarantaine où l'on devait nous compter et nous répartir. La douche tour à tour glacée et brûlante me soulagea quelque peu, mais mon pied et ma cheville étaient considérablement enflés. Heureusement, en même temps que mon uniforme à rayures, je touchai une paire de chaussures déchirées et sans lacets. Je n'aurais pu glisser mon pied dans une chaussure en bon état. Chaque pas jusqu'aux baraques de transit fut un véritable calvaire. Le lendemain, je demandai l'autorisation de me rendre à l'infirmerie. Mes camarades étaient stupéfaits. « Tu es fou ? Tu sais pas ce que tu risques en avouant que tu es inapte au travail ? » Ce risque, bien sûr, je le connaissais. Mais je le préférais encore à la douleur qui me torturait.

Assis dans l'infirmerie, j'attendais. Soudain, derrière moi, j'entendis parler français. Quelle douce musique à mes oreilles ! « Qui donc est français ? » m'écriai-je. Un homme se précipita vers moi et se présenta : « Frédo Ricoll. » Nous parlâmes pendant quelques minutes. Il me montra un homme vêtu d'une blouse blanche, un étudiant en médecine français, du nom de Louis Fichez ; il s'occuperait de moi. (Frédo Ricoll demeura un ami particulièrement proche après la guerre. Nous devions aussi travailler ensemble dans le premier centre de réadaptation pour les convalescents relevant de tuberculose. Quant au Dr Louis Fichez, il allait contribuer de manière décisive à l'élaboration des lois en faveur de l'assistance médicale aux survivants des camps de concentration ; il allait être également l'auteur d'un ouvrage désormais classique sur le syndrome de kazet, la sénilité précoce affectant nombre de survivants des camps.)

Louis examina ma cheville et me conduisit à l'intérieur de l'infirmerie (je me trouvais jusque-là dans la salle d'attente). Encore sous le coup du voyage atroce depuis Auschwitz, je découvris avec surprise la salle impeccable de l'infirmerie. Il y avait de vrais lits avec de vrais draps. Mais Louis ne me berça pas d'illusions : cette infirmerie était réservée aux privilégiés. Il n'avait pu admettre de Français que fort rarement, et jamais de Juifs.

Il me fit passer une radio de la cheville. Tandis que nous attendions le développement du film, il me brossa un tableau rapide de la vie à Mauthausen. Les succès militaires des Russes et des Alliés se traduisaient par des effets dévastateurs dans les camps d'Allemagne et d'Autriche. La situation, déjà terrible, dépassait à présent tout ce que l'on pouvait imaginer. Des milliers de déportés évacués des camps de l'Est étaient venus s'entasser ici. Des camps prévus pour dix mille prisonniers en abritaient parfois trois ou quatre fois plus. Le chaos régnant dans les services d'approvisionnement allemands entraînait une réduction importante de rations déjà chichement mesurées. Les conditions d'hygiène, qui n'avaient jamais été bonnes, étaient à présent abominables. En plus de la dysenterie, endémique, de nouvelles épidémies se répandaient. Les convois de Juifs hongrois avaient amené la scarlatine. Les poux propageaient le typhus et les SS le redoutaient tellement que des convois entiers avaient été conduits directement dans les chambres à gaz parce que l'on avait vu des déportés se gratter. A Mauthausen et dans de nombreux camps satellites, d'innombrables déportés mouraient de faim et de maladie aussi bien que de formes plus directes de brutalité. La constellation de Mauthausen, qui s'étendait sur une surface de quatre-vingt-dix kilomètres de diamètre, était un vaste cimetière.

Louis m'apprit que je devais être transféré immédiatement à Gusen I, un camp satellite situé à quelques kilomètres de là. Gusen I et Gusen II étaient deux camps jumeaux, terribles tous les deux. Toutefois, Gusen I avait moins mauvaise réputation.

La radio mit en évidence une fracture du péroné. Comme je devais partir le lendemain pour Gusen I, Louis ne put que me confectionner une attelle faite de morceaux de bois, de bandages et de caoutchouc. Il me promit de contacter le plus rapidement possible le responsable médical de Gusen I, le Dr Kaminski, qui possédait une grosse influence auprès des autorités du camp. Louis me conseilla d'attendre une semaine avant d'aller le voir.

Lorsque je les quittai, Louis et Frédo me souhaitèrent bonne chance. J'allais en avoir besoin. Celui qui avait dit à Sonia que Mauthausen était un camp tranquille lui avait fait une excellente plaisanterie. Une fois encore, j'étais victime des grosses farces d'un nazi.

En compagnie de plusieurs autres déportés, je parcourus à pied les quelques kilomètres séparant Mauthausen de Gusen I. Mon uniforme et mes pansements me furent retirés aux fins de désinfection avant de passer à la douche. Je dissimulai le caoutchouc et les morceaux de bois sous un banc en espérant les retrouver après la douche. On ne nous donna pas de nouveaux vêtements. Il nous fallut courir nus jusqu'à la baraque de quarantaine, distante d'environ quinze cents mètres. J'avais retrouvé le matériel nécessaire à mon attelle, mais la course fut extrêmement pénible et après la douche chaude, le froid de l'air était particulièrement piquant.

Dans la baraque de quarantaine, on nous enregistra et on nous distribua un bout d'étoffe avec un nouveau numéro, étoffe que nous devions coudre sur les uniformes qui nous seraient rendus avant le dîner. En fait de dîner, nous reçûmes la soupe infecte que j'avais déjà connue à Dachau et à Flossenbourg.

Après le repas, le chef de bloc réclama le silence. Avec cérémonie, il demanda aux diplômés de faire un pas en avant. Pensant que j'allais être désigné comme médecin de ma baraque, j'avançai en compagnie de trois autres prisonniers aussi naïfs que moi. Le chef de bloc nous annonça alors joyeusement que le travail qu'il nous réservait exigeait un diplôme universitaire ou au moins le baccalauréat. Il nous félicita : « Vous voici désormais les nouveaux *Scheisse Kommando* de la baraque ! » L'unité de la merde ! Je m'étais porté volontaire pour les corvées de chiottes...

J'avais pu me familiariser avec ce travail à Dachau, mais le nettoyage de ces latrines devait se révéler infiniment plus monotone et surtout plus pénible. La dysenterie faisait rage, et le manque de réservoirs septiques nous obligeait à vider constamment la fosse avant qu'elle ne déborde. Toute la journée nous remplissions des fûts d'excréments liquides ; ces fûts étaient ensuite chargés sur une charrette et traînés jusqu'à un endroit situé en dehors du camp où des paysans venaient les chercher pour s'en servir d'engrais. Impossible de ne pas être éclaboussés lorsque nous chargions les fûts sur la charrette. Et comme nous n'avions aucun moyen de nous laver les mains ou de laver nos vêtements, l'odeur ne tarda pas à nous pénétrer jusqu'aux os. De retour à la baraque nous sentions tous si mauvais que le chef de bloc nous ordonna de dormir sous nos lits. Si nous tardions trop à disparaître, ses coups de pied nous y aidaient. Mais ce travail nous aidait aussi à survivre. Si un SS ou détenu privilégié nous appelait d'une façon menaçante dans les allées du camp, il suffisait d'approcher suffisamment près de lui pour qu'il prenne ses jambes à son cou tant l'odeur que nous dégagions était nauséabonde. Je nous baptisai, mes trois camarades et moi, « les conducteurs du Gusen Express ».

Quelques jours plus tard, en voyant arriver les paysans avec les grands réservoirs métalliques dans lesquels ils collectaient les excréments, j'eus une idée. J'en parlai au Scheisse Kapo, qui en parla lui-même aux paysans. Pourquoi ne pas simplifier notre tâche en chargeant directement les réservoirs métalliques ? Les paysans étaient ravis, puisque la plus grande partie de leur travail pourrait être ainsi effectuée par les détenus eux-mêmes. Le Kapo réussit à faire accepter l'idée par le chef de camp, et les paysans nous remirent leurs réservoirs. C'est ainsi que fut modernisé le système de la collecte des engrais à Mauthausen !

A présent que le rythme de travail s'était ralenti et que les mules des paysans tiraient à notre place les réservoirs, nous eûmes plus de temps pour nous reposer et pour participer au marché de troc qui se tient toujours dans les latrines. Celui qui avait quelque chose à échanger venait toujours aux latrines. On échangeait des cigarettes contre du pain, ou du pain contre des cigarettes, du papier ou tout ce qui avait une quelconque utilité au camp, y compris les dents en or ou le numéraire.

Mon travail ne m'empêchait pourtant pas de réfléchir à mon sort. Qu'allais-je devenir dans ce camp ? Aurais-je à nouveau la possibilité d'exercer comme médecin ou allais-je mourir d'épuisement dans un kommando quelconque ? Louis Fichez allait-il pouvoir arranger quelque chose avec le responsable médical de Gusen I ?

Lorsque je me présentai à l'infirmerie à la fin de ma première semaine à Gusen I, le médecin-chef, un détenu, m'attendait. Agé d'environ cinquante ans, le Dr Kaminski avait été un éminent professeur de pathologie en Pologne, avant que les Allemands n'arrêtent en masse les officiers et les membres de l'intelligentsia. Il faisait à présent partie des chefs et jouissait d'une influence considérable dans le camp. Fort maigre, comme tous les déportés, le Dr Kaminski n'en déployait pas moins une immense énergie. Il n'arborait pas la « coiffure » obligatoire des détenus de Gusen I et II, les cheveux simplement tondus avec une bande rasée descendant sur la nuque ; son crâne soigneusement poli était aussi net que son uniforme de prisonnier. Outre ses manières de professeur, il avait conservé un certain nombre de choses de sa vie civile, dont des livres de pathologie et un bracelet-montre. C'est bien le seul déporté que j'aie jamais vu conserver sa montre. Le Dr Kaminski n'avait en outre rien perdu de sa distinction. Fier comme un enfant, il trouvait toujours une bonne excuse pour consulter l'heure à son bracelet-montre.

Il me fit passer une radio de la cheville et me fit un plâtre de marche. Il me parla de l'épidémie de typhus qui faisait rage à Gusen II et me dit qu'il en tirerait argument pour demander mon transfert là-bas comme médecin.

Je ne savais trop que penser des projets du Dr Kaminski. J'avais bien entendu le désir d'exercer mon métier de médecin, mais j'avais aussi entendu beaucoup de choses horribles à propos de Gusen II.

Des deux camps jumeaux, Gusen I semblait le mieux loti : à lui la pharmacie, la salle d'opération bien équipée, le laboratoire de pathologie, la chambre à gaz et le crématorium. Tout le matériel distribué provenait de Gusen I. Dans ce dernier camp, les gens étaient tués « scientifiquement » par le gaz ou à la suite d'expériences médicales. A Gusen II, on tuait avec ce qui tombait sous la main.

Je ne voulais pas aller à Gusen II.

Deux semaines environ après ma visite au Dr Kaminski, je fus convoqué devant le SS Hauptsturmführer Fetter, médecin-chef de Mauthausen et de ses camps satellites. On m'avait déjà fait prendre une douche, et j'avais touché un nouvel uniforme, formalités qui annonçaient le transfert vers un autre camp. Fetter m'annonça que le médecin-prisonnier qui dirigeait l'infirmerie de Gusen II venait de mourir du typhus. Il fallait absolument un remplaçant. J'étais « aryen », je parlais couramment l'allemand, j'avais donc été choisi. J'allais partir immédiatement.

Le jour même (on était à la fin de l'automne 1944), je parcourus à pied le petit kilomètre séparant Gusen I de Gusen II. L'hiver arrive tôt dans cette région de l'Autriche. Mon uniforme de toile fine ne me protégeait pas de la pluie glacée et du froid mordant.

4

L'enfer de Gusen II

21

Lorsque j'arrivai à Gusen II, il pleuvait. Déjà, des plaques de neige recouvraient çà et là le sol. Dès qu'il pleuvait ou qu'il neigeait, les allées non pavées de ce camp primitif fait de baraques en bois se transformaient en un bourbier où l'on s'enfonçait jusqu'à la cheville. Gusen II était incroyablement crasseux, et cette crasse inimaginable n'avait mis que six mois à s'accumuler.

Gusen II avait été construit à la hâte pour accueillir environ dix mille prisonniers venus de tous les pays de l'Europe occupée. Au cours de mon séjour, il y en eut jusqu'à trente mille. Pour faire de la place aux nouveaux arrivants, les déportés les plus faibles étaient *sélectionnés* et envoyés à la chambre à gaz. Même sans la chambre à gaz, les conditions de détention dans le camp entraînaient une effroyable mortalité. Sur les dix mille prisonniers présents à l'ouverture de Gusen II, il ne restait plus, deux mois après, que cinq cents squelettes ambulants. En une année d'existence, avant la libération, plus de cinquante mille hommes y moururent de maladie, de faim, des suites de brutalités ou délibérément assassinés.

En cette matinée froide et pluvieuse de mon arrivée à Gusen II, une montagne de cadavres montait jusqu'à hauteur du deuxième étage du baraquement de la morgue, elle-même pleine à craquer. Ce devait être mon nouveau logis. Si Gusen I était le purgatoire, Gusen II était le neuvième cercle de l'enfer.

Je fus immédiatement envoyé au *Schonungblock* (baraque

de convalescence) qui allait devenir par la suite la sinistre baraque n° 20. Je découvris rapidement que cette baraque de convalescence n'était en fait qu'un lieu de transit pour les futures victimes de l'extermination. Comme les chambres à gaz de Gusen I ne pouvaient suffire en raison de l'afflux croissant de déportés, les chefs aux triangles verts se chargeaient de débarrasser le camp des faibles et des malades.

On me laissa dans la baraque de convalescence sans instructions, sans explications sur ce que j'étais censé faire en ma qualité de nouveau chef du service médical. On m'expliqua seulement que mon logement n'était que provisoire. On me donnerait bientôt ma chambre, qui jouxtait l'infirmerie. Je ne savais même pas où se trouvait celle-ci. Les premiers jours, je les passai à faire le point sur ma nouvelle baraque. C'était une pièce immense avec à une extrémité les quartiers privés du chef de bloc et à l'autre les latrines. Le chef de bloc semblait sorti du même moule que ceux de Dachau et de Flossenbourg. Il avait l'allure d'un gorille et se conduisait comme une brute sadique.

La nourriture était certainement la plus abominable que j'aie jamais avalée dans les camps. Le petit déjeuner se composait d'un petit morceau de pain noir dur comme du fer et qui semblait fabriqué essentiellement de sciure, accompagné d'une ignoble tranche de viande nommée *liverwurst*. Un liquide noirâtre et rance tenait lieu de café. Le dîner n'était pas meilleur. Seule consolation, on m'avait donné une couchette pour moi tout seul : je n'avais pas, comme les autres, à partager ma couchette en nous relayant par équipes de deux.

La pièce était pleine à craquer de malades. Inutile d'attendre des instructions. Je trouvai du papier blanc et me mis en devoir de recueillir par écrit les antécédents médicaux de mes patients. Les chefs ricanaient en me voyant prendre mes notes.

Je me rendis compte rapidement que la plupart de ces hommes se remettaient d'accidents du travail. J'appris que les esclaves modernes de Gusen II installaient et faisaient tourner des ateliers installés dans les galeries souterraines que les premiers prisonniers du camp avaient creusées dans les montagnes voisines. Le travail servile dans ces tunnels se faisait au profit de la Sauer Erde Industries et se poursuivait pratiquement sans interruption le jour et la nuit. L'équipe de jour travaillait de sept heures du matin à six heures du soir, et l'équipe de nuit de six heures du soir à cinq heures du matin. Les hommes étaient affamés et épuisés. Inutile de se demander pourquoi, dans ces conditions, tant d'eux étaient blessés au cours de leur travail.

La disparition régulière de mes patients ne tarda pas à m'intriguer. J'examinais un homme, puis le lendemain, alors que je venais procéder à d'autres examens ou demander d'autres renseignements, il avait disparu. Le lit était vide, ou alors je découvrais quelqu'un d'autre. J'appris rapidement que ces hommes avaient tout simplement disparu de la surface de la terre.

On trouvait dans ce camp, et notamment dans la baraque de convalescence, un grand nombre de dits « musulmans ». Ce terme avait été inventé par Heinrich Himmler, fondateur et dirigeant des SS, à l'occasion de sa première visite à la chambre à gaz d'Auschwitz. Un groupe d'hommes squelettiques attendait, assis, d'être conduit à l'intérieur. Ces malheureux, épuisés, étaient nus à l'exception d'un morceau de toile nouée autour de la tête et retombant sur les épaules. Songeant aux turbans arabes, Himmler demanda : « Qui sont ces musulmans ? » Ce terme, désormais, désignait les déportés qui avaient perdu au moins la moitié de leur poids et en étaient arrivés à un stade terminal d'épuisement. S'ils survivaient assez longtemps pour cela, ils feraient partie du prochain groupe *sélectionné* pour la chambre à gaz.

J'étais arrivé à Gusen II depuis deux jours, lorsqu'à l'appel du soir, on découvrit qu'il manquait un détenu. Tout le monde crut qu'il s'était évadé. Les SS fermèrent toutes les issues du camp et les détenus furent rassemblés dehors ; nous demeurâmes debout ainsi pendant des heures avec interdiction d'aller aux latrines. Plus la nuit avançait et plus les prisonniers se soulageaient dans leurs pantalons, tandis que d'autres, nombreux, s'effondraient, morts, dans la boue. Au moment où arriva le commandant Pausch, des dizaines de corps gisaient dans la boue. Nous reçûmes l'ordre de les emporter. Des bras et des jambes hérissaient la pile ainsi formée.

Le commandant Pausch était dans une rage folle. C'était la première fois que je voyais aussi longtemps mon nouveau commandant. Ce qui me frappa de prime abord, ce fut son âge. Les cheveux grisonnants, il pouvait avoir entre soixante et soixante-cinq ans et était donc beaucoup plus âgé que tous les commandants de camp que j'avais vus jusqu'à présent. C'était un Prussien, mince, qui semblait particulièrement fier de ses élégantes bottes de cheval. Il portait en outre une cravache avec laquelle il ne cessait de fouetter ses bottes. Plus tard, au cours des huit et quelques mois que je passai à Gusen II, j'eus l'occasion de voir souvent le commandant Pausch, et ce qui me frappa le plus ce fut son incapacité totale à regarder dans les yeux son interlocuteur, que ce fût un SS ou un prisonnier. Soit il regardait sa cravache, avec laquelle il frappait en rythme sur ses bottes, soit, les bras croisés, il gardait les yeux fixés sur la pointe de ses bottes.

Mais à cet instant, Pausch était dans une violente colère. La disparition d'un prisonnier était intolérable. Il finit par renvoyer tout le monde, sauf les détenus de la baraque de convalescence. Médecin de la baraque, je faisais partie du groupe. Il nous donna un délai de quatre heures. Ou le prisonnier manquant réapparaissait, ou alors un sur dix parmi nous serait abattu. Je croyais qu'il ne s'agissait là que d'une menace destinée à nous faire parler. Plusieurs heures passèrent.

On nous ordonna de nous mettre sur une seule ligne. Glacés, raidis par le froid, épuisés, nous nous disposâmes côte à côte. A ma gauche, se trouvait un musulman, un squelette qui respirait avec peine et avait du mal à se tenir debout.

Un SS se mit à compter d'une voix monocorde : « *Eins, zwei, drei, vier...* » A dix, un coup de feu déchira le silence du petit matin. J'étais trop terrifié pour tourner la tête en direction du bruit. Je regardai le musulman.

Le SS compta dix à nouveau et j'entendis un nouveau coup de feu. Une troisième fois, les chiffres s'égrenèrent, suivis d'un coup de feu. J'étais toujours trop effrayé pour regarder. Pour la quatrième fois, le décompte.

Finalement, je regardai à ma droite. Un SS prenait par écrit le numéro du dixième homme de la quatrième série. On le tira en avant, on le fit agenouiller et un SS le tua d'une balle dans la nuque. Je comptai rapidement... le dixième, c'était moi ! Rapidement, je me glissai sur la gauche et mis le musulman à ma place. Je n'eus même pas le temps d'y réfléchir. Le malheureux n'eut pas le temps de se rendre compte de ce qui lui arrivait, que déjà un SS prenait son numéro et le tirait hors de la rangée. Il me fit face en tombant à genoux, et se mit à m'implorer dans une langue que je ne comprenais pas. Ses yeux se rivèrent aux miens. Un coup de feu. Il était mort. Il tomba sur le côté, éclaboussé de boue, ses yeux grands ouverts toujours rivés sur moi.

Lorsque la punition prit fin, trente corps vinrent s'ajouter à la pile déjà constituée. Nous retournâmes à notre baraque. Le détenu manquant fut retrouvé dans la journée, sur son lieu de travail. Il était mort silencieusement derrière sa machine, la veille.

Je m'efforçai d'oublier l'homme que j'avais fait mourir à ma place. Mon geste avait été si rapide qu'il n'avait pu être dicté que par l'instinct de survie le plus primitif. Je me consolai en me disant que le malheureux n'était plus qu'un cadavre ambulant. Je n'avais fait que hâter une fin inévitablement proche. Aujourd'hui, pourtant, le doute ne m'a pas encore quitté. Avais-je correctement évalué son état de santé, ou n'était-ce qu'une justification à postériori ? Trente-neuf années se sont écoulées et je ne peux chasser de ma mémoire le regard qu'il me lança avant de mourir, non plus que le son de sa voix et mon propre sentiment de culpabilité. Son souvenir me hante.

De retour dans la baraque, un détenu se présenta à moi : Dr Henri Desoille. Cet homme, je l'avais rencontré plusieurs fois à Paris. La dernière fois ce fut lorsqu'il avait pris ses fonctions de directeur du département de médecine légale à la faculté de médecine de Paris.

Fils d'un fabricant de chaussures, Henri était un homme extrêmement cultivé et plus âgé que moi. Ses épaules légèrement voûtées trahissaient une existence vouée à la lecture. Ce qui m'avait déjà impressionné chez Henri, c'était cette faculté quasiment enfantine d'émerveillement, cette curiosité que la fréquentation quotidienne de la mort, violente ou naturelle, n'était pas parvenue à dissiper. Je me rendis rapidement compte que même l'horreur de Gusen II n'avait pu en venir à bout. Seuls ses yeux d'enfant triste, que j'avais déjà remarqués à Paris, étaient devenus plus tristes encore. Lorsque je m'excusai de ne pas l'avoir reconnu, Henri eut un rire sardonique :

— Ne vous excusez pas, Albert, ici nous avons perdu toute figure humaine, en même temps que notre poids et nos beaux habits. Mais j'ai quand même trouvé une sorte de compensation. Spécialiste de médecine légale, ma formation était des plus limitées. Je n'observais que le résultat des crimes. Ici, je vois les crimes se commettre sous mes yeux, et ma connaissance des techniques du meurtre s'en trouve approfondie.

Sur le même ton sardonique, il poursuivit :

— Quant à vous, Albert, si je comprends bien vous êtes notre nouveau chirurgien.

Je me récriai :

— Vous vous trompez, Henri ! Vous savez bien que je ne suis pas chirurgien.

— Aucune importance. A Gusen II, les chirurgiens de toute façon ne font que transporter des cadavres et examiner les détenus pour voir s'ils n'ont pas de poux. Les Kapos triangles verts se réservent le privilège des interventions chirurgicales. Quoi qu'il en soit, ne refusez surtout pas ce poste ! Le dernier médecin à qui on l'a proposé n'était pas chirurgien non plus, et il a refusé. On l'a retrouvé noyé dans un réservoir d'eau. Officiellement, il est mort du typhus. Tout ce que je peux vous conseiller, c'est de ne vous livrer à aucune provocation. Nous ne sommes plus que quelques Français à tenir encore debout et nous n'avons pas envie de vous perdre. Bientôt, je vous présenterai les autres.

Sur un ton un peu plus léger, il me dépeignit les avantages de la position de chirurgien à Gusen II. En tant que « chef », je recevrais pour paiement de mon travail des coupons échangeables contre des cigarettes ou du soda à la cantine des prisonniers. A Mauthausen et dans ses camps satellites, le taux de change était infiniment meilleur qu'ailleurs. Ici, un coupon valait six bouteilles de soda ou cinquante cigarettes, ou une combinaison des deux.

Enfin, quelques mois avant mon arrivée, un nouveau service avait été mis à la disposition des possesseurs de coupons. Gusen I disposait d'un bordel réservé aux chefs aryens. Les Allemands fournissaient ainsi la preuve éclatante aux yeux de l'Histoire que leurs camps de concentration étaient des modèles de civilisation. Après tout, on ne trouve de bordels que dans les sociétés civilisées ! Quant aux chefs les plus brutaux, ils montraient à tout un chacun combien ils étaient civilisés (et virils !) en se rendant régulièrement au bordel. La description ironique d'Henri était rassurante : même le camp n'avait pu lui faire perdre son sens de l'humour.

J'appris qu'un coupon donnait droit à quinze minutes d'ébats entre quatre heures et demie et huit heures et demie du soir, et cela tous les jours sauf le dimanche, notre jour de repos, où le bordel ouvrait de une heure à huit heures. Les deux étages du bâtiment réservé à cet effet servaient alternativement ; à chaque étage, une trentaine d'alcôves non fermées se répartissaient de part et d'autre d'un couloir central. Après chaque passe, les filles disposaient d'un quart d'heure pour se laver et se désinfecter au moyen d'une douche de dilution de permanganate de potassium. Une fois rhabillées, elles étaient prêtes à accueillir le client suivant.

La *Kapo Poufmutter* (la mère maquerelle, en allemand) et sa surveillante, une femme SS, imposaient des horaires stricts à leurs pensionnaires. Lorsque l'heure approchait, les chefs attendaient, en rang par deux. La SS ouvrait alors les portes et lançait un ordre : « En avant, marche ! » Les chefs avançaient, tendaient leur coupon à la Poufmutter, et s'en allaient avec la première fille qu'ils trouvaient devant eux. Puis les trente couples se tenaient au garde-à-vous devant leur alcôve ouverte, jusqu'à ce que la Poufmutter agite une cloche en beuglant : « Allez-y ! » Cinq minutes avant la fin, la cloche retentissait à nouveau, accompagnée du commandement : « Habillez-vous et sortez ! » Je souris en songeant à l'effet inévitable de cette cloche sur toutes les érections qui n'avaient encore pu aboutir à l'orgasme.

Sachant que ni Mauthausen ni ses camps satellites n'abritaient de femmes, je demandai d'où venaient ces malheureuses. Henri m'expliqua que pour soutenir le moral des troupes allemandes sur les arrières du front russe, on y avait expédié des paysannes raflées dans les pays conquis d'Europe centrale. A la suite de la déroute des troupes allemandes sur ce front, ces femmes avaient été transférées dans les bordels récemment créés dans les camps de concentration les plus anciens, dont Dachau, Auschwitz, Buchenwald et Mauthausen. Les Allemands avaient donné aux prostituées les vêtements élégants pris aux femmes juives envoyées à la chambre à gaz. Elles étaient également bien nourries pour être présentables.

Mais en dépit d'un régime alimentaire correct et d'une journée de travail relativement courte, la rotation était rapide. Régulièrement, le médecin SS de Gusen I procédait à des bilans de santé. Toute fille chez qui l'on constatait des pertes vaginales (dues généralement à des urétrites, une infection bactérienne sans gravité répandue chez les déportés, aussi bien hommes que femmes) ou un état évident de grossesse, était immédiatement gazée. Les quelques « anciennes » qui se trouvaient encore au bordel avaient eu la chance de ne pas attraper d'urétrite et de ne pas tomber enceintes au cours des premiers mois passés au camp, à l'époque où elles avaient encore leurs règles (après les premiers mois d'emprisonnement, les déportées perdaient leurs règles). La rumeur courait même que de toute façon, au bout d'un an passé au service de la civilisation, ces femmes étaient envoyées à la chambre à gaz.

En raison de leur *Rassenschande* (atteinte à la race), les Allemands n'utilisaient pas de Juives comme prostituées. Polluer la progéniture allemande avec du sang juif était considéré comme un crime capital. Mais d'un autre côté, toute prostituée enceinte était exécutée parce qu'elle ne pouvait plus travailler. Logique allemande !

En dépit de leur régime alimentaire substantiel, on encourageait les clients à offrir aux filles des cadeaux de nourriture. Ces cadeaux, comme les Allemands l'avaient prévu, étaient prélevés sur la ration de famine des détenus ordinaires, ce qui ne faisait que hâter leur mort. Mais ce qu'ils n'avaient pas prévu, c'est que la nourriture volée à certains prisonniers finissait par revenir à d'autres. En effet, les filles distribuaient le plus souvent ces suppléments de nourriture à des musulmans affamés qui faisaient soudain leur apparition à la fin des sessions d'un quart d'heure, et se battaient ensuite comme des animaux pour s'approprier ces précieuses denrées. J'ai pu constater plusieurs fois par moi-même la ponctualité de ces musulmans. Ces morts-vivants n'avaient bien entendu pas de montres et ne pouvaient voir aucune horloge, en outre, ils auraient été immédiatement abattus si on les avait surpris dans les parages. Mais leur instinct de survie était tel qu'une sorte d'horloge biologique leur permettait d'être chaque fois à l'heure au rendez-vous.

Henri évoquait avec chaleur et tristesse la générosité de ces filles envers les détenus qui luttaient pour rester en vie. Elles demeurent les héroïnes oubliées de ces camps.

Peu de temps après notre conversation, on nous distribua le petit déjeuner. A la suite des appels dans la cour, nous avions bien entendu manqué le dîner de la veille. Henri ne resta pas pour le repas. Il mangeait à l'infirmerie. Avant son départ, j'exprimai le souhait de voir l'infirmerie, puisque, après tout, j'avais été transféré à Gusen II en qualité de médecin-chef.

— Ne soyez pas si pressé, me dit Henri. Vous la verrez bien assez tôt.

Toute la journée, je réfléchis à ce que j'allais faire lorsque l'on me proposerait officiellement le poste de chirurgien du camp. Je ne voulais pas me sacrifier en refusant. Je ne pouvais non plus courir le risque de massacrer mes camarades en acceptant. En dépit de la terrible réputation de Gusen II, j'avais confiance et je pensais pouvoir faire face à ce qui m'attendait. Dachau et Flossenbourg m'avaient appris à vivre au milieu du cauchemar, et à Laurahutte j'avais appris les ficelles qui permettent de survivre. A présent, je me sentais acculé.

Cette nuit-là, vers minuit, je fus réveillé par quelqu'un qui me tapotait le bras. C'était l'homme étendu sur la couchette voisine de la mienne. Il me chuchotait des mots rendus incompréhensibles par son allemand hésitant et fortement accentué. La main sur mon bras était chaude et humide. Je pensais que l'homme cherchait à me tuer et je le repoussai.

Il continua de me tapoter le bras. Je finissais par croire que j'avais affaire à un homosexuel. Finalement, je me rendis compte que l'homme arrivait à peine à parler et qu'il avait les plus grandes difficultés à avaler sa salive et à respirer. En lui palpant le cou, je découvris que ses glandes maxillaires étaient extrêmement gonflées, ce qui indiquait une infection de la gorge, probablement une angine à streptocoques. Je lui dis alors de se rendre le lendemain matin à la première heure à l'infirmerie. Il me fit comprendre qu'il s'y était déjà rendu et qu'on l'avait envoyé en baraque de convalescence, mais que son mal de gorge empirait. Je lui expliquai alors qu'il faisait trop sombre pour que je l'examine, et que nous verrions cela le matin dans les latrines.

On me secouait à nouveau le bras de façon insistante : je me réveillai. J'ouvris les yeux ; bien que faible encore, la lumière de l'aube dissipait les ombres. J'accompagnai mon « patient » aux latrines. Il avait très mal à la tête, son visage était rouge et ses yeux à fleur de tête. Visiblement, il avait une forte fièvre. Me servant de mon index pour lui abaisser la langue, je découvris au fond de sa gorge un amas muqueux blanc-gris, si épais qu'à chaque expiration l'air provoquait un sifflement rauque. Si je me rappelais bien l'unique cas que j'avais vu dans ma vie, l'homme en face de moi était atteint de diphtérie.

Je me trouvais confronté à un dilemme terrifiant. Cet homme était atteint d'une maladie très grave et très contagieuse. En le soignant, il pourrait s'en sortir. Mais si les SS apprenaient l'existence dans le camp d'une telle maladie, mon patient et tous ceux qui l'auraient approché seraient certainement exterminés pour éviter la propagation de l'infection. C'était là la médecine préventive de type SS. D'un autre côté, si je faisais semblant de n'avoir rien diagnostiqué, l'homme mourrait à coup sûr mais nous, nous restions en vie. Où était mon devoir ? sauver la vie de cet homme, ou celle de mes camarades ?

J'étais dépassé. Je décidai d'en parler avec Henri Desoille. Il m'avait montré où se trouvait l'infirmerie, de l'autre côté de la baraque de convalescence. Les deux bâtiments étaient séparés par une barrière qui courait sur toute la longueur du camp. Dans l'infirmerie encore plongée dans l'obscurité, je trouvai Henri penché sur un Français qui s'était blessé quelques jours auparavant avec un morceau de métal. A son rictus d'agonie, je compris que l'homme en était au stade terminal du tétanos.

— Je ne peux rien faire pour lui, murmura Henri, absolument rien. J'espère seulement qu'il va mourir rapidement. Quel gâchis, quel tragique gâchis...

Je lui dis alors que j'avais besoin de ses conseils. Henri me conduisit alors dans une chambre vide située en dehors de l'infirmerie. Nous pouvions y parler en toute sécurité. Je lui expliquai que j'avais cru diagnostiquer un cas de diphtérie dans la baraque de convalescence. Henri était atterré.

— Merde ! Si les SS le découvrent, toute la baraque, y compris toi et le chef de bloc vous êtes bons pour la chambre à gaz. De toute façon, avant de prendre une décision, il faut s'assurer qu'il s'agit bien d'une diphtérie.

Henri me conseilla de prendre à part le chef de bloc et de lui expliquer qu'un des hommes de la baraque pourrait avoir la diphtérie, mais que pour en avoir la certitude, il faudrait procéder à un prélèvement de gorge et le faire analyser en laboratoire. Je devrais faire comprendre au chef de bloc qu'il était de son propre intérêt de me trouver une bonne raison pour me rendre au laboratoire de Gusen I et de garder secrète notre conversation. Il fallait absolument insister sur ce qui arriverait si jamais les SS avaient vent de la chose. Henri me donna un long bâtonnet au bout duquel je pourrais enrouler un morceau d'étoffe pour le prélèvement, et une petite bouteille pour le conserver.

Je retournai à la baraque de convalescence. Mon petit discours agit comme par magie sur l'esprit du chef de bloc. Mon patient, lui, était au bord de l'asphyxie. Je déchirai un morceau de tissu à sa chemise, et le plongeai dans le pétrole de la lampe du chef de bloc. Je l'enroulai autour de mon doigt et m'en servis pour ôter le plus de mucosités possible pour lui faciliter la respiration. Puis je déposai mon prélèvement dans la bouteille et courus le confier au Dr Kaminski à Gusen I.

Je retournai voir mon patient aussi vite que je le pus. Il n'était plus là ! Je n'avais pas plus tôt quitté la baraque, que le chef de bloc et ses sbires avaient pris l'affaire en main. Ils l'avaient tué dans les latrines pour empêcher la propagation de l'infection. Et les choses n'en restèrent pas là. Pendant plusieurs semaines, tout malheureux qui avait la mauvaise idée de se plaindre d'un mal de gorge était aussitôt assassiné. J'étais désespéré.

Finalement, je passai ma dernière nuit à la baraque de convalescence. Le matin, je devais emménager dans ma chambre à l'infirmerie, de l'autre côté de la barrière. Au cours de la nuit, je fus réveillé par des cris, des pleurs. Je me levai pour voir ce qui se passait. Je vis l'un des chefs tirer de sa couchette un détenu et le traîner sur le sol jusqu'aux latrines. L'espace d'un instant, par la porte entrouverte, je vis quatre hommes qui se débattaient. Je m'approchai de la porte fermée et dis à haute voix que j'étais le médecin et que je voulais voir mes patients. J'entendis la voix du chef de bloc : « Laissez-le rentrer ! »

La lumière des latrines m'éblouit d'abord, mais je finis par découvrir une véritable scène de meurtre. Je comprenais enfin pourquoi mes patients disparaissaient pendant la nuit. Les quatre détenus allongés sur le sol allaient être tués de différentes manières, tandis qu'un officier SS, qui se tenait dans un coin, s'apprêtait à chronométrer et à prendre des notes. La terreur se lisait dans les yeux des victimes. Je voulus quitter la pièce.

— *Halt !* Restez où vous êtes ! hurla l'officier SS. Nous avons maintenant un expert médical pour nos observations.

Dans les camps, l'insubordination était automatiquement punie de mort. Je n'eus pas le courage de refuser.

Ma dernière nuit à la baraque de convalescence, je la

passai donc à observer et à minuter les quatre techniques différentes utilisées pour tuer mes patients. On plongea la tête du premier dans un seau d'eau jusqu'à complète suffocation. Pour le second, deux hommes lui appuyèrent un morceau de bois plat sur la gorge jusqu'à étouffement. Le troisième, on le fit s'accroupir comme s'il était assis sur une chaise. On lui passa autour du cou une corde fixée au plafond, puis, d'un coup de pied, on le fit basculer sur ses jambes. Pour le quatrième, il s'agissait de montrer à l'officier SS comment briser la nuque d'un homme rapidement et proprement ; un détenu tsigane, fort habile, fut chargé de la démonstration. Puis, l'officier SS s'entraîna sur les trois autres cadavres.

Il faisait déjà jour lorsqu'on m'autorisa à retourner à ma couchette. Je m'étendis, tremblant, sans pouvoir trouver le sommeil. Je pleurais, je me maudissais de n'avoir pas eu le courage de résister à ces monstres, de mourir pour mes convictions. J'étais encore éveillé lorsque le « *Aufstehen !* » résonna dans la baraque.

Mon numéro fut appelé après le petit déjeuner et je reçus l'ordre de me présenter au médecin SS Fetter, à l'infirmerie. En compagnie de trois détenus, dont Henri, Fetter m'attendait dans la pièce où étaient soignés les malades ambulatoires. Le visage replet et l'apparence joviale du Dr Fetter masquaient mal l'arrogance du personnage. Il toisait tout le monde. Fetter faisait grand cas de son intelligence et de ce qu'il appelait ses « connaissances » scientifiques. Je ne tardai pas à me rendre compte que cette fierté, dans les deux cas, était largement sans objet.

Fetter m'annonça qu'à partir du matin même, j'assumerais mes responsabilités à l'infirmerie. Elles comprenaient les interventions chirurgicales. Je devrais aussi lui communiquer quotidiennement, par le biais du responsable du service de santé Schultze, les noms des détenus que j'entendais faire transférer à la baraque de convalescence.

Je demandai à Fetter l'autorisation de parler. Il acquiesça d'un signe de tête. Rassemblant tout mon courage, je m'efforçai de racheter mon silence de la nuit précédente. Pour survivre dans les camps, j'avais dû faire beaucoup de concessions, mais je n'entendais pas abandonner les valeurs morales qui distinguent l'homme de l'animal. Je ne pouvais participer à de tels actes délibérés de barbarie.

— Cette baraque de convalescence est une farce, dis-je. Ce n'est pas autre chose qu'un centre d'extermination. Je demande à être transféré en usine comme ouvrier.

Les trois autres détenus me regardèrent avec stupéfaction. Fetter m'observa avec attention. Un sourire paresseux se dessina sur ses lèvres.

— Vous vous faites des idées, Häftling Arzt. La baraque n° 20 est connue pour ses succès en matière de réadaptation. Si vous ne voulez pas choisir les détenus qui y seront transférés, je suis sûr que le secrétaire de l'infirmerie sera enchanté d'assumer vos responsabilités.

Et sur ces mots, il quitta la pièce.

— Eh bien, on peut dire que tu as de la chance ! s'exclama Henri.

Il s'attendait à ce que Fetter m'expédie directement à la chambre à gaz.

— Pourquoi as-tu fait ça ?

Je décrivis alors ce que j'avais vécu cette nuit-là. Dès son arrivée à Gusen II, Henri avait eu connaissance de ces séances de torture. En conséquence, il prévenait tout le monde, et surtout les prisonniers politiques, de ne jamais se rendre à la baraque n° 20, quelle que soit leur maladie ou leur état de faiblesse. Henri me dit également que de tels assassinats avaient lieu, quoique à une échelle plus réduite, dans toutes les autres baraques de Gusen II.

Ce n'était pas mieux dans notre infirmerie. Le chef de bloc autrichien de l'infirmerie était un psychopathe meurtrier et son secrétaire un ancien maquereau. Finalement, l'unique tâche des médecins était de maintenir leurs patients en vie suffisamment longtemps pour qu'ils soient assassinés par les chefs de l'infirmerie et leurs séides.

Puis Henri me fit visiter l'infirmerie. Il me montra d'abord ma chambre, qui faisait partie de l'infirmerie, mais à laquelle on accédait par l'extérieur. On m'avait attribué le seul lit. Il y avait aussi trois couchettes, mais elles étaient réservées aux médecins qui devaient souvent dormir dans les baraques où ils se rendaient pour dresser les listes biquotidiennes de malades. Les détenus blessés pendant la nuit ou les travailleurs de jour trop malades pour aller travailler étaient envoyés à l'infirmerie après le petit déjeuner. Les blessés du jour et les travailleurs de nuit étaient examinés après huit heures du soir. Les soins du matin finissaient à dix heures, puis l'on s'occupait des malades hospitalisés et des interventions chirurgicales. Henri m'expliqua que le travail se poursuivait souvent jusque tard dans la nuit.

Nos ressources en matériel et en médicaments étaient des plus maigres. Pour un camp qui contenait déjà vingt mille détenus, tous potentiellement vulnérables aux blessures et aux maladies les plus graves, notre infirmerie ne disposait que d'aspirine, d'ichtyol (un extrait de poisson utilisé pour faire mûrir les abcès avant incision), d'iodoforme (un désinfectant) et d'iode. C'étaient là toutes nos réserves de produits pharmaceutiques. On utilisait de la cellulose en guise de coton et du papier crépon en guise de bandages. Quant à la stérilisation, elle était inconnue dans notre infirmerie.

Je demandai à Henri où se trouvaient les instruments de chirurgie et la salle d'opération. Il eut un rire désespéré.

— Des instruments de chirurgie ? Quant à la salle d'opération, je vais te la montrer.

En chemin, je lui demandai qui, pour l'instant, procédait aux opérations. Deux détenus auto-désignés, me répondit-il. Le premier, Nikolaï, un Ukrainien, était surnommé le Boucher ; il était l'amant du chef de bloc de la baraque de convalescence. L'autre « chirurgien » était un jeune Espagnol sadique, au teint sombre, nommé Pedro. Lui, était l'amant du chef de bloc de l'infirmerie. Pedro était la seule pomme pourrie chez les républicains espagnols, qui comptaient parmi les tout premiers détenus du camp. Henri me décrivit Pedro comme un meurtrier assoiffé de sang, qui, autodidacte, était passé de manœuvre à chirurgien de Gusen II. Il amusait les officiers SS en leur faisant assister à des démonstrations de techniques chirurgicales sur des « volontaires » qui n'étaient pas anesthésiés. La plus remarquable exhibition de Pedro consistait en une présentation in vivo de l'action de pompage du cœur. Il introduisait des fils métalliques dans les quatre cavités du cœur, chaque fil étant orné d'un drapeau colorié qui s'agitait avec les mouvements du sang. Il avait bien entendu négligé de ligaturer les vaisseaux ouverts de ses « volontaires », mais la mort de ses sujets ne semblait pas ternir l'enthousiasme de son assistance.

Le fait d'avoir des amis bien placés permettait à Nikolaï et à Pedro de procéder à des opérations, qu'elles fussent ou non nécessaires. De toute façon, la différence n'était pas bien grande au bout du compte. Si le patient ne mourait pas sous le couteau du boucher, il serait tué dans la nuit ou à son arrivée dans la baraque de convalescence.

A l'entrée de l'infirmerie, Henri me montra le numéro de la baraque inscrit au-dessus de la porte et me dit :

— A la place de ce numéro, il faudrait inscrire les mots de Dante : Vous qui entrez ici, abandonnez tout espoir.

A l'intérieur, nous passâmes devant deux *Stuben* ou « petites pièces » qui se faisaient face. Celle de gauche était la chambre du chef de bloc ; celle de droite appartenait au secrétaire.

Je demandai à Henri de m'expliquer ce qu'allait être mon rôle ici en tant que médecin. Il poussa un profond soupir.

— Comment expliquer la futilité de notre métier ici ? Toi aussi, j'imagine que tu étais un étudiant idéaliste, et que tu rêvais de vaincre la fatalité de la maladie. Tu as beaucoup travaillé pour comprendre comment fonctionnait le corps humain, et un jour tu t'es senti prêt à accepter ce combat perpétuel contre la mort. Tes succès dans ton combat t'ont donné le goût de la réussite et la satisfaction morale de vivre en accord avec le serment d'Hippocrate. Mais quand on voit les malades ici, on se demande si les Allemands n'ont pas fait de ce serment la plus cruelle des parodies.

Sitôt entrés dans la grande salle, une odeur forte, nauséabonde, me prit à la gorge. Les lits étaient pleins d'un enchevêtrement de corps, de bras et de jambes décharnés remuant lentement, de corps qui urinaient et déféquaient les uns sur les autres. Chaque lit contenait entre six et huit de ces squelettes vivants animés d'un vague mouvement, la peau tendue sur les os, les yeux brûlants, monstrueusement agrandis par rapport à ces têtes et à ces corps hideux et émaciés. Impossible de croire que ces créatures aient pu être autrefois des hommes heureux et en bonne santé.

Henri me dit que les SS appelaient cet endroit la *Bahnhof* (gare). Les détenus souffrant d'une dysenterie incontrôlable y attendaient la mort. Ils ne recevaient aucun traitement médical et on ne leur distribuait que la moitié de la ration de famine réservée aux autres détenus de l'infirmerie. Ils mouraient généralement de faim, ou asphyxiés, et parfois de la maladie elle-même. Le *Pfleger* (infirmier) et le *Leichentragerie* (expression particulière au camp), déformation de l'allemand *Leichenträger* (celui qui tient les cordons du poêle) faisaient leur ronde dans la « salle d'attente » tous les matins. L'infirmier traînait les corps sur un quai de chargement et notait leurs numéros ; le

Leichentragerie les entassait alors dans un camion qui allait les livrer aux fours de Gusen I.

J'entendis un bruit sourd qui allait bientôt me devenir familier : celui d'un corps tombant sur le sol. Des moribonds étaient ainsi poussés hors du lit par d'autres moribonds un peu moins faibles qui se raccrochaient à un dernier et illusoire espoir de survie.

L'atmosphère et les conditions de vie dans la salle normale de l'infirmerie étaient un peu meilleures. Il y avait là plusieurs couchettes superposées, garnies d'une paillasse, d'un oreiller et de couvertures, le tout souillé de sang et de pus. Chaque étroite couchette était occupée par trois hommes.

— Ces malades-là ne sont pas encore complètement épuisés, m'expliqua Henri. Une fois guéris, et s'ils ne sont pas assassinés par le chef de bloc et ses sbires, ils retourneront à leurs baraques et continueront leurs travaux forcés jusqu'à ce qu'ils soient à bout de forces. Soit ils mourront au travail, soit ils seront envoyés à la baraque de convalescence et assassinés.

Il me montra l'espace réservé à la chirurgie : un rectangle délimité par quatre lits. Le terme « théâtre d'opérations » semblait ici parfaitement indiqué, dans la mesure où Nikolaï et Pedro se livraient à leurs expériences chirurgicales sous les yeux des malades entassés dans les lits superposés entourant la table d'opération.

Henri m'expliqua que la chirurgie consistait essentiellement en amputations. Les deux « chirurgiens » en avaient pratiqué un tel nombre qu'ils n'étaient finalement pas aussi malhabiles qu'on eût pu le craindre. Il n'y avait pas d'anesthésie. Les patients les plus chanceux perdaient connaissance. Pour les autres, on leur bourrait la bouche de cellulose.

— Mais ils peuvent s'étouffer ! m'exclamai-je, incrédule.

— C'est bien leur seul soulagement, répondit Henri.

Il changea alors de sujet, et à voix plus basse :

— Quatre autres médecins et moi avons organisé une sorte de groupe de résistance aux triangles verts et aux SS. Les prisonniers politiques de notre groupe ont déjà réussi à gagner des postes de responsabilité au détriment des triangles verts. Maintenant que tu es avec nous, et comme tu es un chef de l'infirmerie et que tu parles couramment le français et l'allemand, nous serons en meilleure position pour résister à ceux qui nous rendent la vie intolérable.

Comme tu es le seul d'entre nous à avoir une chambre individuelle, nous pourrions tenir nos réunions chez toi.

Il y avait dans le groupe d'Henri un dessinateur français (qui devint plus tard célèbre sous le nom d'Aldobert), deux officiers de carrière sortis de Saint-Cyr, plusieurs Espagnols, un anatomiste allemand qui parlait français, deux médecins roumains, un médecin hongrois spécialiste d'anatomo-pathologie et plusieurs prisonniers politiques allemands.

J'étais sceptique. Comment nous défendre contre les triangles verts, alors qu'exécuteurs des basses œuvres des SS, ils étaient fermement protégés par ces derniers ? Comment croire que l'on pourrait tenir tête aux SS ? Il fallait que d'une certaine façon, ces assassins aient besoin de nous, mais comment trouver une activité que nous aurions été les seuls à pouvoir exercer ? Quoi qu'il en soit, en dépit de mes doutes, j'étais heureux d'appartenir à nouveau à la Résistance, heureux de pouvoir combattre ceux qui nous avaient réduits en esclavage.

Revenant sur un problème plus immédiat, je demandai à Henri s'il y avait un chirurgien qualifié dans son groupe. Il n'y en avait aucun. Nous gagnâmes alors la salle de soins. J'y fis la connaissance de Luis Bournasell, notre infirmier. Espagnol, ancien étudiant en médecine, c'était un homme sensible et plein de ressources. En dépit de sa longue détention, d'abord en France après la guerre civile, puis dans les camps allemands, il n'avait rien perdu de son idéal d'humanité. Bournasell se dépensait sans compter, courant partout, et, ce qui ne gâtait rien, il possédait un charme très latin que soulignait encore son visage sombre de méditerranéen.

Je rencontrai aussi le Sanitätsdienst Schultze, l'administrateur SS de l'infirmerie. Avec son fort accent bavarois et sa pipe qu'il avait constamment à la bouche, ses collègues allemands bien souvent ne le comprenaient pas (et moi encore moins). C'était une brute corpulente qui buvait comme un trou. Il frappait tous ceux qui passaient à sa portée et voulait sans cesse envoyer des malades à la chambre à gaz. Schultze était le SS le plus vicieusement sadique de Gusen II. Il se déplaçait sans cesse avec un chien de garde à ses côtés, de façon à ce qu'aucun détenu ne puisse l'approcher, même accidentellement. Lorsque l'envie lui en prenait, il lâchait son chien et se délectait à la vue d'un malheureux et innocent détenu succombant sous les crocs puissants de la bête.

Ce matin-là, je remarquai la fréquence des cas de grangrène, conséquence de la malnutrition. La sous-alimentation était telle que la plupart des malades souffraient d'œdème. La moindre ecchymose risquait de se transformer rapidement en nécrose. Je débridais et pansais la plaie, mais en l'absence d'antiseptique, une septicémie généralisée ne tardait pas à se déclarer et le patient mourait, soit de l'infection soit de la main du chef de bloc.

De nombreux détenus se présentaient avec des phlegmons, une infection sévère entraînant des nodosités lymphatiques, et qui peut apparaître à la suite de blessures mal soignées. Nous ouvrions la blessure infectée pour drainer le pus et traitions les ganglions lymphatiques au moyen d'enveloppements humides. L'incision des phlegmons était l'une des spécialités de Nikolaï. En l'absence d'anesthésie, la douleur était telle que les patients s'agitaient ou parfois même giflaient involontairement Nikolaï. Ce dernier, imperturbable, poursuivait son travail, jusqu'à ce que la blessure fût drainée et proprement bandée. Il demandait alors à un de ses amis de tuer l'homme qui l'avait frappé.

Nous ne pouvions rien faire d'efficace pour les malades souffrant de dysenterie, sauf leur donner un peu d'eau additionnée d'aspirine et leur prodiguer quelques paroles d'encouragement afin qu'ils ne se sentent pas totalement abandonnés. Pour les victimes du typhus, tout ce que nous pouvions faire, c'était d'éviter une déshydratation sévère lors des épisodes fébriles.

Tous les prisonniers se trouvaient à différents stades d'affaiblissement ou d'épuisement. La ration alimentaire quotidienne se situait entre six cents et huit cents calories, même pour ceux astreints à un travail physique pénible. Avec les deux équipes de travail, le nombre des accidents du travail était hallucinant.

Lorsque j'en eus fini avec mes malades ambulatoires, je retournai dans la grande salle pour y voir le chef de bloc au triangle vert. Je lui dis qu'il fallait me remettre immédiatement les instruments de chirurgie de Pedro et que le Dr Fetter, le médecin SS, avait interdit à Pedro et à Nikolaï de procéder désormais à la moindre intervention chirurgicale. Le chef de bloc me crut. Pedro fit son apparition sur ces entrefaites, et je lui réclamai ses instruments de chirurgie. Le chef de bloc lui confirma que c'était un ordre du médecin SS. Pedro alla donc chercher dans sa chambre un paquet enveloppé dans un linge sale et taché de sang. Dans ma chambre, je défis le paquet : il contenait un couteau de boucher, plusieurs scalpels, quelques pinces hémostatiques couvertes de sang séché, un long forceps, deux paires de ciseaux et des dilatateurs. Rien de tout cela n'avait été désinfecté récemment. Il n'y avait pas d'aiguilles chirurgicales et rien pour suturer les plaies.

C'est ainsi que débuta ma carrière de médecin des damnés à Gusen II.

22

Le groupe de résistance se réunit dans ma chambre. Henri Desoille fut choisi comme agent de liaison et serait chargé de recruter de nouveaux prisonniers politiques. Nous choisîmes aussi les membres de notre service action, que nous prîmes parmi les anciens du camp, ceux dont la présence à elle seule témoignait de leurs capacités à la survie. Tous avaient atteint des positions leur permettant d'avoir accès à des informations et d'exercer une certaine influence. Il y avait parmi eux deux Allemands : l'un était secrétaire dans le bureau du commandant Pausch, et l'autre tenait les livres de compte de l'approvisionnement des SS. Il y avait également deux Espagnols : le premier était devenu ingénieur au bureau des constructions et le deuxième dirigeait l'unité de pompiers du camp.

Nous avions trois buts essentiels. S'efforcer de remplacer aux postes de responsabilité les triangles verts par des gens à nous. Trouver des médicaments et de la nourriture supplémentaire pour les détenus suffisamment forts pour que ces suppléments leur permettent de survivre. Nous décidâmes également de diffuser les bonnes nouvelles relatives à la progression des Alliés. Il fallait maintenir l'espoir, condition indispensable à la volonté de survie.

Avant de nous disperser, je demandai son aide à l'anatomiste qui parlait français. Si je voulais avoir quelque chance de réussir des opérations importantes, je savais qu'il me fallait réviser mon anatomie. Je commençai à prendre mes leçons le soir même. Notre salle de classe fut le baraquement servant de morgue. La matière était inépuisable. Après avoir « opéré » mon centième cadavre, je cessai de compter. J'appris à pratiquer des appendicectomies et des gastrectomies, à opérer des hernies, à amputer. Parfois, pour étudier le système vasculaire ou nerveux, il nous fallait des cadavres plus frais que ceux de la morgue. Nous allions donc à la « salle d'attente » et ramenions sur notre dos les corps couverts d'excréments d'hommes qui venaient de mourir. Répugnante besogne. Je travaillais jusque tard dans la nuit. Ensuite, dans mon sommeil, je me répétais inlassablement les noms des nerfs, des vaisseaux et des muscles. Il y avait urgence. Je devais à tout prix maîtriser la technique chirurgicale.

Nous avions aussi un besoin urgent de médicaments et de matériel qui ne figuraient pas sur la liste des articles autorisés. Ces articles, le pharmacien SS de Gusen I nous les faisait parvenir tous les quinze jours environ. Je découvris que ce pharmacien venait de Cluj, qui avait appartenu à la Hongrie jusqu'au lendemain de la première guerre mondiale. Je découvris aussi qu'il était éthéromane. Lorsque je dus me rendre là-bas pour la première fois, j'emmenai avec moi trois assistants : Henri, Bournasell et l'anatomo-pathologiste hongrois.

Perdu dans les vapeurs de l'éther, le pharmacien SS disposait d'une pharmacie particulièrement bien achalandée. Assis au milieu de la pièce, il me regardait approcher en souriant d'un air stupide. J'expliquai en hongrois que je venais chercher les médicaments pour Gusen II. Subrepticement, je raflai quelques boîtes de couleur qui se trouvaient à ma portée et les glissai sous mon ample chemise. Je ne savais absolument pas ce qu'elles pouvaient contenir. De toute façon, j'en aurais l'usage. Pendant que j'occupais le pharmacien, mes compagnons s'emparèrent de tout ce qui put leur tomber sous la main. Dans un coin, je remarquai une boîte métallique et fis signe à Bournasell de la prendre.

De retour dans ma chambre à Gusen II, nous fîmes l'inventaire de notre trésor : de l'Évipan, du Dagenon (un sulfamide français), du Rubasol (un sulfamide allemand), de la papavérine (un dérivé de l'opium), du charbon médical pour la diarrhée, un peu moins de deux litres d'élixir parégorique, des vitamines, des hormones, du sirop pour la toux ainsi que plusieurs désinfectants puissants utilisés communément dans les infections urinaires (permanganate de potassium, urotropine, bleu de méthylène et salol).

Bien que la moisson eût été importante, elle ne pouvait suffire à couvrir les besoins de notre camp. Le comité se réunit quelques jours plus tard pour discuter de la distribution de ces médicaments. Il fut décidé que comme j'avais pris la responsabilité de les voler, j'aurais également la responsabilité de décider qui y aurait droit. Je refusai. Le fardeau était trop lourd pour moi. Mais les autres aussi fuyaient cette responsabilité. Personne ne voulait être accusé de favoritisme ou risquer le reproche d'avoir laissé mourir quelqu'un faute de médicaments.

Après une discussion longue et passionnée, nous décidâmes que chaque cas ferait l'objet d'un vote du comité dans son ensemble. Nous décidâmes également qu'aucun triangle vert ne recevrait de médicament, sauf si cela devait contribuer à notre entreprise de résistance.

Pour une raison quelconque, nous n'ouvrîmes pas tout de suite la boîte métallique qu'avait volée Bournasell. Henri et moi ne l'ouvrîmes qu'une semaine plus tard. Elle contenait du baume du Pérou, une substance poisseuse, de couleur brune, qui dégageait une odeur âcre tout à fait particulière. Je suggérai à mon ami d'improviser et de s'en servir pour résoudre un problème particulièrement grave.

Il s'agissait de la gale, un parasite qui s'était mis à proliférer du fait de la crasse qui régnait dans le camp. On pouvait l'attraper soit directement soit en dormant dans le lit d'une personne déjà contaminée. Les démangeaisons sont insupportables, surtout la nuit. La gale avait fini par devenir un véritable cauchemar à Gusen II en raison de la folie meurtrière qui s'emparait du chef de bloc lorsque son sommeil était troublé. Les couchettes en bois de l'infirmerie, ainsi que le plancher, craquaient de toutes parts au moindre mouvement. Si le chef de bloc était réveillé par le bruit d'un malade qui se grattait ou qui faisait les cent pas tellement les démangeaisons étaient devenues insupportables, il sortait de sa chambre et allait le tuer. Tout simplement.

Je proposai d'enduire les malades atteints de gale de baume du Pérou, dans l'espoir que l'odeur désagréable tiendrait éloignés le chef de bloc et ses séides les plus sadiques. Henri était d'accord pour tenter l'expérience.

Le lendemain, nous enduisîmes de baume anti-chef de bloc tous les patients qui vinrent se plaindre de la gale. Le lendemain matin, nos patients nous apprirent qu'ils avaient parfaitement dormi et que les démangeaisons avaient disparu. A ma stupéfaction et à mon grand plaisir, j'avais l'impression d'avoir découvert une nouvelle thérapie. Nous utilisâmes tout notre stock de baume du Pérou jusqu'à épuisement. La plupart de ceux que nous avions guéri de la gale, virent également disparaître leurs problèmes médicaux les plus graves.

Je pensais avoir découvert un traitement miraculeux, mais je fus déçu d'apprendre par la suite que je n'avais fait que redécouvrir un remède déjà utilisé plusieurs siècles auparavant.

La nécessité nous poussa souvent à utiliser des méthodes peu orthodoxes d'un point de vue médical. Que ce fut pour traiter des maladies ou plus simplement pour soulager la douleur ou réconforter un malade, il nous fallait sans cesse faire preuve d'imagination. Ce fut le cas par exemple pour la gangrène. Si la zone infectée n'était pas trop grande, nous débridions la plaie (c'est-à-dire que nous enlevions les tissus morts) puis traitions au moyen de charbon pulvérisé pour absorber le pus et purifier la blessure, et enfin nous appliquions du permanganate (un agent antibactérien) et quelques gouttes d'eau oxygénée (un désinfectant, également). Puis on bandait la blessure et on renvoyait le patient à sa baraque. En dépit de succès répétés, nous étions toujours surpris, deux jours plus tard, lorsque l'homme venait faire changer son pansement, de constater que la blessure était propre et non enflammée. Mais le taux de mortalité dans le camp était si élevé que nous n'avons pas été en mesure de déterminer les effets à long terme de notre préparation.

Le SS Hauptsturmführer Fetter était si impressionné par le succès rapide de notre traitement, qu'il distribua une centaine de cigarettes à notre petit groupe et nous « autorisa » à écrire (sous son nom) un article pour une revue scientifique allemande. Lors de sa publication, l'article ne contenait bien évidemment aucune mention d'une quelconque assistance.

Les chefs au triangle vert étaient un véritable fléau. A l'extérieur, déjà, ces criminels n'avaient fait que violer les règles nécessaires à toute vie en société. Dans les camps de concentration, c'étaient des tyrans dont rien ne venait limiter le pouvoir. Leur avidité et leur sadisme nous menaçaient dans notre vie même. Notre comité de résistance se réunit plusieurs fois pour envisager les méthodes les plus propres à nous débarrasser de ces tueurs. Nous n'avions pas le choix : c'était tuer ou être tués.

Certains Kapos chargés du percement des tunnels pouvaient être facilement victimes d'accidents du travail. S'ils ne mouraient pas tout de suite, nous pouvions les achever à l'infirmerie. Mais les chefs au triangle vert dont les responsabilités s'exerçaient à l'intérieur du camp étaient trop bien protégés pour être éliminés de façon aussi grossière. Notre but était de les remplacer par des hommes dans notre genre, et pour cela il fallait trouver d'autres moyens.

Il nous fallait trouver un moyen de marchander directement avec les SS. Ils étaient toujours à la recherche d'alcool à boire. Notre ingénieur espagnol suggéra de distiller de l'alcool à partir de pommes de terre, de sucre ou de levure. Nous disposerions dès lors d'une excellente monnaie d'échange. Il se faisait fort de dessiner et de construire le matériel, mais nous avions besoin, d'abord, de quelqu'un pour nous aider à réaliser l'ensemble de l'opération.

Nous jouions de chance, car je finis par trouver l'allié dont nous avions besoin. Le chef de la baraque de convalescence me demanda confidentiellement une faveur. Il avait un problème fort embarrassant. Il ressentait une terrible sensation de brûlure en urinant, et après cela il avait des écoulements épais. Il me serait très reconnaissant de ce que je pourrais faire (secrètement) pour lui.

Je l'examinai. Il n'avait qu'une banale infection des voies urinaires, mais son ignorance m'offrait une occasion inespérée de gagner sa confiance. Gravement, je lui dis : « Mon ami, vous avez une *Triper* ! » (*Triper* est un mot d'argot allemand pour blennorragie.)

Il était abasourdi. Comment avait-il pu attraper une chose pareille alors qu'il n'y avait pas de femmes au camp ? Je suggérai que c'était peut-être à cause de son petit ami Nikolaï. Le chef de bloc pâlit, fou de jalousie à l'idée que son Nikolaï avait pu coucher avec quelqu'un d'autre. Mais il se ressaisit et me demanda si je pouvais soigner sa blennorragie. Je lui dis qu'il lui faudrait cesser toute activité sexuelle pendant un certain temps et que s'il parvenait à m'obtenir des seringues grâce à ses amis de Gusen I, je lui ferais des lavements urétraux.

Deux jours plus tard, mon professeur d'anatomie et moi trouvâmes le corps de Nikolaï dans le baraquement de la morgue. Il avait la nuque brisée. Mon professeur suggéra de travailler sur lui, dans la mesure où il était rare de pouvoir examiner le corps d'un homme en bonne santé et non atrophié. Le lendemain, lorsque le chef de bloc m'amena les seringues, je fis remarquer que je n'avais pas vu Nikolaï depuis quelque temps. Il répondit d'un air dégagé qu'il l'avait vu pour la dernière fois en compagnie du Tsigane (ce même Tsigane dont j'avais pu apprécier la meurtrière dextérité, dans les latrines, aux premiers temps de mon arrivée). Je préparai une solution très diluée de permanganate pour le lavement urétral, et un mélange de bleu de méthylène, d'urotropine et de Salol à prendre par voie orale trois fois par jour.

J'en étais encore à chercher le meilleur moyen d'utiliser le chef de bloc pour notre projet de distillerie, lorsque je dus me rendre à Gusen I pour une radiographie de ma cheville. J'obtins la permission nécessaire. A l'infirmerie, on m'envoya voir le Dr Anton Goshchinski, un médecin polonais dont le Dr Kaminski m'avait dit du bien. Le Dr Goshchinski quitta la pièce un moment pour aller voir si l'appareil de radiographie était libre, et je remarquai tout de suite le matériel dont il disposait. A son retour, un certain nombre d'objets précieux étaient dissimulés dans ma chemise : aiguilles chirurgicales, catgut et fil de soie. Il remarqua sa table vide, mais ne prononça pas un mot. Bien plus tard, le Dr Goshchinski me dit qu'il avait fait en sorte de me laisser voler ce matériel dont il savait que nous avions cruellement besoin à Gusen II.

La radio de ma cheville était bonne et l'on me retira mon plâtre. En sortant de l'infirmerie, je dérobai encore un pot en verre brun. De retour dans ma chambre je fus terriblement déçu en constatant qu'il ne s'agissait que d'arsenic, utilisé comme mort-aux-rats. Mais mes camarades du comité, eux, jugeaient que ce poison pourrait nous servir contre nos assassins. Nous devions finalement utiliser ce poison, et pas seulement sous la forme du cocktail alcool-arsenic auquel ils avaient tout d'abord songé.

Après quelques jours de traitement, le chef de bloc m'annonça qu'il allait mieux et me remercia pour ce que j'avais fait. Je compris que le fer était chaud. Je lui dis que je pouvais faire quelque chose d'autre pour lui.

— Est-ce que vous aimeriez avoir de l'alcool ?

— Et comment !

Je lui expliquai que je pourrais monter une distillerie à l'infirmerie s'il me fournissait les matières premières, et s'il m'accordait une faveur. Nous autoriserait-il, mes confrères et moi, à utiliser les latrines pour fabriquer du charbon ? Nous avions découvert que le charbon était extrêmement efficace dans le traitement de la diarrhée. Les prisonniers qui avaient besoin d'être soignés ramenaient de leur travail de petits morceaux de bois, mais nous n'avions pas d'endroit où opérer la transformation en charbon.

Le chef de bloc nous garantit la libre disposition des latrines. Dès que la distillerie fut mise en place, il nous assura l'approvisionnement en pommes de terre, en sucre et en levure. Nous parvînmes à fabriquer une vodka grossière à partir de la distillation des pommes de terre. En l'aromatisant avec du sirop pour la toux, nous obtînmes de la liqueur. Rapidement, les chefs et les SS dépendirent de nous pour l'animation de leurs fêtes et nos conditions de vie s'améliorèrent de façon notable. Même lorsque l'Allemagne entière dut se rationner en sucre, les SS continuèrent de nous approvisionner. J'étais devenu un vrai contrebandier en alcool.

Notre distillerie nous apportait bien d'autres avantages. Je fabriquai de l'eau distillée, que j'utilisai comme placebo en disant à mes patients que je leur injectais de la morphine. Nous nous servions de l'alcool pour stériliser nos instruments. Nous en buvions aussi, quand nous avions du vague à l'âme. En le mélangeant à l'élixir parégorique parfumé à l'anis, nous obtînmes un Pernod grossier. Comme rien de ce qui pouvait encore servir n'était jeté, nous confectionnions une sorte de purée pour le dîner à partir de la pâte malodorante que formaient les résidus de pommes de terre fermentées. Au milieu de nos terribles privations, cette horrible mixture nous semblait délicieuse. Ingérées seules, les pommes de terre fermentées nous auraient donné la diarrhée, mais nous en contrebalancions les effets grâce aux propriétés constipantes de l'élixir parégorique contenu dans notre Pernod maison. Nous parvenions ainsi à maintenir notre équilibre biologique.

Les latrines finirent par devenir un avant-poste de l'infirmerie. Après avoir installé notre usine clandestine de charbon, nous nous servîmes également de ces latrines comme centre d'informations. C'était là que nous échangions les nouvelles, répandions les rumeurs encourageantes concernant les victoires des Alliés, rumeurs qui étaient ensuite diffusées par les membres de notre comité. Plus important encore, les latrines servirent de refuge temporaire où les prisonniers épuisés pouvaient trouver un répit au milieu de leur labeur.

Nous avions remporté quelques victoires, mais pour l'essentiel, nous demeurions impuissants. C'était le cas, par exemple, face à la *sélection*.

Les jours de *sélection*, je devais me trouver à la baraque de convalescence avant le petit déjeuner, car ce jour-là, les portes étaient fermées avant la distribution du maigre repas. A neuf heures du matin, les officiels arrivaient : le médecin SS Fetter ; le commandant Pausch ; le commandant Ziereis, chef SS de Mauthausen et de ses camps satellites ; le commandant Bachmayer, chef SS de Mauthausen, et enfin le responsable des services de santé, Schultze.

Je devais donner au Dr Fetter la liste des prisonniers de la baraque, ainsi que leurs numéros. Le chef de bloc appelait alors le numéro du prisonnier qui devait se présenter de dos au Dr Fetter. Si les cuisses du prisonnier étaient si maigres que le chef de bloc pouvait passer son poing entre elles, l'homme recevait l'ordre d'aller sur la gauche — *sélectionné pour la mort*. S'il lui restait encore un peu de muscles aux jambes, il était envoyé à droite — *sentence ajournée*. Fetter, lui, devait apporter son diagnostic pour tous les sélectionnés. Le détenu numéro tant est mort d'arrêt cardiaque ; le détenu numéro tant est mort d'insuffisance respiratoire... Dans les registres du camp, la colonne « Cause de la mort » pouvait être correctement remplie. Les prisonniers sélectionnés étaient emmenés pour un *Sonderbehandlung* (traitement spécial). Jamais on ne nous expliqua ce qu'étaient ces « traitements spéciaux ». Ces détenus-là ne revenaient jamais. Nous savions tous ce que cela voulait dire. La seule chose que nous ignorions, c'était comment ils étaient tués.

Un jour que nous nous rendions, Henri et moi, à la pharmacie de Gusen I, le pharmacien SS était trop occupé pour servir notre modeste commande. Il grommela qu'il avait trop à faire avec les préparations destinées aux détenus que l'on venait de conduire en haut, dans la partie des traitements spéciaux. Henri et moi échangeâmes un regard. Nous quittâmes la pharmacie et gagnâmes aussitôt la chambre du Dr Kaminski.

Kaminski insista tellement pour que nous oubliions la remarque du pharmacien, qu'il ne fit qu'exciter plus encore notre curiosité. Nous insistâmes. Kaminski finit par céder. Nous pourrions nous dissimuler sous le toit et observer ce qui se passait avec les détenus sélectionnés, à condition, si nous étions pris, de ne pas citer son nom. Henri et moi lui donnâmes également dix cigarettes chacun.

Nous gagnâmes tous les trois la pharmacie, et tandis que Kaminski engageait la conversation avec le pharmacien, nous nous éclipsâmes dans l'escalier et grimpâmes au moyen d'une échelle jusqu'à un petit espace sous les toits. En dessous de nous, entre les planches disjointes, on apercevait clairement les trois salles du traitement spécial, délimitées par des rideaux. Le « traitement » n'avait pas encore commencé.

Serrées les unes contre les autres, les victimes, nues, attendaient dans l'antichambre. Elle ouvrait sur une alcôve meublée de deux chaises et d'une table. Sur la table, deux seringues et deux flacons (nous allions découvrir rapidement qu'il s'agissait de phénol et de benzine). Après l'alcôve, une grande pièce avec au fond, une ouverture en forme de fenêtre donnant sur un toboggan. Assis sur le sol près du toboggan, deux prisonniers polonais attendaient en plaisantant le début de leur travail.

Mon regard fut attiré par deux prisonniers nus qui discutaient dans l'antichambre. Le premier était un homme prématurément vieilli, qui semblait avoir au moins cent ans. L'autre était un adolescent hideusement émacié. Je ne pouvais entendre ce qu'ils disaient, mais leur attitude évoquait celle d'un père réconfortant son enfant (j'appris par la suite que j'avais vu juste).

Je ne pus m'empêcher de songer à François et pendant un moment je me mis à la place du malheureux vieillard.

— Heureusement que mon fils est en sûreté à Villon avec ma mère et ma sœur, glissai-je à Henri.

En chuchotant, celui-ci me réprimanda avec la dernière brutalité.

— Ça suffit, Albert ! Tant que tu es ici, arrête de penser à ta famille. Sans ça, tu n'en sortiras jamais vivant !

Soudain, la porte principale s'ouvrit. Un médecin-prisonnier polonais entra dans l'alcôve pour mettre la dernière main aux préparatifs. Il remplit la plus grande seringue de phénol et l'autre de benzine. Puis son assistant, un prisonnier, entra, suivi par Schultze, responsable SS des services de santé, et son entourage.

On conduisit dans l'alcôve deux hommes nus. On demanda au premier de poser les mains sur sa tête de façon à dégager un espace (au-dessus du cœur, entre deux côtes) où le médecin polonais enfonça la longue aiguille. Il lui injecta le phénol directement dans le cœur. L'homme tituba jusqu'à la pièce du fond avant de s'écrouler sur le sol.

La deuxième victime dut présenter son bras à l'assistant pour qu'on puisse lui injecter la benzine. Lui aussi s'écroula dans la pièce du fond. Les autres assistants interrompirent leurs plaisanteries pour jeter les corps dans l'ouverture, qui, nous l'apprîmes par la suite, donnait directement sur le crématoire.

Après un certain nombre d'exécutions de la sorte, un homme fut pris de terribles convulsions suivies d'un coma à la suite d'une injection de phénol mal réalisée. Il a dû être brûlé vif.

Henri voulut comparer les temps respectifs séparant l'injection de la mort entre les deux produits. Il suggéra de mesurer le temps en comptant notre pouls. Pour l'intraveineuse de benzine, Henri compta soixante secondes. Pour l'injection de phénol directement dans le cœur, je comptai, moi, cent vingt secondes. Nous trouvâmes étonnant qu'une injection pratiquée directement dans le cœur tarde tellement à produire son effet. Après que j'eus compté cent vingt secondes et Henri seulement quatre-vingts pour la même injection de phénol mal faite et la fin des convulsions, nous nous rendîmes compte que mon pouls avait accéléré. Médecin légiste, Henri était habitué aux morts violentes. La rapidité de mon pouls ne faisait que traduire ma réaction émotionnelle au « traitement spécial » qui se déroulait en dessous de nous.

Ce fut bientôt le tour du père et de son fils, et j'admirai le courage du vieil homme. Son visage placide reflétait-il une grande fermeté d'âme ou simplement la résignation d'un homme épuisé ? Le père entra le premier et présenta son bras pour l'injection de benzine. Il s'écroula dans la pièce du fond, immobile. Le garçon pénétra alors dans l'alcôve et chercha son père du regard.

Nous entendîmes la remarque du médecin polonais : « Celui-là, ça sera facile. Il est si maigre qu'on peut pas le manquer ! »

Puis, à l'adresse du garçon : « *Hände über Stirn* » (les mains sur le front).

Le garçon ne comprit qu'à ce moment-là qu'il allait mourir. Il supplia désespérément qu'on le laisse retourner à sa baraque chercher sa seule fortune, la cuillère et la fourchette qui se trouvaient dans son lit. Cette ruse pitoyable pour gagner quelques minutes de vie était si douloureusement absurde, que même ses bourreaux demeurèrent un instant silencieux.

Tandis qu'on introduisait l'aiguille, le garçon continuait de supplier, « *Ich brauch mein Löffel, ich brauch mein Löffel* » (il me faut ma cuillère). Alors que la seringue se vidait, un cri effroyable d'animal blessé sortit de cette gorge émaciée. J'étais glacé jusqu'aux os. Des larmes me brouillèrent les yeux. J'étais stupéfait qu'un être aussi meurtri et épuisé eût pu trouver la force de pousser un tel cri. Quelques secondes d'un silence terrifiant, et il mourut. Le vieil homme et son fils furent jetés ensemble dans l'ouverture.

Le traitement spécial se poursuivit jusqu'à la disparition du dernier prisonnier nu qui attendait dans l'antichambre. C'était un jour comme un autre. Le « traitement spécial » était un euphémisme pour désigner divers modes d'exécution : le gaz, la pendaison, l'arme à feu, le gourdin, la torture, l'expérimentation médicale, la mort infligée à dessein, la mort infligée par caprice. Les documents officiels indiquaient généralement « S.B. », *Sonderbehandlung*.

Lorsque le médecin SS, le Dr Fetter, m'avait indiqué mes responsabilités en tant que chef du service de santé, j'avais refusé de jouer un rôle dans la *sélection* des détenus de la baraque de convalescence. Je compris bientôt que je pourrais sauver un plus grand nombre de vies, ou tout au moins retarder l'heure de la mort. Lorsque j'apprenais qu'une opération de *sélection* était prévue, je renvoyais les détenus que je jugeais suffisamment vigoureux pour vivre la vie normale du camp pendant quelques jours. Je les réadmettais dans la baraque dès que la sélection était passée.

Le problème, c'est que de nombreux malades refusaient d'être renvoyés. Ils étaient convaincus que dans leurs baraques, la faim ou les brutalités les vouaient à une mort certaine. Ils ne me croyaient pas. Beaucoup furent *sélectionnés* qui avaient refusé mon aide.

23

Notre distillerie devint bientôt un élément indispensable à la vie sociale des chefs au triangle vert. Le soir, les orgies étaient fréquentes. On y trouvait tout : nourriture, musique, amour (homosexuel), et à présent alcool. Bien décidé à avoir le plus possible de moyens de pression sur ces meurtriers, j'inventai un rouge à lèvres pour leurs amants : du beurre de cacao tiré des suppositoires, mélangé à du mercurochrome.

Les chefs accordaient des privilèges à ceux qui contribuaient au succès de leurs soirées. Aux musiciens et aux chanteurs qui acceptaient de jouer pour eux, ils offraient un morceau de pain supplémentaire, un bol de soupe ou une réduction des corvées.

Ces menues faveurs représentaient bien souvent la dernière cigarette du condamné. J'eus notamment connaissance de deux affaires que je ne pourrai jamais oublier.

Eisendradt, détenu à Gusen II, avait été une célébrité de la Compagnie juive d'opéra à Varsovie. Sa voix était si belle que bien que Juif, il chantait parfois avec l'Opéra de Varsovie. La vie misérable du camp n'avait pas gâté sa voix de baryton, et on lui « demandait » souvent de chanter au cours des fêtes. Au cours d'une de ces orgies, un jeune prostitué remarqua Eisendradt et voulut absolument chanter comme lui. Le prostitué et son amant étaient le Stubendienst et le chef de bloc de la baraque d'Eisendradt. Le chef de bloc demanda à l'artiste d'apprendre à son amant quelques chansons populaires allemandes. Il recevrait en échange des suppléments de nourriture et une exemption de travail à l'extérieur pendant deux semaines. Sans hésiter, Eisendradt accepta.

Pendant deux semaines, il passa ses journées à travailler avec son nouvel élève, et reçut en rétribution deux louches de soupe supplémentaires lors des distributions journalières. Mais l'élève était incapable de sortir une note. Les leçons furent un échec total et le récital du Stubendienst un désastre des plus humiliants. Eisendradt en fut tenu pour responsable. Le chef de bloc, son amant et plusieurs aides le jetèrent sur le dos dans les latrines et lui placèrent une planche sur la gorge. Les assistants se tenaient debout sur la planche, tandis que le Stubendienst lardait le corps du malheureux de coups de couteau en lui demandant à chaque fois de chanter comme un oiseau. La trachée artère écrasée, Eisendradt finit par mourir asphyxié.

Un autre prisonnier juif, lui, avait été premier violon de l'Orchestre symphonique de Berlin. Il n'avait réussi à survivre à Gusen II que parce que les SS le conviaient à jouer au cours de leurs fêtes. Les officiers SS prenaient grand soin du merveilleux violon que le musicien avait emporté avec lui en déportation, et le lui remettaient lorsqu'ils avaient besoin de ses services. Les chefs détenus finirent par lui demander eux aussi de jouer dans une de leurs fêtes en échange d'une ration de soupe supplémentaire. Il ne pouvait refuser. Mais les fêtards lui demandèrent de jouer des airs populaires et des chansons paillardes allemandes. Le violoniste en connaissait fort peu. Il reprit inlassablement son maigre répertoire, jusqu'à ce que furieux, son auditoire aille le pendre en dehors de la baraque.

En fait, il y avait suffisamment de musiciens à Gusen II pour former un orchestre. De façon tout à fait grotesque, cet orchestre s'intégrait à la routine quotidienne du camp. Tous les matins, alors que les déportés accomplissaient leur travail d'esclaves, certains des meilleurs musiciens d'Europe jouaient aux portes du camp. Dans la pâle lumière de l'aube, ces squelettes vivants, marchant au son de la musique aristocratique jouée par un orchestre fantôme, offraient un spectacle macabre.

Les orgies des chefs se caractérisaient avant tout par leur homosexualité rampante. La concurrence féroce qu'ils entretenaient pour s'assurer les faveurs des adolescents tournait parfois à la bouffonnerie tragique. Un jour, le chef de bloc de la baraque de convalescence décida de donner une grande fête et demanda au Kapo de l'atelier de confection de lui faire des vêtements de femme pour ses « maîtresses ». Le secrétaire de la baraque, lui, me demanda du Schnapps, des liqueurs et du rouge à lèvres. Après la fête, il me raconta le drame qui s'était déroulé.

La fête avait commencé par un repas exceptionnellement bon, préparé par le Kapo de la cuisine des SS, un psychopathe au triangle vert qui avait été, avant sa condamnation pour meurtre, cuisinier dans un grand hôtel de Berlin. Après le repas, tout le monde se mit à boire et l'excitation finit par atteindre un paroxysme. Le Kapo-cuisinier se mit à flirter avec l'amant du chef de bloc, un adolescent ukrainien des plus corrompus. Après avoir fait l'amour, le chef de bloc et lui quittaient souvent leur chambre dans l'espoir de trouver un prisonnier sorti de son lit ; ils le torturaient alors jusqu'à la mort. C'était leur prélude à de nouveaux ébats. Ils avaient l'habitude de laisser leur porte ouverte pour que tout le monde puisse profiter de leurs grognements de plaisir.

Le Kapo-cuisinier était un bel homme, de haute taille, et il avait à sa disposition d'inépuisables réserves de nourriture. C'était un bon parti. Le jeune Ukrainien se lova sur les genoux du cuisinier et répondit avec joie à ses avances. Le chef de bloc suivit calmement cette scène de séduction à travers les brumes de l'alcool jusqu'à ce que le cuisinier ouvre sa braguette et soulève la jupe du garçon. Fou de rage, le chef de bloc se précipita alors sur le couple et tenta d'arracher son amant à son beau séducteur.

Mais le cuisinier n'entendait pas être ainsi défié. Il se saisit d'un couteau sur la table, et, tenant fermement le jeune garçon par la main, le pénis dressé jaillissant de la braguette, il fit face à son adversaire. Le chef de bloc s'empara lui aussi d'un couteau. Mais il était trop soûl. Le cuisinier le blessa aussitôt, mettant ainsi brutalement un terme à la fête. Il quitta ensuite la salle avec le jeune prostitué.

On m'appela pour panser la blessure du chef de bloc, qui, si elle était superficielle, saignait cependant beaucoup. Dès que son bras fut pansé, il se précipita à la recherche de son amant et lui promit la lune s'il consentait à revenir avec lui. Mais le jeune Ukrainien connaissait trop les avantages qu'il pouvait obtenir de son nouveau protecteur, et le chef de bloc connut dès lors les affres d'un véritable chagrin d'amour. Deux semaines plus tard, il eut une dépression nerveuse et se précipita sur la barrière électrifiée qui entourait le camp, mettant ainsi un terme à son malheur. Même les assassins ont besoin d'être aimés.

Ce Kapo-cuisinier était fascinant à force de contradictions. C'était un excellent cuisinier, un amoureux des plus tendres envers ses amants et un tueur impitoyable. Il me raconta un jour les circonstances du premier meurtre qu'il avait commis, celui qui l'avait envoyé en prison. Dégoûté de la vie maritale, il avait décidé de supprimer sa femme. Cela lui avait paru des plus simple. Pour faire disparaître toute trace de son crime, il décida de découper le cadavre en morceaux et de le cuire avant de l'enterrer. Il mit donc à bouillir les morceaux dans une grande marmite, dans sa cave. L'odeur qui émanait de la maison était tellement atroce que les voisins ne tardèrent pas à appeler la police. Il fut pris et envoyé en prison. Si c'était à refaire, me dit-il, il masquerait l'odeur en cuisinant sa femme avec beaucoup d'ail et de bons légumes !

Dans l'univers du camp de Gusen II, ce meurtrier était devenu le tout-puissant Kapo de la cuisine des SS, gardien des clefs de tous les magasins de vivres, et courtisé par les SS pour ses talents culinaires. Ses pouvoirs, il les utilisait selon son bon plaisir. A l'intention des mourants de l'infirmerie, il me donnait la soupe qui restait des repas des SS. Un jour qu'un de ses anciens amants était au plus mal, il ordonna au chef de bloc de son ami de le laisser se reposer quelques jours dans la baraque et lui apporta de la nourriture. S'il surprenait un détenu à voler des épluchures de pommes de terre, surtout si le voleur était encore en bonne condition physique, il ne le laissait partir qu'après l'avoir forcé à avoir avec lui une relation sexuelle. Si la performance de l'homme avait été bonne, il le renvoyait avec deux tranches de pain, une bonne ration de margarine artificielle et un bol de soupe. C'était là l'équivalent, dans la vie normale, d'un dîner chez Maxim's.

A la différence des autres chefs au triangle vert, le cuisinier ne tuait jamais par jeu. Lorsqu'il n'était pas en colère, c'était, à sa manière, un homme honnête et attentif aux autres, une curieuse exception à la règle. Mais s'il était de méchante humeur, le détenu qui ne répondait pas immédiatement à ses injonctions était sûr de mourir sur-le-champ. Ce Kapo se considérait pourtant comme un bon catholique et il protégeait un prêtre détenu en lui fournissant des suppléments de nourriture en échange de la confession et d'une absolution après chaque meurtre. Le prêtre accepta volontiers, échangeant l'absolution dans l'au-delà contre du pain et de la saucisse ici-bas.

Pour les chefs au triangle vert, je n'étais pas seulement un fabricant de rouge à lèvres et un trafiquant d'alcool en qui on pouvait avoir confiance. Ils finissaient aussi par me respecter en tant que médecin. Ma réputation avait commencé de s'établir après que j'eus soigné la « blennorragie » du chef de bloc de la baraque de convalescence, et ne cessa de croître par la suite puisqu'il était avantageux pour nous de nous occuper de leur santé. Ma réputation auprès des triangles verts finit par venir aux oreilles du commandant Pausch, qui savait aussi en quel respect me tenait le Dr Fetter depuis que j'avais refusé de participer à la *sélection* dans la baraque de convalescence.

Fetter me donnait même du *Herr Kollege*. Quant au commandant Pausch, d'intelligence plutôt lente, pourtant, il avait dû finir par se rendre compte de l'incompétence de Fetter. Quelque temps après mon arrivée à Gusen II, Pausch m'informa que je serais désormais son médecin personnel. Fetter, lui, fut enchanté de me voir prendre cette responsabilité.

Un jour, Pausch se plaignit à moi de sévères maux de tête et de vertiges matinaux. Je savais que le commandant Pausch était un gros buveur, et ses symptômes me firent immédiatement penser à une cirrhose du foie. Au cours de l'examen, je lui demandai s'il avait récemment ressenti des nausées et éprouvé peut-être quelque peine à marcher. Sa réponse affirmative ne fit que confirmer mon diagnostic. J'avais trouvé un nouveau moyen d'augmenter nos chances de survie.

Je savais que Pausch était un cavalier passionné et qu'il adorait les traditionnelles bottes d'équitation allemandes, qui sont si serrées qu'elles entraînent parfois des saignements sous-cutanés. Je croisai les doigts, et lui demandai s'il n'avait jamais remarqué de sang sous les ongles de ses orteils. « Oui ! » s'exclama-t-il en me regardant avec stupéfaction. Je poussai un soupir de soulagement. Mon plan avait quelques chances de marcher. Je déclarai à Pausch que je croyais connaître la nature de son mal. Quelques vérifications à opérer, et je le verrais le lendemain avec des explications plus détaillées et un programme de traitement.

En fait, j'espérais mettre un terme à une des punitions les plus dures en usage dans le camp : les vingt-cinq coups de fouet sur les fesses. Les prisonniers étaient trop affaiblis pour supporter un tel traitement. Leur terrible maigreur faisait qu'ils attrapaient inévitablement la gangrène et qu'ils étaient dès lors promis à la chambre à gaz. Pausch prenait un grand plaisir à ordonner de telles punitions et à y assister. J'espérais l'amener à renoncer à ces pratiques en mettant en évidence le lien entre ses tendances à la violence et ses problèmes physiques.

L'idée de cette supercherie m'était venue en l'examinant. La deuxième étape consistait en une visite à mon ami le Dr Kaminski à Gusen I. Je savais qu'il avait réussi à amener avec lui un certain nombre de livres de médecine. J'avais besoin de traités de pathologie contenant des images illustrées d'affections cérébrales. Je retournai à ma chambre avec sous le bras deux gros livres de médecine.

Le lendemain matin, je retournai voir Pausch avec un de mes livres, et lui annonçai que j'avais identifié l'origine de ses troubles. Il attendait impatiemment la réponse. Comme tous ces maîtres sadiques de la vie et de la mort, Pausch était terrifié par l'idée de sa propre douleur et de sa propre mort. Je lui expliquai qu'il souffrait d'un conflit subconscient et de sentiments de culpabilité.

— Hauptsturmführer Pausch, tout le monde sait qu'au fond, vous êtes un être moral et un citoyen allemand des plus civilisés. Mais vous avez aussi une propension à la violence. Ce côté violent en vous prend plaisir à ordonner et à assister à la flagellation des prisonniers, mais votre côté moral réagit ensuite par un terrible sentiment de culpabilité. Cette lutte subconsciente et les réactions de culpabilité qui s'ensuivent provoquent les problèmes physiques que vous m'avez décrits.

Après les descriptions que vous m'avez faites hier, il me semble maintenant évident que vous avez un angiome.

Dans le livre de pathologie, je lui montrai les images les plus effrayantes que j'avais pu trouver, et les accompagnai des explications suivantes :

— Lorsque vous voyez fouetter un prisonnier, vous ressentez un fort plaisir sadique et vous êtes extrêmement excité. En raison de votre angiome, le flot sanguin au cerveau est plus important, ce qui entraîne une augmentation de la pression intracrânienne. En subissant une telle pression, voici à quoi ressemble votre cerveau.

Livide, Pausch regardait les images et buvait littéralement mes paroles. Je poursuivis :

— Voilà pourquoi vous souffrez de maux de tête, de nausées et de vertiges. Cette pression trop forte commence à affecter votre organisme tout entier. Vous avez déjà pu le constater avec le sang apparu sous les ongles des orteils et vos difficultés à marcher. Vos sentiments de culpabilité ne feront qu'aggraver ces symptômes. On ne peut rien faire pour cet angiome. Ni la chirurgie ni la médecine ne peuvent guérir une telle affection du cerveau. On peut seulement empêcher que votre angiome ne s'aggrave et ne finisse par vous tuer, et on peut aussi traiter vos symptômes. Prenez les médicaments que je vous prescris, efforcez-vous de ne pas être excité et cessez de boire pendant un certain temps.

Pausch accueillit mes explications avec reconnaissance et promit de suivre mes prescriptions. Jamais il n'eut l'idée d'aller consulter un autre médecin. En véritable SS, il était tellement persuadé d'exercer sur nous un pouvoir absolu qu'il ne lui vint jamais à l'esprit que l'un d'entre nous pût avoir l'audace de se jouer de lui. Il s'abstint scrupuleusement de boire de l'alcool et mit un terme aux séances de flagellation. Il prit avec confiance mes médicaments (de l'aspirine mélangée à un laxatif doux). Ses maux de tête, ses vertiges et ses nausées disparurent progressivement et il se remit à marcher avec plus de facilité.

Mon succès impressionna tellement Pausch qu'il me faisait venir dès qu'un membre de sa famille, de son entourage, ou un de ses petits amis se plaignait de sa santé. Il me constituait ainsi une clientèle privée et je m'arrangeai pour recevoir des honoraires. Je prescrivais systématiquement des médicaments, demandais au patient de m'en amener trois fois plus que nécessaire et utilisais le surplus pour l'infirmerie du camp.

Le commandant Pausch m'amena même un jour son berger. Là encore, je me jouai de l'officier. Benno, le chien, était l'une des bêtes les plus féroces que les SS traînaient avec eux, ajoutant une menace supplémentaire à l'existence déjà dangereuse que nous menions au camp. Ces chiens étaient dressés à tailler en pièces les prisonniers. On leur avait appris à reconnaître notre odeur, qui leur faisait venir l'écume à la gueule.

En voyant Benno, nul besoin de formation vétérinaire pour émettre un diagnostic. Visiblement, il souffrait d'une indigestion. Tandis que plusieurs soldats SS maintenaient le chien, je me livrai à un examen à grand spectacle. Je finis par annoncer à Pausch que son animal favori souffrait d'une maladie du système digestif et qu'il lui faudrait un régime particulier ainsi qu'une surveillance constante de la part d'un de ses hommes. Il me fit la réponse que j'attendais.

— Je ne peux pas confier à un de mes gardes la tâche exclusive de veiller sur Benno, mais j'accepterais volontiers toute personne que vous me recommanderiez.

Cette recommandation, j'y avais déjà songé. Ce serait George qui veillerait sur Benno. George était un jeune Grec mince et agréable, cultivé, qui avait été castré après l'arrivée des Juifs grecs à Gusen I. Il était l'un des seuls à avoir survécu aux expériences médicales de mutilation. Il s'affaiblissait cependant dangereusement et je craignais pour sa vie. Je présentai donc George au commandant Pausch.

Le régime que je prescrivis au chien était exactement ce qu'il fallait à George pour retrouver des forces : de la viande hachée et des nouilles. George suivit mes instructions : il mangeait la plus grosse partie de la ration du chien et ne lui donnait que les restes. Il prit bien garde de ne jamais laisser le chien le surprendre en train de voler sa nourriture, et petit à petit ils devinrent bons amis. Benno réagit à son misérable régime alimentaire de la même manière que les détenus : il devint faible, abattu, d'une maigreur effrayante.

Pausch finit par me convoquer à nouveau et s'inquiéta de la santé déclinante de son chien. Je me livrai à un examen minutieux du chien affamé. Puis, relevant la tête, je pris l'air le plus sombre possible pour lui annoncer que son chien était atteint d'un cancer et qu'il allait mourir. La meilleure chose qu'il pourrait faire, ce serait d'abréger ses souffrances. Éperdu en apprenant la nouvelle, Pausch se refusa énergiquement à tuer son chien. J'évoquai la cruauté qu'il y avait à prolonger les souffrances de la pauvre bête. Mais il ne se laissait pas convaincre et il décida de consulter un autre médecin. J'étais terrifié par le cours inattendu que prenaient les événements. Il fallait prendre des mesures radicales.

En débattant du problème avec le comité, je me rappelai soudain le flacon brun de mort-aux-rats que j'avais dérobé à Gusen I le jour où j'étais allé y faire enlever mon plâtre. Nous en mélangeâmes un petit peu dans le repas suivant de Benno. Le chien fut pris de convulsions, vomit et mordit même la main de Pausch qui dut se résigner à l'évidence : il n'y avait plus de raison de prolonger inutilement ses souffrances. Je lui demandai une quantité suffisante de morphine pour que le chien ne souffre pas. Bien qu'il n'y en eût absolument pas pour les prisonniers et très peu pour les soldats allemands eux-mêmes, je savais que Pausch m'en trouverait. Je ne m'attendais cependant pas à en recevoir autant : une boîte de vingt-quatre ampoules. Je n'avais besoin que de six ampoules pour envoyer au diable le sanglant Benno et je gardai le reste pour les prisonniers.

Autre victime de notre guerre contre les assassins, le dénommé Otto, psychopathe sadique qui se trouvait être le Kapo à triangle vert du camp lors de mon arrivée à Gusen II. Petit, musculeux, Otto était d'apparence assez insignifiante, en dépit de son perçant regard bleu et de son pouce manquant à la main gauche. Chaque fois qu'il tuait, son visage était agité d'un tic. Otto tenait une comptabilité précise de ses meurtres et ne cessait de se glorifier auprès de ses amis du nombre croissant de prisonniers qu'il avait éliminés. Son plus grand plaisir dans la vie, c'était tuer. Et le summum du plaisir était atteint en assassinant des Juifs et des Français. Les Juifs étaient des sous-hommes. Les Français, eux, étaient sales. Otto s'enorgueillissait de sa propreté méticuleuse, et se lavait toujours les mains après chaque meurtre.

Il vint un jour se plaindre à moi d'une infection bénigne à l'index de la main droite. Son ignorance était telle qu'il ne me fut pas difficile de le convaincre qu'il fallait pratiquer une incision pour drainer le pus. Je connaissais bien, à présent, ces tueurs de sang-froid, et je savais que, terrifié à l'idée de souffrir lui-même, il me demanderait à être anesthésié. Il me le demanda, en effet. Je lui promis qu'il ne sentirait absolument rien. En échange, il me proposa une cartouche de cigarettes. J'organisai l'opération pour l'après-midi même, dans sa baraque vide. Bournasell me servirait d'assistant.

J'anesthésiai Otto avec l'Évipan prélevé sur notre précieux stock secret. Bournasell était stupéfait de me voir utiliser un anesthésique pour ce boucher sadique.

— Attends, tu vas comprendre, lui dis-je.

Je préparai le champ opératoire, installai un tourniquet, préparai mon scalpel et une pince hémostatique. Bournasell n'en revenait pas. Pourquoi un tel équipement pour une opération aussi simple ? Lorsque je commençai de pratiquer une incision dans le coude d'Otto, Bournasell comprit.

— Tu es fou ! chuchota-t-il en français. C'est pas possible !

— Bien sûr que si.

Et je me mis en devoir d'amputer le bras droit d'Otto.

Nous le ramenâmes ensuite à son lit. Lorsqu'il reprit conscience, Bournasell m'envoya chercher. Dès que j'apparus, Otto s'écria :

— Ah, docteur, je vous suis si reconnaissant. Je n'ai rien senti au cours de l'opération.

— Je vous l'avais promis.

Otto voulut lever le bras droit pour me serrer la main et se pétrifia tout à coup. Avec horreur, il regarda son moignon emmaillotté. Je lui expliquai que son infection était en fait si grave que j'avais dû me résoudre à l'amputer pour lui sauver la vie. Otto accepta mes explications sans discuter et nous le plaçâmes à l'infirmerie pour qu'il puisse tranquillement récupérer.

De retour à sa baraque, Otto n'était plus le même homme. Il ne s'intéressait plus à ses amants et passait de plus en plus de temps à ruminer. Comment pratiquer son métier d'assassin alors qu'on est droitier et amputé du bras droit ? Un après-midi, alors que la baraque était vide, il se pendit. C'était compréhensible, et même prévisible.

J'avais fait quelque chose de terrible à Otto, mais la vie en camp de concentration m'avait amené à une cruelle révision de toutes les valeurs auxquelles j'avais cru en devenant médecin. Pour sauver des vies, il fallait désormais que j'en supprime d'autres. Dans ces camps de la mort, la simple survie était déjà extraordinairement précaire. Il fallait tirer parti de la moindre faille. J'étais forcé de jouer au Dieu, soit un Dieu vengeur qui détruisait le mal, soit un Dieu bienveillant choisissant les détenus qui recevraient les médicaments et les suppléments de nourriture (ce qui voulait dire aussi choisir ceux qui ne les recevraient pas), et cette situation était terriblement inconfortable. Quand je me sentais trop écrasé, je me disais que finalement, je parvenais à sauver la vie de nombreux détenus. Mais la consolation était maigre, et de courte durée.

A l'une des réunions du comité, nous décidâmes de perfectionner encore notre système de protection en faveur de certains détenus que nous avions choisis. Il fallait obtenir l'aide du médecin SS, le Dr Fetter. Le lendemain, je lui parlai avec la plus grande franchise des cas inhabituels et étonnants que nous voyions passer à l'infirmerie.

— Si vous m'autorisiez à les garder en vie, pour l'intérêt de la science, je rédigerais volontiers une notice sur chacun d'eux à votre intention. Vous pourrez les publier dans des revues scientifiques, après la guerre, et acquérir une grande notoriété dans la communauté scientifique.

Comme nous l'avions espéré, la vanité de Fetter fut tellement flattée qu'il me laissa la liberté que je lui demandais. Sachant que nous pouvions tabler sur l'ignorance de Fetter, le Dr Kaminski choisit un certain nombre d'affections exotiques. Jamais il ne trouverait bizarre l'accumulation de cas de maladies rares dans un même lieu et au même moment. La mystification était tout indiquée pour un homme qui imaginait tant de diagnostics fantaisistes pour les détenus sélectionnés pour la chambre à gaz.

En janvier, les raids aériens des Alliés sur les environs devinrent de plus en plus fréquents. Le commandant Pausch nous autorisa, quelques assistants et moi, à apporter du matériel de premier secours dans les ateliers souterrains. Pausch n'en pensait pas moins que ce matériel était inutile vu que les galeries formaient d'efficaces abris antiaériens. En fait, je voulais surtout parcourir la zone de travail avec la grosse boîte vide que je portais à l'épaule et la remplir de tout ce qui pouvait nous être utile.

Lorsque nous arrivâmes sur la zone centrale de travail, le bureau du contremaître était vide. A part un morceau de pain et de la saucisse sèche, il n'y avait absolument rien à voler. Je ne pouvais pas prendre le couteau à pain, car un prisonnier innocent aurait certainement payé ce larcin de sa vie. Je coupai la moitié du pain et de la saucisse et jetai un dernier regard autour de moi. Sur une haute étagère, dans l'ombre, je remarquai plusieurs boîtes métalliques sans inscriptions ; j'en glissai une dans ma grande boîte et rejoignis les autres. Bournasell me dit en chuchotant qu'il était assis sur une caisse contenant des marchandises. Lorsque personne ne regardait, je m'emparai d'un bocal et d'une pierre à aiguiser. La sirène d'alarme retentit soudain et nous dûmes nous réfugier dans la galerie. Nous ne pûmes rentrer que plus tard à l'infirmerie.

De retour au camp, nous découvrîmes que le chef de bloc et ses sbires avaient, à nouveau, jugé nécessaire de s'amuser pendant l'alerte. Pour calmer leurs angoisses, ils avaient assassiné plusieurs malades alités. La nuque brisée, dix hommes avaient été sacrifiés à la tranquillité d'esprit des triangles verts. Parmi les morts, il y en avait deux dont notre comité avait estimé qu'ils avaient des chances raisonnables de survie, et leurs « maladies exotiques » avaient déjà été consignées dans les dossiers de Fetter. Nous leur avions prodigué les plus grands soins, leur avions distribué des suppléments de nourriture et nos précieux médicaments. A présent que les alertes aériennes se multipliaient, il devenait urgent de mettre un terme à ces meurtres « tranquillisants ».

Je parlai au commandant Pausch de l'arrangement que j'avais conclu avec le Dr Fetter « dans l'intérêt de la science ». Puis je lui appris que le chef de bloc et ses amis venaient d'assassiner deux des patients particuliers du Dr Fetter. Je demandai à Pausch de régler cette effroyable situation directement avec Fetter et de mettre un terme à l'assassinat de ces cas médicaux d'une si grande importance. Fetter était furieux. Il ordonna que les cadavres soient immédiatement envoyés au Dr Kaminski à Gusen I. Après autopsie, le Dr Kaminski confirma que la mort était due à une fracture des cervicales.

Fetter rétrograda donc le chef de bloc de l'infirmerie et ses amis au dernier rang de la hiérarchie des prisonniers. Maintenant qu'ils n'étaient plus protégés, c'était un jeu d'enfant pour le comité de s'occuper d'eux. Pour empêcher leurs remplaçants de se livrer de nouveau à de tels crimes, Fetter publia une circulaire, contresignée par Pausch, stipulant que toute mort survenue à l'infirmerie ferait l'objet d'un certificat signé par moi, indiquant les causes de la mort. J'avais également le pouvoir de réclamer une autopsie si je le jugeais utile. Même si les *sélections* habituelles et les meurtres la nuit dans les baraques se poursuivaient, cela n'en constituait pas moins une immense victoire pour nous.

Cette victoire faillit m'être fatale. Je n'avais pas prévu que la coterie du chef de bloc chercherait à se venger. La nuit suivant leur éviction de l'infirmerie, je fus réveillé par des coups frappés à ma porte : un accident du travail, il fallait que je vienne tout de suite. Je sautai de mon lit et attrapai quelques instruments de chirurgie qui trempaient dans l'alcool, dont un scalpel. Je sortis.

Aussitôt, je fus assailli de toutes parts. Sans viser, je me mis à faire des moulinets avec la main droite. Je sentis mon scalpel s'enfoncer dans un corps. L'homme poussa un hurlement puis continua de crier de façon stridente. Les pompiers du camp (des républicains espagnols) arrivèrent sur ces entrefaites. Ils nous séparèrent puis terrassèrent mes agresseurs. Les tueurs étaient le Kapo de l'infirmerie et ses séides.

De retour dans ma chambre, je compris dans quel danger je me trouvai. J'en parlai au chef des pompiers, qui faisait partie de notre comité d'action. Il me promit l'aide de ses hommes. L'un d'eux serait en permanence à ma disposition comme garde du corps et si les tueurs tentaient de rééditer leur coup, ses hommes m'accompagneraient en masse à chacune de mes sorties de l'infirmerie. Le matin, j'avertis le Kapo que si jamais quelque chose m'arrivait dans l'avenir, mes amis sauraient exactement où trouver le responsable, et il n'aurait pas le temps de savourer sa vengeance. Dès lors, il ne m'arriva plus d'« accidents ». De toute façon, ce Kapo n'avait plus longtemps à vivre. Lorsque nous fûmes libérés, il fut le premier chef de Gusen II à mourir de la main des anciens prisonniers.

Dans l'excitation de tous ces événements, j'avais complètement oublié la boîte en métal bleu que j'avais volée dans le bureau du contremaître dans les galeries souterraines. Après avoir neutralisé le Kapo, Henri et moi entreprîmes de l'ouvrir. Du vrai café ! Imaginez notre joie. Nous réunîmes le comité dans son ensemble et avant d'entamer de nouvelles discussions, nous distribuâmes la précieuse denrée.

Mais notre discussion ne tarda pas à se transformer en causerie des plus élaborées sur l'univers de la nourriture. Cela arrivait immanquablement lorsque quelque chose nous ramenait à notre vie d'avant. Henri avait organisé, pour que nous conservions une activité intellectuelle, des rencontres hebdomadaires où nous discutions littérature, théâtre, musique, politique, etc. Rapidement, pourtant, l'un de nous captait l'attention générale en dissertant interminablement sur le morceau de pomme de terre ou de viande qu'il avait eu la chance de découvrir dans son dernier bol de soupe.

Mon vieil ami de Laurahutte, Robert Bloch, avait à cette époque rejoint notre comité et eut le plaisir de partager avec nous le café volé. Laurahutte avait été évacué deux mois environ après mon départ et de nombreux prisonniers avaient été transférés à Mauthausen et de là envoyés à Gusen II. J'avais pris Robert Bloch dans ma chambre (que je partageais déjà avec Henri) et l'avais présenté au comité.

24

A l'époque, je connaissais déjà la véritable nature des prétendues expériences médicales qui se déroulaient dans les camps à la demande des institutions scientifiques allemandes. De respectables usines pharmaceutiques allemandes et des institutions médicales fort anciennes en étaient venues à considérer les camps comme une mine extraordinaire de sujets humains pour des expériences impossibles ailleurs. Les prisonniers encore en bonne santé sélectionnés pour ces expériences terminaient en général comme combustible pour les fours. S'ils survivaient et si on leur permettait de vivre, ils demeuraient gravement et définitivement mutilés.

Une grande partie de ce travail était effectuée sous le prétexte d'améliorer les techniques de pointe destinées à améliorer les conditions de vie de la race aryenne. Exemple typique que celui de cette célèbre clinique orthopédique de Vienne qui désirait améliorer les techniques existantes de réduction des fractures de la hanche. Ils conduisirent donc une série de recherches à Gusen II. Les chercheurs de la clinique écrasèrent donc les articulations de la hanche d'un certain nombre de prisonniers pour pouvoir ensuite essayer différentes techniques chirurgicales ou articulations artificielles. D'autres, comme la célèbre société de produits chimiques IG Farben, utilisaient les prisonniers comme tubes à essais pour obtenir des informations sur les réactions toxiques de nouveaux médicaments non encore testés.

Je fus impliqué dans un tel protocole d'expériences : une recherche menée sur le TB_1, l'un des premiers sulfamides bruts de Farben utilisés contre la tuberculose. Lorsqu'un jour Fetter nous demanda de rassembler tous les prisonniers du camp qui pouvaient présenter des symptômes de tuberculose, mes confrères et moi songeâmes tout de suite à quelque mauvais coup en préparation. Nous fîmes immédiatement transmettre la consigne par nos canaux de communication clandestins : à la prochaine réunion générale, les prisonniers devaient garder le silence, même s'ils toussaient à en cracher du sang.

Le lendemain matin, assemblée générale de la baraque de convalescence ; Fetter demanda si quelqu'un toussait beaucoup voire crachait du sang : en dépit de nos avertissements, trente-cinq hommes s'avancèrent. Avant qu'on les emmène, Fetter leur déclara qu'ils avaient agi sagement. Les SS allaient les transférer dans un nouveau bâtiment d'hôpital où ils recevraient des soins de grande qualité.

Je n'avais pas la moindre idée de ce qui risquait d'arriver à ces hommes. Le fait que je n'eusse rien su de la construction d'un nouveau bâtiment d'hôpital ni d'un quelconque projet me faisait plutôt soupçonner quelque chose d'horrible. Si je pouvais participer officiellement à ce nouveau traitement, me disais-je, j'aurais peut-être la possibilité d'en modifier le cours. Le lendemain, Fetter accéda à ma requête (motivée officiellement par mon intérêt pour les maladies pulmonaires) : je serais le responsable médical de cette nouvelle baraque-hôpital.

Le bâtiment était relativement petit et venait à peine d'être construit. Lorsque j'y pénétrai pour la première fois, je n'en crus pas mes yeux. La baraque était propre, et au lieu des trois couchettes superposées en planches alignées les unes à côté des autres, je vis de vrais lits d'hôpital avec des bons matelas, des oreillers, des draps, des couvertures propres, et même des tables de nuit individuelles ! On avait désigné pour m'assister trois infirmiers, et un responsable des services de santé SS était attaché à l'unité en qualité d'administrateur. Le chef de bloc et le Stubendienst, de leur côté, se montraient presque agréables.

Mais je n'étais pas au bout de mes surprises. Sur la liste des patients (cent vingt en tout), il manquait les demandes habituelles d'analyses de sang et d'urine, mais il était prescrit un médicament non spécifié, dont la posologie devait être calculée en fonction du poids de chaque patient une fois que celui-ci aurait regagné un poids et une vigueur satisfaisants.

Ma surprise se mua en stupéfaction lorsque je découvris le régime alimentaire. Petit déjeuner : un œuf, un demi-litre de lait, du pain, du vrai beurre (les Allemands eux-mêmes ne recevaient que des rations de margarine). Déjeuner : soupe, viande accompagnée de légumes, pain, et parfois un dessert artificiel. Goûter de fin d'après-midi : du lait. Dîner : de la viande ou du poisson accompagnés de nouilles, un dessert artificiel. Je calculai que ces repas représentaient entre 2 500 et 3 000 calories par jour, l'équivalent de ce qui était alloué à la population civile.

Étant donné le traitement inhumain qui leur avait été si longtemps infligé, ces hommes retrouvèrent une condition physique satisfaisante d'une façon étonnamment rapide. La bonne nourriture et le repos firent que même l'état de santé de ceux qui souffraient d'une tuberculose à un stade avancé s'améliora quelque peu.

Avant de commencer le traitement, nous conduisîmes les cobayes humains à Gusen I ; grâce à l'équipement de fluoroscopie on évalua le stade où en était arrivée la maladie et on détermina les régions pulmonaires affectées. On effectua également des analyses de crachat. Lorsque le traitement commença le lendemain, nous reçûmes l'ordre de procéder quotidiennement à des analyses de sang et d'urine. Le médicament toujours sans nom nous était donné dans deux grandes boîtes : le nom de la moitié des patients figurait sur l'une, le reste des noms sur l'autre boîte. Visiblement, l'une des deux boîtes contenait le médicament, l'autre un placebo. Le Dr Kaminski détermina pour moi où se trouvait le médicament.

Plusieurs jours après le début du traitement, le Dr Kaminski me fit savoir que les analyses de sang et d'urine mettaient en évidence une intoxication chez certains de mes patients. Je vérifiai leurs noms sur les boîtes. Comme je m'y attendais, il s'agissait de ceux qui recevaient les doses les plus élevées de ce médicament inconnu. Nous diminuâmes drastiquement les doses et décidâmes de retourner graduellement aux doses initialement prescrites. Nous gardâmes cette décision secrète. Le laboratoire nous fit savoir bientôt qu'il avait détecté des lésions du foie chez ces patients. Quelques semaines après le début du traitement, cinq d'entre eux moururent. L'autopsie révéla une insuffisance rénale et une jaunisse sévère, symptômes typiques de la mort par intoxication. Les patients à qui l'on administrait les doses les plus faibles commençaient à leur tour à présenter les premiers symptômes de l'intoxication. Ce médicament entraînait directement une telle mortalité que je me demandais s'il était sage de poursuivre son administration.

Nous décidâmes d'arrêter. Comme nous ne pouvions désobéir ouvertement aux ordres, nous substituâmes en secret notre propre forme de traitement, tout en remplissant les dossiers comme si nous continuions d'administrer le médicament. Les SS n'étaient pas les seuls à savoir trafiquer les documents !

Nous eûmes la chance incroyable de pouvoir dénicher et détourner de Gusen I un vieil appareil à pneumothorax. La machine portait la marque de l'hôpital Rothschild, elle avait dû être volée en France par les Allemands. Nous allions nous servir de ce pneumothorax pour les patients dont la tuberculose était encore à un stade justifiable d'un tel traitement. Pour ceux dont la maladie était arrivée à un stade terminal, il n'y avait bien sûr plus rien à faire, mais au moins vivaient-ils de façon plus confortable leurs derniers moments grâce au repos et au régime alimentaire. Et puis, ils ne souffriraient pas des effets toxiques du médicament.

Le pneumothorax sert à insuffler de l'air dans la cavité pleurale de façon à provoquer l'affaissement du poumon. Le poumon affaissé étant au repos, la zone malade peut cicatriser plus rapidement. Mais cette technique, même dans des conditions normales, fait courir au patient un risque d'emphysème, une infection du liquide pleural qui peut être mortelle. A Gusen II, elle serait obligatoirement mortelle. En croisant les doigts pour conjurer le sort, nous utilisâmes le pneumothorax sur le premier patient.

Tout se passa bien. Bientôt, la moitié des patients avait été traitée au moyen du pneumothorax et, l'ayant bien toléré, n'avaient plus besoin du médicament. Nous courions le risque que les contrôles périodiques de fluoroscopie ne fassent place aux rayons X, aussi nous arrangeâmes-nous avec les manipulateurs-radio pour qu'ils n'apportent jamais la preuve de traitement par pneumothorax. Je trafiquai tous les dossiers des patients et consignai des informations qui cadraient bien avec les ordres que nous recevions.

Finalement, hélas, nos pires craintes se réalisèrent. Un de nos patients développa un emphysème. L'homme était convaincu qu'il était retombé malade parce que nous avions cessé de lui donner son médicament, et il menaça de révéler à Fetter que nous avions cessé de l'administrer à tous les patients. S'il mettait sa menace à exécution, nous serions tous exterminés.

Nous réunîmes le comité dans son ensemble. Après une longue et douloureuse discussion, nous finîmes par tomber d'accord : pour sauver les cent vingt-trois patients encore en vie ainsi que l'équipe médicale, il fallait absolument faire disparaître cet homme. Nous n'avions pas le choix.

Il fallait agir tout de suite. Le lendemain même, Fetter devait venir faire une tournée d'inspection. Nous ne pouvions voler suffisamment d'Évipan dans un laps de temps aussi court, et nous ne voulions pas toucher à notre précieuse réserve. Nous rassemblâmes tous nos biens : une vingtaine de cigarettes, deux miches de pain et un pot de miel artificiel, que nous échangeâmes contre de l'Évipan et de la morphine. Au cours de la nuit, nous injectâmes au pauvre diable une dose cinq fois plus forte que la normale. Le lendemain matin, tôt, la mort fut constatée.

Lorsque Fetter effectua son inspection en fin de matinée, il se montra extrêmement surpris de la bonne mine de nos patients. Nous lui apprîmes que contrairement aux apparences, nous avions mis en évidence une certaine toxicité du produit, et que l'un de nos patients était mort au cours de la nuit des suites de complications toxiques. Je lui demandai s'il désirait un rapport d'autopsie, ce qu'il demanda en effet. Nous envoyâmes le corps à Gusen I en expliquant au Dr Kaminski que l'homme était mort d'emphysème, et pourquoi nous aimerions que dans son rapport d'autopsie il n'en fasse pas mention. Le Dr Kaminski se montra des plus accommodants.

A l'approche du mois de février, les patients qui avaient survécu avaient presque l'apparence d'hommes normaux. Tous avaient gagné du poids, ce qui semblait indiquer que le médicament avait eu un effet favorable sur leur maladie. Fetter nous rendit par la suite une nouvelle visite pour observer les patients et étudier leur dossier. Il fut enchanté des succès obtenus grâce au médicament et à notre excellent travail, et nous promit une grosse récompense. Le lendemain matin, je reçus cinq cents cigarettes et chacun de mes assistants trois cents. C'était une véritable fortune.

Mais le fait que ces patients aient suffisamment récupéré pour être à nouveau des travailleurs productifs était, selon la mentalité des Allemands, parfaitement contradictoire. Ils avaient été sélectionnés pour tester l'efficacité d'un nouveau médicament, et maintenant que le test était terminé, ils ne servaient plus à rien. Nous le comprîmes trois jours plus tard.

A cinq heures du matin, alors qu'en ce mois de février il faisait particulièrement froid, le chef de bloc réveilla rudement tous les patients en leur arrachant leur chemise de nuit. Retrouvant sans peine une brutalité oubliée depuis quelque temps, il chassa à coups de pied le troupeau effrayé des malades ; ceux-ci, complètement nus, se retrouvèrent dehors alors qu'il faisait moins de zéro degré. Je vis alors le chef de bloc et le Stubendienst sortir d'innocents tuyaux d'arrosage, de ceux que l'on utilise pour arroser les fleurs dans son jardin. Ils ouvrirent les robinets et se mirent à asperger les prisonniers jusqu'à ce que le dernier pérît de froid.

L'industrie allemande, on le sait à présent, collaborait étroitement avec les nazis dans leur gestion des camps de concentration. Les sociétés allemandes entraient en concurrence pour décrocher les contrats de fabrication des pastilles de gaz destinées aux chambres à gaz, des chambres à gaz elles-mêmes, des fours spécialement conçus pour les corps humains, et des machines destinées particulièrement à réduire en poudre les os et les dents humains. Avec enthousiasme, l'industrie allemande développait de nouveaux produits pour la satisfaction de nouveaux besoins. L'une de ces inventions, qui devait hélas devenir familière dans les camps, en était encore au stade expérimental à l'époque où elle fut utilisée pour la première fois à Gusen II.

On avait annoncé une *sélection* dans la baraque de convalescence. Il n'y avait rien là que de très routinier, mais la rumeur se répandit que les Allemands allaient essayer de nouvelles méthodes à la faveur de cette *sélection*. Comme toujours lorsqu'une *sélection* était programmée, je m'efforçai de renvoyer au camp les malades qui à mon avis avaient une chance de survivre quelques jours, le temps que cette *sélection* soit terminée. Et, comme toujours, un certain nombre refusèrent d'abandonner ce qu'ils voyaient comme leur unique refuge.

Ce matin-là, lorsque j'arrivai à la baraque de convalescence, le chef de bloc avait déjà réveillé les prisonniers. On apporta le petit déjeuner et on verrouilla les portes. Les SS qui étaient toujours présents en ces occasions arrivèrent à neuf heures précises : le Dr Fetter, le commandant Pausch, les commandants Ziereis et Bachmayer, le responsable des services de santé, Schultze. Mais ce jour-là, il y avait un nouveau spectateur, un homme habillé en civil.

Il tournait le dos à Fetter tandis que l'on appelait les détenus par leur numéro. Quarante hommes parmi les plus émaciés furent rangés sur la gauche. Parmi eux, il y en avait plusieurs que j'avais essayé de faire sortir les jours précédents.

Pour la première fois, un camion noir, qui allait être bientôt baptisé la *Schwarze Mina* par les détenus, vint se ranger devant la baraque. Fetter m'expliqua que ce camion allait emmener les quarante sélectionnés à Mauthausen « pour qu'ils y reçoivent le traitement médical sophistiqué que réclamait leur état ». Je savais ce que cela voulait dire. Avec des égards, on les fit monter dans le camion et asseoir sur deux bancs où il y avait de la place ; d'ordinaire, on les aurait frappés et on les aurait entassés, nus, comme des sardines. Je ne manquai pas d'être surpris par cette absence de brutalité.

Alors qu'il s'apprêtait à rentrer dans le camion, un prisonnier m'interpella : « Vous vouliez me renvoyer au camp pour me faire mourir ! Regardez comme ils nous traitent bien. Maintenant, on va enfin être soignés correctement ! »

Alors que les portes se refermaient sur les visages souriants, je remarquai les épais joints de caoutchouc qui bordaient les ouvertures et l'écoutille de ventilation (fermée) sur le toit.

Le camion noir revint une heure après environ, vide. Le SS responsable des services de santé qui en descendit fit remarquer gaiement à Fetter que cette nouvelle invention « marchait magnifiquement ».

Le médecin SS m'adressa un sourire. « Vous voyez bien, vos patients sont déjà entre bonnes mains et reçoivent les meilleurs soins possibles. »

La *sélection* n'était pas terminée. Le camion noir emporta un deuxième chargement de quarante prisonniers ; ce jour-là, il effectua treize rotations. Le tuyau d'échappement du camion débouchait dans l'intérieur confortable, le remplissant de protoxyde de carbone au cours du trajet jusqu'au crématoire de Mauthausen. Avant d'être jetés dans les fours, les corps étaient soigneusement examinés par le personnel médical et les techniciens qui avaient mis au point ce camion spécial. Le civil que j'avais vu le matin lors de la première *sélection* jouait un rôle important dans ces examens. C'était l'ingénieur qui avait conçu cette machine de mort. Le but était de mettre au point une chambre à gaz efficace qui eût pour l'extérieur l'apparence la plus rassurante, de façon à ce que les victimes, rendues dociles, croient qu'on les sauvait de l'extermination.

Ce jour-là, 520 êtres humains montèrent avec optimisme dans ce camion, et 520 cadavres arrivèrent à destination. La baraque de convalescence était à présent vide, prête à accueillir un nouveau contingent de victimes.

25

En février 1945, les événements prenaient un tour si dramatique pour les Allemands, que même leur presse ne pouvait le cacher. Les attaques aériennes étaient de plus en plus fréquentes. Les Alliés prenaient soin de ne pas bombarder les camps, mais la main-d'œuvre devenait si rare que les SS s'efforçaient de ne pas exposer inutilement les ouvriers travaillant dans leurs usines. Le commandant Pausch ordonna aux chefs détenus de conduire leurs hommes dans les galeries souterraines à la moindre alerte. Seuls pouvaient demeurer au camp les détenus de l'infirmerie et de la baraque de convalescence.

Au fur et à mesure de l'avance des Alliés et des Russes, de plus en plus de camps étaient évacués. Le temps pressait, et les Allemands durent sacrifier leur passion pour l'ordre. Les camps accueillant les prisonniers évacués devinrent rapidement surpeuplés. Quant aux camps réservés aux hommes, comme Mauthausen, ils durent désormais accueillir des femmes. Gusen II était à présent submergé par des déportés de toutes nationalités qui avaient réussi à survivre à leur évacuation. Ils nous racontaient des histoires de marches forcées au cours desquelles les SS abattaient régulièrement les prisonniers trop faibles pour suivre la colonne. Les rumeurs parcouraient le camp. Certains disaient que Buchenwald, Dachau et Gross Rosen avaient déjà été évacués. D'autres affirmaient que les troupes américaines s'étaient déjà emparées d'au moins un camp de concentration et qu'ils avaient été si horrifiés par ce qu'ils avaient trouvé qu'ils avaient aligné tous les SS sur lesquels ils avaient pu mettre la main et les avaient fusillés.

En février, un énorme contingent de Juifs évacués d'Auschwitz devant l'avance des troupes russes vint temporairement s'ajouter aux quarante mille prisonniers qui s'y trouvaient en temps ordinaire. Tous ces déportés juifs avaient été désignés pour la chambre à gaz. L'évacuation ne leur avait accordé qu'un bref répit. Les SS accélérèrent le rythme des *sélections*, ramenant en quelques semaines seulement la population du camp à vingt-cinq mille. C'est à cette époque que la *Schwarze Mina* fut utilisée régulièrement.

Le typhus fit des ravages, augmentant considérablement le nombre des morts, mais les convois de prisonniers étaient si nombreux à arriver que la population du camp demeura stable. Lorsque l'épidémie de typhus se déclara, les SS furent pris d'une véritable hystérie. Qu'un seul pou fût découvert dans une baraque et tous ses prisonniers étaient envoyés à la désinfection permanente : la chambre à gaz. Notre comité dut déployer des trésors d'ingéniosité pour arracher certains de nos camarades à une mort certaine.

Nos rations alimentaires furent diminuées de moitié, mais les cadences de travail demeurèrent aussi effroyables. Les accidents du travail devinrent si nombreux qu'à mon arrivée je trouvais invariablement quinze ou vingt prisonniers grièvement blessés étendus sur le sol, nus et couverts de sang.

Un jour, un prisonnier hollandais vint me voir à ma consultation du matin à l'infirmerie. Avant la guerre, lui et son frère étaient des hommes d'affaires extrêmement riches. Son frère avait déjà trouvé la mort à Gusen II.

Cet homme, je l'avais déjà soigné à l'infirmerie, en novembre, peu après la mort de son frère. A l'époque, il s'était volontairement mutilé l'auriculaire. Il savait que j'allais devoir l'amputer et le garder pendant deux semaines à l'infirmerie, ce qui lui accordait un répit salvateur : pendant ce temps, il échappait à son travail éreintant. A présent il était de retour, émacié, épuisé, et il me demandait de l'amputer de son autre auriculaire.

— C'est impossible, lui dis-je. Votre doigt va très bien. Je suis médecin et je suis ici pour aider les malades et les blessés, pas pour mutiler. Je ne peux pas faire ce que vous me demandez.

Il me supplia.

— C'est ma seule chance de survie avant qu'on vienne nous libérer de ce cauchemar. Sans ces deux semaines de repos, je n'y arriverai pas.

— Impossible, dis-je.

Et je me tournai vers un autre patient.

— Écoutez, à Amsterdam je suis homme d'affaires, pas ouvrier. Une fois la guerre terminée, je n'aurai pas besoin de ce doigt pour survivre. Mais pour survivre dans ce camp, il faut que je le sacrifie. Je vous en supplie, aidez-moi à vivre.

Je le fis. Je diagnostiquai une sévère infection de son auriculaire, nécessitant l'amputation du doigt tout entier. Il passa les deux semaines suivantes à l'infirmerie. Après la libération, je le vis retourner en Hollande.

Un jour, au cours d'une attaque aérienne sur la ville voisine de Linz, je me trouvais sur le seuil de l'infirmerie en compagnie de Bournasell et d'un autre membre du comité. Soudain, une tache blanche apparut dans le ciel : un parachute. A notre stupéfaction, il atterrit juste devant nous. Un pilote anglais était empêtré dans son harnais. Nous nous précipitâmes pour le dégager et le cachâmes aussitôt. Je demandai à deux de nos pompiers espagnols de trouver à la morgue un cadavre récent faisant à peu près la taille du pilote. Il y en avait tellement que la chose ne serait pas difficile. Nous revêtîmes donc le corps d'un Ukrainien de l'uniforme du pilote et le sanglâmes dans le harnais du parachute. Quant à l'Anglais, il hérita de l'uniforme rayé de l'Ukrainien.

Le pilote avait assisté à ces rapides changements de costume avec stupéfaction. Il finit par retrouver sa voix et nous demanda dans un mauvais allemand où il avait atterri. « A Gusen II », lui répondîmes-nous. Je lui expliquai que sans notre aide il aurait été immédiatement exécuté par les SS, et que nous allions faire de notre mieux pour le garder en vie. Le pilote nous remercia avec effusion. Alors que la libération approchait et que l'échange de prisonniers commençait, nous transformâmes notre « Ukrainien » en Luxembourgeois pour être sûr qu'il soit rapatrié vers un pays allié. La nationalité luxembourgeoise lui échut tout à fait par hasard. Nous prîmes le numéro du seul prisonnier d'un pays allié mort après l'appel du matin, et dont la mort n'avait donc pas encore été enregistrée. Le pilote survécut et finit par rentrer en Angleterre.

A ce moment-là, nous savions que la guerre allait se terminer dans les mois à venir et qu'elle se solderait par la défaite de l'Allemagne. Les médicaments étaient devenus si rares que même dans la pharmacie des SS nous n'avions plus rien à voler. Nous administrâmes les quelques ampoules de morphine qui nous restaient aux patients qui nous paraissaient avoir le plus de chance de survie. Nous entretenions le fol espoir que la guerre pût se terminer le lendemain. Le choix des candidats à la survie était plus que jamais douloureux. Les visages silencieux des prisonniers écartés hantent encore ma mémoire, avec leurs yeux implorants, me suppliant de leur donner quelque chose, n'importe quoi, pour les soulager, pour leur permettre de vivre.

Cette terrible responsabilité finissait par peser trop lourdement sur mes épaules. Je devenais nerveux et irritable. De temps en temps, et même parfois au beau milieu d'une intervention chirurgicale, j'éclatais en sanglots. Je n'arrivais plus à inventer de nouvelles encourageantes destinées à soutenir le moral de mes codétenus. Ces émotions étaient trop fortes pour moi.

J'avais fini par acquérir auprès des prisonniers une réputation de faiseur de miracles, réputation que je n'avais nullement cherchée et qui n'était basée sur aucun véritable succès. Il n'en aurait certainement pas été ainsi si tous les témoins avaient été appelés à se prononcer : ceux qui étaient morts parce qu'ils n'étaient pas au nombre des « choisis » ; ceux qui étaient morts parce qu'ils avaient dû attendre mes soins ; ceux qui étaient morts parce que je n'avais rien pour les soigner ; ceux qui étaient morts assassinés la nuit par le chef de bloc.

La nourriture était devenue si rare que nous cherchions par tous les moyens à augmenter les rations de famine qui nous étaient distribuées. Un jour, on me demanda de venir soigner un soldat qui travaillait à la cuisine des SS. Il y a longtemps que j'ai oublié ce dont souffrait ce SS, mais je n'oublierai jamais ce qui se trouvait sur le fourneau !

L'odeur délicieuse qui s'échappait de la grande marmite me mettait à la torture. Mon estomac vide me faisait mal. Tandis que je soignais mon patient, mes pensées étaient tout entières tournées vers la marmite. Avant de sortir de la cuisine, je soulevai le couvercle : un gros morceau de viande mijotait dans la marmite. Personne ne me regardait. J'attrapai le morceau de viande bouillante, le dissimulai sous ma chemise et me précipitai dehors. Je courais aussi vite que je le pouvais, mais la chaleur de la viande contre ma peau était insupportable.

Je réunis notre comité. On me fit l'honneur de la première bouchée. Ce morceau de viande se révéla être un délicieux gigot de mouton qui nous dura deux jours. Il me fallut cependant une semaine de soins pour venir à bout des brûlures sur mon ventre.

Les privations nous conduisaient parfois à avoir recours à des aliments moins traditionnels. Un jour que je marchais le long de la barrière électrifiée, je vis un jeune et magnifique chien de garde des SS qui pissait contre le grillage : il fut électrocuté et tomba raide mort. Je me trouvais soudain devant un superbe morceau de viande de boucherie. Je m'empressai d'aller trouver Schultze, le responsable SS des services de santé, et lui dis que nous voulions à tout prix autopsier le chien pour étudier les effets systémiques de l'électrocution. Les résultats seraient communiqués au Dr Fetter. Aussitôt ramené dans ma chambre, nous cuisinâmes l'animal. Il y en eut suffisamment pour deux repas. Je peux vous assurer que la viande de chien est délicieuse, surtout lorsque l'on meurt de faim.

Mais certains détenus avaient trouvé d'autres moyens de ne pas mourir de faim. La salle d'attente produisait un nombre sans cesse croissant de cadavres, car le chef de bloc volait systématiquement les rations déjà réduites des malades atteints de dysenterie au stade terminal. A Gusen II, manger de la chair humaine finit par n'être plus un acte horrible.

Je continuais de perfectionner ma pratique de chirurgien en compagnie de mon professeur d'anatomie. Au cours de ces dissections, nous remarquâmes que sur certains cadavres, le foie et le cœur avaient été prélevés. Je signalai au comité que quelqu'un dans le camp pratiquait le cannibalisme.

Deux jours plus tard, un Allemand membre de notre comité rapporta avoir vu un Ukrainien manger quelque chose pendant la nuit. Profitant de ce que l'homme était allé aux latrines, il avait soulevé sa paillasse et avait découvert un morceau de foie humain.

J'informai le commandant Pausch de notre macabre découverte. Ma révélation ne sembla pas le troubler outre mesure, mais il envoya un de ses hommes enquêter dans la baraque en question. Le SS découvrit des restes humains sous la paillasse de l'Ukrainien et lui demanda pourquoi il mangeait de la chair humaine. « Vous faites la même chose à ma place, répondit l'homme en mauvais allemand. Et si cuire, pas mauvais, ajouta-t-il en souriant. Si vous voulez essayer, dites-moi. »

Le SS lui rendit son sourire et quitta la baraque. Je ne parvenais pas à croire que l'affaire pût en rester là. Ainsi donc, tout dans le camp était fait pour nous ravaler au rang de la bête. Nous décidâmes de faire monter la garde devant la morgue. Une sentinelle fut postée le soir même. Mais le matin, nous trouvâmes notre homme assassiné. On lui avait ôté le foie et le cœur. Nous abandonnâmes.

En regardant au plus profond de moi, je finis par me rendre compte qu'en l'absence de toute autre solution, j'aurais fait comme l'Ukrainien. Je ne parvenais plus à le blâmer. Mon seul regret, c'était d'avoir dénoncé un de mes camarades détenus qui n'avait fait que manger de la chair humaine pour pouvoir rester en vie.

En mars, plus le temps passait et plus mon professeur de chirurgie était enchanté de mes progrès. De mon côté, je n'avais guère l'occasion de m'en féliciter. Ceux qui relevaient d'une opération ne pouvaient plus travailler pour gagner leur nourriture, et leur survie n'était que de peu d'importance pour les SS.

Un jour, on amena à l'infirmerie des prisonniers blessés dans un bombardement effectué par les Américains. Allongés sur des brancards improvisés, on les disposa autour de la table d'opération. Je commençai d'opérer le blessé le plus gravement atteint. Fetter pénétra alors dans la salle alors que je me trouvais à un moment crucial de l'opération. Il nous fit mettre tous au garde-à-vous, mais comme j'étais en train de ligaturer un vaisseau, je poursuivis ma tâche. Fetter sortit alors son pistolet et tua mon patient sur la table d'opération. Il ne cilla même pas. Toujours froid comme un serpent, il me gifla si violemment que je fus projeté sur un lit. Il posa ensuite le canon encore fumant de son arme contre ma tempe en susurrant :

— Et maintenant à vous !

J'étais à bout. D'une voix monocorde, désespérée, je dis à Fetter :

— Allez-y. Je n'attends plus que la mort. Au moins mes tortures seront finies.

— Ce serait gâcher une bonne balle, dit-il.

Il remit le pistolet dans son étui, pivota sur ses talons et quitta l'infirmerie.

A la fin du mois de mars, des rumeurs commencèrent à courir : l'Allemagne avait négocié un échange de prisonniers civils allemands contre des citoyens des pays alliés détenus dans les camps de concentration. Je n'y croyais guère : pour moi il s'agissait encore de fausses nouvelles répandues à dessein pour soutenir le moral des prisonniers ; consciencieusement, je les propageai quand même. Alors que le typhus et la chambre à gaz faisaient des ravages chez nos camarades, il était indispensable de se raccrocher à quelque bonne nouvelle.

Dans cette épidémie de typhus, la seule consolation était que les poux qui la propageaient se montraient parfaitement apolitiques. La plupart des SS qui contractaient le typhus étaient suffisamment bien nourris pour en réchapper, mais certains en moururent. Nous fûmes particulièrement enchantés de la mort d'un des tireurs d'élite du mirador. Les SS se montrèrent particulièrement inquiets de voir la maladie se répandre parmi eux ; ils firent donc pratiquer des vaccins et des rappels chez tous les chefs au triangle vert. Ils pensaient tenir la maladie à l'écart en protégeant ceux des détenus avec lesquels ils étaient le plus fréquemment en contact. Mais les poux porteurs de la maladie ne choisissaient pas leurs hôtes, et les mesures des SS étaient à peu près aussi efficaces qu'une digue contre une avalanche.

Finalement, les nazis ne pouvaient plus dissimuler qu'ils étaient à bout de ressources. Ils en arrivaient à gratter les fonds de tiroir, puisqu'ils cherchèrent chez les prisonniers des volontaires disposés à endosser l'uniforme allemand pour combattre les Russes. Ils commencèrent par s'adresser aux prisonniers politiques, soit allemands soit originaires des pays de l'Axe. Les volontaires ayant été peu nombreux, ils se tournèrent vers leurs alliés, les triangles verts. Un grand nombre de ces chefs criminels se portèrent volontaires, mais ils ne cherchaient que l'occasion de fuir le camp et de sauver leur peau. Une fois dehors, ils désertèrent et se rendirent aux troupes alliées. Un grand nombre de nos assassins trouvèrent ainsi un refuge anonyme et demeurèrent impunis jusque longtemps après la guerre. Certains n'ont jamais été découverts.

Un jour, au cours de la première semaine d'avril, Henri s'inquiéta de mon mauvais état de santé apparent. En dépit d'un régime alimentaire relativement satisfaisant, je perdais du poids. Ses remarques me firent souvenir qu'après avoir quitté Auschwitz, je n'avais pas reçu le rappel de la vaccination antityphique.

Les bonnes nouvelles ne cessaient de nous parvenir, et nous savions, à présent, que la guerre ne pouvait durer plus d'un mois, deux au maximum. Mais la survie devenait chaque jour plus difficile. Pour garder nos patients en vie, nous avions engagé une véritable bataille contre la montre.

10 avril 1945 : un jour à marquer d'une pierre blanche ! Henri arriva en courant dans l'infirmerie. Des larmes de joie brillaient dans ses yeux. Il m'annonça en criant que la rumeur était vraie : on procédait à des échanges de prisonniers ! Le membre de notre comité qui travaillait au bureau de Pausch venait de le confirmer. Un premier groupe de fonctionnaires de la Croix-Rouge se trouvait déjà à Mauthausen pour mettre en place toute l'organisation des rapatriements. Ils avaient apporté avec eux des colis de nourriture à distribuer à chaque groupe de prisonniers devant être échangés.

La nouvelle apportée par Henri avait beau être extraordinaire, je ne me sentais guère excité. Depuis plusieurs jours, j'étais abattu, je souffrais de maux de tête et de nausées. Henri remarqua ma pâleur. Il plaça la main sous mon aisselle et me trouva de la fièvre. Il me fit mettre au lit. Ma fièvre empira. J'étais en feu. Ma tête éclatait. Henri m'apporta de l'eau, du lait et des œufs volés dans la cuisine des SS. Je ne pus rien manger. Il me prépara une purée avec les pommes de terre de notre distillerie et une sorte de thé dérobé à la pharmacie. J'arrivais à peine à avaler. Le lendemain, aucune amélioration. Le troisième jour, je me réveillai avec une éruption cutanée due au typhus. Je ne pouvais aller m'inscrire sur les registres d'échange de prisonniers en qualité de citoyen français, car ma maladie aurait été immédiatement décelée. Henri s'en chargea pour moi. Si je voulais survivre, il me fallait absolument dissimuler ma maladie.

Alors que j'étais étendu sur mon lit, j'entendis une explosion dehors. Je me précipitai à la fenêtre. De l'autre côté de la barrière, devant la baraque de convalescence, tous les détenus de cette baraque étaient alignés. Complètement nus. Ils attendaient. La *Schwarze Mina* fit alors son apparition. Sous une grêle de coups, on fit monter dans le camion de gazage un premier groupe de détenus. La *Schwarze Mina* effectua ainsi plusieurs rotations. A la fin de la journée, la célèbre baraque n° 20 n'existait plus.

En dépit de toutes nos précautions, le secrétaire de l'infirmerie finit par avoir vent de ma maladie. Sans perdre de temps, il fit son rapport à Schultze. Le responsable des services de santé vint dans ma chambre et m'ordonna de me déshabiller. Dès qu'il vit l'éruption de typhus, il sourit. Son sourire me donna la chair de poule. Il écrivit mon numéro et me donna l'ordre de rejoindre l'infirmerie de Gusen I. Je savais que si je me rendais là-bas, je n'en sortirais pas vivant.

Henri vint me voir aussitôt après le départ de Schultze. Je lui dis que pour moi c'était la fin. Je n'avais plus aucun moyen de m'en tirer. Henri se refusa à admettre la fatalité. Il contacta aussitôt le groupe action de notre comité. Il fallait absolument faire quelque chose pour moi. Ce fut le secrétaire de Pausch qui trouva un moyen. Bien que l'échange de prisonniers se déroulât par ordre alphabétique, il se débrouilla pour nous faire inscrire, Henri et moi, dans le premier convoi de prisonniers quittant Gusen II pour Mauthausen. Notre départ devait avoir lieu le lendemain matin.

En raison de ma forte fièvre, j'étais très affaibli. Comme le père Bonaventure l'avait fait à Royallieu, Henri insista pour me porter sur son dos.

26

La guerre se terminait et Henri me portait sur son dos, mais pour moi, bientôt, ce serait la dernière chute. La fin. Nous accomplissions notre dernière marche entre Gusen II et Gusen I. Les SS nous firent passer à la douche — précaution d'usage contre les poux porteurs de typhus — avant de nous remettre des uniformes propres. La Croix-Rouge suisse nous envoya des paquets de nourriture que nous mangeâmes assis dans la poussière du lieu de rassemblement.

Puis Henri me porta entre Gusen I et Mauthausen. Là, douche de nouveau, et nous nous retrouvâmes dans la baraque de quarantaine de Mauthausen, où nous devions attendre notre rapatriement par la Croix-Rouge. Je me souvenais d'être arrivé là souffrant atrocement de ma jambe fracturée quand un soldat SS m'avait jeté en bas du camion rempli de cadavres. Cette fois, on me mettait dans une partie de la baraque transformée en hôpital à l'intention des détenus malades en instance de rapatriement. La Croix-Rouge nous donnait la priorité pour les deux semaines de repos en Suisse auxquelles avaient droit les détenus en instance de rapatriement qui le désiraient.

Cette baraque et le bureau du commandant du camp étaient tout ce que les représentants de la Croix-Rouge avaient l'autorisation de voir du camp de la mort et de ses satellites. On l'avait donc équipée en conséquence. J'avais une couchette luxueuse. Le matelas de paille était garni de draps propres, avec une couverture, un oreiller et une taie d'oreiller propres. La fièvre augmentait l'impression d'étrangeté due à ce soudain changement de conditions. Oscillant entre la joie et l'incrédulité, je ne cessais de caresser mes draps du bout des doigts. Mais cela n'était qu'une façade, un décor sans profondeur, comme je devais très vite m'en apercevoir.

La couchette voisine de la mienne était occupée par Armand Petchot-Bacqué, le médecin militaire français qui avait soigné le général de Lattre de Tassigny. Armand était un Basque aux cheveux bruns et aux yeux foncés, avec un corps compact, irradiant l'énergie et la joie de vivre. Plus nous parlions, plus ma sympathie pour lui croissait. Il fut un excellent compagnon et nous devînmes des amis proches.

Ce premier soir, nous étions allongés dans nos lits quand des grondements de tonnerre retentirent dans le lointain. Nous nous endormîmes avec ce bruit dans les oreilles et cela grondait encore à notre réveil, le lendemain matin. Le tonnerre se fit de plus en plus fort au long de la journée. Nous comprîmes que nous entendions le bruit des combats faisant rage sur le front qui se rapprochait de nous. L'armée allemande se désintégrait. Les Américains enfonçaient le front de l'ouest ; ils allaient bientôt rencontrer les Soviétiques qui avançaient à l'est. Nous écoutions le fracas de la dernière bataille entre les Américains et les Allemands. C'était le 1er mai 1945.

Cet après-midi-là revinrent l'ambulance et les camions qui avaient transporté en Suisse les premiers groupes de rapatriés. M. Heflinger, le chef du convoi de la Croix-Rouge, nous annonça avec tristesse que le transport suivant prévu ne pourrait pas partir. Il était désormais impossible d'éviter la zone de combat. Voyager devenait trop dangereux. Du moins serions-nous dans de bonnes conditions en attendant que la situation s'améliore.

M. Heflinger ignorait ce que nous savions déjà, c'est-à-dire que l'entrée en scène si restreinte de la Croix-Rouge n'avait presque rien changé à Mauthausen et dans ses satellites. La Croix-Rouge n'avait pas la moindre idée de l'horreur qui y régnait. Les SS, plus assoiffés de sang que jamais, redoutaient que le monde découvrît la réalité des camps. Les brèves visites de l'ambulance de la Croix-Rouge n'empêchaient pas que nous étions prisonniers, même nous les détenus en instance de rapatriement de la baraque de quarantaine étions menacés. La libération n'avait pas vraiment touché les grilles de Mauthausen et nous étions en danger de mort tant que nous ne les avions pas franchies.

Le secrétaire de Bachmayer, le commandant de Mauthausen, était un détenu de nationalité allemande. Le 2 mai il prenait contact avec le comité de résistance bien implanté au camp. Il fallait agir, disait-il, et vite, car il avait surpris une conversation où il était question de supprimer la population entière du camp. Le commandant Bachmayer avait reçu ordre d'enfermer les détenus dans les galeries souterraines de l'usine et de tout faire sauter au moyen d'explosifs ; leurs restes et leurs témoignages se trouveraient ainsi ensevelis sous une montagne impénétrable de débris rocheux.

Émile Vallé, du comité de résistance de Mauthausen, rencontra M. Heflinger immédiatement pour lui apprendre le danger que couraient vingt à trente mille hommes. Il fallait avertir les forces américaines à l'extérieur avant qu'il ne fût trop tard. M. Heflinger promit de faire le nécessaire pour convaincre les Américains d'intervenir. Il sauta dans sa jeep blanche marquée de la croix rouge et sortit du camp tel un chevalier des temps contemporains sur son blanc destrier.

Avant même le départ de M. Heflinger, le comité de résistance avait commencé à armer les détenus. Les membres du comité avaient pris avantage de la présence de la Croix-Rouge et du relâchement de la surveillance pour voler des armes. Ils projetaient un soulèvement contre les SS pour le lendemain.

Le 3 mai avant l'aube, les officiers SS sortirent de leurs baraques et passèrent à l'attaque. Nous étions faibles et épuisés mais beaucoup plus nombreux que les soldats SS et notre farouche désir de survivre nous soutenait. La bataille fit rage.

J'étais à peine lucide avec la fièvre qui continuait d'augmenter ; je trouvai néanmoins la force d'utiliser l'arme qu'on m'avait mise dans les mains. Je me devais de participer à cette dernière bataille pour la liberté. En courant vers les grilles du camp, je me trouvai soudain face à face avec un soldat SS. Il leva les mains d'un air terrifié.

— S'il te plaît, ne tire pas ! supplia-t-il. Je n'ai rien fait.

Ces paroles libérèrent d'un coup la fureur accumulée en moi depuis si longtemps. Je vidai mon chargeur sur lui.

Hormis cela, je ne garde qu'un souvenir parcellaire et

brumeux de ces événements. Je sais qu'il y eut de nombreux coups de feu et que la révolte se poursuivit jusque dans la matinée du 5 mai. Bien avant l'aube, nous attaquâmes les SS et les triangles verts alliés à eux. A la faveur du chaos, quelqu'un ouvrit les grilles du camp et ceux qui avaient une arme se jetèrent dehors. Les SS se massèrent aux grilles. Nous craignions de trop nous éloigner. Si le cordon humain de SS encerclant le camp en permanence était toujours en place, c'était le massacre assuré. Nous passâmes le reste de la nuit tapis dans les broussailles.

Aux environs de dix heures du matin, nous entendîmes approcher avec fracas un engin gigantesque. Puis, comme sorti de nulle part, un tank américain parut. M. Heflinger avait tenu sa promesse !

Le char s'immobilisa. L'écoutille s'ouvrit et un officier américain en tenue de combat propre sauta au sol. Il cria :

— Il y a quelqu'un qui parle anglais ?

Belivier, un jeune artiste français, proposa ses services. Il informa rapidement l'officier des derniers événements. L'officier américain nous dit alors : « *Take it easy !* » (« Vous en faites pas ! »), et il lança une grenade à main dans la zone où les SS étaient massés. Les Allemands durent penser que l'armée américaine dans son entier allait déferler sur eux à la suite de ce char et de cette grenade, car cinq minutes plus tard ils s'étaient tous rendus.

« *Take it easy !* » : aujourd'hui encore j'éprouve du réconfort lorsque j'entends cette expression typiquement américaine ! Ironie pathétique ! Mes camarades et moi étions dans un état de faiblesse effroyable, une bande de squelettes affublés de guenilles crasseuses tout droit sortis d'un monde d'horreur inimaginable, où nous avions subi les pires violences, les plus terribles privations, et cet Américain bien nourri, bien vêtu et bien intentionné n'avait rien trouvé de mieux à nous dire que ce désinvolte « Take it easy ! » — « Vous en faites pas ! »

Leur tank posté devant les grilles de Mauthausen, les soldats américains désarmèrent les SS et les triangles verts, tout en s'efforçant de les protéger contre les détenus. Mais comment auraient-ils pu les sauver tous ? Soudain privés de leurs protecteurs SS, les triangles verts étaient livrés sans défense à la fureur longtemps contenue de leurs victimes. Les tables avaient brusquement tourné ; ceux qui avaient échappé de justesse au massacre se ruèrent sur leurs persécuteurs pour les tailler en pièces sans merci. Ce fut une furieuse boucherie, qui se répéta dans chaque camp sans exception à l'arrivée des libérateurs.

Je ne voulais pas participer à ce bain de sang, et j'étais trop épuisé pour regagner la baraque aménagée en hôpital. J'errais dehors, aux grilles du camp ; je n'avais plus aucune force. Il y avait à ma droite quelques bâtiments où me mettre à l'abri et me reposer un moment. Je me retrouvai dans les quartiers des soldats SS, dans une grande salle de repas avec une longue table de bois où gisaient les restes d'un petit déjeuner hâtivement interrompu. Je mangeai un peu de pain et de margarine et bus un demi-pot de café froid. Mais mon estomac se rebellait. Je vomis tout.

Un bruit du côté de la porte me fit me retourner. Là, un soldat américain braquait son fusil sur moi. Il m'observait d'un œil méfiant. Je ne bougeai pas. Il me cria quelque chose, mais je ne comprenais pas l'anglais. Il finit par hurler : « Up, up ! » Je levai les bras avec peine. J'étais terrifié. Ce soldat très jeune et lui-même terrifié pouvait à tout instant presser la détente. Il semblait se méprendre sur mon compte. En allemand, je lui criai :

— Je suis un prisonnier.

Pas de réponse. Je fis une autre tentative en français. Toujours pas de réponse. Il fallait lui montrer le numéro tatoué sur mon bras. Mais je tremblais si fort que j'étais incapable de faire glisser ma manche sur mon bras toujours levé. Le soldat américain arma son fusil.

J'aurais ri si je n'avais été si effrayé. J'étais là, dans mon uniforme rayé, livide et décharné... et enfin, après tout ce que j'avais enduré, j'allais voir la libération, mais c'est ce matin-là justement que je devais trouver la mort sous les balles d'un soldat américain trop jeune et trop nerveux !

Mes manches commençaient à descendre le long de mes bras levés. Mon numéro était enfin visible, mais cela ne fit qu'accroître sa nervosité. Il me poussa brutalement de la crosse de son fusil pour m'emmener devant le chef de char. Tant d'hostilité me stupéfiait.

Une expression d'incrédulité se peignit sur le visage de Belivier. Il accourut. L'officier écouta attentivement les explications du jeune soldat ; puis à son tour Belivier lui parla. Finalement, Belivier me dit que le jeune homme m'avait pris pour un officier SS caché sous un uniforme de détenu. Il avait même confondu le numéro matricule tatoué sur mon avant-bras avec le groupe sanguin tatoué à l'intérieur du haut du bras de tous les officiers SS et de la

Gestapo. Le chef de char s'excusa auprès de moi pour cet incident malheureux et le jeune soldat reprit son inspection des quartiers des SS.

Belivier s'aperçut alors que j'étais près de m'évanouir. Deux camarades me ramenèrent dans le camp jusqu'à la baraque aménagée en hôpital. Armand Petchot-Bacqué m'accueillit avec un sourire radieux.

— Alors, quel effet ça te fait d'être enfin libre ?

Je lui racontai comme j'avais failli devenir un très libre cadavre ! Armand m'annonça qu'un Français était venu me voir pendant le soulèvement. Un homme grand et maigre qui venait de Gusen II et qui semblait pressé de me parler. Mais tout le monde au camp était maigre, et je ne voyais pas de qui il s'agissait.

Je ne me sentais pas bien. La fièvre remontait et j'étais secoué de frissons. J'étais trop fatigué pour réfléchir.

L'homme grand et maigre de Gusen II revint un peu plus tard ce jour-là. Je le connaissais sous le nom de Paul ; il faisait partie des élus à qui notre comité remettait des suppléments de nourriture qui devaient leur permettre de survivre. Il était inhabituellement grand pour un Français mais avait le typique nez bourbonien de l'aristocratie française. Il avait les yeux d'un gris d'acier surprenants chez un homme aussi chaleureux. Lorsqu'il parlait de son existence passée, Paul offrait l'image d'un personnage hautement cultivé dont les deux occupations principales extra-professionnelles étaient les femmes et l'art. Un accent d'autorité dans sa voix dénotait un homme habitué à donner des ordres. Paul nous disait volontiers qu'il était officier supérieur de l'armée française et qu'il saurait le moment venu nous remercier de notre aide. Mais à cette époque-là à Gusen II, pratiquement tout le monde était milliardaire et très important et nous promettait la lune après la guerre en échange d'un bol de soupe tout de suite. J'écoutais Paul tout aussi distraitement que les autres ; je lui disais qu'il n'avait rien à promettre sinon de survivre.

Mais ce jour-là Paul était venu avec un autre Français, un autre de nos élus. Je leur dis que je leur étais profondément reconnaissant d'avoir tous deux tenu leur promesse et survécu.

— C'est à moi de te remercier, dit Paul en se penchant pour déposer un baiser sur mon front. Car c'est à toi que je dois d'avoir survécu. Et je vais enfin pouvoir être franc. Je t'ai reconnu au premier coup d'œil à Gusen II. On s'était rencontrés longtemps auparavant, mais bien sûr tu n'avais aucun moyen de le savoir. Je suis celui qui vous parlait, à Sonia et à toi, depuis la pièce obscure à Londres. Je suis le général Paul Guivante de Saint-Gast, chef de votre réseau. Et voici à mes côtés le capitaine Jean Veit, mon aide de camp. Peu après votre arrestation à Sonia et à toi, nous sommes revenus en France accomplir une mission. Quelqu'un nous a dénoncés presque immédiatement, et nous avons été arrêtés aussi.

Malade et dans un état de faiblesse extrême, je n'étais plus très lucide. Ce qu'on me racontait là me semblait trop fou pour être vrai. Et la libération du camp n'était-elle pas qu'un rêve ? Rien n'avait changé, et il y avait là Paul qui me racontait ses histoires et me faisait des promesses folles ! Je voulais seulement qu'on me laisse tranquille, pour pouvoir dormir.

— Je ne suis pas d'humeur à écouter des fables, dis-je. Je suis heureux que vous ayez tous deux tenu votre promesse de survivre. A part cela, vous ne me devez rien.

Mes paupières lourdes se fermaient toute seules. J'entendis Armand leur dire :

— Il est presque inconscient à cause de la fièvre. Il n'a pas notion de la réalité, pour l'instant.

— Et les Américains ne peuvent rien faire pour lui ? dit une voix.

Les Américains avaient donc vraiment pris Mauthausen ? Nous étions réellement délivrés du cauchemar nazi !

C'est la dernière pensée dont je me souvienne.

27

La première chose que je vis en rouvrant les yeux fut mon bras gauche étendu avec une aiguille dans ma veine et un tube flexible relié à une bouteille accrochée près de mon lit. Je jetai un coup d'œil alentour. Armand Petchot-Bacqué occupait toujours le lit à ma gauche. Il était aussi sous perfusion. On nous avait rapprochés d'une fenêtre.

— Bonjour, Armand, dis-je.

Ma voix était beaucoup plus faible que je ne l'aurais pensé.

Armand me salua d'un sourire plein de chaleur, comme d'habitude, et me raconta ce qui s'était passé pendant que je me débattais contre la maladie. Les Américains étaient arrivés avec du personnel médical. En vingt-quatre heures ils avaient largement approvisionné et organisé cet hôpital de fortune. Une véritable prouesse, d'après Armand. J'avais passé tout ce temps à flotter aux frontières de l'inconscience, à demi lucide par moments, totalement incohérent à d'autres, à discourir parfois dans un étrange mélange de français, d'allemand et de hongrois. Le général Paul Guivante de Saint-Gast et son aide de camp étaient revenus me voir et avaient laissé sous ma table de chevet quelques œufs frais et du cidre doux. J'étais beaucoup trop faible pour soulever seul ce gros pot de cidre. J'appris aussi que Henri Desoille me rendait visite régulièrement et qu'il reviendrait dès que possible.

Armand me raconta ce qu'il était advenu de Bachmayer, le commandant de Mauthausen. Bill Aurix, une des têtes de la Résistance belge, arrêté et emprisonné à Mauthausen, avait adroitement réussi à se hisser jusqu'aux plus hautes sphères de l'aristocratie détenue du camp et à gagner la confiance du commandant Bachmayer. La veille du soulèvement, le comité de résistance du camp avait averti Aurix de l'ordre d'extermination immédiate dont avait eu vent le secrétaire de Bachmayer. Aurix était alors allé proposer un marché au commandant. Bachmayer devait reporter à trois jours l'exécution de cet ordre, en échange de quoi il lui permettrait d'échapper aux Américains à leur arrivée. Bachmayer, dont Aurix avait parfaitement évalué la peur, avait accepté de reporter le jour du massacre.

A l'arrivée des Américains, Aurix fit enfiler au commandant un uniforme rayé sale, il lui rasa les cheveux et le fit sortir discrètement du camp. Il l'emmena dans les bois environnants. Aurix abattit Bachmayer pendant qu'il mettait des vêtements civils. Il conduisit ensuite les Américains au cadavre sur lequel il avait trébuché « par hasard ». Il dit plus tard à ses amis qu'il avait tenu la promesse faite à Bachmayer de ne pas le livrer aux Américains !

Les rapatriements avaient repris pendant ma maladie. De nombreux détenus partaient d'abord pour la Suisse : ceux qui relevaient de maladie, ceux qui voulaient se reposer avant de rentrer chez eux, et ceux qui ne voulaient pas rentrer chez eux. La Croix-Rouge suisse conduisait les Français désireux de regagner leurs foyers immédiatement à l'aérodrome d'Orching d'où la Croix-Rouge française organisait des vols à destination de la France. Paul avait été le premier Français à être rapatrié directement. D'après ce qu'on avait raconté à Armand, il avait quitté Orching au son de la fanfare, avec les honneurs dus à un général.

— Et toi, Armand, qu'est-ce que tu fais encore là ? demandai-je. Tu ne veux pas quitter le cordon ombilical qui te nourrit ?

Armand m'expliqua qu'il avait du sang dans les urines. Il se sentait assez fort pour partir, mais le médecin américain préférait le garder en observation un peu plus longtemps.

Nos sauveurs étaient tous, jusqu'au plus petit soldat, très attentionnés et pleins de générosité à notre égard. Un deuxième classe qui aidait à l'hôpital, remarqua un jour que je n'avais rien à mettre à part une très vieille chemise dix fois trop grande pour moi. Il sortit en courant et revint avec une chemise de l'armée et un slip. Il m'aida à les enfiler, puis il recula pour mieux voir l'effet. Il ne semblait pas vraiment satisfait. Il ressortit en courant, et revint cette fois avec un pyjama tout neuf pour moi !

Cet après-midi-là, nous bavardions, quand tout à coup Armand s'interrompit en levant les yeux :

— Ah tiens, le voilà ! Celui qui voulait te voir !

C'était un homme d'âge moyen, grand et mince, le visage souriant, le nez chaussé de lunettes. Le Bostonien typique, alors qu'il venait du Midwest ! L'accompagnaient une très jolie blonde et un interprète. Ils portaient des tenues de combat de l'armée américaine. Ils faisaient une halte au chevet de tous les malades pour leur dire quelques mots. Arrivé à mon lit, l'homme s'assit et se présenta par l'intermédiaire de son interprète français.

— Major Donald Vollmer, chef du 130e Hôpital d'Évacuation. Et voici Mlle Helen Baker, infirmière-major. Je suis content de vous voir enfin en bonne voie de guérison, Dr Haas. En plus du typhus, vous aviez la fièvre typhoïde, une infection intestinale et une grave bronchite. Inutile de vous dire la chance que vous avez ! En tout cas, la bronchite n'a pas résisté longtemps à la pénicilline.

— La pénicilline ? Qu'est-ce que c'est ? Je n'ai jamais entendu parler de ça !

Le major Vollmer répondit en riant :

— Un médicament miraculeux comme on n'en a jamais vu. Ça coûte une fortune. Mais ne vous inquiétez pas. On a tout ce qu'il faut sous la main.

Nous bavardâmes ainsi un moment. Henri Desoille vint s'occuper de nous dès le départ des Américains. Il ôta les perfusions de sérum et nous mit des thermomètres dans la bouche. Il nous parlait de son travail dans la baraque aménagée en hôpital de femmes. Les Américains l'avait installé dans un des bâtiments des quartiers SS à l'extérieur des grilles du camp. La situation se compliquait parce que la plupart des médecins qui y travaillaient étaient impatients de retrouver leurs foyers. Henri lui-même ne songeait qu'à revoir sa femme et ses enfants. Mais il s'était promis de ne pas quitter Mauthausen tant qu'il n'aurait pas reçu de nouvelles d'eux.

Il consulta nos thermomètres. J'avais une température presque normale. Henri décida de me faire faire un bilan complet le lendemain à l'hôpital de campagne. On m'y transporterait en ambulance.

— Henri, demandai-je, crois-tu que je pourrais aller prendre le soleil quelques minutes dehors ?

— Bien sûr. Pourquoi pas. Il fait très doux aujourd'hui. Allons-y !

Facile à dire ! J'avais les jambes si vacillantes que je crus qu'elles ne me porteraient plus jamais. Tant bien que mal avec l'aide d'Henri, j'atteignis un banc au soleil et m'assis auprès de trois autres détenus convalescents. Henri s'en fut chercher d'autres bouteilles de sérum pour Armand et pour moi. Je ne connaissais pas les trois autres hommes et n'étais pas d'humeur à engager la conversation.

Tout en me dorant au soleil, j'inspirais de longues goulées d'air printanier. Mes pensées se tournèrent vers ma famille... Sonia, François, ma mère et mes sœurs. Pour la première fois l'idée naquit en moi que je pourrais n'avoir plus personne vers qui retourner. Et si je ne retrouvais rien qu'une maison vide ?

L'horreur m'envahit. En moi soudain tout basculait et s'effondrait. J'étais assis là, perdu, les coudes sur mes genoux osseux, le visage enfoui dans les mains. J'avais oublié les trois hommes près de moi. Des photographes de l'Agence France-Presse prirent des clichés de ces quatre détenus anonymes, décharnés, assis sur un banc au soleil après la libération.

Henri revint m'aider à regagner mon lit. En replaçant la perfusion de sérum, il remarqua un changement sur mon visage.

— Tu es fâché qu'on t'ait pris en photo ?

— Non, non. Je suis juste très fatigué.

Comment lui dire que j'avais peur de rentrer chez moi ?

Je n'avais aucun appétit à l'heure du déjeuner. Je ne touchai ni au ragoût ni à l'ananas ni au quatre-quarts. Dorothy, notre infirmière, s'assit sur mon lit et m'enjoignit de manger. Je ne pouvais rien avaler, dis-je. Elle alla me chercher de la compote de pommes, un œuf à la coque et du lait. Puis elle entreprit de me nourrir comme un bébé. J'essayais de résister. Très maternelle, elle insista, et je finis par tout manger. Elle corsa mon lait avec un petit sucre et quelques gouttes de cognac d'un petit flacon rangé dans la poche de son uniforme. Je me sentais moins morose après avoir vidé mon verre de lait.

Armand observa en plaisantant que « pisser du sang ne

justifiait apparemment pas d'être nourri à la petite cuillère par une aussi jolie infirmière ! »

— Tu dévores comme un lion, Armand. Arrête de manger et elle te nourrira aussi.

— Pour ça non, je n'irai pas jusque-là ! répondit-il.

Soudain, je lâchai :

— Armand, j'ai peur de rentrer chez moi ! J'ai peur de ce que je vais trouver là-bas !

Il se tourna vers moi, et très doucement il me dit :

— Moi aussi, mon ami, moi aussi.

Je dus interrompre notre conversation. J'avais un besoin urgent d'aller aux toilettes. Mes intestins me jouaient à nouveau un mauvais tour.

Les toilettes étaient propres. Je m'assis sur le siège. Je parcourus des yeux les surfaces reluisantes et m'arrêtai sur quelque chose dont j'avais oublié l'existence. Du papier hygiénique. Cette découverte m'émut tant que je regrettai de n'être pas poète, car alors j'aurais écrit quelques tendres vers sur cet ami longtemps perdu.

Le lendemain, l'ambulance m'emmena à l'hôpital de campagne. La première chose qu'ils firent fut de me peser. La balance indiqua « 84 ». A mi-voix, je me dis :

— Ce n'est pas si mal.

L'infirmière comprit tout de suite mon erreur.

— Cette balance indique les livres. Vous pesez quatre-vingt-quatre livres, c'est-à-dire trente-huit kilos !

Je fis une halte au passage devant un miroir. J'y rencontrai un visage totalement inconnu. Il y avait une éternité entre moi et moi-même. Un épouvantail hagard, la peau sur les os, le visage décharné avec des yeux morts au fond des orbites creusées. Je n'avais jamais pensé que j'étais exactement comme les autres !

Mon bilan terminé, le major Vollmer vint discuter un moment avec moi. Je pouvais partir par le prochain transport. Je reconnus craindre de rentrer chez moi. Il parut comprendre ce que j'éprouvais, ce dont je lui sus gré. L'ambulance me ramena à la baraque.

Quelques détenus rencontrés à Gusen II m'attendaient assis sur mon lit. Un jeune homme m'annonça une nouvelle extrêmement triste au sujet d'un camarade qui était un des élus de notre comité.

— Le père Jacques est en train de mourir d'une broncho-pneumonie à l'hôpital de Linz. Il n'y a plus rien à faire. Il a reçu les derniers sacrements pendant que j'étais là-bas.

Il nous demande à tous de ne pas être tristes parce qu'il meurt heureux que Dieu lui ait permis de vivre assez pour voir le mal vaincu.

S'il a jamais existé des saints, le père Jacques en était un sans aucun doute. Le père Jacques ; c'est ainsi que nous surnommions affectueusement Jacques Brunel, un carme déchaussé qui dirigeait un monastère à Avon, près de Fontainebleau. Il cachait des enfants juifs dont les parents avaient été déportés. Il les mettait progressivement à l'abri chez des paysans du voisinage. Mais un jour quelqu'un le dénonça aux Allemands. Ils allaient opérer une rafle dans son monastère. Au lieu de sauver sa peau, le père Jacques passa la nuit entière à transférer les enfants en lieu sûr. A leur arrivée, les Allemands ne trouvèrent personne et l'arrêtèrent. Il fut battu sauvagement par les hommes de la Gestapo et déporté à Mauthausen d'abord, à Gusen II ensuite.

C'était l'homme le plus doux et le moins égoïste que j'aie jamais rencontré. Il fut élu par notre comité pour recevoir les suppléments de soupe, qu'invariablement il donnait à un jeune garçon en pleine croissance. Un jour, au plus fort de l'hiver, je lui donnai un pull-over que j'avais trouvé. Le lendemain, lorsque je le revis, il ne l'avait déjà plus sur lui. Inutile de lui demander ce qu'il en avait fait !

— Je l'ai donné à un jeune qui travaille dehors. Il n'attrapera pas froid comme ça.

C'était d'ailleurs le même jeune homme qui m'annonça la triste nouvelle. Le père Jacques mourut le lendemain matin. Je ne pleure pas facilement, même si je suis toujours profondément affecté par le malheur, mais cette fois les larmes coulaient malgré moi sur mon visage. Le jeune homme raccompagna à Avon le cercueil du père Jacques.

L'affection rénale d'Armand n'évoluait pas et il devint de plus en plus impatient. Il ne voulait pas attendre plus longtemps son rapatriement. Il apprit que le général de Lattre de Tassigny était à sa recherche depuis des semaines ; il ne le trouvait pas parce qu'il était enregistré sous son pseudonyme de résistant. Le lendemain même, l'avion privé du général venait le chercher. Avant son départ, je fis promettre à Armand de téléphoner à ma mère à Villon dès son atterrissage en France.

Tandis que les forces me revenaient doucement, j'offris mon assistance au major Vollmer. Henri avait désormais entièrement sous sa responsabilité l'infirmerie des femmes.

Un jour, vers la fin du mois de mai, il reçut des nouvelles de sa femme et de ses enfants. C'était pour lui le moment de rentrer. Près d'une centaine de détenues parlant français restaient à l'infirmerie. Henri me proposa de prendre sa place puisque j'étais le seul médecin de langue française demeurant au camp. J'acceptai, en attendant de recevoir des nouvelles de Villon.

Henri rentra en France. Je déménageai dans les baraques situées à l'extérieur des grilles du camp. J'avais ma propre chambre dans les anciens quartiers des SS. L'infirmerie des femmes était à moitié vide. Pour m'éviter de constantes allées et venues entre l'infirmerie des hommes à l'intérieur du camp et celle des femmes à l'extérieur, j'obtins du major Vollmer le transfert des hommes de langue française dans les bâtiments extérieurs. J'étais à nouveau médecin-chef des détenus.

Une infirmière américaine me secondait à l'infirmerie. Elle s'appelait Rosalie, avait environ trente ans et elle était blonde avec de grands yeux bleus, intelligents et expressifs. Rosalie était une personne douce et chaleureuse, toujours d'humeur enjouée. Sans parler la même langue, nous réussissions à nous comprendre et à travailler efficacement ensemble.

Parfois, elle m'emmenait à Linz en voiture, et nous prenions un café au snack-bar de l'économat. S'obstiner à faire la conversation alors qu'on ne parle pas la même langue peut devenir excessivement pénible à la longue. Ce n'était pas le cas avec Rosalie. Chacun ne connaissait que quelques mots de la langue de l'autre, mais Rosalie avait un don étonnant d'arriver néanmoins à communiquer ce qu'elle avait à dire, et à sentir ce que j'essayais d'exprimer. Apparemment, les mots étaient très accessoires pour elle. Elle possédait d'autres ressources, plus essentielles, et savait en tirer parti. Cette qualité, selon moi, faisait d'elle une infirmière exceptionnelle.

Un jour que nous bavardions autour de notre café — j'avais la responsabilité de l'infirmerie depuis trois semaines —, Rosalie me tendit une petite boîte enveloppée de papier. Elle me fit comprendre de ne pas l'ouvrir avant mon retour dans ma chambre. Soudain, alors que nous rentrions à Mauthausen, Rosalie quitta la route et rangea la jeep au bout d'un chemin tranquille surplombant le Danube. Elle se mit à me parler. J'écoutais sa voix ; elle se sentait seule. Sans intention délibérée, je l'attirai vers moi et déposai un baiser sur ses yeux. Elle se redressa, ses lèvres touchèrent les miennes, et nous nous embrassâmes. Nous demeurâmes un long moment là, dans les bras l'un de l'autre, à regarder les lentes ondulations du fleuve. J'éprouvais alors une paix de l'esprit que je n'avais plus connue depuis très longtemps.

De retour à Mauthausen, je regagnai ma chambre. J'attendis que le bruit de la jeep eût disparu dans le lointain pour ouvrir le petit paquet. Dedans, il y avait une montre, et sous la montre, deux petits mots qu'elle avait fait traduire en français. La première note disait : « Pour te rappeler que l'avenir existe. » La seconde : « Quel drôle de médecin tu fais, sans montre pour prendre le pouls ! »

Quelle émotion profonde, ce jour-là, car pour la première fois il me semblait possible de redevenir un être humain à part entière !

Le lendemain me réservait une surprise mitigée. En fin d'après-midi arriva une procession impressionnante de dix voitures qui amenait une commission française de rapatriement. J'observais de loin quand un homme en uniforme de général descendit d'une des voitures de tête. Il se redressa de toute sa taille et marcha vers moi ; alors seulement je m'aperçus qu'il s'agissait de Paul, ou plutôt du général Saint-Gast. J'étais heureux de le revoir. Nous nous embrassâmes.

Il me regarda en riant.

— Tu me crois maintenant ?

— Bien obligé ! lançai-je sur le ton de la plaisanterie. Tu es général, et je ne suis que lieutenant.

Saint-Gast me dit qu'Armand Petchot-Bacqué avait comme promis téléphoné à ma mère de l'aéroport pour lui apprendre que j'étais sain et sauf et en bonne voie de rétablissement. Ma mère me faisait dire que mon fils de deux ans et demi était un beau petit garçon éclatant de santé.

Je n'osais demander à Saint-Gast s'il avait d'autres nouvelles pour moi, mais mon silence angoissé ne lui échappa pas. Il mit un bras autour de mes épaules.

— Le nom de Sonia n'est pas encore apparu sur la liste des survivants de la Croix-Rouge. J'ai affiché la photo de son dossier militaire à l'hôtel Lutétia à Paris, qui est notre centre d'accueil officiel de tous les survivants français. Les gens qui reviennent des camps passent forcément par là. J'ai ajouté pour consigne que toute personne l'ayant vue s'adresse à moi directement. Pour l'instant, seules deux personnes ayant connu Sonia à Auschwitz ont pris contact avec moi. Toutes deux l'ont vue pour la dernière fois en janvier au moment de l'évacuation du camp. L'une pensait qu'on lui avait tiré dessus quand elle était tombée en marchant à l'arrière de la colonne.

Le monde devint obscur. Je ne cessais de répéter :

— Ça ne peut être vrai. Ça ne peut pas être vrai...

— C'est peut-être une erreur, dit Saint-Gast. Je laisse sa photo au Lutétia jusqu'à ce que tout le monde soit revenu.

Il proposa de me ramener en France. Son avion attendait à l'aérodrome d'Orching. Il pouvait régler rapidement les questions administratives et je serais chez moi le lendemain même.

— Il faut rentrer maintenant, Albert. Ton fils a besoin de toi.

J'objectai que mon fils était en d'excellentes mains, alors qu'ici à Mauthausen une centaine de malades de langue française avaient vraiment besoin de moi. Saint-Gast n'insista pas. Il comprit sans doute que je n'étais pas encore en mesure d'affronter la réalité de la mort de Sonia. Dans ce cadre, je pouvais me raccrocher au passé et à toutes les illusions et aux espoirs qui me soutenaient depuis le jour de mon arrestation.

De retour dans ma chambre, je me jetai sur mon lit pour pleurer. Mais les larmes ne venaient pas. J'aurais voulu dormir pour oublier, mais mes yeux ne se fermaient pas. Je refusais absolument l'idée de la disparition de Sonia, de ne plus jamais entendre son rire, de ne plus jamais voir cette lueur pétillante dans ses yeux. Impossible pourtant de chasser de mon esprit l'image de son corps sanglant étendu dans la neige, ses yeux morts fixés sur le ciel.

Je gagnai les quartiers américains pour appeler Rosalie. Elle sentit immédiatement que quelque chose de terrible s'était produit et elle resta avec moi. Elle me permit de me soulager un peu du poids de mon chagrin. Je parlai et parlai une heure entière, puis je regagnai ma chambre ; je pris un somnifère et enfin m'endormis. Je me réveillai en sursaut en pleine nuit ; pourquoi Saint-Gast n'avait-il pas parlé de Paule, la sœur de Sonia, qui était avec elle à Auschwitz ? Sonia avait toujours farouchement protégé Paule. Si on retrouvait Paule, on retrouverait aussi Sonia. Je ne réussis pas à me rendormir.

Le matin, Rosalie me conduisit à Linz, car je voulais revoir Saint-Gast avant son départ. J'enfonçai presque sa porte tant j'étais impatient de l'interroger.

— Y a-t-il des nouvelles de ma belle-sœur, Paule Nadel ?

Saint-Gast secoua la tête en signe d'ignorance mais promit de s'informer dès son retour à Paris.

Ce désir de vivre qui m'habitait depuis un an et demi et qui m'avait sauvé, ce désir de vivre venait de me déserter. Le ravage devait se lire sur mes traits. L'air soudain très inquiet, Saint-Gast me dit :

— Il ne faut pas t'effondrer maintenant, Albert, après avoir survécu à tout ça. Ne fais pas de bêtises. Il faut me promettre que j'aurai l'occasion d'épingler ta décoration sur ta poitrine. Allez, au jour de la cérémonie !

Les paroles de Saint-Gast ramenèrent des souvenirs douloureux. Sonia et moi parlions souvent de notre action dans la Résistance, nous nous embrassions et en riant nous faisions des paris sur celui de nous deux qui recevrait la plus belle distinction après la guerre. J'espérais bien, disais-je, que l'homme qui épinglerait la médaille sur sa poitrine serait un vieux légionnaire aux jambes flageolantes, puant l'alcool et le tabac à priser. Qui allait me taquiner au sujet de ma décoration à présent ? Devant qui pourrais-je crâner ? Et avec qui partager ma joie et mon plaisir ? J'étais plus abattu que jamais.

De retour à Mauthausen, je m'enfermai dans ma chambre. On frappa à ma porte. « Entrez ! » criai-je. Rosalie venait prendre de mes nouvelles. Elle s'approcha du lit, posa la main sur mon front, ressortit en courant de la chambre pour revenir avec le major Vollmer. J'avais un nouvel accès de fièvre. J'étais secoué de frissons. Le major Vollmer ordonna à Rosalie de me déshabiller et de me mettre au lit. Il me mit sur le ventre et me fit une piqûre qui m'endormit instantanément.

Il faisait encore nuit quand je me réveillai. Je ne frissonnais plus et me sentais beaucoup mieux. En voulant allumer la lampe, je touchai une main de femme. Rosalie était restée auprès de moi. Je lui demandai à quoi était dû ce brusque accès. Elle répondit par un haussement d'épaules qui signifiait « je ne sais pas ». Elle se pencha pour m'embrasser avant de partir.

Le lendemain matin, mon état physique et moral s'était

beaucoup amélioré. L'après-midi, la température étant retombée, je pus reprendre mes visites à mes malades. Les femmes qui restaient à l'infirmerie étaient pour l'essentiel des Européennes de l'Est. Triste sort que le leur. La plupart, qui avaient vu leurs familles liquidées sous leurs yeux, ne voulaient pas retourner dans leur pays. Dans les camps, elles avaient vu, impuissantes, mourir leurs maris, leurs parents, leurs enfants, leurs frères et leurs sœurs. Elles attendaient à présent que la Croix-Rouge eût retrouvé des membres de leurs familles ayant déjà émigré à l'Ouest.

Chez les hommes en revanche, ce jour-là, la joie régnait. La plupart s'apprêtaient à regagner leurs foyers par un transport de la Croix-Rouge. Je devais désigner qui pouvait rentrer directement et qui devrait au préalable passer deux semaines de convalescence en Suisse. Je remis ma liste au major Vollmer, qui m'emmena ensuite rencontrer officiellement pour la première fois le commandant américain du camp. Le capitaine Lévy n'avait pas l'air d'un homme d'autorité ; il avait pourtant la réputation, grandement justifiée, d'un organisateur de génie.

Il parlait yiddish en sorte que nous pouvions nous comprendre sans l'aide d'un interprète. Il avait entendu parler de Sonia et promit de faire son possible pour découvrir ce qu'il était advenu d'elle. Une commission de rapatriement soviétique devait arriver à Mauthausen le lendemain. Le capitaine Lévy essaierait de les interroger à son sujet. Par chance, il possédait une liste des numéros d'immatriculation tatoués sur les corps restés sur la route derrière la colonne des détenus évacués d'Auschwitz. Il verrait si les numéros de Sonia et de Paule se trouvaient sur cette liste. Je le remerciai de son aide et de l'intérêt qu'il me portait.

En fait, j'étais persuadé que cela ne correspondait pas du tout au caractère de Sonia de s'effondrer en marchant au risque de se faire tirer dessus ; c'est l'idée qui m'avait permis de surmonter le choc initial. Sonia avait toujours été une personne étonnamment combative. Chaque fois que nous étions dans une impasse lors de nos actions dans la Résistance, c'était elle, toujours, qui trouvait une issue à la situation. Elle n'avait jamais perdu son sang-froid, même pendant les missions les plus dangereuses. Je savais qu'elle avait survécu en dépit de tout grâce à son esprit rapide et à son extraordinaire maîtrise des langues étrangères.

Je passai l'après-midi à préparer les dossiers médicaux

des détenus devant partir ce jour-là. J'écrivis également une lettre à ma mère. Je devais leur expliquer à elle et à François pourquoi je n'avais pas bondi sur la première occasion d'être rapatrié. J'évitai d'inquiéter ma mère qui souffrait d'un cancer incurable en lui apprenant le sort probable de Sonia et ma difficulté d'imaginer l'avenir sans elle. Je lui dis que je n'étais pas encore tout à fait rétabli et que je bénéficiais au camp, grâce aux Américains, de soins médicaux comme il n'en existait pas en France. J'ajoutai que les prisonniers français en instance de rapatriement avaient encore grand besoin de moi ici.

Le major Vollmer vint me voir le lendemain matin. Il espérait que je faciliterais l'opération de rapatriement des ressortissants russes et des Juifs polonais attendant la venue de la commission soviétique. Je m'empressai d'accepter car cela me donnait un prétexte de prolonger mon séjour à Mauthausen.

L'après-midi même je me rendis dans le camp pour rencontrer le groupe de prisonniers. Le camp était complètement désert. Le major Vollmer m'expliqua alors que les détenus se trouvaient dans le « camp inférieur ». C'était la première fois que j'entendais parler d'un camp inférieur. Les SS l'avaient créé à la toute dernière minute et y avaient entassé les Juifs européens et les Russes pour libérer de la place dans le camp principal. Les autorités soviétiques avaient exigé qu'on laisse intact le camp inférieur jusqu'à l'arrivée de leur commission à Mauthausen. Des photographes de presse les accompagnaient pour prendre des clichés qui témoigneraient face au monde entier des conditions qui y régnaient et des souffrances endurées par ces gens.

J'emmenai avec moi deux de mes patients, des Polonais ayant vécu en France, qui me serviraient d'interprètes. Les conditions dans les deux baraques du camp inférieur étaient pires encore que ce que j'avais vu à Gusen II.

Nous entrâmes d'abord dans la baraque des Juifs polonais. Douze cents détenus dans cette seule baraque. Nous entreprîmes de constituer une liste comprenant les renseignements de base sur chaque détenu. Nous nous aperçûmes rapidement d'une part que nous en aurions pour la journée entière avant d'arriver au bout de cette simple liste, et d'autre part que pas un seul de ces détenus ne voulait retourner en Pologne. Tous sans exception désiraient émigrer en Palestine.

Leur foi inébranlable en une humanité fondamentalement bonne m'émouvait profondément. Ils étaient persuadés qu'en raison des persécutions dont ils avaient été victimes, le monde allait s'unir pour soutenir le peuple juif et sanctionner sans condition l'existence d'un État juif.

Je regagnai ma chambre à l'extérieur du camp à la nuit tombée. Les quartiers américains étaient brillamment éclairés. Un grand nombre de jeeps et de camions étaient rangés dehors. De la musique filtrait, de plus en plus forte à mesure que j'approchais. Je frappai à la porte. Personne n'entendit à cause du bruit. Alors j'entrai timidement. Il y avait là le major Vollmer en compagnie de deux officiers américains inconnus de moi et d'un groupe d'hommes et de femmes en uniforme de l'armée soviétique.

Le major Vollmer me salua et fit les présentations. Je l'entraînai à l'écart pour lui parler de la situation des Juifs polonais du camp inférieur. Il m'écouta attentivement. Il discuterait de ce problème, me dit-il, avec l'officier de liaison travaillant avec la commission soviétique. Il me montra le Texan, un grand blond aux yeux bleus, assis près de lui.

Mon Dieu, me dis-je. Le prototype de l'Aryen sorti tout droit de *Mein Kampf*. Il n'a pas dû voir un seul Juif de sa vie ! Qu'est-ce que cet homme-là va comprendre aux problèmes d'un groupe de pauvres Juifs polonais ?

Je trouvai un prétexte pour m'éclipser. J'étais profondément découragé et désappointé. Je me sentais gagné par le désespoir. Quelle impuissance ! Sonia, si elle avait été là, aurait su quoi faire ! Les yeux remplis d'espoir de ces douze cents malheureux me hantaient. Jamais de ma vie je ne m'étais senti si Juif et si seul.

Je finis par m'assoupir. Des coups frappés à ma fenêtre me firent sursauter. Rosalie, sans doute... mais pourquoi la fenêtre et non la porte ? J'ouvris et me trouvai face au Texan blond. Une bouteille de whisky à la main, il me souriait. Dans un français qui devait dater du lycée, il me dit :

— Je vais entrer dedans.

Je n'eus pas le temps de proférer un son ; il avait déjà passé une jambe par la fenêtre et se retrouvai à califourchon sur l'appui comme un cowboy sur son cheval. Il ne lui manquait plus que le chapeau. Après plusieurs tentatives infructueuses, il réussit à passer l'autre jambe. J'avais toutes les peines du monde à me retenir de rire.

Le Texan s'assit sur mon lit et demanda deux verres. Je lui donnai le seul que je possédais. Il le remplit jusqu'au bord avant de me dire :

— Le major Vollmer m'a parlé des Juifs polonais. Pourquoi vous vous intéressez tellement à eux ?

— J'ai été dans les camps moi aussi, et j'ai subi les mêmes horreurs.

A peine avais-je prononcé ces paroles que je fus remplis de honte ; j'avais peur d'avouer à cet homme que j'étais Juif ! Le Texan me tendit une perche :

— *Bist du ein Yid ?* (« Tu es Juif ? »)

Je n'en croyais pas mes oreilles. Je le considérais sans mot dire. Cacher le fait que j'étais Juif était une question de survie depuis tant d'années qu'à présent je le niais instinctivement. Comme je le regardais toujours en silence, il reprit d'un ton un peu impatient :

— *Bist du, oder bist du nicht ?* (« Tu es Juif ou pas ? »)

— Oui !

— *Redst der mamalusche ?* (« Tu parles la langue maternelle ? »)

— Non !

— Tu es Juif, et tu ne parles pas yiddish ?

Je lui expliquai que les Juifs assimilés ne parlaient pas yiddish dans le milieu où j'avais été élevé. On apprenait l'allemand. Amère ironie du destin, devait-il penser. Il rit.

— Et comment se fait-il qu'un pur Texan comme vous parle yiddish ? demandai-je.

Nouveau rire.

— Parce que mes parents ont quitté un *shtetl* de Russie pour émigrer au Texas.

Alors, lui, le Juif russe venu d'Amérique, et moi, le Juif hongrois venu de France, pûmes aborder le problème des douze cents Juifs polonais toujours détenus dans le camp inférieur de Mauthausen.

La situation semblait inextricable. Les autorités soviétiques exigeaient le retour dans leurs pays d'origine de tous les Soviétiques et de tous les habitants des territoires nouvellement occupés par les Soviétiques. Les autorités britanniques très sensibles aux réactions d'hostilité des Arabes n'ouvraient la Palestine qu'à une poignée de survivants juifs. Il fallait donc longuement réfléchir avant de mettre au point une action en faveur des détenus du camp inférieur.

Mon nouvel ami me parla également de lui-même, de sa vie avant la guerre et de l'armée. Il faisait partie du groupe d'Américains qui avaient libéré Dachau. Il avait acquis de cette expérience la conviction qu'il fallait comprendre le phénomène nazi en Allemagne comme un mouvement aux desseins criminels qui se poursuivrait après cette guerre. J'étais d'accord avec lui sur ce point. Nous revînmes à notre sujet de préoccupation immédiat. Il me dit qu'il rencontrerait les porte-parole des Juifs polonais du camp inférieur à l'infirmerie le lendemain matin.

Il était trois heures du matin. L'idée de passer seul le reste de la nuit m'angoissait terriblement. J'avais une peur panique de la solitude depuis qu'on m'avait appris la disparition probable de Sonia. Le Texan semblait content de ma compagnie aussi. Il me versa un autre verre, et nous poursuivîmes notre conversation. Le temps passa, et lorsque je regardai de nouveau ma montre — celle que m'avait offerte Rosalie — il était sept heures du matin, l'heure d'aller au camp inférieur arranger la rencontre.

Je m'adressai aux trois jeunes gens de la baraque qui me semblaient les porte-parole de leur groupe. Je dis « jeunes » à cause de leur voix uniquement, car ils avaient des visages de vieillards brisés par l'existence. Je leur dis qu'un officier américain désirait les rencontrer. L'entrevue aurait lieu secrètement à l'infirmerie. Il pouvait venir avec moi en prétendant nécessiter des soins médicaux.

L'entretien eut donc lieu peu après. Tout ce qui s'y dit ou presque m'échappa puisque je ne comprenais pas le yiddish. Le Texan m'expliqua plus tard qu'il avait finalement trouvé une issue. S'ils signaient une déclaration sous serment qu'ils ne voulaient être rapatriés dans aucun pays sous domination soviétique, ils pourraient être transférés dans un camp de l'ONU en attendant de trouver un moyen d'entrer en Palestine. Cependant il y avait un obstacle. Il fallait avant tout gagner du temps, c'est-à-dire retarder le début des rapatriements par les Soviétiques.

Je retournai au camp inférieur. Je voulais parler de ce problème avec les porte-parole polonais. Je commençai par m'inquiéter de l'aménagement des soins médicaux pour les malades de leurs baraques. A ma connaissance, rien n'avait été prévu pour eux. Un des jeunes gens me désigna une partie à l'écart de l'immense baraque où plusieurs prisonniers-médecins juifs s'affairaient auprès de détenus alités. Je me sentais très mal à l'aise de n'avoir jusqu'alors rien su de leur existence. Je me présentai et leur offris mon aide ou mes services.

Un des médecins me répondit d'un ton de froide hostilité.

— Nous n'avons besoin de rien. Les Américains se sont occupés de nous !

Sous-entendu : « Où étais-tu quand on avait réellement besoin de toi, traître, hypocrite ! »

Cette hostilité non justifiée me fit l'effet d'une gifle. Le jeune homme qui m'accompagnait s'aperçut du malentendu. Il donna au médecin des explications détaillées de ma situation au camp.

Plus tard, tandis que nous cherchions un prétexte pour retarder leur rapatriement en Pologne sous domination soviétique, le même médecin demanda la parole. Il voulait, lui, rentrer en Pologne ; il avait mis à l'abri sa femme et son fils avant de partir en déportation, et il voulait savoir ce qu'il était advenu d'eux. Il nous parla également du cas d'une vingtaine de personnes de la baraque des Russes — des ressortissants russes et quelques Juifs camouflés — qui désiraient ardemment demeurer à l'Ouest. Un des jeunes gens alla les chercher. Nous décidâmes de les cacher au milieu des Juifs polonais.

Nous étions toujours à la recherche d'un moyen de retarder leur rapatriement. Soudain l'évidence me sauta aux yeux. Nous pouvions prétendre que le typhus se répandait parmi ces détenus qui vivaient dans des conditions effroyables. Un grand nombre étaient déjà alités ; il fallait mettre la totalité du camp inférieur en quarantaine pour une période indéterminée. Mon ami texan obtint l'approbation du major Vollmer et nous mîmes mon plan en application.

Nous n'eûmes d'ailleurs aucun besoin d'insister ; les Soviétiques mirent le camp en quarantaine dès qu'ils entendirent le mot de « typhus ». Il ne restait plus qu'à désinfecter le camp principal pour y installer les détenus du camp inférieur, où régnaient des conditions d'hygiène inimaginables.

J'eus une entrevue avec le major Vollmer pour régler certains problèmes de logistique que posait le transfert. Il était essentiel de maintenir bien séparées les deux baraques. Nous voulions prévenir tout incident antisémite et éviter des actes de vengeance contre les Russes ayant rejoint les Juifs polonais. Le major Vollmer m'adressa directement au capitaine Lévy qui avait la responsabilité du camp. Je rencontrai donc le capitaine Lévy ; une fois que tout fut au point, il ordonna d'évacuer le camp inférieur et de le détruire entièrement par le feu. Il ne resta donc pas trace de ce camp effroyable ; tout fut réduit en cendres, nettoyé par les flammes, sauf la mémoire des détenus, que ces terribles souvenirs hanteraient toujours.

Mon ami texan fut très impressionné de la réussite de notre plan. Avant de partir, il me fit promettre de lui rendre visite à Dallas si jamais j'allais aux États-Unis. Il m'avertit avec un sourire qu'il me faudrait auparavant apprendre l'anglais ou le yiddish. A mon tour, je l'invitai à passer par Paris, où je me ferais un plaisir de lui enseigner un français convenable. Il quitta Mauthausen un grand sourire sur le visage et une bouteille de vodka sous le bras.

Mes journées s'écoulaient à présent tranquillement, ponctuées seulement par les excursions en jeep jusqu'à Linz avec Rosalie. En dépit d'une alimentation riche et variée, j'étais toujours très maigre et terriblement déprimé. Je ne prenais pas autant de poids qu'il aurait fallu. Mon état physique et moral préoccupait beaucoup Rosalie. Elle se faisait constamment du souci pour moi.

Des idylles naissaient entre certaines jeunes patientes et les soldats américains. Ils avaient de tendres attentions, très émouvantes pour ces femmes encore marquées par les ravages de la vie concentrationnaire, avec leurs cheveux qui commençaient tout juste à repousser sur leurs crânes tondus.

Ces amours normales avaient quelque chose de rafraîchissant et de rassurant comparées aux liaisons perverses qui fleurissaient entre certains triangles verts et des prostituées forcées du bordel du camp. Quelques brutes avaient effectivement trouvé des « bien-aimées » parmi les prostituées. Des hommes qui prenaient plaisir à tuer leurs camarades d'infortune se conduisaient soudain comme de jeunes amoureux tendres et attentionnés. Et quand ils rêvaient de liberté, ils imaginaient un avenir respectable aux côtés de leur bien-aimée. Ils étaient persuadés qu'un miracle protégerait l'élue de leur cœur d'une mort pourtant inévitable vu leurs conditions de vie au camp. Mais je ne comprendrai jamais où un homme devant affronter journellement la déchéance, la terreur et la mort qui régnaient sur les camps, pouvait puiser les ressources affectives et physiques nécessaires au désir amoureux ou même purement sexuel. Les conditions dégradantes qui détruisaient la plupart d'entre nous n'affectaient manifestement pas ces assassins endurcis.

Je connaissais des nuits de plus en plus difficiles. A moins de prendre des somnifères, je ne dormais presque pas, et d'un sommeil secoué de terribles cauchemars. Je dormais comme un bébé, du temps où j'étais prisonnier. J'aurais pu dormir des jours entiers ! Depuis la libération je ne pouvais presque plus me passer de barbituriques.

Finalement, la commission de l'ONU vint organiser le transfert des Juifs polonais et des Russes cachés parmi eux. Ils furent évacués le jour de la reddition officielle de l'Allemagne nazie. J'éprouvais de la satisfaction ce jour-là, tout en me demandant si le peuple élu allait enfin trouver la paix.

Quelques jours plus tard, Rosalie vint me voir toute joyeuse. Une commission de rapatriement français venait d'arriver au camp et ils apportaient deux lettres pour moi. Je courus les chercher ! L'une était de ma mère, l'autre de Saint-Gast.

Ma mère me faisait le récit des événements qui s'étaient succédé pendant les années de guerre et elle terminait par la nouvelle réconfortante que tout le monde allait bien. Elle avait glissé dans la lettre une photo de mon fils. François, avec ses grands yeux vifs et intelligents, était magnifique.

Saint-Gast me disait : « Je te fais parvenir une lettre que je viens de recevoir au sujet de Sonia. Sans échafauder trop d'espoirs, n'oublie pas que des miracles se sont déjà produits. »

Je dépliai une lettre signée par un M. Mandel qui avait vu la photo de Sonia affichée par Saint-Gast. Il avait connu Sonia et Paule à Anvers. Il les avait reconnues toutes les deux lors de l'évacuation d'Auschwitz. Elles avaient disparu de la colonne pendant la traversée de Pless près de la frontière tchécoslovaque. Il était sûr qu'elles avaient réussi à s'enfuir.

Je m'efforçai de ne pas fonder trop d'espoirs sur cette lettre, mais ce fut impossible. J'étais littéralement transporté ! Je courus voir Rosalie. Je l'assaillis d'un flot de paroles. Je la serrai contre moi et essayai — en vain car j'étais trop faible — de la soulever dans mes bras. Je me mis à chanter. Ma joie était contagieuse, car les yeux de Rosalie pétillaient de contentement.

Je faisais un tel raffut que le major Vollmer sortit voir ce qui se passait. Il fut enchanté d'apprendre la bonne nouvelle au sujet de Sonia. Il m'invita avec Rosalie à la fête organisée par les Américains pour célébrer la capitulation allemande. Ce serait ma fête aussi. J'acceptai avec empressement. Dix minutes plus tard, j'étais dans la jeep en compagnie de Rosalie, du major Vollmer et du lieutenant Helen Baker.

Le général Reynolds donnait cette fête sur le yacht qui appartenait naguère au contre-amiral Horthy, ancien régent de Hongrie. J'étais tout heureux de monter à bord de ce yacht. Drôle de pays que celui de ma naissance ! Pays sans ouverture sur la mer, qui se disait un royaume, mais était gouverné par un régent ayant le grade de contre-amiral. Le yacht royal constituait à lui seul sa flotte tout entière ! Un de mes souvenirs d'enfance les plus chers est un défilé de la victoire à Budapest : Horthy sur son blanc destrier tel un chevalier dans son armure étincelante, m'avait regardé, moi, un gamin de huit ans.

Le général Reynolds avait été retenu par une affaire urgente. Son adjudant-major nous reçut et nous présenta à la délégation représentant les nations alliées. Le dîner disposé sur un buffet nous fut servi par des marins américains en veste immaculée. Après les privations endurées dans les camps, voir mon assiette remplie de la sorte ne cessait de m'étonner. Deux sortes de viande, pommes de terre en purée, maïs et ananas, placés bien séparés sur une grande assiette. Mais le dernier marin vint avec sa louche recouvrir le tout de sauce, même l'ananas !

Lorsque nous eûmes terminé ce repas passablement délayé, Rosalie voulut danser. Au meilleur de ma forme j'avais toujours été entre mauvais et médiocre sur une piste de danse. Rosalie fit plusieurs tentatives infructueuses de m'enseigner une nouvelle danse qu'elle appelait boogie-woogie. Finalement, l'orchestre joua un tango ; du moins en connaissais-je les pas, ce qui n'évita malheureusement pas à Rosalie de se faire écraser les pieds plusieurs fois. J'éprouvais pourtant un plaisir extraordinaire à serrer contre moi son corps si chaud et si présent. Je me sentais si vivant alors.

Mais je fus très vite fatigué. Je repérai un coin sombre où m'asseoir à l'abri des regards et je fis comprendre à

Rosalie que je ne voulais pas l'empêcher de se divertir son content. Vexée sans doute, elle s'éloigna d'un pas vif. Le visage enfoui dans les mains, j'avais envie de pleurer tant Sonia me manquait.

Une main posée sur ma tête me fit me redresser. Rosalie me dit quelque chose. Je reconnus le mot « jeep ». Elle n'avait donc pas été vexée. Voyant mon épuisement, elle était allée demander au major Vollmer l'autorisation de me ramener à Mauthausen.

Nous partîmes discrètement. Dans la jeep, j'appuyai la tête sur son épaule et je dus m'endormir, car nous nous rangions devant la porte de ma chambre lorsque je rouvris les yeux. Une fois chez moi, je me déshabillai, me glissai dans le lit et éteignis la lumière. Les yeux fixés au plafond, j'essayai pour une fois de m'endormir sans somnifère. Je posai la petite photo de François sur mon oreiller ; je m'imaginais qu'il était là en chair et en os avec moi dans le lit.

J'entendis un bruit de pas devant ma porte. On frappa. Je criai : « Entrez », et Rosalie entra. Dans la pénombre, sa main se posa sur l'interrupteur. Je dis : « Non », je l'entendis se déplacer dans la pièce, puis sa silhouette nue s'approcha du lit. Elle écarta la couverture et s'allongea près de moi. Son corps était chaud. Je n'osai briser le silence et faire s'enfuir cet instant de paix. Tout doucement, je plaçai la tête de Rosalie sur mon épaule, et pour la première fois depuis ma libération je dormis la nuit entière sans somnifère.

En me réveillant, je sentis qu'on m'observait. Rosalie, déjà debout et habillée, me souriait. Elle m'embrassa avant de sortir. Je craignais qu'elle ne se jugeât flouée parce que nous n'avions pas fait l'amour, mais une fois de plus je l'avais sous-estimée. Rosalie dormit à mes côtés en toute innocence chaque nuit des quelques semaines précédant mon départ. Je n'avais plus besoin de somnifères.

28

Le dernier transport de détenus francophones quitta le camp le 28 juin. Il n'y avait pas eu d'autres nouvelles de Sonia, mais je n'avais plus aucun prétexte pour prolonger mon séjour à Mauthausen. Le major Vollmer m'avait réservé une place dans l'avion ramenant des prisonniers en France le dernier jour de chaque mois. Je devais partir pour l'aérodrome d'Orching le lendemain.

Ce soir-là, l'équipe médicale américaine donnait pour moi une petite fête d'adieu. Je bus pour ne pas perdre courage et faire taire ma peur de retourner à une vie normale. A travers un brouillard, je sentis qu'on me transportait dans ma chambre, que Rosalie me déshabillait et me tenait dans ses bras. Je m'endormis ainsi et eus de doux rêves toute la nuit.

Elle dormait encore à mon réveil le lendemain matin. J'essayais de fixer ses traits dans ma mémoire. J'étais rempli de tristesse de quitter cette femme qui m'avait aidé si généreusement à me réadapter au monde des vivants. Ma vie n'était peuplée depuis une éternité que de morts et de mourants, d'êtres décharnés et rongés par la maladie. L'enfer était devenu la norme pour moi. Rosalie ne pouvait pas m'offrir de paroles de réconfort, mais elle me donna quelque chose d'essentiel, une présence affective et physique sans exigence ni prétentions. Elle m'avait ramené à la vie en me maternant.

Elle se réveilla. Ses yeux s'emplirent de larmes. Elle jeta ses bras autour de mon cou en m'appelant « Baby », un des rares mots d'anglais que j'avais fini par apprendre. Elle m'aida à empaqueter mes quelques effets dans une valise abandonnée par les Allemands et elle me donna son adresse aux États-Unis. Puis nous allâmes prendre notre petit déjeuner. L'émotion me coupait l'appétit.

Seul, je fis une dernière fois le tour de l'infirmerie déserte. Mes pas résonnaient dans le silence. J'entendis presque encore le dernier soupir de ceux qui étaient morts après la libération. Ce fut un moment très fort et très pur qui a continué de vivre en moi au-delà du temps. Aujourd'hui encore, l'écho de mes pas dans une salle vide me ramène dans cette infirmerie déserte habitée de soupirs agonisants.

Je voulais revoir le camp de Mauthausen avant de rentrer chez moi. Rosalie et moi gagnâmes le lieu de rassemblement où j'étais arrivé la première fois, le plus petit, celui où je m'étais fracturé la cheville en déchargeant les cadavres. Nous revîmes le crématoire, les Bunkers et l'estrade de bois où les détenus agenouillés étaient abattus d'une balle dans la nuque. Je montrai à Rosalie les crochets de boucher et d'autres instruments de torture. Elle devint si pâle que j'eus peur de la voir s'évanouir. Nous traversâmes la « salle de douche », la chambre à gaz avec ses fausses pommes de douche. Je m'abstins de lui expliquer de quoi il s'agissait. Je ne voulais pas la choquer plus encore.

Nous traversâmes le camp désert et arrivâmes aux carrières où plus de huit mille détenus étaient morts lors seulement de la construction des cent soixante marches menant au fond. Des milliers d'autres étaient morts en travaillant aux carrières et un nombre jamais déterminé, d'autres avaient été exécutés sur ses pourtours. Les aimables villageois de Mauthausen avaient toujours été très bon public, surtout lorsqu'on assassinait des Juifs. Cet endroit allait-il devenir un lieu de pèlerinage, une autre via Dolorosa ?

Lorsque nous franchîmes les grilles du camp, ma valise était déjà sur la jeep. Le major Vollmer et un infirmier m'attendaient pour me faire leurs adieux. Le major Vollmer me remit une lettre de recommandation en bonne et due forme qui, me dit-il, me serait très utile si je décidais un jour d'émigrer aux États-Unis. Ils m'offrirent un petit paquet de friandises, et Rosalie et moi partîmes pour Orching.

A l'aérodrome, sous la tente de l'hôpital, Rosalie s'assura que mon lit de camp se trouvait dans un endroit tranquille et recommanda au responsable de la salle de repos de prendre particulièrement soin de moi. Nous nous assîmes devant notre dernière tasse de café ensemble en faisant durer le plaisir, comme si cela pouvait retarder le moment inévitable de notre séparation.

Je vis soudain passer derrière la vitre un groupe d'hommes en uniformes de l'armée française. Je demandai pardon à Rosalie et courut voir de qui il s'agissait. Ils étaient venus sous le commandement du Dr Falaise pour rapatrier les derniers détenus français de Mauthausen. Je leur annonçai que le dernier groupe était déjà parti et qu'il n'y avait plus que moi.

Puis je crus être le jouet d'une illusion. Deux des hommes ressemblaient étonnamment à Michel Lubchansky et à François Hauser, mes amis de Sathonay. Mais ils me regardaient comme si j'étais un fantôme. J'écarquillai des yeux stupéfaits, car j'avais effectivement devant moi mes deux amis, en chair et en os ! Nous nous embrassâmes comme si nous venions de nous rencontrer sur les Champs-Élysées après avoir dîné ensemble la veille.

Michel, cheveux châtains et quelques taches de rousseur, me parla de ce médecin français un peu fou au sujet duquel plaisantaient les autres commissions de rapatriement, ce type qui refusait absolument de partir avant que le dernier Français n'eût quitté Mauthausen.

— J'aurais tout de suite su que c'était toi si je n'avais pas entendu dire que tu étais mort !

Je présentai Rosalie, qui nous avait rejoints, à mes amis. François était un homme petit avec des yeux aussi bleus que Rosalie, un personnage très chaleureux et très sensible. Il serra la main de Rosalie avec empressement. Michel, toujours aussi timide, se montra beaucoup plus réservé. Nous allâmes ensuite voir le Dr Falaise, un homme mince d'âge moyen. Nous rîmes beaucoup de cette commission au grand complet venue opérer le rapatriement d'un seul et unique déporté !

Mes compatriotes me proposèrent de rentrer en France avec eux en voiture au lieu de prendre seul l'avion. J'acceptai avec grand plaisir. Le voyage sur les routes emcombrées par les véhicules de l'armée prendrait au moins une semaine. Je ne risquais pas de recevoir de mauvaises nouvelles de Sonia cette semaine-là, et cela faisait une semaine entière pendant laquelle les bonnes nouvelles auraient le temps d'arriver pour m'accueillir à Paris.

Le Dr Falaise m'invita à passer la nuit à leur hôtel de Linz. Nous quittâmes tous Orching. Rosalie et moi n'échangeâmes pas une parole pendant le trajet en jeep. A Linz, Falaise fit une halte à l'hôtel pour réserver ma chambre. De retour dans la jeep, il me dit discrètement qu'il avait pu persuader l'intendant de me donner une chambre pour deux. Avec l'aide d'une infirmière parlant anglais de la commission française, je demandai à Rosalie de rester avec moi cette dernière nuit. En retenant ses larmes, elle répondit qu'elle ne pouvait pas, car elle était de service. Et, dit-elle, j'étais au milieu des miens, à présent, je n'avais plus besoin d'elle. Elle m'embrassa tendrement sur la joue ; un dernier regard, et elle était partie.

J'eus peine à m'endormir cette nuit-là. Le lit était vide et trop moelleux. Je n'avais pas mes somnifères. Après m'être agité interminablement, je pris mes draps et mon oreiller pour m'allonger par terre. Dans la pénombre, je fixai le plafond un long moment, la gorge nouée par l'angoisse, et je finis par m'endormir.

Le lendemain, mes amis me constituèrent de bric et de broc une tenue militaire pour le voyage. Michel me trouva un spencer, la veste courte de l'armée américaine, et me céda un de ses pantalons militaires kaki. Il me prêta également ses insignes de grade de lieutenant avec le caducée des médecins. Ma chemise militaire appartenait à François Hauser et mes chaussures à Falaise.

A la requête de Falaise, j'acceptai de donner une conférence, sur ce que j'avais vécu, aux membres de la commission française de rapatriement encore présents à Linz. Je décrivis en mots simples ce qui m'était arrivé depuis le moment de mon arrestation à Nice. Une expression d'incrédulité se peignit sur certains visages dans mon auditoire, comme si j'inventais ces histoires atroces dans le but pitoyable de m'attirer leur compassion. Je sentais monter en moi le malaise et la colère. Je parlai des numéros d'immatriculation tatoués sur nous à Auschwitz pour nous marquer comme du bétail. Je leur montrai le numéro tatoué sur mon bras. Une femme me traita presque de menteur, en faisant remarquer que je pouvais fort bien être un ancien marin ayant tatoué le numéro de téléphone de sa petite amie sur son bras. Je bouillonnais de rage en quittant la conférence.

Je ne m'étais pas rendu compte que la plupart des gens ignoraient tout des crimes perpétrés par les nazis dans les camps de concentration. Un grand nombre refusèrent d'y croire la première fois qu'on leur en fit le récit ; ils jugeaient cela trop invraisemblable. D'autres devaient continuer obstinément à nier l'évidence.

29

Le 1er juillet 1945, je m'apprêtais enfin à rentrer chez moi. Nous devions faire plusieurs haltes pour la nuit : Munich, Augsbourg et Stuttgart en Allemagne ; Strasbourg, Nancy et Châlons-sur-Marne en France. A un moment j'étais impatient de voir la fin de ce voyage, l'instant d'après je priais pour qu'il ne se terminât jamais. Chaque étape me rapprochait de chez moi ; chaque nuit, je me réveillais en hurlant. Mes cauchemars étaient revenus. Un en particulier se reproduisait nuit après nuit. (Aujourd'hui encore, ce cauchemar vient secouer mon sommeil, surtout après une journée éprouvante, et toujours plusieurs nuits de suite aux environs de l'anniversaire de ma libération.)

Un commandant SS sans visage de Gusen II m'interroge, me torture et finit par me pendre par les doigts. Je me réveille alors hurlant de douleur, inondé de transpiration, comme si je subissais réellement ces terribles épreuves. Le cauchemar reprend invariablement dès que je me rendors. Les soldats SS me poursuivent dans une rue du camp. La distance entre nous se réduit. J'ai les jambes de plus en plus lourdes. Une montagne de cadavres apparaît devant moi. Je me mets à tourner autour. Les SS ne me trouveront pas si je me maintiens toujours du côté opposé. Tout à coup, je me vois au sommet de cette montagne de corps mutilés. Que fait mon cadavre là-haut pendant que je cours en bas ? Les soldats SS sont sur le point de me rattraper. Un fusil sort entre deux cadavres. Je m'en saisis et abats le SS le plus proche en hurlant : « J'ai tué ! J'ai tué ! »

C'est alors que je me réveille.

Il n'y avait pas de chambres d'une personne disponibles le soir de notre arrivée à Munich. Michel et moi dûmes en partager une. Il était assis sur mon lit lorsque je me réveillai en hurlant de mon cauchemar. Il pensait que j'avais besoin de parler un peu avant de me rendormir. Nous discutâmes de mon rêve. Je craignais d'avoir perdu la raison dans les camps ; ce rêve en était peut-être le signe. Michel me rassura. Il m'expliqua que mon cauchemar intervenait à la manière d'une soupape de sûreté pour me permettre de décharger mon angoisse. Je n'étais pas devenu fou. Tout irait bien.

Michel m'encouragea à parler un peu plus longtemps de ce qui m'était arrivé. Je lui fis le récit de mon évasion de Dachau, mais alors quelque chose dans son attitude me fit penser que lui non plus ne me croyait pas. Puisque nous étions à Munich, dit-il, et si près de Dachau, pourquoi n'irions-nous pas revisiter ensemble les lieux que je lui avais décrits ? Cela m'aiderait à exorciser mes terreurs et à m'en débarrasser. Nous pouvions emprunter une voiture et partir immédiatement après le petit déjeuner.

Le matin, nous sortîmes faire une promenade en ville avant de nous mettre en route. C'était jour de marché, et la place sur laquelle ouvrait notre hôtel bourdonnait d'activité. J'éprouvais une impression étrange de familiarité. Michel et moi fîmes le tour de la place. Et là, en dépassant le coin d'une rue, je reconnus l'église où je m'étais caché lors de mon évasion. La Frauenkirche émergeait avec netteté au milieu des façades anonymes.

Nous entrâmes. Le prêtre m'était inconnu. Je me présentai, et il accepta volontiers de nous conduire en bas.

Dans la cave, rien n'avait changé. La table et les sièges étaient là où je me les rappelais ; le seau hygiénique pour les cas d'urgence était toujours dans les catacombes. Mais qu'était devenu le prêtre polonais responsable de l'église pendant l'hiver 1943-1944 ? Le nouveau curé ne pouvait rien me dire. Il n'était à la Frauenkirche que depuis quelques mois. Un grand nombre de prêtres différents étaient venus et repartis en un an et demi. Selon la rumeur, l'un d'eux avait été arrêté pour avoir caché des fugitifs dans la cave de l'église, mais on ignorait tout de son sort. Et la religieuse qui avait pris soin de nous ? Il répondit qu'aucune religieuse n'avait servi l'église de manière régulière depuis longtemps.

Je n'ai pu trouver trace d'aucun de mes bienfaiteurs. Le clergé avait-il autorisé la Résistance à utiliser l'église ? Ou était-ce l'église elle-même qui avait monté un réseau, ensuite infiltré par la Gestapo ? Je n'ai jamais découvert la vérité.

Michel devait me conduire à Dachau pour me permettre de revoir le camp et les divers lieux où s'était joué mon cauchemar. Dans la rue en regagnant l'hôtel, j'arrêtai un homme d'affaires d'âge moyen et lui demandai la direction du camp de concentration de Dachau.

— Jamais entendu parler de ça !

Depuis quand habitait-il Munich ?

— Je suis né ici. Mais je vous assure que j'ai toujours été contre *Der Führer*... euh... je veux dire, Hitler !

Réponse presque inévitable des Allemands à toute question concernant les atrocités nazies.

Notre voiture quitta la place du marché baignée de soleil ; rien en ce lieu bourdonnant d'activité, rien dans l'attitude de ces gens affairés, sur ces visages animés, rien, aucun signe de cette guerre désastreuse que leur pays venait de perdre. Cette vie souriante qui a toujours imprégné les places de marché semblait absoudre la Bavière, berceau des atroces desseins d'Hitler. Quel air d'innocence chez tous ses « anciens » partisans !

Falaise et François Hauser nous accompagnèrent à Dachau. Nous roulions au milieu d'un paysage dévasté par les bombes alliées, spectacle qui me procura une satisfaction hargneuse. L'usine de la petite ville de Dachau n'était plus que ruines. Je refis tout le chemin en sens inverse, depuis l'arrêt du bus jusqu'à la décharge à l'extérieur du camp, en passant par le fossé où nous nous étions abrités pendant le bombardement de Munich. Tout cela semblait appartenir à un autre temps. Aux grilles, le soldat américain qui contrôla nos papiers appela un officier de liaison français. Falaise lui expliqua que je désirais revoir le camp où j'avais été détenu.

A l'intérieur, rien de changé. A droite de l'entrée se dressaient les potences, leurs nœuds vides se balançant mollement dans le vent. Le poteau où l'on m'avait exposé suspendu était toujours là sur le lieu de rassemblement. Nos étapes suivantes furent la baraque de quarantaine et la cour où se tenaient les chasses au lapin.

L'officier français qui nous guidait nous raconta l'histoire d'un Français, dont on ignorait le nom, et d'un officier polonais qui s'étaient évadés en s'enterrant dans la décharge et qui avaient été repris après s'être cachés quelque temps à Munich. Cela faisait une impression bizarre d'entendre le récit de mon évasion avec Kalka de la bouche de cet étranger ! Selon notre guide, l'officier polonais était mort sous la torture et le Français avait été transféré dans un autre camp. L'expression de stupeur sur le visage de Michel me peina. Il n'avait manifestement pas cru un mot de mon récit de la veille.

L'officier français nous désigna les conteneurs d'ordures relégués dans un coin de la cour. Je songeais avec émotion et tendresse à mon énigmatique compagnon polonais et à notre bref interlude d'hommes relativement libres. Je m'approchai d'un des conteneurs et le touchai. J'avais vaguement conscience de quelques répliques échangées derrière moi, et soudain l'officier s'exclama : « Non. Ce n'est pas possible ! » Je me retournai. Il courut à moi pour me serrer la main. Il me prenait pour un héros. Nous avions pourtant une vue très différente de ce qui pouvait constituer l'héroïsme dans les camps.

De la cour nous allâmes au bunker où se tenaient les interrogatoires. Le seau hygiénique était toujours dans le coin, mais la porte de ma cellule avait été arrachée. Nous traversâmes la salle de torture, identique à celles de tous les camps, comme si on les avait livrées sur commande d'après catalogue.

Les jardins fleuris, dont les SS prenaient un soin jaloux, au point de tuer tout détenu écrasant par mégarde une fleur, ajoutèrent à ma visite une note de couleur morbide. Je quittai Dachau avec l'espoir de n'y jamais revenir. (J'y revins dans l'année qui suivit, comme témoin aux procès contre les criminels de guerre. Il y avait alors beaucoup de monde et une grande animation à Dachau. Les fleurs abondaient toujours dans les jardins, et des guirlandes agrémentaient le crématoire. J'étais arrivé serein, mais les déclarations frisant l'arrogance, sans trace de regret, des criminels de guerre firent renaître ma rage au point que je repartis en plein milieu des débats et regagnai Paris.)

Nous retraversâmes Munich pour atteindre Augsbourg, où nous comptions passer la nuit. Je reconnus la taverne au bord de la route dans la banlieue de la ville. Elle était fermée, tous volets clos. Un voisin me dit que l'ancien propriétaire était mort au combat à Stalingrad au début de

1943, c'est-à-dire des mois avant mon passage ; le nouveau propriétaire avait soudainement disparu avant la défaite nazie. Était-ce un mouchard de la Gestapo ? Le voisin ne savait rien de plus.

Nous trouvâmes un hôtel en ville. Michel et moi tournâmes à pied dans les rues jusqu'à découvrir la maison où mon évasion s'était terminée. Je frappai. Pas de réponse. Je fis plusieurs tentatives infructueuses chez les voisins. Finalement une porte s'ouvrit sur une femme qui sembla impressionnée par mon uniforme. Elle savait seulement que la maison, désormais vide, avait été investie par la police après l'arrestation des propriétaires accusés de faire du marché noir. Le couple qui s'était installé ensuite, soi-disant en tant que concierge, travaillait avec la police. Eux aussi avaient disparu. Leur fils adolescent appartenait aux Jeunesses hitlériennes. Ils n'étaient pas originaires d'Augsbourg. Elle ne se souvenait pas de leur nom.

Michel et moi nous mîmes à la recherche du poste de police où l'on m'avait d'abord emmené. Là on nous indiqua la direction de l'ancien quartier général de la Gestapo, devenu un centre de police judiciaire américaine. J'avais soin partout de scruter tous les visages.

A la police judiciaire, on nous adressa à un officier américain parlant allemand. Je lui expliquai qui j'étais et ce que je voulais. L'officier m'amena chez son commandant. Ils me demandèrent d'identifier certains instruments de torture et de leur dire si je reconnaissais certains Allemands soi-disant « innocents » qu'ils tenaient. Ils avaient quelques difficultés à trouver des témoins ayant survécu aux interrogatoires dans cette salle des horreurs.

Nous entrâmes dans la pièce qui ressemblait à une salle de gymnastique. Les cordes pendaient toujours du plafond, et les haltères étaient toujours bien rangés par ordre de grandeur. Dans un coin, le cheval d'arçon et l'instrument électrique que mon tortionnaire avait appelé « la machine à chanter ». J'expliquai à quel point cet instrument de torture était efficace. Quelqu'un notait en sténo tout ce que je disais.

Le commandant américain me montra certains de leurs prisonniers allemands. A ma grande déception, aucun de ces visages terrifiés ne m'était connu. Je m'apprêtais à repartir, mais je m'immobilisai devant l'homme occupé à nettoyer le sol du vestibule. Je le désignai. C'était d'après le commandant un prisonnier de guerre allemand qui faisait des travaux d'entretien dans l'immeuble. Je demandai à voir son visage en pleine lumière.

L'homme fit quelques pas vers nous. Alors j'explosai, pris d'une fureur sauvage. Je frappai à coups de poing en pleine face l'homme qui avait froidement orchestré l'horreur de mon interrogatoire. Il était déjà au sol le nez ensanglanté quand les Américains réussirent à me maîtriser. D'abord incapable de parler, je parvins après un moment à bafouiller : « C'est lui ! Le sadique de la Gestapo qui m'a interrogé et torturé dans cette pièce même ! »

Je relevai la manche de l'homme. On avait effacé depuis peu le groupe sanguin tatoué sur son bras, car la fine cicatrice due à l'opération était encore visible. Je demandai la permission d'interroger mon tortionnaire. Je m'assis en face de lui. Je lui rappelai comment il m'avait brûlé la main avec sa cigarette. Il regarda ma cicatrice ; il avait sur le visage la même expression d'indifférence aimable que pendant mon interrogatoire.

— Qu'allons-nous faire maintenant, Hauptsturmführer ? demandai-je.

Toute son assurance s'effondra comme un ballon percé. Il crut certainement que j'allais lui faire subir à son tour le supplice de la « machine à chanter ». Il avoua tout. Le sténographe nota puis tapa ses déclarations, au bas desquelles j'ajoutai ma signature. (J'étais le seul et unique témoin survivant au procès de ce nazi. Je décrivis en détail les tortures qu'il m'avait fait subir, ainsi que la mort de Kalka, et je signalai le nombre de malheureux qu'il s'était vanté d'avoir tués. Il fut condamné à dix ans de prison.)

En sortant de la pièce, je jetai un coup d'œil au mur au pied duquel on m'avait sauvagement battu lorsque je ne pouvais plus tenir sur une jambe. Il devait y avoir de mon sang séché parmi les taches brunes parsemées là.

Je fus dans un état d'agitation extrême pendant tout le reste du voyage nous ramenant à Paris. J'étais irritable, fatigué et morose. Je fuyais chaque fois que possible la compagnie de mes amis et leurs conversations. J'allais mal, physiquement et psychiquement. Je m'efforçais de diagnostiquer l'origine de mon malaise, tout en niant obstinément la véritable cause de ces symptômes. Ne pas ressasser le passé, me disais-je, ni les sévices subis... On m'avait torturé, volé ma liberté et ma dignité d'homme, mais la terreur nazie avait été défaite et j'avais survécu...

Alors à présent, j'allais reprendre ma vie interrompue. Mais cette idée ne diminuait en rien mon malaise.

J'aurais eu besoin en fait d'une période de réadaptation où l'on m'aurait entouré de ces soins particuliers que je fus amené plus tard à mettre au point pour les survivants des camps. Je me sentais traqué, anxieux et rempli d'une rage qui tôt ou tard se déchargerait dans la violence. Une seule chose maintenait mon intégrité, c'était la certitude que ma femme vivait et que nous serions bientôt réunis.

Enfin, après un voyage interminable, nous arrivâmes à Paris. Nous fîmes une halte boulevard Raspail, face à l'hôtel Lutétia, dans l'immeuble où se trouvait le centre d'accueil officiel pour les déportés français rapatriés.

Je gravis les marches en me répétant encore et encore que j'allais trouver de bonnes nouvelles de Sonia. J'étais persuadé que, déjà de retour en France, elle m'attendait chez ma mère à Villon. Avant de me rendre au bureau des renseignements, je devais me soumettre — comme dans tous les hôtels entre Mauthausen et Paris — à une pulvérisation de DDT contre les poux ; je subis également un bref examen médical et attendis que l'on m'eût désigné ma chambre. Ma carte de rapatrié portait un cachet indiquant « Apparemment exempt de toute maladie ». Je devais subir un bilan plus approfondi quelques jours plus tard.

J'allais enfin pouvoir retirer la lettre de Sonia qui, sans aucun doute, m'attendait au bureau des renseignements. Je courus. Mais il n'y avait pas de lettre. La déception me vrilla comme une véritable douleur physique. Je cherchai « Sonia Haas » sur la liste alphabétique des déportés manquants. Des photographies étaient accrochées au-dessus des noms. Je reconnus le visage de mon vieil ami résistant de Camargue — le lieutenant Konrad, qui nous avait rendu visite à La Napoule. La note sous sa photo indiquait qu'il avait été déporté à Gross Rosen et demandait à toute personne l'ayant vu de se manifester. Quel chagrin en voyant ce visage souriant sur ce cliché datant d'une époque heureuse !

Mes yeux rencontrèrent le visage de Sonia, aussi belle que la dernière fois que je l'avais vue. J'essayais de l'imaginer morte. C'était impossible. Je manquais d'air soudain, et j'avais froid. En regardant cette photo, j'étais incapable d'accepter l'idée de sa disparition. Deux mois s'étaient pourtant écoulés depuis la libération. Nous étions le 6 juillet. Sonia aurait déjà donné signe de vie si elle avait été vivante.

Je sortis dans la rue en compagnie de Michel. Les Parisiens vaquaient à leurs occupations. En dépit de mes souffrances et de ma tristesse, rien n'avait changé. Tout cela serait bientôt oublié et réduit à quelques phrases dans l'histoire de l'humanité. Michel me suggéra de monter dans ma chambre. Je ramassai ma couverture militaire et nous trouvâmes dans les étages la chambre qui m'était assignée. C'est alors que Michel devint furieux.

— Les salauds, les minables ! Il n'y a même pas de draps ni de taies d'oreiller !

Je n'avais pas remarqué. Mais de toute façon, je m'en moquais. Michel refusa de me laisser là. Sa mère, disait-il, serait enchantée de me recevoir chez eux. Je fis une halte au bureau pour prendre ma carte de rapatrié et l'argent de poche journalier qu'on m'avait alloué. Je laissai l'adresse et le numéro de Michel pour le cas où l'on voudrait me joindre, et nous partîmes.

Chez Michel, je commençai par téléphoner au bureau de poste de Villon. Ma mère n'avait pas le téléphone, mais sa maison se trouvait juste en face de la poste. Je demandai à l'opératrice de Villon de dire à ma mère que je la rappellerais ce soir-là à sept heures. Je passai l'après-midi en compagnie de Michel et de sa mère ; je retrouvais pour la première fois depuis longtemps la chaleur d'un foyer.

Je reçus un appel téléphonique à cinq heures. C'était Saint-Gast qui me réprimanda de ne lui avoir pas signalé immédiatement mon arrivée. Il serait venu me chercher. Je l'assurai que j'étais en de bonnes mains et choyé par un vieil ami. Il me demanda si je n'avais besoin de rien, y compris de l'argent, puis il me souhaita bonne nuit après avoir promis d'envoyer son chauffeur me chercher le lendemain matin. L'opératrice ne réussit pas à obtenir ma communication téléphonique pour Villon ce soir-là. Michel me donna un tranquillisant léger, en dépit duquel je me couchai dans un état d'excessive nervosité.

Mme Lubchansky vint me réveiller le lendemain matin. Michel avait déjà rejoint son unité, et un visiteur m'attendait au salon. Je me lavai et m'habillai à la hâte. Le général Saint-Gast était venu me souhaiter la bienvenue en personne. Je lui expliquai ma déception de n'avoir pu obtenir ma communication téléphonique pour Villon. Saint-Gast appela immédiatement son aide de camp ; il lui ordonna de téléphoner au commissariat de police de Villon en demandant que l'on aille chercher ma mère et mon fils, et que l'on nous rappelle de son bureau à onze heures précises. Tout semblait si simple soudain grâce à lui !

Saint-Gast venait de s'installer dans ses bureaux du boulevard Suchet. Il était à présent commandant en second du service de renseignements et de sécurité militaires français. Pendant le trajet en voiture j'évitai avec soin d'aborder des questions importantes. Lorsqu'il m'eut fait visiter les lieux, nous prîmes place dans des sièges autour de son grand bureau et il posa sans détours le problème de mon avenir.

— Il faut faire comme moi, Albert. Reprendre ta vie là où elle s'est arrêtée. Après ton bilan de santé, tu pourras prendre deux semaines de repos, mais ensuite il te faudra décider si tu veux retourner à la vie civile ou continuer d'exercer dans l'armée un an de plus.

Je ne voulais prendre aucune décision d'importance avant d'être absolument certain que Sonia ne reviendrait pas. Je demandai à Saint-Gast de prolonger le délai jusqu'à la fin du mois. Il accepta volontiers.

La sonnerie du téléphone interrompit notre conversation à onze heures très exactement. Saint-Gast me tendit le récepteur. Je dis : « Allô ? » J'entendis alors la voix de ma mère, douce et tremblante d'émotion.

— Une seconde, dit-elle. Il y a quelqu'un qui meurt d'envie de te parler.

Un instant après une voix d'enfant me dit :

— Allô, papa Bèlu ! On t'attend ! Et s'il te plaît, n'oublie pas de m'apporter une petite voiture !

Personne ne m'avait plus appelé Bèlu depuis la dernière fois que j'avais vu Sonia. C'était mon surnom familial hongrois. Comment décrire le flot de joie et d'amour qui me submergea soudain ? J'étais près d'éclater en sanglots au téléphone. Je dis rapidement à ma mère que je prendrais le premier train ce jour-là, et je m'empressai de reposer le téléphone.

Saint-Gast m'avança de l'argent sur ma solde de période de captivité, m'indiqua un bon magasin de jouets et m'offrit les services de son chauffeur. J'achetai une petite voiture à pédales pour François et un coffret de jeux de société pour mon neveu de onze ans. Je retournai chez Mme Lubchansky empaqueter mes affaires et laisser l'adresse où me joindre. Elle m'assura très gentiment que la chambre d'amis serait à ma disposition aussi souvent que je le désirerais.

30

Le train de Paris arriva à Tonnerre à deux heures de l'après-midi environ. Un car m'amena de Tonnerre à Villon. Ma sœur Violette et mon petit garçon m'attendaient à la descente du car. Il était là, François, mon fils, en pleine santé, très beau, avec ses cheveux foncés et ses yeux verts rieurs qui me regardaient de haut en bas. Notre chair et notre sang à Sonia et à moi ! Il courut vers moi. Je le soulevai dans mes bras et le serrai contre moi, ses petits bras étonnamment forts autour de mon cou. Je pleurai, de joie parce que je serrais à nouveau mon fils contre moi, parce que j'avais survécu... et de chagrin parce que Sonia n'était pas là. Je sanglotais, ma sœur se mit à pleurer aussi, et les gens venus assister au retour du fils de leur voisine s'essuyaient les yeux.

On me présenta les deux hommes qui avaient permis à ma famille de survivre malgré l'occupation nazie : le maire de Villon qui avait défié Pétain en refusant d'apposer la lettre « J » sur les cartes de rationnement distribuées aux Juifs ; le curé du village, qui avait emmené François à l'hôpital lors de son otite, et qui avait toujours été prêt à le cacher ainsi que son cousin si les nazis avaient découvert leur identité. Je les remerciai d'avoir aidé ma famille à traverser ces épreuves. Il fallait marcher dix minutes jusqu'à la maison de ma mère ; je tenais mon fils par la main et ma sœur par les épaules. Ma mère nous attendait sur le pas de la porte. Elle était devenue une vieille femme brisée et rongée par le cancer. J'étais heureux d'avoir eu du moins l'occasion de la revoir.

Nous parlâmes, parlâmes et parlâmes... avant, pendant et après le dîner. Seule la place vide de Sonia troublait la joie de nos retrouvailles.

Lorsque nous l'évoquâmes, je me mis à pleurer. Mon fils dit :

— Regarde, maman Violette. Papa Bèlu a les yeux qui transpirent !

Ma sœur ne lui avait pas encore parlé du sort de sa véritable mère. Gagner un nouveau père et perdre une nouvelle mère le même jour était trop lourd pour un seul être, pour un enfant d'autant plus. Mon fils s'endormit au milieu de la soirée, la tête sur mon épaule.

Je le transportai dans ma chambre. Il ne se réveilla même pas. Je le déshabillai doucement dans l'obscurité et posai une couverture sur lui. Je restai là un moment à contempler son visage clair dans la pénombre. Puis je me déshabillai à mon tour et me glissai sous la couverture en prenant garde de ne pas le réveiller. Son petit corps vulnérable serré contre moi, je m'endormis.

Après deux jours passés à Villon, l'anxiété et la nervosité me reprirent. Je ne voulais pas blesser ma mère ; je lui dis que je devais retourner à Paris pour subir mon bilan de santé et recevoir mon rappel de solde.

A Paris, je commençai par laisser mes bagages chez Michel. Puis j'allai à l'hôtel Lutétia. Pas de nouvelles. Mais j'appris qu'un groupe de détenus d'Auschwitz devaient arriver de leur convalescence en Suisse dans l'après-midi. Je rendis visite à Saint-Gast. Il rétablit mon traitement de militaire pour la période à venir et me remit une carte de rationnement et un sauf-conduit pour les chemins de fer. Il inscrivit l'adresse du bureau où je pourrais retirer mon rappel de solde ainsi qu'un nouvel uniforme. J'allais toujours dans la tenue improvisée par mes amis à Linz.

Debout sur le seuil de la porte, je m'apprêtais à partir. Saint-Gast me demanda si l'on pouvait encore me joindre chez Michel Lubchansky. Je reconnus que je me trouvais dans un tel état d'agitation qu'il m'était difficile de rester en repos bien longtemps. J'avais décidé d'aller à Nice revoir mes camarades de la Résistance et des cousins de Sonia installés là-bas avant la guerre. Alors Saint-Gast me pria de lui rendre un service. Il craignait de ne pouvoir faire parvenir à temps pour les cérémonies du 14 juillet à Nice les décorations des résistants morts au combat. Pouvais-je les emporter avec moi ? Il alla chercher le paquet. Une des médailles rangées dans cette boîte était destinée à Sonia.

Avant de retourner chez Michel, je fis une dernière halte à l'hôtel Lutétia. Mais je nourrissais de vains espoirs au sujet de Sonia. Je quittai Paris le 10 juillet.

Je repassai brièvement par Villon. Je confiai à ma sœur Violette que j'avais perdu tout espoir de revoir Sonia. François devait apprendre sans tarder la mort de sa mère. Mais je manquais toujours de courage. Je lui demandai d'apprendre elle-même la nouvelle à mon fils après mon départ pour Nice.

Le 12 juillet, je pris le train d'Auxerre à Nice et me rendis directement de la gare chez les cousins de Sonia. J'aimais tendrement Maurice, Gisèle et leur fille. Nos retrouvailles furent à peu près aussi joyeuses que celles de Villon. Étreintes, embrassades, pleurs... et nous avions tant à nous dire ! Nous passions de la joie la plus folle à la plus profonde tristesse presque sans transition. Ils m'apprirent que la mère de Sonia était morte à Auschwitz. Je leur appris que Sonia et Paule étaient mortes elles aussi. Maurice et Gisèle me proposèrent de séjourner chez eux.

J'allai voir Ramoine. Il était muet de stupeur lorsque je parus dans son bureau. L'instant d'après, il m'écrasait dans ses bras. Nous étions surexcités de joie. Lorsque nous fûmes calmés, nous prîmes chacun un siège pour parler de tout ce qui s'était passé depuis notre dernière rencontre. Cette scène devait se répéter chez chacun des quelques camarades qui avaient survécu.

J'appris de Ramoine comment on avait réussi à remettre sain et sauf à ma mère, à Villon, mon petit garçon après notre arrestation. Jackie, mon chauffeur, nous avait vus partir pour le quartier général de la Gestapo. Il avait immédiatement prévenu les propriétaires de la blanchisserie située près de notre hôtel. L'un courut au parc où François et sa gouvernante passaient les matinées, pour les avertir de ne pas rentrer à l'hôtel. Pendant ce temps, l'autre prenait contact avec Ramoine, qui envoya quelqu'un chercher François au parc pour le ramener à Mme Billard.

Ma visite suivante fut pour Mme Billard. J'entrai sans crier gare dans son magasin de raphia. Elle fut toute bouleversée de me voir. Elle avait reçu mes lettres de Munich et de Laurahutte, alors qu'elle me croyait mort depuis longtemps. Elle m'avait ensuite compté parmi les innombrables victimes des persécutions nazies, cela jusqu'au jour où Saint-Gast lui apprit que je vivais encore.

A onze heures du matin ce 14 juillet, les résistants de Nice survivants et les familles des morts descendirent solennellement l'avenue de la Victoire jusqu'à l'estrade érigée près du monument dédié aux victimes de la première guerre mondiale. Lorsqu'enfin les discours cessèrent, commença la lecture des noms des morts, un à un, avec cette voix obsédante qui après chaque nom disait « Absent ». La foule était silencieuse. On joua la sonnerie aux Morts. J'étais glacé jusqu'au tréfonds de moi-même. Les larmes roulaient sur mon visage.

Les remises de médailles et lectures de citations commencèrent en fin d'après-midi. Il y avait tellement de morts que la cérémonie se poursuivit jusqu'à l'aube du lendemain. Je reçus la décoration et la citation de Sonia vers minuit. Je demandai ensuite à être excusé car j'étais très fatigué.

J'arrivai chez Maurice et Gisèle en proie à une profonde tristesse. De la lumière filtrait sous la porte d'entrée. Avaient-ils tant tardé à se coucher pour m'attendre ? J'avais à peine ouvert la porte du salon brillamment éclairé que tout le monde se mit à crier en même temps. Au milieu du flot de paroles je réussis à saisir : « Sonia et Paule... Sonia et Paule... Sonia et Paule ! »

On me mit un télégramme dans les mains. Saint-Gast m'annonçait que l'on avait retrouvé Sonia et Paule dans un camp de prisonniers de guerre à Magdebourg, dans la partie de l'Allemagne occupée par les Soviétiques.

Elles étaient vivantes ! Je poussai un cri de joie. Je hurlais, je riais, je chantais, je sautais, je dansais tout autour de la pièce. Je ne retrouvai l'usage de la parole qu'après cinq minutes pleines. Maurice sortit une bouteille de cognac. Fous de bonheur nous portâmes des toasts *l'chaim*— A la vie ! Riant et pleurant à la fois, je sortis la médaille posthume de Sonia.

Le lendemain matin, j'appelai Saint-Gast aussi tôt que le permettait la correction. Il attendait mon appel. Sonia et sa sœur avaient quitté la sinistre marche d'Auschwitz à Pless, comme s'en était douté M. Mandel. Elle furent bientôt prises en charge par la Résistance polonaise et accueillies par une famille sympathisante. A leur arrivée, les Russes les placèrent dans un camp de prisonniers de guerre français. Passer au crible les collaborateurs français et les soldats SS camouflés était un travail long et délicat, qui ralentissait d'autant l'opération de rapatriement. Il faudrait attendre leur libération ; ce n'était plus qu'une question de patience.

Je dis à Saint-Gast que les chefs des unités de résistance de mon réseau avaient décidé d'offrir aux anciens déportés un séjour de convalescence adapté. Il prit donc l'adresse des Abrets, où l'on pourrait me joindre pendant quelques semaines. Par un hasard extraordinaire, le comité de résistance avait loué un hôtel aux Abrets, le village proche de Grenoble où Sonia et moi avions passé cette nuit mémorable au milieu des champs du maire.

J'annonçai à ma mère par télégramme la bonne nouvelle au sujet de Sonia et mon projet de séjour aux Abrets. J'écrivis à Saint-Gast pour lui demander d'attendre jusqu'au retour de Sonia ma décision sur mon retour ou non à la vie civile.

Pierre, toujours maire des Abrets, était fou de joie en me revoyant. Nous eûmes chez lui un dîner succulent. C'était un paysan intelligent et perspicace, avec des yeux bruns pleins de vivacité. Nous bûmes trop de marc après le dîner ; nous rîmes et discutâmes jusque très tard dans la nuit. Le lendemain, je dormis. Enfin, je pouvais me reposer.

Pierre et moi jouions aux échecs tous les jours. Je perdis toutes les parties sans exception, car j'avais les yeux fixés en permanence sur le bureau de poste juste en face de mon hôtel. Tout le monde en ville savait ce que j'attendais. A dix heures du matin, dix jours après mon arrivée aux Abrets, le receveur des postes traversait la rue en courant et en agitant au-dessus de sa tête un papier bleu pâle.

— Ça y est ! hurlait-il. Votre femme est à Paris !

« *De retour avec Paule. Rendez-vous à Villon. Najon, najon.* » Écriture phonétique du hongrois propre à Sonia, qui signifiait : « Tout mon amour. »

Le seul train desservant la petite ville des Abrets était passé depuis longtemps. Je m'en fus demander conseil à mon ami Pierre. Il me dit de l'attendre dans son bureau et il sortit. Il revint un moment plus tard, tout sourire. Un antiquaire de Nice de passage dans la ville devait repartir en voiture pour Paris. Il me laisserait volontiers à Villon si je fournissais l'essence, encore très rare à cette époque.

— Je vais prélever de l'essence sur les réserves de la

commune, me dit Pierre. Tout est arrangé ! Après tout, les amis, c'est pour quoi faire ?

L'antiquaire arriva une demi-heure plus tard, alors que je marchais de long en large sur le trottoir devant mon hôtel. Cette fois, je rentrais chez moi. Véritablement.

Nous nous rangeâmes devant la maison de ma mère aux environs de minuit. Toutes les pièces étaient illuminées. A travers la vitre, j'aperçus Sonia dans le lourd uniforme de l'armée russe. Elle semblait en bonne santé, hâlée et le port orgueilleux comme toujours, avec les mêmes lunettes qu'au moment de notre arrestation. Elle était assise sur le canapé, François endormi sur ses genoux. J'entrai en courant et les saisis tous les deux dans mes bras. Je sentais la chaleur de leurs corps, j'inhalais leur odeur. Je les serrais de toutes mes forces, je ne voulais plus les lâcher. C'étaient les retrouvailles dont j'avais follement rêvé.

DOCUMENTS

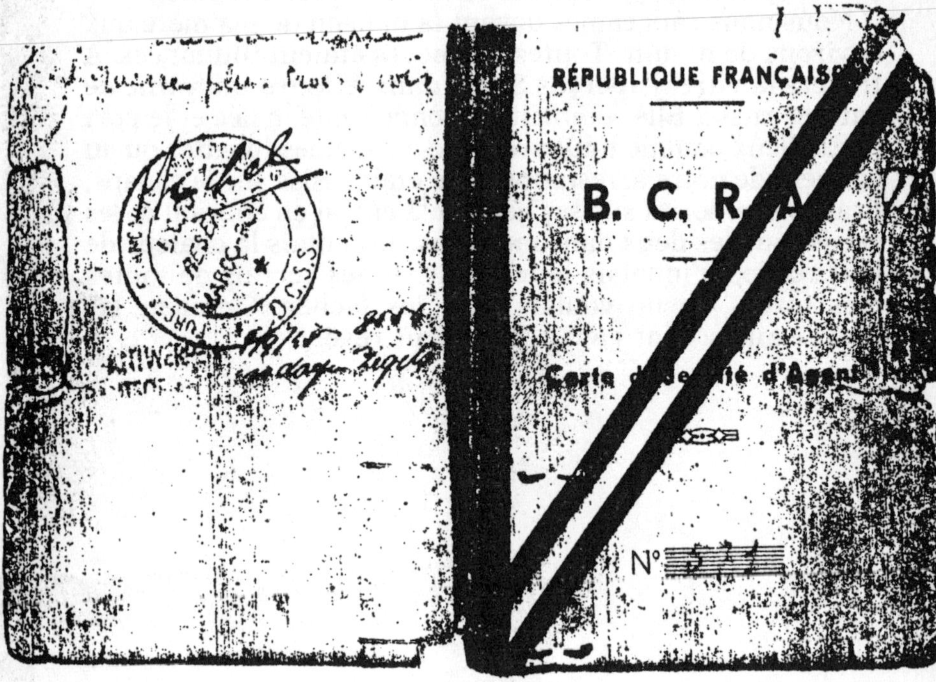

RÉPUBLIQUE FRANÇAISE

B. C. R. A.

Carte d'identité d'Agent

N° 571

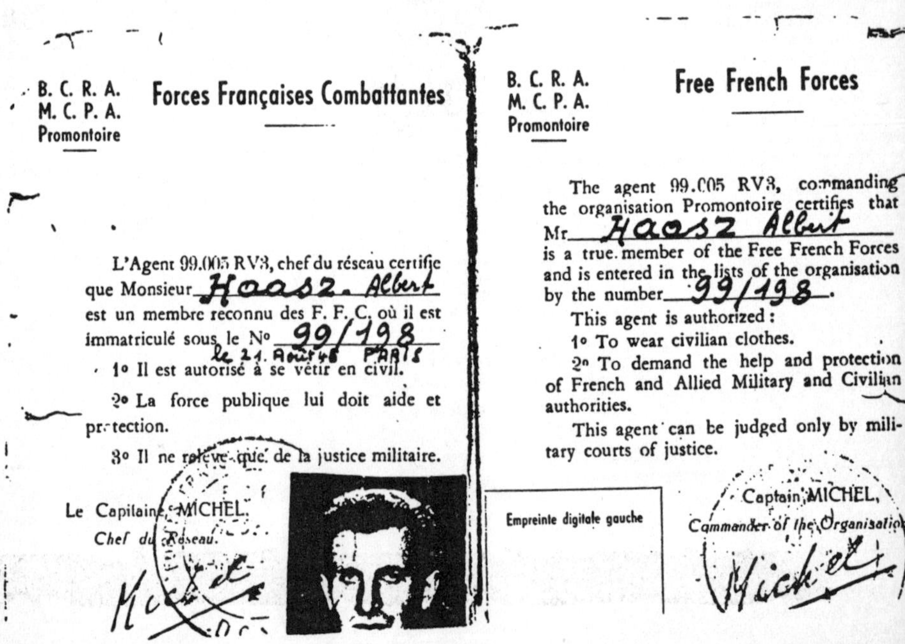

B. C. R. A.
M. C. P. A.
Promontoire

Forces Françaises Combattantes

L'Agent 99.005 RV3, chef du réseau certifie que Monsieur *Haasz. Albert* est un membre reconnu des F. F. C. où il est immatriculé sous le N° *99/198*
le 21. Août 4[illegible] PARIS

1° Il est autorisé à se vêtir en civil.

2° La force publique lui doit aide et protection.

3° Il ne relève que de la justice militaire.

Le Capitaine MICHEL,
Chef du Réseau.

B. C. R. A.
M. C. P. A.
Promontoire

Free French Forces

The agent 99.005 RV3, commanding the organisation Promontoire certifies that Mr *Haasz Albert* is a true member of the Free French Forces and is entered in the lists of the organisation by the number *99/198*.

This agent is authorized:

1° To wear civilian clothes.

2° To demand the help and protection of French and Allied Military and Civilian authorities.

This agent can be judged only by military courts of justice.

Empreinte digitale gauche

Captain MICHEL,
Commander of the Organisation

Haasz Albert

Répondant à l'appel de la France en péril de mort, vous avez rallié les Forces Françaises Libres. Vous avez été de l'équipe volontaire des bons Compagnons qui ont maintenu notre pays dans la guerre et dans l'honneur. Vous avez été de ceux qui, au premier rang, lui ont permis de remporter la Victoire! Au moment où le but est atteint, je tiens à vous remercier amicalement, simplement, au nom de la France!

1er Septembre 1945.

C. de Gaulle

REPUBLIQUE FRANÇAISE

ORDRE NATIONAL DE LA LÉGION D'HONNEUR

HONNEUR PATRIE

LE PRÉSIDENT DE LA RÉPUBLIQUE FRANÇAISE
GRAND MAÎTRE DE L'ORDRE NATIONAL DE LA LÉGION D'HONNEUR

nomme par décret de ce jour, Monsieur H A A S Z Bela

ancien Sous-Lieutenant des Forces Françaises Combattantes, Déporté Résistant

né le 27 Octobre 1911 à Szalalova (Hongrie)

OFFICIER DE LA LÉGION D'HONNEUR

pour prendre rang du 16 Janvier 1979 et jouir de tous les droits, honneurs et prérogatives attachés à cette qualité.

Fait à Paris, le 13 Novembre 1978

Scellé du sceau de l'Ordre sous le n° 772 MU 71
Le Secrétaire Général adjoint,

V. Giscard d'Estaing

Par le Président de la République
LE GRAND CHANCELIER DE LA LÉGION D'HONNEUR,

Général [illegible]

Imprimerie Nationale

By this

Certificate of Service

I record my appreciation of the aid rendered by

Haasz Albert

as a volunteer in the service of the United Nations for the great cause of Freedom.

B. L. Montgomery

Field Marshal

Commander-in-Chief, 21st Army Group

Date 6 Mai 1946

Serial No F/1534

U.S.A

OFFICE NATIONAL
DES ANCIENS COMBATTANTS
ET VICTIMES DE LA GUERRE

RÉPUBLIQUE FRANÇAISE

N° 718858

CARTE DU COMBATTANT

Office d SEINE

Valable du 12-9-1962 au 11-9-1967

Délivrée à

M. HAASZ
Prénoms Bela Adalbert
Domicile 1 Christofer Street N.Y.14. N.York
Né le 27-10-1911
A Zalalow Départ Hongrie
A PARIS, le 12-9-1962

Le Président de l'Office, Le Titulaire,

Le Secrétaire Général Adjt.

MODÈLE N° 1. U.S.A.

OFFICE NATIONAL
DES
ANCIENS COMBATTANTS
ET
VICTIMES DE GUERRE

RÉPUBLIQUE FRANÇAISE

159206

Office départemental
d LA SEINE

CARTE DE COMBATTANT
VOLONTAIRE DE LA RÉSISTANCE
délivrée à

M. HAASZ
Prénoms : Bela Adalbert
Domicile : 1 Christopher Street N.Y.14-New York
Né le 27-10-1911, à Szalatovo (Hongrie)
A PARIS, le 27 JUIL 1962

Le titulaire, Le Préfet,
Président de l'office départemental,
LE SECRÉTAIRE GÉNÉRAL Adjt.

J. 702574.

RÉPUBLIQUE FRANÇAISE N° 1090.3340.

CARTE DE DÉPORTÉ RÉSISTANT
DÉLIVRÉE PAR LE MINISTRE DES ANCIENS COMBATTANTS ET VICTIMES DE GUERRE

TITULAIRE HAASZ Bela (Albert)

Né le 27 Octobre 1911 Zalalova (Hongrie)
Domicile 1 Christopher Street
New York 14 (U.S.A)
Interné du 26 Février 1944 au 25 Mars 194[illegible]

O R D R E G E N E R A L N°21

LE MINISTRE DE LA DEFENSE NATIONALE

CITE :

A L'ORDRE DE LA DIVISION

H A A S Z Albert - Lieutenant - (F.F.C.)

"Agent de renseignements en territoire occupé par l'ennemi. Arrêté par la Gestapo, déporté à MAUTHAUSEN sa situation de Docteur et sa connaissance parfaite de la langue allemande le font nommer Médecin Chef de Guzen II. Dans cet emploi il a réussi au péril de sa vie à faire cesser les tueries pratiquées dans l'Infirmerie et beaucoup de nos patriotes déportés lui doivent la vie. A la Libération du camp malgré son état déficient n'a consenti à être rapatrié qu'après le départ du dernier Français."

CETTE CITATION COMPORTE L'ATTRIBUTION DE LA

CROIX DE GUERRE AVEC ETOILE D'ARGENT

Paris, le 27 Mars 1947

Le Colonel JOSSET
Délégue Général F.F.C.I.

signé : JOSSET

INISTRE DE LA DEFENSE NATIONALE

Délégation Générale F.F.C.I.   Paris, le 8 Mai 1947

EXTRAIT CERTIFIE CONFORME

Le Lt-Colonel NOEL
Chef de la Section "Décorations-Résistance".

EXTRAIT

du DÉCRET en date du 27 MAI 1971

publié au J. O. du -5 JUIN 1971

portant nominations dans la LEGION D'HONNEUR

ARTICLE Ier.- Sont nommés dans l'Ordre National de la Légion d'Honneur :

AU GRADE DE CHEVALIER

DEPORTES - RESISTANTS

Armée de Terre

. . . .

HAASZ (Béla) 27.10.1911 - Sous-Lieutenant des Forces Françaises Combattantes - recrutement de Paris.

" S'est engagé dès 1942 dans un réseau de renseignements pour " défendre sa seconde patrie. Chargé de missions particulièrement délicates, " organisa un secteur qui donna de très beaux résultats. Arrêté par la " gestapo, ne dévoila, malgré les tortures, aucun des secrets de l'organisa- " tion à laquelle il appartenait.

" Paya par la déportation, sa fidélité à la France".

Cette citation annule la citation à l'ordre de la Division attribuée par Ordre Général n° 11 du 24 décembre 1946.

. . . .

CES NOMINATIONS COMPORTENT L'ATTRIBUTION DE LA CROIX DE GUERRE 1939-1945 AVEC PALME.

Par le Président de la République signé : Georges POMPIDOU
Le Premier Ministre
signé : Jacques CHABAN-DELMAS

POUR AMPLIATION

L'Administrateur Civil de 1ère Classe BALAT
Chef du Bureau ~~des~~ Décorations -

COPIE CONFORME.

N° 29767

Secrétariat d'Etat
Ala Présidence du Conseil
Délégation F.F.C.I.
Caserne de la Pépinière
Rue Laborde
PARIS -VIIIème
Tél. EUR. 34-03-04-05

ATTESTATION

d'Appartenance aux F.F.C.

9

C.V.

Cachet: Aucun duplicata ne pouvant être délivré, le porteur de la présente attestation ne devra s'en déssaisir en aucune circonstance et, en cas de besoin, faire établir des copies conformes.

Original à conserver par l'intéressé

Références

D.M. N° 2843/CAB/MIL du 24-I-45
D.M. N° 4842/EMA/I du II-4-45
D.M. N° 7907/EMA/I du 3I-4-45
D.M. N° 8863/EMA/I du 2I-6-45

Fiche N° II.082/EMA/I du 3-8-45
Feuille de renseignements N° II.529 EMA/I du I0-8-45
I.M.N. I3.172/EMA/I du I2-9-45
I.M.N. I7.2I6/RS/R/Idu 6-II-45

Monsieur HAASZ Albert né le 27-I0-II
a signé un contrat d'engagement en application du décret 366 du 25 Juillet I942
Réseau MARCO POLO
Arrêté le 26-2-44 Rapatrié le 20-7-45

Les services accomplis COMME AGENT P2 comptent
du I-I2_42 au 20-7-45
en qualité de Charge de mission de 3 classe

Grade correspondant homologué par la Commission Nationale d'homologatio
SOUS-LIEUTENANT à titre fictif

PARIS le 7 Octobre I947

CERTIFIE EXACT
Le GENERAL DE JUSSIEU-PONTCARRAL
Délégué Général des
Forces Françaises Combattantes de l'Intérieur

Cachet du Secrétariat
à la Présidence du Conseil

P.O. le Lt-Colonel LE CARS
Chef de la S.D.A.F.

Signé illisible

Les services accomplis en qualité d'Agent P2 conformément aux dispositi
du Décret 366 du 25-7-1942 comptent comme SERVICES MILITAIRES ACTIFS

vu pour copie conforme à
l'original à nous représenté
MARS 1948

FRANÇAISES COMBATTANTES

Réseau MARCO-POLO

ATTESTATION

Je soussigné, Capitaine HENRY CHARBONNIER, Officier de la Légion d'Honneur, Officier Liquidateur du Réseau MARCO-POLO, agissant ès qualité, certifie que Monsieur Albert HAASZ, né le 27 Octobre 1911 à ZALSLONO (Hongrie), a fait partie du Réseau MARCO-POLO en qualité d'Agent P 2 avec le grade de Chargé de mission de 3ème classe (sous-lieutenant), à partir du 1er Décembre 1942 (matricule 99/198).

Il a été arrêté à NICE par la Gestapo, alors qu'il remplissait la mission qui lui avait été confiée par ses chefs, au siège de l'Organisation Todt dont il était devenu le médecin attitré.

Après son arrestation, il a été déporté en Allemagne le 2? Février 1944 et libéré par les Alliés le 20 Juillet 1945, puis rapatrié en France.

En foi de quoi je lui délivre la présente attestation pour servir et valoir ce que de droit.

Fait à Paris le 23 Janvier 19..

Le Capitaine HENRY CHARB...
OFFICIER LIQUIDATEUR DU ...
MARCO-POLO

...dresser la correspondance à l'Officier Liquidateur Capitaine CHARBONNIER ...

Cet ouvrage a été composé par Facompo
et imprimé par la S.E.P.C. à Saint-Amand-Montrond (Cher)
pour le compte des éditions Presses de la Renaissance

Achevé d'imprimer en octobre 1986

Dépôt légal : octobre 1986.
N° d'impression : 1807.

Imprimé en France